U0456703

使 命

岳阳奋力建设名副其实的省域副中心城市

蔡吉伟 ◎ 主编

产业强劲　　绿色示范
开放领跑　　人民共富

湖南人民出版社·长沙

本作品中文简体版权由湖南人民出版社所有。
未经许可，不得翻印。

图书在版编目（CIP）数据

使命 / 蔡吉伟主编. —长沙：湖南人民出版社，2022. 10
ISBN 978-7-5561-3074-0

Ⅰ. ①使…　Ⅱ. ①蔡…　Ⅲ. ①城市建设—研究—岳阳　Ⅳ. ①F299.276.43

中国版本图书馆CIP数据核字（2022）第177600号

SHIMING

使命

主　　编　蔡吉伟
出版统筹　陈　实
责任编辑　聂双武　傅钦伟
责任校对　杨萍萍
装帧设计　陶迎紫

出版发行　湖南人民出版社［http://www.hnppp.com］
地　　址　长沙市营盘东路3号
电　　话　0731-82683313

印　　刷　长沙超峰印刷有限公司
版　　次　2022年10月第1版
印　　次　2022年10月第1次印刷
开　　本　710 mm × 1000 mm　1/16
印　　张　31.25
字　　数　330千字
书　　号　ISBN 978-7-5561-3074-0
定　　价　88.00 元

营销电话：0731-82683301　（如发现印装质量问题请与出版社调换）

○ 中共岳阳市委书记曹普华在全市学习贯彻党的十九届六中全会精神专题培训班开班式暨市县乡负责干部大会上讲话并作辅导报告

○ 中共岳阳市委书记曹普华调研华电平江电厂项目建设

○ 中共岳阳市委副书记、市人民政府市长李挚调研岳阳楼区胥家桥综合物流园项目

○ 岳阳市人大常委会主任马娜在湖南聚仁化工新材料科技有限公司调研

○ 岳阳市政协主席黎作凤在湖南工程机械配套产业园调研

○ 岳阳楼全景

○ 岳阳城陵矶三江口全貌

○ 湖南岳阳绿色化工高新技术产业开发区

○ 岳阳巴陵石化己内酰胺搬迁项目

○ 新金宝年产 1300 万台喷墨打印机项目

○ 湖南省金为新材料项目

○ 湖南工程机械配套产业园

○ 雷勃电气（岳阳）有限公司

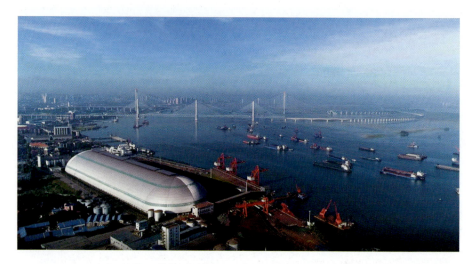

○ 湖南城陵矶三江口"胶囊"仓库

○ 湖南城陵矶国际集装箱港

○ 岳阳城陵矶国际集装箱码头

○ 岳阳洞庭三桥

○ 长江湖南段江豚湾

○ 候鸟的欢歌

○ 江豚的微笑

○ 麋鹿的倩影

○ 君山新农村

○ 天岳幕阜山国际度假旅游区

○ 朝气蓬勃的少年

○ 汨罗长乐故事会

序言

奋力担当建设省域副中心城市的历史使命

一个地方的发展，总是在特定的时空显示出非同寻常的意义。

2020年12月，湖南省"十四五"规划纲要正式提出，优化形成"一核两副三带四区"区域经济格局，建设岳阳、衡阳两大省域副中心城市；2021年11月，省第十二次党代会再次明确，"加快岳阳、衡阳省域副中心城市发展"。这是省委、省政府从战略高度作出的重大决策，是落实"三高四新"战略定位和使命任务的岳阳路径，体现了当前与长远、全局与一域、目标与路径、机遇与责任的有机统一，如同波涌长江、潮起洞庭，使古老而美丽的巴陵气象万千、生机勃勃！

这是如山的厚望。岳阳扼守湘北门户，地处沿江发展轴与京广发展轴的地理集聚带，占据毗邻城市组团发展的几何交会点，坐拥通江达海的163公里长江水道和城陵矶港，承东启西、贯通南北，"铁公水空"综合立体交通形成"经天纬地"之势，全方位打开了融入新发展格局的开放通道。无论是党中央、国务院，还是省委、省政府，都对岳阳发展给予大力支持，并寄予厚望。长江经济带绿色发展示范区、"三区一港四口岸"八大国家级开放平台、国家区域性中心城市、湖南省大城市……近年来，一块块"金字招牌"落户岳阳，形成了政策交会、平台叠加的重大机遇。建设省域副中心城市，标志着岳阳成为仅次于省会城市、对区域经济发展具有强大带动能力的重点城市，将岳阳在全省大局中的角色定位和使命担当提升到了一个前所未有的高度。这不仅是立足高点的战略定位，更是脚踏实地的行动路径，不仅是闪闪发光的城市名片，更是实实在在的发展红利，必将实现更多重大政策、重大平台、重点项目、重要资源的倾斜。我们要将这份关怀厚爱转化为砥砺前行的动力，燃烧激情，不懈奋斗，坚定不移地做大发展能级、走在全省前列。

这是时代的赶考。面对百年未有之大变局，岳阳如何准确识变、科学应变、主动求变？面对新阶段、新理念、新格局，岳阳如何因势而谋、应势而动、顺势而为？一年多来，岳阳紧扣副中心建设求索进取、实干笃行，回答时代之问的方向越来越明确、路径越来越清晰、步伐越来越坚定。市第八次党代会提出，举全市之力建设"三区一中心"：长江经济带绿色发展示范区、中部地区先进制造业聚集区、湖南通江达海开放引领区、现代化省域副中心城市。在2022年学习贯彻党的十九届六中全会精神专题培训班暨市县乡负责干部大会上，明确"加快建设产业强劲、开放领跑、绿色示范、人民共富的省域副中心城市"，进一步为省域副中心城市赋予了丰富内涵、指明了实践路径。产业强劲是基础支撑，开放领跑是动力源泉，绿色示范是底线要求，人民共富是价值追求，与"创新、协调、绿色、开放、共享"五大发展理念融为一体，与"三高四新"战略定位和使命任务相互吻合，与岳阳发展的阶段性特征和趋势性变化高度一致，与历届市委、市政府发展思路一脉相承，与505万巴陵儿女的期待和向往紧密呼应，书写着站位全局、破解难局的勇气，彰显着应对变局、稳固大局的作为，凝聚着锚定胜局、开创新局的智慧，激发着众志成城、共同奋斗的力量！

这是实力的担当。省域副中心城市不是"封"出来、"喊"出来的，而是靠实力"比"出来、"拼"出来的。近年来，全市上下团结一心、克难奋进，实现了综合实力新提升，地区生产总值突破4000亿元大关，稳居全省第二；打造了产业建设升级版，产业项目建设高歌猛进，七大千亿产业和"12+1"优势产业链蓄力成势，特别是150万吨乙烯等重大项目扎实推进，必将成为支撑副中心的"定海神针"；筑牢了对外开放的"桥头堡"，南北呼应，两翼齐飞，开放型经济保持高位增长；打赢了艰苦卓绝的"攻坚战"，牢牢守住了经济大盘、守住了民生底线、守住了一江碧水；描绘了城乡融合的新画卷，基础设施规模和质量同步提升，城乡环境"颜值"和"气质"大幅改善；增强了共建共享的获得感，社会事业全面进步，民生福祉持续增进；提振了担当作为的精气神，人心思进、人心思变、人心思富……建设省域副中心城市，岳阳基础坚实、动力充沛、走势强劲，其时已至、其势已成、其兴可待。

这是无形的鞭策。当前，在新冠肺炎疫情冲击下，百年变局加速演进，外部环境更趋复杂严峻和不确定，经济发展面临需求收缩、供给冲击、预期转弱三重压力，各种风险隐患前所未有，稳住经济大盘困难重重，为岳阳建设副中心带来巨大的挑战。站在岳阳看岳阳，发展基础、成效、态势都可圈可点；但跳出岳阳看岳阳，前有标兵一骑绝尘、侧有重兵蓄势发力、后有追兵紧咬不放，发展质量不高、短板弱项不少、营商环境不佳等问题依然突出，总量、增量、质量、均量、变量等方面都缺乏比较优势，远未在全省发展格局中发挥"中心"作用。时与势在我，危与机并存。岳阳发展不争先进就是落后、不在上游就是下游、不抢先机就有危机，气馁胆怯、碌碌无为没有前途，故步自封、四平八稳没有出路。唯有坚持不懈抓攻坚克难、扬优成势，岳阳才能突破"拦路虎"、抢抓机遇期、把握主动权，变"定位"为"地位"，变"跟跑"为"领跑"，在全省新一轮发展中勇立潮头、奋楫争先，让省域副中心城市的品牌名副其实、实至名归。

八百里洞庭，凭岳阳壮阔。身处伟大的时代，站在未来的风口，纵然征途漫漫、坎坷重重，我们也要勇于拼搏、负重前行，激情续写精彩纷呈的岳阳故事，奋力担当建设省域副中心城市的历史使命，在现代化建设新征程上勇立潮头、阔步前进！

要在发展理念上全面刻入。建设省域副中心城市，是高质量发展的岳阳之路，必须突出以创新为第一动力、以协调为内生特点、以绿色为普遍形态、以开放为必由之路、以共享为根本目的，加快推动质量变革、效率变革、动力变革。要心怀"国之大者"，立足岳阳、放眼内陆、胸怀全国、走向世界，以系统观念谋划落实，加强前瞻性思考、全局性谋划和整体性推进，高标准建设长江经济带绿色发展示范区，打造湖南高质量发展增长极，当好内陆地区改革开放先行者，努力以一域之光为全局添彩；要涵养宽广胸襟，功成不必在我，建功必须有我，坚决克服重显绩轻潜绩、重当前轻长远等惯性思维，跳出靠山吃山靠水吃水、不举债搞建设就无能为力等路径依赖，抵制等靠要、任由矛盾风险击鼓传花等行为惰性，确保岳阳始终行进在高质量发展的轨道上；要坚持躬身力行，将新发展理念全面融入稳增长、促改革、调结构、惠民生、防风险、保稳定等各个方面，实现谋事与谋势、谋当下与驭未来的有机统一，让省域副中心建设的战略落点更精准、路径更清晰、构想更饱满。

要在绿色示范上全域纳入。江湖形胜、生态秀美是岳阳最宝贵的资源、最美丽的风景、最普惠的民生、最持久的后劲。我们要像保护眼睛一样保护自然和生态环境，坚决不要黑色GDP，坚决不走寅吃卯粮、得不偿失的发展老路，真正让绿色成为省域副中心城市的普遍形态和鲜明底色。要"正本清源"，学懂、弄通、做实习近平生态文明思想，科学统筹山水林田湖等生态要素，协同推进蓝天、碧水、净土、青山四大保卫战，以最严密的法治、最严格的制度、最严厉的措施守护秀美家园，坚决斩断破坏生态环境的"黑手"；要"腾笼换鸟"，做大做强绿色低碳产业，加快打造岳阳长江百里绿色经济发展走廊，扎实推进碳达峰、碳中和行动，全面传递绿色生活理念，为高质量发展植入绿色基因、注入绿色动能；要"点绿成金"，做强大文旅，冲刺双千亿，进一步打响"洞庭天下水、岳阳天下楼"文旅品牌，让人民群众在青山绿水中不仅望得见乡愁，还看得到收益，不仅能安居美丽家园，还能共享"绿色银行"。

要在产业建设上全力投入。今天的项目，就是明天的生产力，产业项目建设是永不变调的主旋律、永不落幕的大舞台。我们要主动顺应高质量发展要求，着力引龙头，聚焦"三类500强"企业，积极对接央企和行业龙头企业，引进数量更多、体量更大、市场话语权更强的旗舰型项目；着力谋未来，围绕新一代信息技术、新基建、新能源等，谋划布局一批战略性新兴产业；着力强链条，重点引进一批头部企业和拥有核心技术的零部件企业，做大做强七大千亿产业和"12+1"优势产业链，加快建设一批"专精特新"的"小巨人"企业，延链强链；着力增效益，坚持"以亩产论英雄"，推动园区特色化、专业化、集约化发展，催生更多吃得少、产蛋多、飞得远的工业"俊鸟"；着力解难题，确保实现政策工具"精准滴灌"、减税降费"放水养鱼"、创优环境"保驾护航"，大力帮助企业摆脱困境、逆风起飞，为省域副中心城市建设筑牢"四梁八柱"、打造"第一引擎"。

要在开放引领上全程融入。随着国内国际双循环的相互促进，岳阳迎来中部地区高质量发展、长江经济带建设进入新阶段、岳阳自贸片区等战略机遇，"左右逢源""内外贯通"先天优势更加凸显，完全可以沿着"黄金水道"驶入更加壮阔的"水面"。要登高望远、开阔视野，涵养衔远山、吞长江的大气和包容，破除内陆思维和小农意识，培养全球眼光和战略思维，大视野、大手笔、大气魄谋全局、促开放，加快从内陆腹地迈向开放前沿。要南北互动、全域开放，向北融入长江经济带，加快构建以城陵矶港为龙头的现代港口体系，整体联动、错位发展；向南融入强省会战略，立足岳阳，对接长沙，加快建设全省世界级万亿产业的战略性配套基地。要聚指成拳、用好平台，探索实施"自贸片区＋县市区生产基地"模式，推动平台资源整合优化、互促互动，构建开放洼地，打造产业高地。要倾诚服务、创优环境，进一步做好简政放权的"减法"、强化监管的"加法"

和优化服务的"乘法",让有呼必应、无事不扰的"店小二"精神落地生根,加快把岳阳打造为更有国际范、更具吸引力的开放之城、魅力之城、现代之城。

要在共同富裕上全线切入。建设省域副中心城市,"人民共富"是价值追求和本质内涵。只有做大"蛋糕",又分好"蛋糕",让全市人民的口袋鼓起来、日子好起来、笑容多起来,省域副中心城市才能成色满满、令人信服。要一着不让促发展,以"产业强劲"培育发展动能,激活财富源泉,让人民群众充分就业、稳定增收;以"开放领跑"充分集聚资源要素和文明成果,让人民群众物质文化生活更加丰富多彩;以"绿色示范"守护一江碧水,建设秀美家园,实现更高水平的生态惠民、生态利民、生态为民,推进人的全面发展和社会全面进步。要一以贯之办实事,用心描绘城乡一体、全域提升的均衡图景,公平普惠、共建共享的幸福图景,繁荣稳定、凝心聚力的和谐图景,在和谐稳定中促进共同富裕,在共同富裕中促进和谐稳定。要一门心思谋创业,坚决克服"躺平主义""咸鱼思想""懒汉作派",人人参与、人人尽力,以苦干实干的拼劲、改革创新的闯劲、水滴石穿的韧劲,积跬步至千里,积小胜为大胜,一步步实现共同富裕质的飞跃。

要在狠抓落实上全心深入。建设省域副中心城市,是对党员干部政治站位、党性修养和本领作风的一场"大考",雄关漫道,唯有奋斗,百折千回,唯"韧"不破。要争当敢闯敢试、锐意创新的"拓荒牛",面对高质量发展的新目标、新要求、新课题,敢于"吃螃蟹""涉险滩""破藩篱",敢于挑最重的"担子"、啃最硬的"骨头"、接最烫的"山芽",敢于比学赶超、勇立潮头,创造性地将新发展理念和岳阳实际紧密结合,靠创新增动力,向开放要活力,为高质量发展积累岳阳经验、集聚岳阳智慧、贡献岳阳方案;要争当默默耕耘、负重前行的"老黄牛",咬定青山不放松,一张蓝图画到底,始终保持慎终如始、戒骄戒躁的清醒头脑,保持不畏艰难、奋发进取的昂扬斗志,保持锲而不舍、吃苦耐劳的绵绵韧劲,推动副中心建设扬帆破浪、行稳致远;要争当不忘初心、俯首为民的"孺子牛",秉持以人民为中心的发展理念,始终和人民想在一起、干在一起,一心一意为人民群众谋发展、干实事、打硬仗,将美好蓝图一帧帧搬到现实生活中,照进老百姓幸福的笑容里,进一步凝聚"一座城、一群人、一起干、一定赢"的磅礴伟力!

使命高于生命,重托不容辜负;机遇稍纵即逝,岳阳岂能错过。让我们坚持以"不畏浮云遮望眼"的宽广视野、以"开战即是决战"的精神状态、以"不斩楼兰誓不还"的坚强韧劲、以"直挂云帆济沧海"的奋勇担当,和人民同行,与时代并进,同时间赛跑,以一个个闪光的支点汇聚成岳阳高质量发展的星辰大海,照亮省域副中心城市建设的美好前程!

第一章
省域副中心城市建设的重要意义

　　中共湖南省委在《湖南省国民经济和社会发展第十四个五年规划和二〇三五年远景目标建议》中，将岳阳定为省域副中心城市，给岳阳赋予了新的历史使命和光荣职责。首先，副中心城市建设有利于培育经济建设新的增长极。当前，中心城市发展过快，人口急剧膨胀，使得"城市病"急剧涌现，再造副中心，使省域经济发展由一个中心主导，转到中心和副中心双重主导，对省域经济科学发展具有很大推动作用。其次，副中心城市建设有利于推进农业现代化进程。实施副中心城市战略，既可以减少农村人口，提高城市化率，又可以为农民承包土地流转提供机遇，实现农村土地集约经营，从而实现真正意义上的机械化、科技化、现代化。再次，副中心城市建设有利于提升城市化的速度和质量。城市化是农村人口持续向城市聚集的过程，也是农业现代化的过程，按照大城市人口100~300万标准计算，每个副中心城市至少要给附近农村青壮年提供100多万个就业岗位，为农业耕地实现集约化经营提供发展空间。

第一节　湖南区域协调发展的现实需要

　　党的十九大报告提出，要通过新的发展理念来建设现代化经济体系，且强调实施区域协调发展战略。近年来，湖南省通过大力实施区域协调发展战略，区域发展协调性不断增强，但不平衡、不充分的问题依然存在。岳阳作为全省两个省域副中心城市之一，理应在服务湖南区域协调发展战略中打头阵、当先锋。

一、国家、省委推进区域协调发展的历史进程

　　中国区域政策的发展大体上可以分为三个阶段：一是新中国成立后至改革开放前的区域经济均衡发展阶段。表现为平衡发展、平衡布局、缩小地区间差距。这期间，中央政府为实现地区间的均衡发展，采取的政策手段主要有两种：一种是拨划财政收入，将较高比例的财政收入上缴要求下发至沿海发达地区，同时适当补贴西部地区；另一种是实行计划指令，主要形势是五年发展规划，将国家基本建设投资和布局更多地转向中西部地区。二是改革开放以后至20世纪末的非均衡发展阶段。这段时间大概持续了20年，根据区域政策中心的不同，又可分为两个阶段：一是以经济效益为重心的发展阶段，表现为优先支持区位和经济条件比较好的沿海地区经济发

展，形成了"东、中、西"三大经济带，此时采取的政策主要是投资倾斜和率先实行对外开放；二是注重效率兼顾公平的发展阶段，表现为区域经济发展战略既考虑经济增长效率，又兼顾考虑经济发展中是否公平的问题，采取的主要是区域倾斜政策与产业倾斜政策相结合，目的是缩小东部沿海发达地区与中西部落后地区间的发展差距。三是21世纪以来的区域经济协调发展阶段。为了全面贯彻实施区域协调发展战略，以及兼顾考虑扩大内需、生态保护等方面，国家先后确定了推进西部大开发、振兴东北老工业基地、促进中部崛起、鼓励东部地区率先发展等战略，应该说，当前中国区域经济发展格局是"四轮驱动"。

总的来说，湖南推进区域协调发展的步伐是与国家一致的，只是内容上更加细化。改革开放以来，湖南根据社会经济发展不同阶段的特点和任务，在区域经济发展上先后提出了相应的发展思路。1992年，省委省政府提出"建设五区一廊"的发展战略，"五区一廊"所包含的区域包括长沙、岳阳、株洲、湘潭、衡阳五个市及其所辖的25个县市；1995年，省委省政府结合当时区域经济发展情况制定了"九五"计划及2010远景目标，把"一点一线"确定为区域战略实施的重点，其中"一点"指的是长株潭，"一线"指的是长株潭的周边地区，包括京珠高速、京广铁路沿线的岳阳、衡阳、郴州等；2004年确定的"十一五"区域发展战略，依旧表述为"一点一线"，要求"一点"中的长株潭地区率先发展，以此带动全省在中部崛起中抢占先机；2006年，省委在第九次党代会上提出了加快"3+5"城市群建设，其中"3"指的是长株潭，"5"指的是岳阳、常德、益阳、娄底、衡阳五个城市；2011年，湖南省区域发展战略由原先的"一点一线"扩容为"一带两廊",其中"一带"指的是以长株潭为核心的京广经济带,基本与过去"一带一线"重合,"两廊"则是指"长常张"和"潭邵怀"经济走廊;2014年,《洞庭湖生态经济区规划》获批,湖南东南西北四大板块14个市州成功实现国家战略全覆盖,省政府印发《湖南省推进新型城镇化实施纲要(2014—2020年)》,指出构建"一核六轴"的新型城镇化发展空间格局,其中"一核"指的是长株潭城市群,"六轴"指的是岳长朱潭衡郴发展轴、津澧常益娄邵永发展轴、石吉怀通发展轴、长株潭娄邵怀发展轴、长株潭益常张龙发展轴和岳常吉发展轴;2015年,《湖南省新型城镇化规划(2015—2020年)》提出,要构建"一核两带三组团"城镇化战略格局,分别指的是长株潭城市群,东部集聚发展带和西部生态文化带,湘南城市组团、洞庭湖城市组团和大湘西城市组团;2016年,湖南十三五规划提出加快建设"一核三极四带多点",即加快推进长株潭一体化,打造长江中游城市群核心引领区,打造岳阳、郴州、怀化三个新增长极,打造京广高铁、沪昆高铁、环洞庭湖和张吉怀精品生态文化旅游经济带,并依托国家特色园区形成多个新增长极;2018年,省政府印发《湖南省实施开放崛起战略发展规划(2017—2021年)》,明确到2021年湖南将形成开放型经济新格局;2020年,省委十一届十二次全会提出,加快构建"一核两副三带四区"区域经济发展格局,"一核"就是大力推进长株潭区域一体化,打造中部地区崛起核心增长极,带动"3+5"城市群发展;"两副"就是建设岳阳、衡阳两个省域副中心城市,支持岳阳建设长江经济带绿色发展示范区,支持衡阳建设现代产业强市;"三带"就是建设沿京广、沪昆、渝长厦通道的三大经济发展带；"四区"则是推动长株潭、洞庭湖、湘南、湘西四大区域板块协调联动发展。湖南在经济发展的不同阶段提出不同的发展战略，对区域经济布局的规划起到了较强指引作用，有效助力了湖南区域经济持续向前发展。

二、外地实施区域协调发展战略的实践探索

1.江苏实施沿海开发战略促进区域协调发展。2009年国务院审议通过《江苏沿海地区发展规划》，标志着江苏新一轮沿海开发正式上升为国家战略。近年来江苏沿海地区已步入发展快车道，成为江苏增长速度最快、发展活力最强、开发潜力最大的区域之一，走出了一条具有江苏特点的沿海开发新路子。一是坚持陆海联动开发。充分发挥沿海地区海洋资源丰富、内陆腹地广阔的优势，以交通主轴线为纽带，推动岸线开发向纵深拓展、产业项目向园区布局、城镇建设向沿海推进，以海洋经济大发展带动内陆腹地大开发、大开放。二是实施江海联动开发。加快长江南京以下深水航道建设，凸显江海联动优势。积极开发利用沿海地区土地岸线资源，统筹规划苏南转型升级与沿海产业集聚，加强沿江经济带与沿海经济带融合互动发展，推动沿江产业向沿海地区转移，实现沿海"筑巢引凤"与沿江"腾笼换鸟"的无缝对接。三是实施东中西联动开发。用好用活连云港这一中西部地区最重要的开放门户和最便捷的出海口，促进陇海兰新线地区的开发开放，推动大陆桥沿线省市共建、共用连云港和东中西示范区，推动江苏沿海和中西部地区优势互补、错位发展。四是推动"三港联动"开发。坚持港口、临港产业、港城互为支撑、联动发展，在推动以港口为龙头的基础设

施建设的同时，加大力度加快港城规划建设步伐，在做大做强三大中心城市的同时，着力打造一批临海、临港新兴城镇，更大力度加快沿海产业布局，在临海一线形成产业集聚优势，培育新的经济增长点。在沿海开发战略的带动下，江苏沿海地区迎来了"黄金发展期"，步入了后发先至、又好又快、跨越发展的新阶段。

2.湖北构建多点支撑、多极发力的发展格局。2020年，湖北省提出要着力构建"一主引领、两翼驱动、全域协同"的区域发展布局，推进区域协调发展。一是做强"一主引领"。锚定国家中心城市、长江经济带核心城市、国际化大都市总体定位，提升武汉城市能级，加快推进城市圈创新协同和产业协作，构建完善城市圈交通集疏运体系，注重提升城市圈软实力，着力打造最具发展活力、最具竞争力、最具影响力的省域城市圈，打造全国重要增长极。二是促进"两翼驱动"。襄阳市锚定打造中西部非省会龙头城市和汉江流域中心城市，"襄十随神"城市群着力打造北向、西向开放门户和联结武汉城市圈与中原城市群、关中平原城市群的重要纽带；宜昌市锚定打造中西部非省会龙头城市和长江中上游区域性中心城市，"宜荆荆恩"城市群着力打造南向、西向开放门户和联结武汉城市圈与成渝双城经济圈的重要纽带。三是加快全域协同。黄冈、荆州和十堰分别建设鄂东、鄂中、鄂西省域区域性中心城市。同时，以推动县域人口集聚、产业发展为重要突破口，打好县域发展攻坚战和整体战。

3.扬子江城市群高质量发展：以"一群城市"聚变"一个城市群"。扬子江城市群涵盖江苏南京、镇江、常州、无锡、苏州、扬州、泰州、南通八市，面积5.1万平方公里，人口近5000万，经济规模达到6万亿元，人均GDP超过12万元，是中国经济发展基础最好，综合竞争力最强的地区之一。一是加速城市群绿色生态发展。以长江生态恢复与江淮生态大走廊建设为契机，构建人—自然—社会和谐共处、良性循环的生态循环系统，推进污染物协同治理，突出整治沿江化工污染，合理开发利用岸线资源。二是加速城市群转型创新发展。理顺国家级规划与扬子江城市群发展规划的关系，更好服务于区域发展的大局，带动"三大跨江融合板块"的转型升级，大力推动生产性服务业向专业化、网络化和价值链高端延伸，生活性服务业向精细化和高品质转变，助力城市群转型创新发展。三是加速城市群节约集约发展。树立"区域发展一盘棋"的理念，统筹兼顾区域整体利益，打破沿江横向"割据"的不利局面。深化各市基于产业链的分工与合作，破除区域行政壁垒，加速沿江城市无缝对接。探索产业升级与城镇转型的联动机制，推动异地园区联合共建，放大"飞地经济"示范效应，完善利益共享机制，做到"亲兄弟，明算账"。四是加速城市群开放融合发展。树立"东西互补、双向开放"发展新思路，拓展城市群发展新空间。通过企业走出去、园区共建等多种途径，用好长江上中下游地区生产要素配置的互补性，促进产业、经济要素双向流动新态势。强化互联互通基础设施建设，打通区域融合发展的关键环节。主动融入"一带一路"倡议，提升对外开放合作水平。

三、岳阳助力湖南区域协调发展的独特优势

1.岳阳是湖南融入国家战略的重要支点。2013年习近平总书记在湖南考察时，明确提出"一带一部"战略，这是在正确把握我国经济发展空间结构发生深刻变化的大背景下作出的科学论断，不仅

具有地理空间和区域优势含义，也具有发展思路和发展战略含义，还具有局部和全局含义，符合区域经济非均衡与均衡发展交替演进的客观规律。党的十八大以来，国家先后提出"一带一路"倡议，实施长江经济带、洞庭湖生态经济区、长江中游城市群等一系列重大战略，多重战略交汇叠加，给湖南带来诸多政策利好，打开了发展的上升通道。岳阳处于湖南"一带一部"枢纽区和长江中游城市群融合带，凭借日益完善的"水铁公空"立体交通，省外可对接长三角、粤港澳大湾区和成渝地区，省内可融入长株潭城市群，在湖南对接融入国家战略中发挥着重要作用。

2.岳阳是湖南优化经济布局的核心组成。当前，湖南省内各市州资源禀赋状况不一，发展现状和发展潜力也有较大差异。就2021年来看，全省完成GDP46063亿元，其中最高的长沙达13271亿元，排名靠后的湘西、张家界不到1000亿元，高低差距达22倍之多。由此可见，省内经济发展不均衡的问题十分突出。湖南省第十二次党代会提出优化"一核两副三带四区"区域经济格局，就是要以京广线为主轴，以长株潭为核心，以岳阳、衡阳为副中心，培育强有力的核心城市带，实现错位发展、协作联动、功能集聚、高地引领，辐射带动区域协调发展。在全省优化"一核两副三带四区"区域经济格局的进程中，岳阳作为"两副"之一，近五年固定资产投资、规模工业增加值、社会消费品零售总额年均分别增长10.8%、6.9%、8.3%，全省第二经济强市的地位更加稳固。岳阳大力推进省域副中心城市建设，就是要以增强综合经济实力为主路径，当好做强区域经济协调高质量发展"主攻手"角色。

3.岳阳是湖南打造开放高地的关键通道。"三高四新"战略其中之一就是打造内陆地区改革开放高地。在这个过程中，通道建设至关重要，重点是要加强与华南沿海、长三角、武汉城市圈、中原城市群和大西南的经贸联系，抓紧建设对接粤港澳、长三角和西部陆海新通道的交通项目。岳阳作为首批沿江对外开放城市，坐拥城陵矶亿吨级天然良港，拥有城陵矶综保区、岳阳自贸片区、跨境电商综试区、启运退税港和汽车、肉类、粮食进口指定口岸"三区一港四口岸"8大国家级开放平台，先后荣获全国现代物流创新发展试点城市、国家多式联运示范工程、港口型国家物流枢纽等国字号品牌。2016年至今岳阳已连续四年获评"中国外贸百强城市"的殊荣，是湖南名副其实的对外开放"桥头堡"。岳阳推进省域副中心城市建设的重要内容之一，就是要通过持续推进"开放领跑"，着力构建综合运输大通道，打造以城陵矶港为龙头的"一江一湖四水"集疏运港口体系，助力省内形成内联外扩、内通外达的内陆开放高地。

4.岳阳是湖南推进绿色发展的示范阵地。岳阳自古就得江湖之胜、拥山川之美，是"守护好一江碧水"的首倡地。特别是城内南湖、东风湖、芭蕉湖、松杨湖、吉家湖、王家河等内湖内河星罗棋布，拥有各级各类自然保护地41个，是江南水乡的典型代表。2020年岳阳获批成为第5个国家长江经济带绿色发展示范城市，全市上下坚持"生态优先、绿色发展"的思路更加清晰、导向更加明确。展望未来，岳阳推进省域副中心城市建设，"绿色示范"必然是题中应有之义，相信只要用好"两山论"、走好"两化路"，坚定不移推进生态优先绿色发展，把"生态+"理念融入经济发展的全过程，必将能实现生态保护与经济发展双赢，也必将能在美丽湖南的建设中当好表率、做好示范。

第二节　融入"强省会"战略的客观需要

实施强省会战略是省第十二次党代会作出的重大决策部署，是湖南在推动中部地区崛起和长江经济带发展中彰显新担当的重点举措，是深入实施区域协同发展战略引领全省高质量发展的重要抓手。2022年4月，省委省政府出台的《关于实施强省会战略支持长沙市高质量发展的若干意见》中包含诸多"岳阳元素"，多次提及优化拓展江海直达水运航线，支持建设湘江长沙至城陵矶一线航道，推进与岳阳虞公港、城陵矶港协同发展；加快创建国家综合物流枢纽，推进长沙与岳阳等省内物流枢纽城市的协同发展；依托虞公港建设湘江新区港产融合区，推动长沙北拓更好融入长江经济带，等等。因此，岳阳应当全面贯彻落实省委省政府决策部署，担牢省域副中心城市之责，充分发挥区位、产业、资源等优势，不断提升长岳合作的广度、力度和深度，争当服务融入"强省会"战略的先行者，着力打造服务融入"强省会"战略的引领区。

一、实施服务省会行动，是全力支持"强省会"战略的重要举措

坚持从全局谋划一域、以一域服务全局，全力支持"强省会"

战略，发挥自身优势助推省会发展，在主动服务中展现省域副中心城市担当，努力在全省经济社会高质量发展中贡献岳阳力量。

加快建设国际化岳阳港。发挥岳阳港口型国家物流枢纽和"三区一港四口岸"平台优势，强化湖南融入长江经济带和长江中游城市群的重要支点作用，打造湖南开放发展"桥头堡"和长江中游综合性航运物流中心。完善城陵矶港口基础设施，推动城陵矶口岸外贸联检锚地、港口航运作业区、疏港工程建设，打造城陵矶集装箱拼箱中心，加快建成200万标箱大港。加快港口群及集疏运体系项目建设，构建以城陵矶港为枢纽港，"一湖四水"流域其他港口为喂给港的港口体系，畅通湖南大运量货物通道。加强与长沙港合作发展，利用先进数字技术实现两港联动联运，分工协作，将岳阳国际化港口的优势与长沙的运量有机结合，辐射带动全省水运行业持续发展。

强化能源保障大支撑。加快华电平江电厂、国能岳阳电厂、平江抽水蓄能电站等重大项目建设，启动华能湘阴燃气发电项目建设，积极配合荆门—长沙1000千伏特高压交流输变电工程建设，加快岳阳铁水集运煤炭储备基地、华容煤炭铁水联运储配基地建设，推进仪征—长岭原油管道复线、长岭—长沙黄花国际机场航煤管道项目建设。争取汨罗火电厂、国能岳阳电厂二期建设指标，抓好汨罗玉池山抽水蓄能电站项目和LNG储备中转站等项目前期工作。深化与国网湖南电力公司合作，加大电网建设投入力度。加强与三一重工合作，落实氢能源产业战略合作协议。启动储能项目建设，加快形成火电、水电、太阳能发电、生物质能发电、氢能等多元化驱动的能源产业发展格局，全力打造湖南综合能源基地，为"强省会"战略提供坚实能源支撑。

谋划打通长岳大通道。以G240及S210为基础，谋划建设长沙直达城陵矶港的城市快速通道，促进长沙直接融入长江国际深水港，将省会城市物流区域前移到岳阳城陵矶新港区，突破地理约束，重塑发展格局，带动湘阴县、汨罗市、岳阳县等沿线县域城镇发展，打造一批临近长沙、通勤便捷、功能互补、产业配套的卫星城，构建长岳一体化大通道，形成大交通、大物流、大循环，发展大工业、大流通，助推长沙打造准临长江城市。

开发建设湘江新区湘阴新片区。以"一区一园一城一港"为依托，深度参与湘江新区产业分工，着力将湘阴新片区打造成为"强省会"战略的新增长点、湘江新区开放创新领跑的新增长极。加强与湘江集团合作，高标准建设金龙先导区，着力打造区域客厅、总部楼宇、公共服务平台、绿色智造基地等重点项目，提升区域服务配套水平。着力建设湖南先进装备制造（新能源）特色产业园，重点发展新能源汽车及其零部件、智能装备制造、新能源及储能装备等高新技术制造产业，推进中联重科新材料总部及产业基地项目建设，力争早日建成千亿园区。加快建设天鹅山大学科创城，打造全省科教融合样板、长沙北创新创业基地。建设现代化虞公港，推进港口作业区、航道疏浚和口岸建设，加快建成涵盖集装箱、散件杂货运输等功能于一体的现代化港口。加快港产融合区建设，推动与周边地区基础设施互联互通，进一步提升湘江航运效能，将虞公港打造成为长株潭都市圈枢纽港、岳阳港副港。

高标建设湖南工程机械配套产业园。瞄准长沙头部产业，紧盯省内工程机械行业龙头企业抓招商，主动承接三一重工、中联重科、山河智能的上下游企业转移，通过延链补链强链，实现主机企业与配套企业协同发展，打造岳阳千亿工程机械产业，加快建成"湖南最好、国内领先、国际有影响力"的工程机械关键零部件生产基地，助力湖南工程机械省内配套率提升到50%以上，为长沙工程机械产业迈入五千亿能级、建设国家重要先进制造业中心、挺进世界级工程机械产业集群提供配套服务保障。

二、实施协同推进行动，是积极参与"强省会"战略的重要抓手

强化与长沙在产业发展、开放资源、科技创新、绿色示范等方面协同发展，主动接受辐射，在积极参与中实现互促共赢，以点带面推动长岳协同发展。

推进优势产业协同互补。以岳阳乙烯炼化一体化项目为核心打造化工新材料产业基地，填补全省及周边地区乙烯及下游化工原料的缺失和空白。积极对接长沙"未来产业"培育工程，前瞻布局前沿材料、航空航天、氢能源、数字经济、人工智能、元宇宙等未来产业，助力长沙打造国家重要信创产业基地、全球北斗产业示范应用基地、国家数字经济创新发展试验区等重大平台。推动长岳协同招商，探索"总部+基地""龙头+配套"等联动招商模式，建立完善飞地招商项目利益分配机制。

推进开放引领协同共赢。加强城陵矶港至日韩和港澳直达航线，以及岳阳至东盟、澳大利亚等国际接力航线的建设运营。推进中国（岳阳）跨境电商综合试验区"两平台七体系"建设，与长沙建立信息交换共享机制，构建跨境电商生态圈。加强湖南自贸区岳

阳片区与长沙片区雨花区块对接合作，合力打造非洲非资源性产品全国加工集散交易中心，加快中非工贸产业园建设，推动建立"大宗货物+加工贸易+临港产业"的产业模式，打造中非经贸深度合作先行区。

推进科技创新协同协作。加强与中南大学、湖南大学等高校的产学研合作，加快军民科技协同创新平台建设，推动变形镁合金等项目落地，争取化工新材料科技孵化基地、南方稀贵金属交易所、湖南大学科技产业园等落户岳阳。推动热塑性橡胶国家技术创新中心等重大平台建设，协同打造长株潭衡岳国防科技工业创新示范基地。以屈原国家农业高新区创建为抓手，发挥岳阳种业种源优势，做好岳麓山种业等高新农业研究项目对接工作，积极融入湘江实验室、芙蓉实验室建设工作。推动长岳人才政策相互衔接，鼓励从长沙柔性引进、灵活使用高层次人才，加强政校企合作，推动建立"订单式"人才培养模式。

推进绿色示范协同共创。坚决扛牢"守护好一江碧水"首倡地的政治责任，深化长江经济带绿色发展示范区建设。推动共建共治共享，统筹推进"一江一湖四水"协同治理，有序开展湘江保护和治理一号工程，共同建立长江流域和洞庭湖流域生态保护补偿机制，实施东洞庭湖国际重要湿地保护修复工程，开展洞庭湖总磷削减、入河排污口整治等专项行动。推进岳阳中部水资源配置、重点垸堤防加固一期、岳阳市长江干流堤防提升等重点工程，构建洪涝可防、风险可控的防洪保安网。打造幕阜山绿色发展新名片，共建长江中游城市群生态"绿心"。规划建设屈原近零碳排放示范区，探索"近零碳"发展模式。建立岳阳推动长江经济带绿色发展重大项目储备库，组织实施一批生态优先绿色发展示范项目，联合申报一批支撑新时代洞庭湖生态经济区长远发展的重大项目，共同谋划一批全域治理项目。

推进乡村振兴协同发展。贯彻落实《关于推进以县城为重要载体的城镇化建设的意见》，因地制宜补齐县城短板弱项，支持邻长县市区主动承接长沙一般性制造业、区域性专业市场、物流基地等非省会核心功能疏解，带动和引领乡村振兴。开展农业生产品种培优、品质提升、品牌建设和标准化生产五年行动，打造G240沿线农业产业示范带。支持南部三县市大力发展定制农业、农耕体验、民宿经济等新业态和农村电商，布局建设一批优质农产品示范基地，为省会配套提供"菜篮子""果盘子""米袋子"，打响樟树港辣椒小镇、鹤龙湖蟹虾小镇等特色品牌，打造对接长沙的绿色农产品生产供应基地、都市休闲基地和"微度假"目的地。

三、实施融合发展行动，是加速融入"强省会"战略的重要途径

加快南向发展步伐，在规划布局、交通设施、物流枢纽、公共服务等方面加强合作，促进形成长岳深度融合、错位发展的区域发展态势。

推动规划一体衔接。聚焦中部地区崛起、长江中游城市群等重大战略，在战略规划、国土空间、产业发展、综合交通、文化旅游、人才流动等规划方面与长沙市、湘江新区高频对接、高效合作，为服务融入"强省会"战略提供规划基础。以湘江新区湘阴新片区为基础，加强《湖南湘江新区"十四五"发展总体规划》对

接，建设"长岳融合新城"。主动融入长株潭都市圈发展，密切对接《长株潭城市群国土空间规划（2020—2035年）》《长株潭都市圈发展规划》等专项规划以及重点片区建设方案。支持平江县、汨罗市、湘阴县全面加强与浏阳市、长沙县、望城区等毗邻区域的规划对接，促进重点领域规划编制协同，更好引导区域一体化发展。

推动交通互联互通。公路：积极推动万家丽路北延线配套园段、岳望高速金龙互通、湘江北路连通工程、向开大道连通工程、芙蓉大道北拓至屈原等区域联通道路。尽快启动许广高速茶亭互通至长沙绕城东北段高速公路、G4京港澳高速公路长沙至岳阳段扩容工程、G107改线（汨罗京古塘-青山铺段）工程。铁路：协调推动长九铁路纳入国家规划并过境岳阳湘阴、平江，加快启动常岳九铁路、城陵矶港铁路专用线、虞公港至汨罗古培塘货运铁路专用线建设，规划建设长岳城际铁路，推动长沙地铁1号线延伸至湘阴片区。水运：协调推进长江航道湖南段疏浚整治工程、长沙至岳阳段湘江3000吨级航道改扩建工程、虞公港5000吨级深水港建设。推进长江"数字航道"建设，实施智慧赋能，实现常年万吨级船舶可直达城陵矶港。开展湘江衡阳-岳阳段一级航道建设前期研究，构建南向水运大通道。航空：加快三荷机场改扩建工程，完善机场货运功能和货运航线网络，积极配合湖南省机场管理集团对三荷机场统一并购、统一管理、统一运营，与长沙黄花机场实现错位互补发展，打造中部地区航空货运枢纽。推进平江县、湘阴县、汨罗市等通用航空机场规划建设，搭建通用航空机场网络。

推动物流枢纽共建。加强与长沙陆港型国家物流枢纽协同发展，引导物流企业充分利用岳阳多式联运综合物流基础，优化货流路径，打造国内重要的物流集散、中转和分拨中心。高标准规划建设湘阴虞公港物流园、汨罗电商物流园等一批重点物流园，加快建好运营城陵矶新港多式联运物流园、胥家桥综合物流园、空港经济区航空物流产业园等示范项目。加快临空经济区规划建设，加强与黄花机场等周边机场及口岸功能区的联系，构筑特色明显的空运物流体系。积极扶持骨干物流企业做大做强，大力引进国际国内物流头部企业，加快物流标准化建设，推动物流降本增效，打造在全省乃至全国有影响有地位的岳阳物流平台品牌。

推动公共服务共享。推动社会保障一体化，以社会保障卡为载体探索建立居民服务"一卡通"，协调推进长岳两地基本医疗保险标准统一、结果互认，完善异地就医门诊费用直接结算服务，探索养老服务协作机制，加快邻长城市养老设施建设，配套长沙提供异地养老服务。加强教育合作，对接争取长沙高校、科研院所、高职院校在岳阳建设分校、设立分支机构或整体转移，推动产教实训基地共建共享。加强医疗合作，探索加盟医联体、设立基地、建设技术合作中心，构建常态化疫情防控协作机制，推动在岳阳建设区域急救中心。加强长岳应急救援一体化建设。

推动文旅合作提升。加强与长沙旅游资源对接，共同打造"水上+陆上"精品旅游线路。强化水系连通、江湖联动，提质升级汨罗江等旅游航道，构建从橘子洲到洞庭湖观鸟胜地的区域水上旅游大通道，打造"大美洞庭"环游岳阳、"船说岳阳"洞庭湖水上旅游等品牌旅游线路。整合任弼时纪念馆、平江起义纪念馆等红色旅游资源，对接花明楼、开慧、胡耀邦故里等资源，共同开辟红色旅游线路。充分挖掘屈原、左宗棠、范仲淹、芈月等历史文化旅游资源，联动打造湘楚文化旅游线路，依托汨罗江、屈子文化园等特色资源，携手长沙做实"屈贾之乡"。加快长江国家文化公园（岳阳段）建设，推动岳阳楼—君山岛与岳麓山等长沙市5A级景区联动发展，推进"守护好一江碧水"首倡地国家4A级旅游景区创建，以及天岳幕阜山、洋沙湖旅游度假区等旅游景区建设，加快构建便捷的全域旅游交通服务体系，打造省会"后花园"和旅游目的地。主动对接马栏山视频文创园，积极引进高层次文化活动和文化产业资源，加大旅游实景剧、旅游文创产品等开发力度。以举办第十四届省运会为契机，加强与在长体育组织、专业机构等交流合作，谋划共同举办国际国内赛事项目。

第三节　岳阳实现跨越赶超的迫切需要

　　岳阳作为国务院确定的长江沿岸首批对外开放城市，长江中游重要的区域中心城市，自1998年岳阳GDP超过常德以来，经济实力稳居全省第二。但长期以来，标兵长沙身影越来越远，重兵衡阳、九江优势突出，追兵常德步步紧逼。2021年岳阳GDP和地方财政收入分别仅占长沙的1/3、1/7；衡阳的地方财政收入比岳阳多13亿，高新技术投资增速在岳阳的8倍以上；九江2021年GDP占全省比重12.6%，比岳阳高3个百分点；常德GDP与岳阳差距仅348.88亿元，且地方财政收入高于岳阳。

　　一、新时代呼唤岳阳实现跨越赶超。新时代新阶段的发展必须是高质量发展，而高质量发展就好比撑竿跳，如果没有一定的速度助跑，是无法实现大幅跃升的。总体来看，现在岳阳的发展速度不是快了，而是慢了，经济总量不是大了，而是小了。因此，岳阳必须锚定建设名副其实省域副中心城市目标，因地制宜地以高质量跨越式发展来实现经济社会的追赶发展，在提高发展质量的同时合理地提升增长速度，才能逐渐缩小与发达地区的发展差距，进而实现赶超式发展目标。

　　一是适应经济发展规律要求的必然选择。经济发展实践表明，发达国家在经济发展迈向成熟阶段之后，必将转向经济增速放缓、发展质量水平日益提高的高质量发展期，这是经济发展过程中内在固有的客观规律。进入新时代，传统经济增长方式与维持经济发展高速增长率难以为继，推动高质量发展是新时代经济发展的根本要求。党的十九大报告指出："我国经济已由高速增长阶段转向高质量发展阶段，正处在转变经济发展方式、优化经济结构、转换增长动力的攻关期。"高质量发展是解决经济发展过程中存在的质量不高、效益不好、创新能力不强、环境不优等问题的必然选择。高质量发展是事关发展方式、经济结构、增长动力的深刻变革，也是推动跨越式发展的源泉和动力。跨越式发展是解决科学发展不足、经济总量不大、产品质量不硬的根本要求，是后发地区奋起直追、同步小康的必然选择，也是夯实高质量发展物质基础的客观需要。没有高质量发展的有力保障，跨越式发展就必定又会陷入以"三高一低"为特征的粗放式增长的"窠臼"，成为"强起来"道路上的"拦路虎"。因此，经济发展规律决定岳阳必须走高质量发展道路，需要不断优化发展质量，提高经济效益，实现跨越式发展。

二是激发经济发展内生动力的必然举措。"一切社会生产都是构成社会主体的人的活动。""生产关系是由人的社会生产活动所产生的不以人们意志为转移的客观存在，而生产力也是由人为中心的生产基本要素所产生的能够以物质形式表现出来的客观实在，二者均具有主体性和客观性的本质特征。"这就深刻揭示了生产方式变革的客观规律，强调了人的主动性对于经济发展的重大作用。各地必须从时代坐标的历史维度、经济社会发展的理论维度、知行合一的实践维度擘画发展蓝图、创新发展思路、优化发展方式，进一步解放思想、实事求是、求真务实、与时俱进,在高质量跨越式发展进程中闯出一条推动经济全面发展的新路。为此,必须认真分析推动高质量发展过程中的内在矛盾、现实问题和不良现象,把脉找准影响高质量跨越式发展的原因及其症结,以高质量跨越式发展的务实举措充分激发经济发展的内生动力,才能有效推动经济科学发展,更好地满足人民对美好生活的向往。

三是破解经济发展主要矛盾的必然路径。进入新时代,中国社会主要矛盾已经从"人民日益增长的物质文化需要同落后的社会生产之间的矛盾"转化为"人民日益增长的美好生活需要和不平衡不充分的发展之间的矛盾"。使人民群众的需求重点从"有没有"转向"好不好"、从"缺不缺"转向"优不优",用稳定的经济增长和高质量的发展绩效来满足人民的美好生活需要。后发地区必须走高质量发展之路,坚持以经济建设为中心,全面推进政治建设、经济建设、文化建设、社会建设、生态文明建设,贯彻创新、协调、绿色、开放、共享的发展理念,持续解决不平衡不充分的发展问题,更好地满足人民群众对美好生活的需要,才能探索走出一条破解经济发展主要矛盾的新路径。

四是促进经济持续健康发展的必然要求。当今世界,由信息革命、新能源、人工智能和生物制药等所带动的新一轮产业技术革命正在蓬勃发展,由此带来的科技领域创新为经济发展带来了广阔的发展前景。当前,信息数字技术被广泛运用并由此带来人类经济生产生活方式的革命,成为优化经济结构和促进经济增长的重要驱动力。一个地区发展进入了工业化中后期阶段后,呈现出新的阶段性矛盾,内在决定了他们要奋起直追、保持经济持续健康发展,才能在一个较为长期的经济发展周期中缩小与其他地区的发展差距，进而实现中国区域协调发展的目标。必须紧紧扭住关键环节和战略重点，"从思想、机制、政策、资源等层面聚集聚力，扬长补短"，在科技产业创新、重点领域改革、内陆双向开放、区域协调发展、城乡有机融合、友好环境形成上谋求"创新突破"，通过保持经济持续协调快速发展来最大限度地实现高质与快速、质量和效益、品种与品牌齐头并进，实现第二个百年赶考奋斗目标。

二、新问题要求岳阳实现跨越赶超。近年来，在全市上下共同努力下，岳阳高质量发展取得明显突破，但实现跨越赶超还存在不少短板，离建设名副其实的省域副中心城市要求还有不少差距。

一是产业结构不优。岳阳持续推动发展动力升级，产业结构不断优化，但石化产业"一业独大"局面尚未改变，新兴产业还处于成长发育阶段，主导地位、引领作用还不强，经济动能转化新不足以补旧、小不足以补大的矛盾比较突出。从工业看，2021年，全市高技术制造业占规模工业的比重仅为9.0%，战略新兴产业总产值占工业总产值的比重为27.5%，由于体量较小，对工业经济带动能力不足，而六大高耗能行业增加值占全部规模工业增加值的比重多年来保持在40%左右居高不下。从服务业看，全市金融业、信息传输、软件和信息技术服务业占服务业比重分别仅为5.9%和6.5%；限额以上单位通过网络实现的商品销售额占社会消费品零售总额的比重仅0.8%，新兴动能对经济增长的拉动作用有限，岳阳产业结构升级、新旧动能转换任重道远。

二是发展质效不佳。财税质量方面，近年来，受债务化解、减税降费及疫情等叠加影响，岳阳财税收支矛盾较为突出。特别是因石化行业收入占比高及财政体制原因，作为岳阳主体税种的消费税需全部上划给中央，导致岳阳财政总收入规模较大，而地方收入却不多。2021年，岳阳实现一般公共预算地方收入171.14亿元，仅为沿江同类城市芜湖、九江、宜昌地方收入总量的47.4%、58.6%和86.3%。一般公共预算地方收入总量占GDP的比重仅3.9%，低于全省平均水平3.2个百分点，排全省末位。均量指标方面，2021年，岳阳人均GDP为87267元，仅为宜昌和芜湖的68.7%和74.3%，在湖南省一类地区排第4位，低于长沙、株洲和湘潭三市。城镇和农村居民人均可支配收入分别为39799和20168元，均排全省第6位，居长沙、株洲、湘潭、衡阳之后，与全省第二经济体地位不相匹配。

三是科技创新质量不高。2021年，全市高新技术产业增加值占GDP的比重为25.8%，低于长沙、株洲、湘潭；高技术产业投资占全部投资比重为12.1%，排一类地区第7位。科技研发投入方面，创新投入提升有限。2020年，全市研发经费投入62.63亿元，强度为1.57%，低于全省平均水平0.58个百分点，低于长沙、株洲、湘潭、娄底等同类城市，一类地区中排第6位。规模以上工业企业中有研发活动企业占比、规模以上工业企业新产品销售收入占比等指标均排一类地区末位。

四是开放发展层次不深。从规模实力看，虽然近几年岳阳深入实施开放崛起战略，着力推动开放型经济高质量发展，外贸实现了赶超跨越发展，但开放层次和水平不高，通江达海区位优势未能有效发挥。2021年，岳阳进出口总额已达612.06亿元，但低于芜湖和九江133.2和39.5亿元，仅占南通、扬州、镇江等外贸强市的18%、63.2%和73.4%，差距还比较大。此外，对外开放政策支撑力度不够、产业辐射面有限、进出口企业物流成本高、沿江产业发展滞后、外向发展不均衡等问题，均严重制约了岳阳开放型经济发展。

三、新机遇支撑岳阳实现跨越赶超。岳阳地处"湘北门户"，是习近平总书记亲临考察过的地方，禀赋独特、地位重要，尽管岳阳实现跨越发展难度很大、形势复杂，但岳阳面临着一系列难得的机遇利好。党的十八大以来，国家先后实施"一带一路"、长江经济带、洞庭湖生态经济区、长江中游城市群等一系列重大战略，岳阳获批第5个国家长江经济带绿色发展示范城市，多重战略交会叠加，给岳阳带来了诸多政策利好。特别是近年来发展态势持续向好，具备跨越赶超的坚实基础。

一是综合实力稳步提升。2021年，全市实现地区生产总值4402.98亿元，同比增长8.1%，总量稳居全省第2位。农业生产稳步发展，实现农林牧渔业总产值804.45亿元，增长10.2%。工业经济持续回升，全市规模以上工业增加值增长8.4%，园区规模工业、新兴产业增加值占规模工业比重分别为82.4%和26.6%，制造业增加值占GDP的比重达32.2%。投资稳中提质，固定资产投资增长10.5%，亿元及以上项目个数及投资额分别增长27.9%和29.7%。消费市场持续稳定增长，全市实现社会消费品零售总额1807.87亿元，同比增长14.9%，居全省第3位。财政金融保持平稳，全市一般公共预算地方收入171.14亿元，增长12.1%。2021年末，全市金融机构本外币存贷款余额分别为3318.15亿元和2841.65亿元，分别增长8.2%和15.3%。

二是改革创新成绩斐然。创新动能加快集聚。着力推进国家热塑性弹性体技术创新中心、军民科技协同创新岳阳分平台、省橡胶工程技术研究中心等一批重点创新平台。2021年，全市实现高新技术产业增加值1137.77亿元，占GDP的比重同比提升2.2个百分点。高技术产业、高加工度工业增加值分别增长30.9%和18.4%，占规模工业的比重同比分别提升1.1个和1.5个百分点。创新成果不断涌现。2021年，全市专利授权量5098件，增长22.7%。其中，发明专利授权量352件，增长44.3%。获得国家科技进步奖励2项，科技成果登记数54项。市场动能有效激发。2021年全年新登记各类市场主体10.15万户，居全省第2位，比去年同期净增5.2万户，同比增长105%。新增"四上"单位633家，居全省第3位。民间投资同比增长11.3%，占全部投资的比重同比提升0.4个百分点；实现民营经济增加值3296.31亿元，增长8.3%，占地区生产总值的比重达74.9%。

三是协调发展成效明显。基础设施不断完善。2021年，全市完成交通固定资产投资132.7亿元，投资额居全省第1位；平益高速、城陵矶高速项目加快推进，平益高速全线进入路面施工阶段，S210汨杨公路、G353岳阳东站至三荷机场建成通车，北环线全线贯通，40公里城市环线完成闭合。完成农村公路提质改造404公里，建设农村公路安防设施1052公里，危桥改造107座。城乡结构趋于合理。城镇化发展进入提质阶段，2021年，全市城镇化率达61.60%，同比提高0.94个百分点，居全省第4位。乡村振兴纵深推进。坚持以农村人居环境整治为抓手，全面带动乡村建设。积极开展村庄清洁行动，全市共清理农村生产生活垃圾75.4万吨，疏通沟渠11259.6公里多。大力推进农村改厕任务，全市完成改（新）建农村户厕9.44万户、公厕100座。

四是绿色发展实现提升。节能降耗成效显著。每万元规模工业增加值能耗由2020年的0.84吨标准煤下降到2021年的0.80吨标准煤，下降4.5%。全市六大高耗能行业占规模工业的比重为39.8%，同比下降0.3个百分点。生态环境质量不断改善。2021年全市环境空气质量优良率为90.4%，同比下降0.3%；空气综合指数为3.73，同比改善1.6%。全市50个地表水考核断面水质监测达标率为93.3%，达到或优于III类标准的水质断面比例为82%；长江岳阳段水质达标率为100%；全市城镇集中式饮用水水源地水质达标率为100%。城镇生活污水处理率为97.5%，城市生活垃圾无害化处理率为100%。全力推进黑臭水体整治，市中心城区32处黑臭水体初步达到"长制久清"，4处县级黑臭水体得到整治。

五是对外开放取得突破。对外贸易大幅增长。2021年，全市进出口总额突破600亿元，达612.06亿元，增长45.9%，总量和增速均居全省第2位。其中，出口额和进口额分别增长71.2%和26.0%。全市完成物流业总产值1205亿元，增长13.6%；城陵矶港完成集装箱吞吐量60.06万标箱，增长18.1%。招商引资成效良好，全年实际到位内资1160.5亿元，增长26.7%；实际使用外资4113万美元。平台效能加快释放。岳阳自贸片区形成15项"首提首批首创"成果，落地全省首个国家级试点案例；综保区进出口总额和增速居全省7个海关特殊监管区首位；进境水果指定监管场地成功获批，构建形成"三区一港四口岸"开放平台体系。区域合作不断深化。持续推动"岳企出海、岳品出境"，净增外贸企业153家，长岳协同发展稳步推进，中非工贸产业园一期建成投运，岳阳获批海峡两岸产业合作区。

第二章
省域副中心城市建设其时已至

　　省委省政府将岳阳定位于省域副中心城市，既是对岳阳过来发展的充分肯定，又是对岳阳未来发展的殷切期望。在中国特色社会主义新时代，岳阳如何谱写省域副中心城市发展的崭新篇章，是一个重大而紧迫的现实课题。

第一节　岳阳高质量发展已站上了新起点
开启了新征程

　　一个地方的发展，离不开当地人民的努力建设，离不开独特的区位环境和资源禀赋，也离不开一定的战略机遇。1983年岳阳地市合并、撤地设市，1992年被列首批长江沿岸对外开放城市，都极大地促进了岳阳作为一个新兴城市的跨越式发展。今天，长江经济带建设、洞庭湖生态经济区建设、促进中部地区高质量发展和中国（湖南）自由贸易试验区获批等一系列重大战略的实施，又源源不断地给岳阳赋能加油，使岳阳的发展充满生机和活力。

一、从历史节点看岳阳与国家发展同频共振

　　岳阳是我国历史文化名城，其显著特征就是农耕传世。虽然在清末民初，先是被西方坚船利炮裹挟，然后又受到革命洪流冲击，一度也乍现了现代文明的曙光，但没有从本质改变其"宿命"。岳阳从一个纯农业区域蜕变为一座新兴城市，是与国家社会主义建设和改革开放相契合的。

　　【现代岳阳发展历史节点简表】

　　1964年，从长沙专署析出岳阳、临湘、平江、湘阴（后又从中

析出汨罗），从益阳专署析出华容，设立岳阳专署（1970年改称岳阳地区）。

1975年，岳阳县城搬迁荣家湾，在原岳阳地区所在地、岳阳县城关镇的基础上设立岳阳市。

1981年，撤销岳阳县并入岳阳市。

1983年，地市合并，撤地改市。

1992年，岳阳列入长江沿岸首批对外开放城市。

1998年，岳阳GDP开始跃升并从此排名湖南全省第二位。

2009年，列入新中国成立六十周年六十个典型城市。

2018年，中央备案同意《湖南省关于市县机构改革的总体意见》，岳阳列入湖南省大城市。

2020年，湖南省委十一届十二次全会通过《湖南省国民经济和社会发展第十四个五年规划和二〇三五年远景目标的建议》，岳阳被明确为湖南省域副中心城市。

这一简表充分展示了岳阳华丽转变的具体进程，同时说明岳阳正再一次开启新的历史征程。

二、从历史方位看岳阳的责任使命

就历史发展的进程而言，岳阳正处于多重战略机遇叠加的重要"窗口期"。首先，习总书记对湖南的系列指示批示精神是岳阳高质量发展的强大动力。党的十八大以来，习近平总书记分别于2013年、2018年、2020年三次亲临湖南视察指导工作，为湖南的建设发展擘画蓝图、把定方位、指明重点、提出要求。他在湖南首倡精准扶贫，推动全省全国全面建成小康社会；他希望湖南发挥作为东部沿海地区和中西部地区过渡带、长江开放经济带和沿海开放经济带结合部（即"一带一路"）的区位优势，加快形成发展新格局；他强调着力推进供给侧结构改革、着力推进农业现代化、着力加强和保障民生（即"三个着力"），实现湖南持续健康发展；他指明长江经济带要走生态优先、绿色发展之路，嘱托我们"守护好一江碧水"；他要求打造国家先进制造业高地、具有核心竞争力的创新高地、内陆地区改革开放高地，在拓展高质量发展上闯出新路子、在构建新格局中展现新作为、在推进中部崛起和长江经济带发展中体现新担当，谱写新时代中国特色社会主义湖南新篇章（即"三高四新"战略）。

其次，国家实施长江经济带发展战略是岳阳高质量发展的最大"红利"。长江流域在整个国民经济格局中具有极其重大的战略地位。因为各方面的原因，过来长江流域的快速发展主要体现在以上海为中心的"长江三角洲"地区。眼下，长江全流域发展作为国家战略已经逐步实施，湖南是长江流域省份，而岳阳作为全省唯一临江城市、坐拥163公里长江岸线、具有城陵矶良港、独占通江达海的优势，必将成为湖南对外开放的一个重要"桥头堡"和长江经济带上一个重要节点。特别是随着岳阳获批长江经济带"绿色示范区"，长江经济带的拉动效应将日益突显。

第三，其他相关政策和战略部署也具有极高的"含新量""含金量"，已实施的长江中游城市群发展战略，把岳阳融入跨越省级行政区划的更大发展空间；洞庭湖生态经济区发展战略，已经取得丰硕的前期成果，现在又正根据国家十四五规划和二〇三五年远景目标调规修编；2021年国家又颁布促进中部地区高质量发展的意见，中部地区一大批重点项目进入"国家工程"；特别是2020年国家批准设立中国（湖南）自由贸易试验区，岳阳也从中获得一个片区，自贸区运行一年多时间，效果十分明显。

面临这样一波发展趋势，作为湖南省域副中心城市、长江经济带上的重要节点城市，岳阳市委市政府带领全市人民以"机不可失"的敏锐感、"时不我待"的紧迫感、"舍我其谁"的责任感，担当使命，以不负时代、不负人民、不负习近平总书记的重托。

三、从矛盾变化看岳阳建设发展的转型升级

如果说，建立社会主义市场经济体系、全面建成小康社会是完成改革开放历史任务的客观标志，那么，国内基本矛盾的重大变化，则是进入中国特色社会主义新阶段的内在逻辑。过去，国内基本矛盾是"人民群众日益增长的物质文化需要与生产力发展不相适应的矛盾"，在这一前提下，我们工作的总方针就是把数量搞多一些，把规模搞大一些，把速度搞快一些，努力提高生产力，"把蛋糕做大"，以GDP论英雄。正是基于这一时代背景，岳阳经济总量跻身全省第二位，为被先后明确为省内大城市和省域副中心城市奠定了基础。

经过几十年的奋斗，基本解决了旧的矛盾，又迎来了新的矛盾，即人民群众的美好愿望与发展不充分、不平衡的矛盾。矛盾推动事物的变化发展。在这一前提下，我们工作的总方针就是实现高质量的发展。也就是在继续做大蛋糕的基础上，更要把蛋糕"做好""做新""分匀"。具体到岳阳而言，落实高质量发展、建设名副其实的省域副中心城市，不仅要持续做大经济总量、稳保全省

第二位置，而且要提高经济质量，包括人均GDP、地均GDP，包括财政收入、税收所占比重，包括社会固定资产投资、社会消费品零售总额，也包括居民人均可支配收入、财政公共支出比例，等等，这是一份全新的考卷，是又一场严峻的考验，它是衡量我们治理体系和治理能力现代化水平的标杆和尺度。

四、从具体要求看岳阳高质量发展的路径选择

实现高质量发展，总的原则是立足新阶段，以发展不充分、不平衡为问题导向；贯彻新发展理念，坚持创新、开放、协调、绿色和共享发展；积极构筑新格局，形成以国内市场为主、国内国际市场相结合的双循环，推动国民经济持续健康增长。具体而言，就是按照中央和省委的部署要求，努力在"稳增长、促改革、调结构、惠民生、防风险、保稳定"六个方面科学把握、精准施策、务求实效。

稳增长。没有适度的增长，也就不可能有高质量发展。由于新冠肺炎疫情的持续影响，以及国际贸易的不稳定性加剧，当前我们面临经济下行的压力。坚持稳中求进的总基调，确保经济大盘稳定具有重大意义。就我国历史经验而言，还是要发挥投资、消费和外贸"三驾马车"的作用。一方面，岳阳要建设名副其实的省域副中心城市，差距大、潜力大、投资需求的缺口也大；另一方面，投资是需要代偿的，投资也是有风险的。因此，投资不能饥不择食，要通过投资盘活存量、形成增量、增加储量，只有更开阔的视野、更畅通的渠道、更灵活的形式，着力提升投资融资的导向性、有效性和战略性，才能把有限的资源要素集中配置到大项目、好项目

和管长远的项目上来。消费牵引市场、市场拉动生产，促进消费不仅是高质量发展的题中之义，更是让人民群众共享发展成果的必然要求。要纠正在消费问题上落后或错误的认识，树立积极健康的消费观念；改善消费环境，增加公共福利，提供多样化（特别是针对低收入层次居民）的消费产品；突破总部经济、文旅经济、数字经济、夜间经济和创新业态，着力引导消费回流；抓住居住性消费、改善性消费、服务性消费、实现消费提质升级；特别是利用"省运会"在岳阳举行的契机，整合文旅融合资源，大力吸引外来消费。关于对外贸易，应该成为岳阳高质量发展的优势，但实际上还是一块短板，岳阳经济外向度和对外贸易的整体水平与两个市场"双循环"的新格局、与长江沿岸首批对外开放城市的地位还不相称。要研究国际市场、了解国际市场、打入国际市场，使更多的岳阳商品走向世界；要分析世界百年未有之大变局下的国际供应体系变化，危中求机、短中求长、无中生有，在全球产业链中争席位；要利用一带一路、中非合作论坛，以及国际双边或多边经贸合作框架，强化多种形式的投资、贸易和合作；要发挥外贸港口优势，通过货物贸易与集散，带动航运物流产业的发展。

促改革。不断深化改革，发挥市场配置生产要素的巨大活力。要消除一切不利于创新创业的条条框框，鼓励大众创业、全民创新；要加快权益分配改革，最大限度释放创新激情、创业欲望；要积极谋划推进一些关键性、标志性、突破性、引领性改革，要向部门利益开刀，彻底进行放管服改革，创造运行便捷、成本低廉的营商环境，真正形成省域副中心城市应有的吸引力。特别是在盘活资源上探索切实可行的新途径，使资源变资产、资产变资本。岳阳资源丰富、优质资产不少，国有存量资产要清查盘底、科学分类、高效变现，要围绕矿山、矿石、森林、水能、水运、能源电力，以及土地资源等，促使固定资产活化运用、源头活水畅流不断。根据对全市2300家行政事业单位、14个产业园区和350家国有企业资源、资产、资本的初步摸底，通过"三资"运作改革，可实现200亿元以上的再投入用于支持经济社会发展。

调结构。岳阳脱胎于传统农业生产地区，工业化程度不是很高，三次产业结构还有待优化。在农业生产中，大路货多、名特新优产品少，卖一次性产品多、精加工深加工产品少，要通过实施乡村振兴战略，加快农业产业结构调整。在三产业方面，也是传统服务型多，而现代金融、电商、信息、大数据等新兴三产业尚未形成较强的市场占有率和影响力，需要通过引进战略性投资和创新型项目，弥补自身开发能力不足。就工业领域方面而言，重化工业所占比重高，而体现工业化水平的高科技产品，具有自主知识产权的制成品和大型成套设备生产还是明显的弱项。因此，要正确处理和把握新旧动能转换的力度和时机，加大技术改造投入，一方面加快推动石化、食品等传统产业改造升级，促进"老树发新芽"；另一方面积极培育发展新兴产业，打造一批"专精特新"，推动"小苗成大树"。推进调结构转方式是岳阳实现高质量发展的必由之路，也是岳阳建设省域副中心城市的品质要求。

惠民生。把增加民生福祉作为最大的政绩，健全"我为群众办实事"常态长效机制，从最困难的群体入手，从最突出的问题着眼，从最具体的工作抓起，既在发展经济中做大民生"蛋糕"，又在分好"蛋糕"中促进共同富裕。就业是民生之本，要切实做好就业、再就业工作，包括农民工返乡就业工作，积极倡导灵活多样的家庭经营，进一步发展个体私人经济。在城市基础设施和农田水利工程项目中实现以工代赈，实现救助与就业"一箭双雕"。社会保障要扩面提标，做到城乡居民全覆盖，社保水平"水涨船高"。尽管岳阳如期完成了脱贫攻坚任务，但是特别要防止规模性返贫。截至2021年底，全市还有2319户脱贫不稳定户、1903户边缘易致贫户、2610户突发严重困难户，以及18.6万城乡低保和特困供养对象，为此必须加强动态监测，确保各项扶贫措施落实到位。

防风险，保稳定。保持清醒头脑，坚持底线思维，加强风险管控、维护社会稳定，既是一个城市治理水平的客观反映，又是一个城市健康发展的基本保证。在经济方面，要防范金融、债务、能源和粮食等风险，目前政府负债较多，而稳住经济大盘又有较强的投资需求，要把握分寸，主要是利用政府"杠杆"撬动社会投入。在城镇化、工业化叠加的条件下，建设省域副中心城市，用地矛盾特别突出，但耕地红线不能失守，这是把"饭碗端在中国人自己手里"的根本保证。在防范自然灾害方面，首当其冲的是做好新冠肺炎疫情防控，严格按照中央的统一部署实现"动态清零"。岳阳地处长江、洞庭湖交汇要冲，安全度汛、防洪保安也不能掉以轻心。还有人们的生产、出行、居住环境方面，也有一些安全隐患，必须警钟长鸣。尤其是在当前经济出现这样那样的困难、各种利益矛盾增多的情况下，必须高度重视维护社会面的稳定。建设省域副中心城市，不仅要经济上做大做强，而且要保证人们安居乐业，形成良好的城市品牌和形象。

第二节 "三高四新"战略定位和使命任务带来难得机遇

习近平总书记关于"三高四新"的指示，具有很强的前瞻性、针对性和指导性，市委市政府带领全市人民反复深入学习领会、认真贯彻落实、担当责任使命，取得了明显成效，既为建设名副其实的省域副中心城市打下了良好的基础，又为建成名副其实的省域副中心城市展示了美好的前景。

一、城市功能明显改善

体量规模稳步扩大。岳阳市行政区划包括岳阳楼、君山、云溪3个市辖区，汨罗、临湘2个县级市，岳阳、湘阴、平江、华容4个县，屈原管理区、岳阳经济开发区、岳阳南湖风景区3个市管功能区，以及城陵矶新港区。岳阳市常住人口505.19万，省内排名第六。2020年常住人口城镇化率达60.8%，与2015年的54%相比，增加了6.8个百分点。2020年，土地面积为15087平方公里，人口密度为382.53人／平方公里，新增建设用地规模10.5万亩，固定资产投资增长8.8%。

基础设施更加完备。交通运输网络纵横，全市对外有长江黄金水道、京广铁路、京广高铁、蒙华铁路和京港澳高速公路、杭瑞高速公路等国家交通主动脉，市域内已建成"三纵三横"干线铁路网、"四纵两横"高速公路网、"四纵两横"国道网、"五纵七横"省道网，全市公路通车总里程达到2.06万公里，国省干线二级以上公路占比提升至57.6%，城市半小时、市域1小时交通圈基本形成。能源保障能力不断增强，新开工建设大型电厂（站）3座，新建改造110千伏以上变电站38个，新增变电容量523万千伏安。水利建设水平不断提高，新建改造水利工程4.6万处，新修加固堤防141公里，新建集中供水工程129处，解决155.6万农村人口饮水安全问题。信息基础设施不断完善，移动互联网用户数达到515万户，建成5G基站1768个，行政村光纤通达率100%。

社会配套逐步完善。社会保障体系加快建设，城乡居民基本医疗、养老保险覆盖率分别达到95.8%和100%，城乡养老服务设施覆盖率分别达到98%和86%，岳阳获评全国居家和社区养老服务改革试点市。教育现代化进程加快，新建和改扩建中小学校488所，湖南理工学院升为一本，岳阳职院获评国家优质专科高等职业院校。岳阳广播电视大学（社会大学）和岳阳市第一职业中专搬迁，地方本科岳阳学院，以及现代职业技术学院、现代产业学院（自贸片区）先后开工建设，中高等职业技术教育将为岳阳省域副中心城市建设提供学以致用的产业技术人才支撑。健康岳阳建设深入推进，新建和改扩建二级以上医院16家、基层医疗卫生机构988家，岳阳获批国家城市医疗联合体建设试点市，全民健身运动蓬勃开展，新建社区公共体育设施覆盖率达到100%，人均体育场地面积达到1.87平方米。文化事业加快发展，市图书馆新馆和美术馆建成投运，新增全国重点文物保护单位22处、省级文物保护单位51处，国家级和省级非物质文化遗产保护项目10个，岳阳获批国家公共文化服务体系示范区，顺利通过全国文明城市复查。

二、产业结构持续优化

"十三五"期间，新兴产业占岳阳市规模工业比重从23.4%增长到25.9%，拉动规模工业增长1.7%，对岳阳市工业经济拉动作用进一步提升。主导行业发展势头良好，十大重点产业规模工业总产值占全部规模工业总产值的比重超过90%，石化、食品两个产业已成长为"千亿产业"，电子信息、装备制造等产业正加速向千亿产业迈进。石化产业是岳阳第一个千亿产业，共有规模工业企业153家，2020年完成产值1255.79亿元，同比下降8.6%。其中，长岭炼化完成产值351.31亿元，同比下降21.7%，实现税收94.56亿元；巴陵石化完成产值168.20亿元，同比下降18.2%，实现税收21.53亿元。食品加工产业是岳阳第二个千亿产业，工业总量居全省食品工业（不含烟草）第一位，2020年完成产值1362.35亿元，同比增长12.8%；共有规模工业企业397家，拥有道道全、君山银针、正虹、九鼎等中国驰名商标22个，国家级龙头企业4家，省级龙头企业32家。装备制造业2020年完成产值866.67亿元，同比增长12.8%，共有规模工业企业297家，形成了以电磁装备、节能环保装备为特色，以石化装备、汽车零部件及工程机械为支撑，以食品装备、农机装备、电机、机床及智能装备为补充的产业体系。电子信息产业2020年完成产值217.73亿元，同比增长44.8%，共有规模工业企业66家；新金宝喷墨打印机项目是湖南省迄今引进的投资规模最大的台资项目，2020年综合产值30亿元以上，目前生产规模达1800万台，将成为全球最大的喷墨打印机制造基地。生物医药产业规模位居全省第二，是湖南省重要的生物医药产业基地，2020年完成产值243.23亿元，同比下降8.4%；有医药产业及相关企业57家，其中制药企业34家、医药包材生产企业12家、医疗器械生产企业6家、化妆品生产企业5家，生物医药行业从业人数1万余人；岳阳市有14种药品剂型，药品批文463个。湖南科伦药业是中南地区最大的输液制品生产企业，也是湖南年产值最大的制药企业，2020年实现营业收入19.45亿元，上缴税收1.17亿元。

三、工业经济稳步增长

"十三五"期间，岳阳市规模工业总产值从5374.19亿元增长到5733.7亿元，年均增长约8.3%；规模工业增加值从1105.77亿元增长到1340.99亿元，年均增长约6.7%，总体实力稳居全省第二位；规模工业企业总数由1287户增加到1546户，五年累计新增907户规模工业企业入库，占当前规模工业名录的半壁江山，培育增长率为52.9%；完成工业用电量从78.28亿千瓦时增长到88.51亿千瓦时，年均增长3.2%。受减税降费政策影响，岳阳市工业税收呈整体下降趋势，完成工业税收从167.5亿元变为150.71亿元，年均增长－1.1%。截至2020年底，岳阳市工业实缴税金占一般公共预算收入比重达46%，工业增加值占GDP比重达34%以上，制造业占地区生产总值的比重达31.8%。

产业园区形成增长极核。岳阳市共有省级以上工业园区14个，其中长沙工程机械配套产业园（汨罗），湘江新区湘阴片区是深化改革、打破行政辖区、按市场要素组建的新型产业园区。特别是占地19.94平方公里的湖南自贸（试验）区岳阳片区，是国家级的"园中园"，国家给予其定位是重点对接长江经济带发展战略、重点发展航运物流、电子商务、新一代信息技术等产业，打造长江中游综合性航运物流中心、内陆临港经济示范区。2020年，岳阳市产业园区完成技工贸总收入5970.4亿元，同比增长17.3%；规模以上工业增加值1035.8亿元，同比增长13.9%；固定资产投资925.4亿元，同比增长20.1%，其中工业固定资产投资705.3亿元，同比增长19.6%；高新技术产业增加值681亿元，同比增长11.2%；进出口总额522.7亿元，同比增长25.4%；实缴税收88.9亿元（不含两厂），同比增长19%。总体来看，2018年以来，岳阳市产业园区项目建设速度加快，经济总量和发展质量得到大幅度提升，各项经济指标发展态势良好，呈现出增长稳健、结构优化、动能增强、质效提升、区域协调的良好局面，产业园区已成为岳阳高质量发展的强大引擎。

上市挂牌企业初具规模。岳阳市先后有百利科技、道道全、华文食品等3家企业上市，上市公司总数达11家，居全省第二；累计直接融资184亿元，总市值450亿元左右。股权挂牌企业方面，岳阳市有10家企业在新三板挂牌，有60家企业在湖南股交所股改挂牌（含科技创新专板企业1家）。2020年，岳阳市成功申报45家企业进入省重点后备企业资源库，龙舟农机已在中国证券监督委员会湖南监管局辅导备案。

"专精特新"企业加快培育。截至目前，岳阳市有国家级、省级"专精特新"小巨人企业94家，其中国家级"专精特新"小巨人企业3家。主要分布在化工、食品、节能环保等行业，均是规模以上企业，98%的小巨人企业为高新技术企业，拥有发明专利、实用新型、软件著作权共1175项。2020年，企业主营业务收入125.3亿元，净利润12.6亿元，净入库税款（不含个人所得税）4.3亿元，63%的小巨人企业研发投入占比在5%以上。

四、外向型经济长足发展

"十三五"期间，岳阳市开放型经济指标增幅高于全国全省平均水平，保持了较快速度的增长。2016至2020年，岳阳市累计进出口值1199.5亿元人民币，"十三五"末期（2020年）进出口额较"十二五"末期（2015年）增长500%，年均增长43.1%，总量排名从全省第7位上升至第2位，由全省"跟跑"向"领跑"转变。内联引资到位资金由462亿元增加到915.7亿元，年均增长18.7%。实际利用外资由4.2亿美元增加到7.4亿美元，年均增长15.2%。集装箱吞吐量由24万标箱增加到50多万标箱，年均增长16.3%。连续三年获评湖南省发展开放型经济先进市州、落实开放崛起"五大行动"措施成效明显先进市州，外贸工作先进市州，连续五年入围"中国外贸百强城市"榜单。

外贸结构更趋合理。一般贸易方式占比呈下降趋势，机电和高新技术产品、加工贸易占比不断增加。2016至2018年，一般贸易进出口占比均在93%左右，2019年降至80%，2020年仅66.1%；加工贸易进出口占比提升至15.5%，保税物流进出口占比提升至18.1%。新金宝项目全面量产后，带动岳阳市机电产品出口连续增长，2019年首次突破40亿元、环比上年增长172%，2020年出口54.6亿元、增长32.3%，占比出口总值29.5%，出口值较"十二五"末增长470.7%，占比提高11.4个百分点。跨境电商综试区加快建设，年年有鱼岳阳分公司从加拿大进口的海参产品在城陵矶综保区通关放行，标志着岳阳市在跨境进口零售上实现实质性突破。

精准招商成效显著。持续推进"产业招商月"活动，紧盯优势产业链和三类"500强"抓招商，新金宝打印机、华为高端制造基地、己内酰胺产业链搬迁与升级转型、恒大新能源汽车等"百亿级"旗舰项目成功落地。外资企业由2015年底的72家发展到104家，益海嘉里、凯美特、尤特尔等一大批企业相继入驻岳阳市，目前入驻岳阳的"三类500强"企业达到85家。

"走出去"步伐加快。对外劳务合作平台数量居全省前列，劳务"岳家军"在国际上赢得良好声誉。岳阳市累计核准（备案）境外企业11家，投资区域涉及8个国家和地区，投资合作领域拓展至食品、造纸、新材料等重点产业，新美陶瓷、华文食品等一批有竞争力的企业走向海外。新美陶瓷（临湘）公司投资1000万美元整体并购哈萨克斯坦AOKeramika（阿克托别）陶瓷公司，创造了中国陶瓷企业境外整体并购先例。四化建巴基斯坦轮胎项目被认定为"2021年度湖南省对外投资合作重点培育项目"。对外工程承包业务与东南亚及"一带一路"沿线国家合作步伐明显加快，形成了以四化建为代表的央企、以岳阳路桥为代表的地方国企和以湖南百利为代表的上市企业三强鼎立格局。

五、开放环境不断改善

开放通道继续拓展。岳阳占有洞庭湖60%以上的水域面积，坐拥163公里长江岸线资源，是湖南省唯一的临长江口岸城市、长江沿岸亿吨级大港城市，是长江中游的"金十字架"。通过融汇"过渡带"和"结合部"区位特点，发挥"水"优势，做活"港"文章，加快构建"大进大出、快进快出、优进优出"的开放大通道。

"十三五"期间投资200亿元，建设里程286公里，完成了城陵矶新港区"三纵三横"140公里骨干路网新建工程，建立了15分钟快速疏港通道，基本形成"外环内网"的立体交通格局。开通口岸航线10条，其中省内中转航线2条，"长沙-岳阳"穿巴航线实现天天班；重庆、宜昌中转航线2条；长江干线始发航线3条，"岳阳-东盟""岳阳-澳大利亚"国际接力航线2条，"岳阳-香港"近洋始发航线1条。铁水联运发展迅速，进港铁路支线成功纳入国家发改委"长江干线12个港口铁水联运设施联通项目"规划。启动建设湖南首个港口铁路集装箱无轨站，水铁联运"最后一公里"即将全面打通，三荷机场实现通航，岳阳正式跨入铁公水空交通大格局。

平台建设稳步推进。成功获批中国（湖南）自由贸易试验区岳阳片区、中国（岳阳）跨境电子商务综合试验区，建成运营城陵矶综保区、启运退税港和汽车、肉类、粮食进口指定口岸，成为中部地区唯一拥有8个国家级开放平台的开放区，国际贸易"单一窗口"等建成运营，城陵矶港通江达海的优势得到充分发挥。三荷机场改扩建、航空口岸申报、通用航空建设有序推进，"双港驱动"发展格局初具雏形，岳阳在全省"通江达海的增长极、对外开放的桥头堡"地位进一步巩固。口岸功能充分发挥，粮食肉类、汽车进口平台发展迅速。2015年城陵矶口岸仅有进口冻肉81.9万元、粮食1.4亿元，无汽车进口，占进口总量的2.0%；2020年该三类商品进口已达130.6亿元，较2015年增长95倍，占岳阳市进口总值的31.1%。五年间，肉类进口增长3255倍、粮食进口增长66.7倍，岳阳市进口额占进出口总额的占比从25%增长至56%。汽车整车于2017年进口破亿，2019年达到峰值19.9亿元，2020年受国家第六阶段机动车污染物排放标准实施影响较上年下降43.8%，但仍为2016年进口值的278倍。进口废纸曾是岳阳造纸行业的主要原料，进口固体废物原料也曾是城陵矶口岸最主要的进口大宗货物，每年进口量约10万吨。"十三五"期间，为了守护好"一江碧水"，造纸业加快转型升级，废纸进口量逐渐减少，2015年岳阳市进口固废6.76亿元，2017年为2.3亿元，2018年即实现固废清零，作为废纸替代产品的木浆进口则连年攀升，年进口值均在10亿元左右。

政策工具持续投放。岳阳市先后出台了《关于促进岳阳城陵矶"一区一港四口岸"加快发展奖补办法》《岳阳市促进城陵矶口岸航运物流加速发展奖补措施》《岳阳市支持城陵矶口岸开放发展奖补措施》等支持政策，安排专项资金用于支持国际航运、外贸物流、口岸通关便利等，市场主体获得感明显增强，一大批外向型企业抢滩登陆。据统计，2015—2019年度（资金拨付年度为2016—2020）共兑现城陵矶一区一港四口岸奖补资金3.7亿元。2016—2020年共争取中央、省级开放型经济发展专项资金2.4亿元，市级共安排外经贸发展扶持资金1090万元。2016—2020年期间岳阳市共467家企业从事进出口贸易，其中累计进出口值50亿美元以上1家、5亿美元以上4家、2亿美元以上10家、1亿美元以上40家。发挥外贸进出口供应链平台观盛公司投融资作用，先后在17家银行获批授信额度173亿元，为园区企业提供外贸融资238.65亿元，有效化解企业融资难、融资贵等突出问题，观盛公司被评为"开放强省十强外贸企业""湖南省重点外贸供应链平台企业"。深入推进通关一体化改革，货物通关进入"秒放行"时代，岳阳市进出口业务实现利用"单一窗口"报关报检率100%，企业无纸化通关率达95%以上。

第三节　长江经济带绿色发展示范区
建设产生重大利好

2020年8月8日，国家长江办正式印发《关于支持湖南岳阳开展长江经济带绿色发展示范的意见》，标志着岳阳成为第5个国家长江经济带绿色发展示范城市。2020年11月2日，《岳阳创建长江经济带绿色发展示范区实施方案》经省政府第88次常务会议审议通过，随后湖南省推动长江经济带发展领导小组办公室予以印发。这是对2018年以来岳阳守护好一江碧水工作的充分肯定，也是对岳阳坚持生态优先绿色发展提出的更高要求。事实证明，这一重大战略的实施，对岳阳建设省域副中心城市产生重大利好。

一、环境质量更加优良

强化问题清单销号。2017年以来，中央和省级环保督查共交办突出环境问题85个，现已全部完成销号，《2020年长江经济带生态环境警示片》没有涉岳相关问题。27个长江干流岸线利用项目清理整治全面完成，速度居全流域第一。整治中心城区、县城、建制镇黑臭水体57处，获评"全国黑臭水体治理示范城市"。完成133个矿点、476.27公顷土地修复治理任务，共修复林草地240公顷，修复耕地115公顷，建设用地修复和使用100余公顷，修复为水面、交通等其他用地约20公顷。对长江、湘江干流沿岸500米区域规模猪场全部"清零"，清退畜禽养殖场（户）7190户、314.97万平方米。统筹抓好造纸、化工、印染等重点行业超标排放整治，关停拆除保护区范围内违法违规企业128家，关停水上餐饮店20余家。加强沿江环湖排污监管，沿江8个主要排污口和43个排渍口、洞庭湖94个入湖排口实施常态监管。岳阳市201处1600多公里矮围网围全部拆除，基本达到了"恢复湖洲原貌"的标准。多年形成的生活污水直排、黑臭水体、畜禽养殖污染、化工围江、造纸污染、违规采砂、侵占岸线、矮围网围等一批群众反映突出的环境问题得到有效解决。中心城区最大的黑臭水体东风湖，治理后水质已由劣V类提高到IV类，获得了时任省委书记的充分肯定，现已开辟为水清岸绿的城市生态公园。

强化扬尘污染整治。整改扬尘污染问题200余个，完成VOCS整治239家，完成工业炉窑大气污染综合整治项目61个。中心城区依法实行黄标车限行，淘汰黄标车15588辆，淘汰老柴油货车124台。完成1座颗粒物组分站、50个城市环境网格化小微站、3套机动车尾气固定遥感监测系统项目建设，扬尘污染大幅减轻。城区空气质量优良率从2015年的74%上升到2020年的90.7%，PM2.5浓度从53微克/立方米下降到37微克/立方米。空气质量在全省6个通报城市中稳居第一，荣获全省大气污染防治奖。2020年，空气质量综合指数为3.79，2021年二、三、四月空气质量优良率分别为96.4%、96.8%、100%。

强化水体质量保障。223条河流均杜绝向外发包搞水产养殖，禁养区、限养区天然水域全面禁止投肥投饵，实现人放天养。全面落实禁捕退捕决策，岳阳市2200平方公里水域全面禁捕，基本实现"四清""四无"目标。杜绝非法采砂，"三无"船只不见踪影，757处河湖"四乱"问题全部销号。市中心城区水环境治理PPP项目一期总投资44.45亿元，已完成投资25.5亿元，总体形象进度达83%。二期项目总投资72.27亿元，已开工7个子项，完成投资9亿元，"3个11"环保整改工程基本完成，城镇污水治理的"岳阳经验"被三峡集团在长江流域推广。岳阳市103个乡镇全部建成污水处理设施，出水实现一级A排放标准；12家工业园区17个片区建设雨污管网约909公里，基本实现园区污水达标排放。全面完成6个船舶污水垃圾收集点建设任务，加装船舶生活污水处理装置411艘，引导支持组建了3家污染物接受企业，完成岳阳港3家企业10个泊位共计11套岸电设备安装。开展135条样板河湖创建，近三年发布市级河长令108个，市县乡村四级河湖长巡河湖近31万人次，市县两级河（湖）长打卡率100%，交办问题清单12597个，整改销号率100%，真正实现了从"河长制"到"河长治"。长江4个考核（岳阳）断面水质优良率较2015年上升28.6%，东洞庭湖总磷深度从0.115毫克/升下降至0.63毫克/升，年均浓度下降达到45.2%。东风湖、松杨湖水质均由劣Ⅴ类改善为Ⅳ类，芭蕉湖水质由劣Ⅳ类改善为Ⅲ类，南湖水质2021年有7个月时间达到Ⅲ类。2020年，长江水质断面稳定达到Ⅱ类水质，是多年以来的最高水平。洞庭湖水质综合评价接近地表水Ⅲ类标准。岳阳市城镇集中式饮用水源地水质达标率100%。

强化长江岸线治理。所有非法码头全部撤除平整，岸线整体复绿2.4万亩，其中港口码头复绿47.7万平方米，岸线码头、长江沿线

洲滩复绿率均达100%，建成3处50米宽示范防护林带10公里，初步
形成兼具生态功能和景观效应的"绿色长廊"。君山区将长江岸线
复绿与国际马拉松赛道建设完美结合，统筹推进乔木绿化带、花带
和观景台建设，打造"最美赛道"，成为岳阳聚集旅游人气、彰显
生态价值、展示城市内涵的新标识和"打卡地"。

强化湿地生态修复。清退欧美黑杨70160亩，修复湿地生态8.6
万亩，促进了河湖、岸线、湿地生态功能的整体恢复，洞庭湖湿地
成为岳阳发展的"绿色屏障"。划定生态红线保护面积3382.9平方
公里。完成553个村庄绿化任务。岳阳市森林覆盖率和湿地保护率
分别稳定在45.3%、77.28%。洞庭湖生态修复被国家林业和草原局确
定为长江经济带生态修复的成功典范。2020年洞庭湖越冬候鸟超过
28.8万只，江豚、麋鹿稳定栖息分别达120头和200多头，创近10年
之最，"候鸟的欢歌""江豚的微笑""麋鹿的倩影"成为岳阳新
名片。岳阳先后获评中国十大活力休闲城市、十佳绿色城市、宜居
城市百强、"中国观鸟之都"等殊荣，为省域副中心城市建设打造
了良好的形象品牌。

二、江湖关系更趋和谐

洞庭湖是长江中游的两大通江湖泊之一，是长江流域的重要
组成部分，北纳长江的松滋、太平、藕池、调弦（1958年已封堵）
"四口"来水，南汇湘、资、沅、澧四水，东接汨罗江和新墙河，
省内近万条大小江河汇入洞庭湖，由岳阳市城陵矶注入长江，是
典型的吞吐调蓄性湖泊和国际重要湿地，是名副其实的"长江之
肾"，素有"鱼米之乡"和"天下粮仓"的历史美誉，担负着长江

流域水安全、水生态和水资源三重使命。洞庭湖与长江互连互通，形成了复杂的江湖关系，两者在江湖调蓄排泄能力、水资源开发保护、湿地功能、水生生物多样性、河湖生态系统的完整性和稳定性等方面相互作用、深度影响。然而，历史上一直存在的水人争地问题，近年发展水产养殖形成的水资源紧缺问题，以及自然因素影响下一个时段内洞庭湖面积缩小、蓄水减少、经常性干旱枯水和水体净化功能减弱、水质下降等一系列问题，导致洞庭湖与长江的矛盾加剧，江湖关系失和。

岳阳独揽163公里湖南段长江岸线、坐拥洞庭湖60%以上水域面积（1312平方公里），是调节改善江湖关系的重要主体。为创建长江经济带绿色发展示范区，近年来岳阳市委市政府坚持"守护好一江碧水"，全力打造"大美湖区"，积极调整农村产业结构，退耕还湖、退养还水，强化城市雨污分流、严格实行达标排放，加强用水科学调度，开始出现人水和谐、江湖和谐的良好局面，也使得水资源成为省域副中心城市建设的重要战略资源。

三、绿色动能更为强劲

以产业生态化为导向，推进产业绿色转型、经济绿色提质，加快走出大江大湖和重化工地区生态环境协同保护治理新路子。通过立规矩树红线，倒逼产业转型，相继实施了造纸企业引导退出、沿江化工"关改搬转"行动，近年来退出造纸制浆企业35家（关停234家）、关停退出化工企业10家、否决高能耗高污染项目150余个，己内酰胺搬迁成为目前破解"化工围江"单个投资体量最大的项目，建成后将节约用地1415亩，降低排污量一半以上。通过转型升级、腾笼换鸟，重点培育打造了"12+1"优势产业链，华为、正威、攀华等一批先进制造"旗舰项目"相继落地，岳阳长江百里绿色经济发展走廊蓄势待发，163公里长江黄金水道正不断释放绿色效益。成功搭建"三区一港四口岸"8大国家级开放平台，岳阳获批港口型国家物流枢纽。岳阳市民营经济、工业增加值、进出口总额占GDP比重分别达到73%、33.5%和10.5%。2020年在做优做强石化、食品两大千亿产业基础上，新增文化旅游、现代物流两个千亿产业。狠抓传统企业清洁化、绿色化、智能化改造，着力推进产业园区专业化特色化绿色化发展，三年来工业技改投资增长20.6%，岳阳市万元GDP能耗降低10.96%。城陵矶老港完成环保提质改造，新建巨型"胶囊式"全封闭散货仓库，散货静态储存量可达31.4万吨，是目前亚洲同类型体积最大的网架结构散货料仓库，成为长江之畔的新地标。出台"新园区十条"，支持产业园区高质量发展，汨罗循环经济产业园获评国家级绿色产业示范基地。利用高新技术和先进适用技术改造传统产业，成功创建省级高新区7家，高新技术企业达到472家，高新技术产业增加值占GDP比重提高2.5个百分点。城陵矶新港区获批国家先进装备制造高新技术产业化基地。远大可建等4家企业荣获国家级绿色工厂荣誉称号，东方雨虹等16家企业被认定为省级绿色工厂，岳阳绿色化工产业园被认定为省级绿色园区。同时，在广大农村地区积极推进高标准农田建设，累计建成高标准农田372万亩，项目区渠路桥涵闸有机配套、田水路林山综合治理，路相通、渠相连、田成方、林成网、旱能灌、涝能排，年新增粮食产能3800万公斤，直接受益农户年人均可支配收入增加550元。

四、生态产业更具活力

宣传、推介"一江碧水"首倡地资源环境优势，培育地标农产品。岳阳市农产品"两品一标"有效数达309个，其中有机食品25个，绿色食品270个，地理标志农产品14个，拥有马德里国际商标63件，中国驰名商标35件。地标农产品樟树港辣椒成为名副其实的辣椒之王，价格维持在每斤300元左右，农民每亩收益可达4万多元。"华容芥菜"获批国家地理标志保护产品和国家地理标志证明商标，入选"湖南十大农业品牌"，获评农业农村部全国区域农产品百强公共品牌，品牌价值19.06亿元，市场影响力指数74.26%。以芥菜加工为主的企业达40家，芥菜产业从业人员超过13万人，带动6000户群众致富。2022年3·15央视晚会虽然曝光芥菜生产中的一些问题，但经过认真整改、重拾市场信心，4个月后的7月8日，在省农业农村厅主办的"一县一特"农产品优秀品牌评选中，再次荣获"20优"。加强文化旅游资源整合，推进国有文化资产管理体制改革，完成岳阳楼君山公园转企改制，沿江环湖生态旅游廊道（南津港至荆岳长江大桥段）的规划思路、概念设计方案初步成形，洞庭湖博物馆建成运营，成为宣传推介洞庭湖生态经济区的重要窗口和长江文化的重要展示基地，"岳阳天下楼、洞庭天下水"生态文旅品牌进一步打响。平江县通过"生态—旅游—扶贫"联动发展模式，盘活石牛寨、幕阜山等生态旅游资源，促进2万余人就业，旅游业对经济贡献率达30%。岳阳县等地G240沿线"乡味长廊"精品游入选全国"体验脱贫成就·助力乡村振兴"乡村旅游学习体验线路。临湘市推行"生态+加工+文化+旅游"，带动湘鄂赣毗邻地区楠竹种植10万户以上，竹业年产值达到33亿元，产品涵盖6大系列

480多种，其中，竹制小家具占全国市场份额的85%，一根小竹子撬动了数十亿产业。

五、空间布局更显优化

党的十八大报告提出"促进生产空间集约高效、生活空间宜居适度、生态空间山清水秀"的要求，为岳阳"三生空间"的优化布局指明了方向。《长江经济带国土空间规划（2018—2035年）》是"多规合一"后我国第一个宏观性空间规划，也是岳阳"守护好一江碧水"、创建长江经济带绿色发展示范区的重要抓手。《岳阳创建长江经济带绿色发展示范区实施方案》对岳阳"三生空间"进行了优化布局与顶层设计。

构建集约高效的"一区两带"生产空间布局。"一区"即岳阳都市区，包括岳阳楼区、经开区、云溪区、君山区、南湖新区、城陵矶港区，将岳阳县纳入，考虑适时将临湘市部分区域纳入。推动岳阳都市区形成三大产业功能区：主城区现代服务业引领区、东北部先进制造业（石化、新材料、先进装备制造、电子信息、生物医药等）集聚区、西南部文化旅游业带动区。"两带"即北部沿江经济带与南部长岳经济带，是岳阳经济起飞的"两翼"。沿江经济带强调坚持生态优先、绿色发展理念，以港口岸线资源为依托，优化产业布局，加快转型升级，加强与长江出海、出国口岸对接，参与长江经济带港口一体化建设，加强与长三角一体化区域的沟通合作，发挥开放引领作用，推进自由贸易发展。长岳经济带则遵循优势互补、合作共赢思路，加快南部毗邻长沙三县市区对接"强省会"战略，以"大通道""大园区"为平台载体，打造长沙-岳阳经济共同体。

构建宜居适度的"1+4+2"组团式生活空间布局。岳阳作为国家区域性中心城市与省域副中心城市，应推进大城市建设，加快构建以岳阳楼区为内圈层，以经开区、南湖新区、君山区、云溪区为中圈层，以岳阳县、临湘市为外圈层的"1+4+2"组团式生活空间布局，提升城市生活宜居水平和承载能力，将岳阳打造为更大圈层的长株潭城市群与武汉城市圈之间的区域中心城市。

构建山清水秀的"一廊两区"生态空间布局。以维护生态安全为核心，构建"一廊屏障、两区涵养"生态空间布局。"一廊"是指依托长江水体、岸线、洲滩湿地，打造长江生态廊道。形成观水、亲水、近水的休闲滨水空间，提高江河湖泊连通性，恢复候鸟迁徙通道和水生生物通道。"两区"，一是指湘江与洞庭湖水体湿地生态涵养区，应重点加强水体污染治理和湿地生态修复；二是指东部大云山、药姑山等山地丘陵生态涵养区，重点是加强林地保护与森林建设，提升水源涵养能力。

科学合理的空间布局，不仅可以避免历史上城市化进程中所罹患的种种"城市病"，而且又促使岳阳省域副中心城市发展战略得以落地落实。

六、法制保障更有力量

在制定法规方面，岳阳市出台了推动长江经济带生态优先绿色发展的《中共岳阳市委关于推动长江经济带生态优先绿色发展的决议》和《岳阳市长江经济带生态优先绿色发展行动方案》；《洞庭湖水环境综合治理规划》《岳阳港总体规划》《湖南省长江岸线生态保护和绿色发展总体方案》《长江湖南段"一河一策"实施方案》相继获国务院或省政府批复并印发实施。业已颁布实施的《城市山体水体保护条例》《岳阳市东洞庭湖国家级自然保护区条例》等4部生态环保类地方性法规，已经并正在产生强大的法制效应；《岳阳市河道采砂统一经营管理办法》率先在全省实行河道采砂统一经营管理。《岳阳市环境保护工作责任规定》《岳阳市较大及一般环境问题（事件）责任追究办法》等文件，形成问题清单、责任清单、整改清单3张清单，建立了"属地管理、分级负责、权责一致、终身追究"的责任体系闭环。

在法制执行方面，先后组建了4支市级河湖联合执法队伍，率先成立环洞庭湖环境资源法庭和东洞庭湖生态环境资源检察院、市公安局水警支队，初步形成了整体执法合力。严格落实河湖长制，建立市县乡村四级河长体系，实行"一单四制""一河一策"，率先在全省出台巡河"五有标准"、河长制工作"十全法"、河湖管理"十条禁令"等。建立"洞庭清波"专项整治工作联席会议制度，联合各级各部门力量，开展专项整治。

投资者常言，良好的法治是最优的营商环境。这一系列为长江经济带绿色示范区发展保驾护航的法治体系，也为省域副中心城市建设构筑起严格的法规保障。

第三章
省域副中心城市建设其势已成

　　将岳阳定位为省域副中心城市，是省委省政府从战略高度作出的重大决策，赋予了岳阳前所未有的战略地位和发展机遇。岳阳主要是用好用足通江达海优势，充分发挥湖南自贸试验区、湖南创新引领开放崛起桥头堡的战略作用。2022年初召开的岳阳市县乡负责干部会议，市委明确提出了加快建设"产业强劲、开放领跑、绿色示范、人民共富的省域副中心城市"，按下了建设省域副中心城市的快进键，吹响了奋力建设岳阳省域副中心城市的进军号，这意味着省域副中心城市建设其势已成。

第一节　资源禀赋优势不断凸显

八百里洞庭凭岳阳壮阔。岳阳地处长江中游，环境优越，历史悠久，人文荟萃，是一座有着2500多年历史的千年古城，素有鱼米之乡、工业重镇、风景胜地、文化名城之美誉。因水而生、因水而兴的岳阳城，以其富饶的物产和深厚的文化底蕴，滋养熏陶着巴陵儿女，在洞庭湖畔焕发出无穷魅力。独特的自然和人文资源禀赋正成为加快建设"产业强劲、开放领跑、绿色示范、人民共富"的省域副中心城市的亮丽底色。

一、得天独厚的自然优势

习近平总书记十分关注生态和资源的开发和利用，他强调："生态是资源和财富，是我们的宝藏。"2022年初，市委书记曹普华在学习贯彻党的十九届六中全会精神专题培训班暨市县乡负责干部会议的讲话中指出："一切资源都有可能变成资产，一切资产都有可能变成资本，一切资本都有可能用于稳增长、促发展。"岳阳坐拥大江大湖，自然资源丰富，优质资产多，生态地位重要，具有得天独厚的优势。

1.水资源禀赋优越。水是岳阳重要的自然资源，是岳阳独具魅力的鲜明特色。岳阳市拥有163公里长江黄金水道和60%的洞庭湖水域面积（约1328平方公里）。水系发达，河湖密布，雨量充沛，水资源总量居湖南省第一。境内有大小湖泊165个，拥有5公里以上河流273条，流域面积100平方公里的河流27条，流域面积2000平方公里以上的河流有2条。全市降水集中，水资源丰沛，降水年径流总量95.2亿立方米，全市可利用水资源总量6608.6亿立方米。水生态是岳阳最亮丽的名片。全市湿地总面积达24.47万公顷，占全省湿地面积的24%，约占全市国土面积16.29%。有东洞庭湖国家级自然保护区，洋沙湖-东湖、汨罗江、新墙河、东湖、黄金河和白泥湖等6个国家湿地公园，黄盖湖和横岭湖2个省级自然保护区。

做好做足大江大湖水文章，是发挥岳阳优势的必然要求。近年来，岳阳市委市政府坚决扛牢"守护好一江碧水"的政治职责，认真践行生态文明绿色发展，注重系统思维、一体化发展，印发了《中共岳阳市委关于推动长江经济带生态优先绿色发展的决议》《岳阳市长江经济带生态优先绿色发展行动方案》；4位省领导分别担任省级河湖长，2175名市县乡村主要领导担任所辖河湖长，实现了市县乡村四级河湖长全覆盖。2017—2021年，岳阳市绿色发展指数由38.1%上升到63.5%，岳阳市经济社会绿色发展水平稳步提高。铁腕重拳，治水治污治岸标本兼治取得历史性突破。着力水环境、水生态、水资源、水安全、水文化，岳阳市重点解决化工围江、长江岸线码头整治、黑臭水体治理、沿江环湖生态修复、沿江环湖地区"空心房"整治、城陵矶港口提质改造升级等重点工程，大力推进长江上中下游、江河湖库、左右岸、干支流协同治理，累计投入资金280多亿元，成效显著。

近年来，岳阳实施山水林田湖草综合治理、新建小微湿地、成立湿地公园等各种管理形式，湿地修复面积达1914万公顷。长江岳阳段5个断面水质优良率为100%，全部达到Ⅱ类水质。岳阳市在全省6个大气污染传输通道城市（长株潭岳常益）中，空气质量优良率排第一。碧水蓝天，美丽岳阳吸引了越来越多的野生动物栖息繁衍。到2022年1月，洞庭湖越冬水鸟达到74种40.4万只，种类和数量均创新高。长江湖南段鱼类种群数量持续增加，比禁渔前多了30余种。江豚、麋鹿稳定栖息数量分别达到120头和200多头，创近10年之最。山水相依，人水相融，长江、洞庭湖呈现出鸟欢鱼跃的美好图景，绿水青山和美丽江湖交相辉映。以江豚、麋鹿和小白额雁为代表的"洞庭三宝"动画形象，激发了人们对母亲湖的热爱，对生态文明思想传播的激情。

2.港口资源潜力巨大。通江达海的城陵矶港是岳阳最重要的资源。岳阳是湖南唯一临江口岸城市、国家首批沿江对外开放城市、长江沿岸亿吨级大港城市，是湖南融入长江经济带的前沿和洞庭湖生态经济区建设的主阵地。城陵矶港是岳阳经济起飞的天然"风口"，是全省的重要战略资源。城陵矶港是长江八大深水良港之一，常年不淤不冻，即使是枯水季节，水深也超6米以上，可供万吨级以上江海轮停靠作业。1899年清政府在此开埠通商。自岳州开埠至今，岳阳开放经历了开埠通商、探索发展、开放推进和全面开放四个阶段，过程艰辛，成果丰硕。2020年，岳阳成功获批中国（湖南）自由贸易试验区岳阳片区，重点对接长江经济带发展战略，突出临港经济，发展航运物流、电子商务、新一代信息技术等产业，打造长江中游综合性航运物流中心、内陆临港经济示范区。如今，城陵矶港已是国家对外开放一类口岸，拥有八大开放平台，主要经济指标增幅常年位居全市第一，进出口贸易额常年保持倍速增长，为岳阳市连续多年跻身"中国外贸百强城市"做出了引领性贡献。突出港口带动形成的"水公空铁"综合立体交通，承东启西、贯通南北，是"一带一部"的重要战略节点。港空结合，南客（长沙黄花国际机场）北货（岳阳三荷机场）。呼应强省会战略发展，形成"经天纬地"之势，全方位打开了服务和融入新发展格局的通道。

3.各类资源极具价值。生态资源：作为洞庭湖主体的东洞庭湖，是洞庭湖东、西、南三个湖体中面积最大、保存最完整的聚水湖盆，湖区有珍稀鸟类234种，水生鱼类114种，野生植物和归化植物1186种，并为多种国际濒危物种提供了最主要的生存场所，被誉为"世界生物基因宝库""拯救濒危物种的主要希望地"。植被资源：全市共有自然保护区14个31.04万公顷，其中国家级1个，省级5个。全市森林覆盖率达到45.31%。岳阳市境内地质类型多样，地形起伏较大，立体气候明显，为各种植物的生长提供了优越的自然条件，植物种类繁多。特别是平江县幕阜山及连云山区尚存天然针阔叶林植被群落，君山岛现存的繁杂的刚竹属植被群落，成为全省重要的天然物种基因库之一。电力能源资源：2020年，岳阳市电力产业完成规模工业总产值132.9亿元，同比增长0.8%，完成规模工业增加值35.8亿元，同比增长2%。全市电力装机总量约为421.5万千瓦，占全省9.9%。平江抽水蓄能电站、华电平江电厂、神华国华岳阳电厂、华容煤炭铁水联运储配基地、岳阳君山LNG接收站（储备中心）、恒大新能源动力电池、金高电力年产3万吨电力器材标准件项目先后开工建设。岳阳煤炭铁水联运储配基地、中工经联（岳阳）

氢能产业示范园区等项目建设顺利推进。土地资源：土地是稀缺资源，是民生之本，发展之基。岳阳市第三次国土调查数据显示：岳阳市现有耕地523.36万亩。其中，水田463.46万亩，旱地59.90万亩。主要分布在华容、汨罗、湘阴、平江、岳阳5个县市，占全市耕地的77.66%。园地30.90万亩，林地934.77万亩，草地3.83万亩。湿地154.28万亩，主要分布在岳阳、湘阴、华容3个县，占全市湿地的88.22%。矿产资源：洞庭湖区特定的地质结构，形成了特定的优势矿种。岳阳市矿产资源丰富，矿种繁多，全市已发现矿种49种，已探明资源储量矿种35种。矾矿总储量居全省第一。金矿在全省占有较大比重，作为湖南省的产金大县，平江县勘查探明的金矿资源储量近300吨，约占湖南全省的三分之一，远景预测储量超1000吨。2020年该县黄金产量达2.68吨，产值10亿元，完成地方税收8000多万元，储量、产量均居全省第一。铅锌、独居石、稀有金属、高岭土、花岗岩、矿泉水等资源丰富，质量优良，开发潜力很大。矿泉水达到饮用标准的有26处，平江福寿山矿泉水日产30吨。中药材资源：岳阳市境内目前共发现有中草药品种1365种。分布最多的是平江县，有1181个品种，所产白术质地优良，是全国地产药材八大品种之一，故有平术之称。临湘也是中草药资源分布较多的区域，有767个品种，相传李时珍曾到临湘药姑山采药。全市共有25家中药材种植基地、173家种植合作社，2021年产值达到8.52亿元。2022年7月21日，岳阳市召开高规格的全市中医药大会，3个产品项目成功签约，独具特色的岳阳中医药宝藏必将为省域副中心城市建设注入新动能。

　　"金木水火土"五大资源赋予了岳阳经济社会发展的独特优势和原动力。立足资源禀赋、发挥比较优势，提高资源利用效率，将资源优势转化为发展胜势，努力在加快构建新发展格局、推动高质量发展中发挥新作用。

二、厚重悠长的人文历史

文化如水，浸润无声，连接着一个民族的过去、现在和未来，穿越历史烟云，一个真理昭示天下：一个民族的复兴既需要强大的物质力量，也需要强大的精神力量。无论是一座城市、一个民族，还是一个国家，文化都是持久发展的不竭动力，文化自信都是兴旺发达的重要支撑。国家、民族和城市的繁荣富强，不仅要靠经济实力，最终还是要通过文化符号来表达，通过文化力量来彰显。厚重悠长的人文历史是岳阳宝贵的精神。

1.湖湘文化重要发源地。全市共有各类文物点1670多处，其中国家重点文物保护单位28处，省级重点文物保护单位51处，市级重点文物保护单位91处；国家历史文化名镇1处（临湘市聂市镇），国家历史文化名村1处（岳阳县张谷英村），国家级风景名胜区2处（岳阳楼-洞庭湖风景名胜区、君山风景区），国家级森林公园3处（大云山国家森林公园、幕阜山国家森林公园、五尖山国家森林公园），国家级自然保护区1处（东洞庭湖国家级自然保护区）。东洞庭湖湿地首批入选国际重要湿地保护区。共有各类旅游景点193处。著名的历史文化古迹有古楼（岳阳楼）、古庙（岳州文庙）、古塔（慈氏塔）、古祠（湘妃祠、屈子祠）、古屋（张谷英古建筑群）、古桥（三眼桥）、古亭（朗吟亭、三醉亭、独醒亭）等，岳阳楼和君山岛旅游区为国家5A级旅游区。湖湘文化因其独有的忧国忧民、敢为人先、自强不息、崇尚务实等优秀品格而广为传颂。作为湖湘文化的重要发源地之一，岳阳自古即为兵家必争之地，商贾云集之地，迁客骚人多会之地。几千年来，在这片土地上繁衍生息的岳阳人民自强不息，创造了丰硕的物质财富和灿烂的精神文明，留下了许多优美动人、英勇悲壮的史事，哺育了众多的风流人物，形成了"先忧后乐、团结求索"的岳阳精神。

2.文化荟萃的形胜之地。洞庭湖"衔远山、吞长江，浩浩汤汤，横无际涯；朝晖夕阴，气象万千"。环湖风景名胜如珠似串，自古即以其独特而秀美的自然风光与富有神奇色彩的人文景观闻名于世。久负盛名的岳阳楼，集历史、文化、艺术、旅游、科学价值于一身，既有巧夺天工的建筑艺术，又有雄视文苑的诗词、楹联、记赋等文化，更有代表中国人文精神"先天下之忧而忧，后天下之乐而乐"的千古绝句。登斯楼也，观景可探自然之真谛，览物能觅先哲之行迹；君山作为烟波浩渺八百里洞庭湖中的美丽小岛，古老、神奇、秀美。唐代诗豪刘禹锡的"遥望洞庭山水翠，白银盘里一青螺"把君山的地貌特征、地理位置和迷人风光勾画得惟妙惟肖，近千年来的神话传说更使它深入人心；能与杭州西湖、瑞士日内瓦湖媲美的南湖，与"惊涛拍岸、浊浪排空"的洞庭湖相比，它平静、幽谧、秀美。李白描绘其"水闲明镜转，云绕画屏移"；岳州文庙则是一处具有悠久历史的古代官学，为岳阳培养了一批能官能文、政绩卓著的名儒显宦，它是洞庭湖区乃至湖南全境唯一保留部分宋代建筑风貌的文庙。屈子祠、鲁肃墓、慈氏塔、凌云塔等或以其历史悠久、意蕴深厚，或以其建筑艺术超群而闻名。

3.亮点纷呈的沧桑历史。据考古实证，距今约20万年前，岳阳境内就出现了原始人类。先秦时期，岳阳境内就出现了蓬勃兴起的新景象。从商代起，岳阳在经济、文化和整个社会生活方面，开始与江汉地区、中原地区进行交流，逐渐发展成为东西促进、南北交会的走廊。岳阳境内大部分地区得到早期开发，农业经济声名鹊起，"洞庭鱼米乡"显现端倪。战国时期，因楚国政治斗争的需要，岳阳境内出现了前所未有、引人注目的文化现象。最具代表性的是屈原的到来及他在这块土地上创作的一系列惊世之作的问世。洞庭湖、汨罗江一带，古朴民俗文化土壤丰腴，不仅是屈原伟大创作的源头，而且是湘楚文化的摇篮和中国龙舟文化的发祥地。在唐代"贞观之治""开元盛世"这种大背景下，岳阳一带政治、经济、文化与全国一起进入了繁荣时期。唐宋时期，岳州以其独特的自然形胜，吸引了众多文人墨客，成为中国南北文化交流的走廊。外籍巨卿名臣、诗星文魁，旅居岳州，登岳阳楼，泛舟洞庭，借景抒情，吟诗作赋，创作了数以万计的文学作品。这些作品，从不同角度描绘了岳州绮丽的自然风光，抒发了忧国忧民的情感，流传甚广，因而使岳州声名显赫。北宋著名政治家、军事家、文学家范仲淹，应好友巴陵郡守滕子京重修岳阳楼求记创作的《岳阳楼记》，将巴陵胜状的描绘推向了至高境界。明清时期，岳阳文化形成了鲜明的地方特色。以夏元吉、杨一清、刘大夏、方钝等为杰出代表的一批本土籍政治人才，成为朝廷栋梁。1840年鸦片战争到1919年五四运动前夕，岳阳经历了波澜壮阔的反帝反封建的革命斗争，在中国近代史上留下了光辉的篇章。与此同时，近代企业在岳阳兴起，西方文化亦得到传播。中国沦为半殖民地半封建社会后，大批岳州籍有志青年，忧国忧民，置个人生死于度外，积极投身拯救国家民族命运的斗争，造就了一批著名的文儒武将、革命志士。他们中有收复新疆失地、首倡洋务的清代著名将领左宗棠（湘阴人）；清朝台湾道台（官名）、著名爱国将领刘璈（今云溪区人）；我国历史上第一位驻外公使郭嵩焘（湘阴人）；著名儒将李元度（平江人）；维新革命志士仇亮（今汨罗人）、李绍广（岳阳县人）、林圭（湘阴人）；"枰湖文派"的著名文史学家吴敏树（岳阳县人）；修纂《洞庭湖志》的文史专家万年淳（华容人）；著名教育家、通俗文学倡导者之一的吴獬（临湘人）等，他们在岳阳这块土地上成长起来，走向全国乃至世界，他们是岳阳人民的骄傲。

三、光辉闪耀的红色资源

党的十八大以来，习近平总书记高度重视革命纪念地的保护、传承与弘扬。他指出："红色资源是我们党艰辛而辉煌奋斗历程的见证，是最宝贵的精神财富，一定要用心、用情、用力保护好、管理好、运用好。"热土洞庭，红色潇湘，十步之内，必有芳草。岳阳是一片充满红色记忆的土地，红色文化深厚、红色资源丰富，充分发挥这一资源优势与作用，弘扬红色传统、激活红色基因，从中汲取干事创业的精神力量，为实现经济社会持续健康发展提供坚强力量、精神激励。

1.全国闻名的红色热土。岳阳地处湘鄂赣三省交界处，是无数革命先烈用鲜血浇灌的红色土地。辛亥革命前后，一批热血青年积极投身资产阶级旧民主主义革命。五四运动后，马克思主义在岳阳迅速传播。新民主主义革命时期，岳阳特别是平江县成为中国革命的红色摇篮之一。第一次国内革命战争时期，岳阳各县的中国共产党地方组织已普遍建立且不断发展壮大。1927年，国民党反动派发动反革命政变，大肆屠杀共产党人和革命群众，但其白色恐怖吓不倒有着光荣革命传统的岳阳人民，热血青年义无反顾地跟随中国共产党，参加红军，投身革命。

土地革命战争时期，岳阳是湘鄂赣革命根据地和湘鄂西革命根据地的重要组成部分。"八七"会议确定实行土地革命和武装反抗国民党反动派的总方针后，岳阳各地党领导下的工农武装斗争此起彼伏。其中最著名的有1928年3月16日发生在平江的"三月扑城"，参加攻城的农民队伍有20余万人。1928年7月22日，彭德怀和滕代远领导发动平江起义并创建红五军。随后，平江县建立了苏维埃政权。在四次反"围剿"斗争中，湘鄂赣革命根据地是坚持斗争最久的地区之一。由周逸群创建的洞庭特区也曾在洞庭湖一带写下了可歌可泣的战斗篇章。

抗日战争时期，在抗日民族统一战线旗帜下，国共两党联合抗战。1938年，武汉失守后不久，法西斯日军的铁蹄侵入岳阳，给岳阳人民带来了深重灾难。日寇侵入岳阳后，湘北战场成为正面战场的主战场之一，法西斯日军在此遭遇中国爱国军民近7年之久的英勇抵抗。自1939年9月至1944年8月的4次长沙会战主要是在岳阳境内进行，故又称"湘北会战"，每次会战双方投入兵力都在30万人以上。共歼敌16万余人，是全国歼敌数量最多的战区，为全国抗战做出了巨大贡献与牺牲。在抗战中，一大批岳阳籍民族英烈为保家卫国壮烈牺牲。其中黄启东、徐秋、吴师孟、张文彬4人被列入首批全国抗日英烈。

解放战争时期，岳阳各县党组织迅速恢复与发展，领导人民开展和平民主运动和迎解斗争，建立地下武装，开辟第二战线，有效地配合人民解放军进行英勇作战。1949年7月，中国人民解放军第四野战军发动湘赣战役，5日至25日，解放军进驻岳阳各地，临湘、平江、岳阳、华容、湘阴5县相继和平解放。南下工作团进驻各县，分别成立中共县委县政府，建立了新生的人民民主政权。

2.为中国革命做出巨大贡献。艰苦的革命战争年代，老区人民"有一粒粮也要做军粮，有一尺布也要做军装，有一个儿也要上战场"，他们用自己的无私奉献呵护着革命火种，最终让星星之火形成燎原之势。新民主主义革命时期，岳阳境内各县有上百万人投身革命，近30万人为革命事业献出宝贵的生命，仅平江县为革命牺牲的人就有20余万。1927年，平江全县有70余万人口，经过10年残酷的战争，1937年全县仅有29.8万余人，减少57%。岳阳市登记在册的烈士达3万多人，仅平江县就有20087人。这些革命英烈包括毛简青、方维夏、任作民、刘士奇、李宗白、余贲民、张文彬、陈毅安、蔡协民等一大批党的早期高级干部和红军将领。

岳阳为党和军队输送了一大批优秀人才。经历漫长艰苦的革命斗争后，一些岳阳人走上了党政军高级领导干部岗位，其中有开国元勋、中共中央政治局委员、中央书记处书记任弼时，中共中央政治局委员、上将苏振华，全国政协副主席、中共中央顾问委员会常务委员何长工，中共中央军委副主席、国家军委副主席张震等党和国家领导人。中共第八届至第十四届全国代表大会，先后有11位岳阳籍党政军高级领导干部多次当选为中央委员或候补中央委员。1955年至1965年被授予少将以上军衔的岳阳籍开国将军多达60位，在全国十大"将军市"中，岳阳市名列第七位，其中平江县最多，有52位，是全国有名的"将军县"。岳阳籍省部级以上党政军高级干部也有100多位。

3.红色资源灿若繁星。岳阳市现有主要红色资源地128处，主要有：任弼时纪念馆。1945年6月19日，中共七届一中全会选举毛泽东、朱德、刘少奇、周恩来、任弼时5位中央书记处书记，史称"五大书记"。任弼时一生有"三怕"：一怕工作少，二怕用钱多，三怕麻烦人。叶剑英同志评价说："他是我们党的骆驼，中国人民的骆驼，担负着沉重的担子，走着漫长的艰苦的道路，没有休息、没有享受、没有个人的任何计较。"纪念馆生动再现了任弼时同志忧国忧民、追求真理、脚踏实地、不辞重负的"骆驼精神"和为革命事业奋斗不息、光辉灿烂的一生。平江起义纪念馆。1928年7月22日，彭德怀、滕代远、黄公略等在此领导和发动了著名的"平江起义"，成立中国工农红军第五军。纪念馆真实地反映了彭德怀元帅及其领导的平江起义对创建人民军队、开辟湘鄂赣革命根据地、保卫中央苏区、建立中华人民共和国所做出的卓越贡献。何长工纪念馆。追寻革命先辈的足迹，学习何长工信念坚定、矢志不渝的革命精神，兢兢业业、任劳任怨的敬业精神，不遗余力、甘于奉献的长工精神和"为人民打一辈子长工"的崇高品德。周逸群烈士纪念园。中共早期的革命领导人周逸群，是贺龙元帅的入党介绍人，中国共产党军队的缔造者之一，三大革命根据地之湘鄂西革命根据地和湘鄂西红军的创建者之一，也是革命战争年代中共牺牲在岳阳职务最高的领导人。这位毕生为党工作、对党忠诚的共产主义战士，用短暂的生命谱写下雄浑壮丽的英雄赞歌。岳阳县新墙河抗战纪念馆。4次"湘北会战"都在岳阳境内进行，岳阳是湖南抗战主战场。纪念馆向世人展示湘北抗战，尤其是新墙河防线抗战的基层官兵和民众，在民族危亡、国破家亡时刻的血性和牺牲精神，让世世代代牢记历史，勿忘国耻。还有向钧烈士故居、毛简青烈士故居、陈毅安纪念馆、胡筠烈士故居、郭亮纪念馆等，生动展示了革命先辈为捍卫国家独立、民族解放和人民幸福，忠于党、忠于人民、忠于祖国、甘于奉献的崇高精神和优良品质，都是生动宝贵的红色教育基地、爱国主义题材。

2022年1月，国家正式部署启动长江国家文化公园建设。文物和文化遗产承载着中华民族的基因和血脉，是不可再生、不可替代的中华优秀文明资源。建设长江国家文化公园是把中国文明历史研究引向深入，推动增强历史自觉，坚定文化自信的战略举措，既是对地域人文资源的集中展示，更是对地方综合实力的重大考量，着力推动中华优秀传统文化创新性转化，创造性发展。"洞庭天下水，岳阳天下楼"、"守护好一江碧水"首倡地，环洞庭湖生态旅游走廊等众多的人文历史优势资源，将为长江国家文化公园建设彰显岳阳担当，贡献美丽篇章，为岳阳提供文化铸魂塑形赋能独特作用的重要舞台。

第二节　区域竞争形势日趋激烈

区域竞争力是一个地区在竞争和发展过程中明显优于其他地区且不易被模仿、能够给区域发展提供良好的自然条件、形成区域特色，不断促进区域经济快速、协调、持续、健康发展的独特综合能力。一个地区对资源的吸引力和市场的争夺力，本质是资源优化配置，核心是创造竞争优势。岳阳地处"湘北门户"，坐拥长江、怀抱洞庭，禀赋独特，"守护好一江碧水"首倡地、长江八大天然良港、国家自贸试验区、长江国家文化公园建设一系列战略机遇优势叠加，在全国众多省域副中心城市中区域竞争优势是不可多得的。但优势不是胜势，定位不是地位。进入新发展阶段，贯彻新发展理念，构建新发展格局，区域竞争日趋激烈，城市发展百舸争流，不进则退，慢进也是退，只有勇立潮头，科学把握战略机遇，坚持扬优势、攻重点、补短板、强弱项，聚焦主要矛盾和矛盾的主要方面，着力破解建设名副其实的省域副中心城市的关键，才能在激烈的区域竞争中占据主导地位，不断攀登时代高峰。

一、城市经济竞争日趋激烈

当前，宏观形势错综复杂，受新冠肺炎疫情、俄乌冲突、国际大宗商品价格上涨、边缘政治等诸多因素影响，世界百年变局加速演进。国内经济面临需求收缩、供给冲击、预期转弱三重压力，各种风险挑战前所未有，给建设省域副中心城市带来巨大压力，也给区域竞争带来严峻挑战。纵观近年的发展，岳阳区域发展整体稳中求进，发展有力有效，但与全国、省内市州、长江沿岸同类城市对比来看，离名副其实的省域副中心城市还有不小的差距，发展空间广阔。

1.经济总量优势有待彰显。2021年，全市实现GDP4402.98亿元，同比增长8.1%，总量位居全国地级市第60名，比2020年后移1名，增速与全国持平，排全省第7名。人均GDP8.72万元，排全省第4名；2022年1~6月，全市完成GDP2111.18亿元，增长4.9%，增幅排全省第2名。固定资产投资增长10.8%，增幅连续6个月排名全省第一。规模工业增加值、社会消费品零售总额分别增长8.2%和1.7%，增幅分别排名全省第4、第3。地方财政收入增长9.8%，其中地方税收增长12.6%，连续16个月保持两位数增长，连续8个月排名全省前三，成绩显著，来之不易。但纵横比较，岳阳正面临前有标兵在"发展"、侧有重兵在"发力"、后有追兵在"赶超"的激烈的区域竞争形势。长沙作为湖南的"领头羊"，2021年GDP达到1.33万亿元，岳阳仅占其三分之一；宜昌作为湖北的两副之一，发展势头非常强劲，岳阳与其GDP的差距由2020年的260亿元扩大至2021年的620亿元，其他主要经济指标的增速均是岳阳的2倍以上。

2.比重结构有待优化。从占全省经济总量份额来看，2021年，岳阳GDP总量占全省比重9.56%，比2020年回落了0.02个百分点，而省会长沙占比达到28.81%，遥遥领先。九江占其全省GDP比重

12.6%，远高岳阳3.04个百分点。芜湖占比10.02%，比岳阳高0.46个百分点。宜昌作为湖北两副之一，GDP占比为9.81%，比岳阳高0.25个百分点。从三次产业结构比来看，2021年，全市三次产业结构比为10.5∶41.7∶47.8，与全国、全省平均水平相比，岳阳第一产业占比分别高于全国、全省平均水平3.2和1.1个百分点，第三产业低于全国、全省平均水平5.5和3.5个百分点。总体来看，岳阳第一产业占比偏高，第二、第三产业占比偏低，经济结构有待进一步优化。

3.城乡居民收入水平有待提高。从城乡收入绝对额来看，2021年，全市城镇居民人均可支配收入39799元，排全省第6位，分别低于全国、全省平均水平7613元和5067元。从城乡居民收入差距来看，2021年，全市城乡居民人均可支配收入比值为1.97，低于全国（2.50）和全省（2.45）平均水平，在省内14个市州中排名第6位，反映出城乡居民收入比值在持续缩小。

4.积极融入南向步伐有待加快。2021年11月，省第十二次党代会明确提出实施"强省会战略"。在强省会战略的指引下，长沙将更高维度参与国际竞争，提升全球资源配置能力，增强全省辐射力、区域引领力、全国竞争力、全球影响力，将更深层次融入长江经济带、粤港澳大湾区、长三角一体化发展等国家战略，长株潭是全省创新高地、制造业集聚区、文化创意中心。而作为省域副中心城市的岳阳在彰显区域竞争力的过程中，虽然发展目标与长沙相近，但在财政资金支持、土地资源供给、吸引人才和引入社会资本等要素和资源方面相差甚远，离省域副中心城市的要求还有比较大的差距，岳阳应积极参与、主动配套、加速融入，打造长岳协同发展的战略升级版。

二、产业竞争日趋激烈

产业竞争力是区域竞争力的重要因素。提高产城融合发展水平是新常态下经济发展的方向和目标。

1.产业发展取得长足进步。突出扬优势、打基础、利长远，新金宝、己内酰胺、正威、攀华、东方雨虹、科伦药业、哈工大、华电平江电厂、国能岳阳电厂等一批大项目纷纷落户岳阳，仅2020年全市共引进产业链项目160个，总投资624.55亿元，为开启"十四五"时期新篇章，贯彻新发展理念，实现高质量发展奠定了坚实基础。岳阳先后上榜全国先进制造业百强市，连续五年获评全省产业项目建设先进市州。

2.园区竞争力不断提升。聚焦优势产业发展，全力推进园区产业转型升级。2021年底，全市高新技术企业高达615家，实现高新技术产业增加值1137.77亿元，占GDP比重25.8%，比上年同期提高2.2个百分点。园区主要经济指标增速普遍高于全市同类指标同期水平，体制机制和营商环境不断优化，资源利用效率、亩均税收显著向好，产业聚集度、集群化水平持续提高。园区科创平台达到190家，居全省第2位。岳阳绿色化工高新区跻身"中国化工园区30强"，湖南先进装备制造特色产业落户湘阴，汨罗循环经济产业园获评全国绿色产业示范基地、全省绿色低碳典型园区。

3.优势产业新集群不断涌现。出台《关于加快推进新兴优势产业链发展的通知》等系列政策，强力推进电子信息等"12＋1"新兴优势产业链和石油化工、装备制造等七大千亿产业集群发展。目前，全市"12+1"产业链龙头企业和重点企业达到265家，形成了"引进一个项目、带动一个产业、打造一个集群"的效应。开展土地保障、优化营商环境、产业链闭环、供应链融资、电力保供、专精特新"小巨人"培育六大专项行动，切实为产业链企业纾困解难。

三、基础设施竞争日趋激烈

城市基础设施的类型、规模、水平直接影响着城市产业的发展和价值体系的形成，城市基础设施质量关乎城市的产品成本和竞争力。城市基础设施竞争力已成为城市整体竞争力的重要组成部分。

1.城市基础设施初步形成。截至2021年，岳阳已建成公共图书馆11个，比全省平均值多1个；医疗机构4150个，占全省总数的7.5%。公路总里程2.07万公里，邮政业务总量为16.14亿元，占全省邮政业务总量的5.46%。可见，城市框架还没有完全拉开，现有的基础设施配套还不够完备。因此要进一步加大完善城市基础设施配套，努力创造完备的基础环境和优良的商住环境，增强城市的吸纳、聚集功能。

2.各类学校教育持续巩固。2021年，全市出台"基教十条""职教十条"，连续三年每年提高义务教育生均公用经费100元，新建和改扩建中小学校630所，大班额化解走在全省前列，公办幼儿园在园幼儿占比超省定目标4.7个百分点，实现中小学、幼儿园空调全覆盖。扎实推进改善义务教育学校3年集中攻坚行动，幼儿园在园幼儿17.7万人，普通小学在校生35.84万人，小学适龄儿童入学率和小学毕业生升学率100%。各类民办学校796所。但目前，岳阳只有5所普通高校，与岳阳全省综合经济实力第二的地位不相匹配。

3.城市生态基础全面提质。谨记"守护好一江碧水"殷殷嘱托，铁腕重拳打好生态保护和治理攻坚战。2020年，全市绿化覆盖面积为6441公顷，排全省第4位，越来越多的市民在城市中享受生态美景。

四、科技竞争日趋激烈

当前，以国内大循环为主体、国内国际双循环相互促进的新发展格局正逐步形成，大力推动科技创新，加快关键核心技术攻关，是未来发展的新趋势。根据权威机构发布，2021年，在全国119个重点城市的综合创新能力排名中，岳阳位列112名，在全省位列第4位。同时，岳阳也落后于长江沿岸同类城市。

1.科技创新步伐亟需加快。2021年末，全市省级工程研究中心17个，全市专利授权量5098件，与省内省外同类城市相比存在一定差距。

2.科技经费投入亟需加大。2021年，全市研究与试验发展经费（简称"R&D经费"）73.97亿元，R&D经费占全市GDP比重为1.68%，低于全国平均水平（2.44%）0.76个百分点。

3.创新氛围亟需营造。2021年，湖南创新发展研究院根据创新评价指标，综合评价全省14个市州综合创新能力，岳阳位居第4名。从评价得分可以看出，岳阳创新环境为1.77分，排第10位，与第1名的长沙相差2.68分，是岳阳的短板。党的十九大报告指出，激发和保护企业家精神，鼓励更多社会主体投身创新创业。只要不断营造激发和保护企业家精神的社会环境，建设保障企业家守法创新的制度环境，完善防范和分散创新风险的体制机制，厚植创新土壤，创新创业将会蔚然成风，创造活力就会竞相迸发，高质量发展才能行稳致远。

五、人力资本竞争日趋激烈

1.优化人才结构，做到人尽其才。2015年以来，岳阳市已连续8年开展"四海揽才"工程，成功引进2.6万多名优秀人才，为岳阳社会经济高质量发展注入了强大动力，提供了强大支撑，"四海揽才"已经成为岳阳人才工作的金字招牌。启动实施高层次人才引领、青年人才储备、高技能人才支撑等计划，突出服务一线用才、选拔激励育才、优化环境聚才，不断优化人才队伍结构，人才队伍不断壮大。

2.激发创造动能，合理配置资源。统筹科技、教育、医疗、产业、人才等方面综合发展，聚焦服务12条优势新兴产业链，做好人才服务支撑文章，全市电磁行业走在前列，聚集了全国70%的电磁技术人才。聚焦高素质专业化干部队伍建设，加大事业单位人才招引储备力度，2022年首批"四海揽才"引进事业单位人才508名，其中博士研究生45名。聚焦乡村振兴战略引导人才向基层流动，2022年6月，全市组织实施"千名年轻干部下基层"活动，确保人才工作与全市发展大局扣得更紧、融得更深、贴得更实，激活人才"一池春水"。

3.提升城市品位，激励创新创造。2019年岳阳蝉联"全国最具幸福感城市"，宜居、宜业、宜游已经成为岳阳的代名词。全市上下优化服务、提升质量，靠情感留人；建章立制、加大投入，用政策留人；依托产业、聚集力量，营造环境留人；提升城市底蕴、着力文化建设、用文化涵养人才。进一步激发创新创业活力，营造创新创业良好氛围，全面提升岳阳发展的核心竞争力。

六、对外开放竞争日趋激烈

1.进出口总额实现跨越式发展。全市进出口总额由2015年的不到70亿元增长到2021的612.1亿元，六年时间连跨六个百亿台阶，总量排名从全省第7位上升至第2位，增幅居全省一类地区第1。岳阳连续五年入围"中国外贸百强城市"，排名全国第36位。

2.出口商品实现结构升级。2021年，岳阳机电产品出口154.9亿元，增长66.8%，高新技术产品出口44.3亿元，增长54.7%，机电和高新技术产品占全部出口额的62.9%。农产品出口12.2亿元，增长47.7%，仅占3.8%。全市完成集装箱吞吐量80.08万标箱，比上年增长22.5%，其中滚装汽车进出16.5万台，铁矿1723万吨，粮食85万吨。

3.发挥比较优势实现开放加速。立足"三区一港四口岸"，加快构建以城陵矶港为龙头的"一江一湖四水"集疏运港口体系，加强开放平台与园区协同协作、资源共享、优势互补，充分释放平台功能。大力推进产贸融合、重点外贸企业招引和创新"飞地"建设三大行动，全力培优挖潜稳主体；积极引导进出口企业业绩回流，支持县市区（园区）发展优势特色外贸产业；深度融入"一带一路"建设，主动对接区域全面经济伙伴关系协定，持续深耕日韩欧美等传统市场，进一步加快高水平"引进来"和高质量"走出去"步伐，跑出"开放"加速度。

七、区域管理竞争日趋激烈

1.可用财力盘子不断做大。2021年，全市实现一般公共预算地方收入171.14亿元，总量排全省第5位，增速12.1%，排全省第6位。

岳阳地方一般公共预算收入占全省比重5.3%，但与GDP、固定资产投资、社会消费品零售总额、进出口总额等主要经济指标占全省的比重相比不相协调，与岳阳经济实力全省第二的地位也不相匹配。

2.地方财政支出保障有力。2021年，岳阳地方财政支出551.61亿元，排全省第5位。

3.社会保障提标扩面。2021年，全市城乡居民基本养老保险登记参保人数264.91万人，基本医疗保险人数544.37万人，拥有养老机构床位数2.47万张，社区养老服务机构和设施0.16万个。解决城镇新增就业30.78万人，城乡低保、残疾人"两项补贴"稳步提标，城乡社区养老服务设施覆盖率分别达到98%、86%，基本养老保险覆盖率100%，村（社区）"儿童之家"全覆盖。

第三节　经济发展走势更加强劲

　　面对复杂多变的宏观环境和经济下行压力，岳阳市委市政府认真贯彻习近平新时代中国特色社会主义思想和省委省政府各项决策部署，按照"着力稳定宏观经济大盘，保持经济运行在合理区间"的总体要求，在全面落实"三高四新"战略定位和使命任务、推动高质量发展上砥砺前行，经济发展走势更加强劲，以"时时放心不下"的责任感，奋力干出省域副中心城市建设的新局面。

一、经济大盘根基稳健

　　1.经济总量持续壮大。全市GDP由2012年的1837.92亿元增至2021年的4402.98亿元，连续跨越3000亿元、4000亿元两个台阶，总量连续稳定位居全省第2，近3年年均增长8.4%，高于全省0.3个百分点。居民人均可支配收入由2012年的22110元增加到2021年的39799元，年均增长8.6%，固定资产投资、规模工业增加值、社会消费品零售总额年均分别增长11.5%、7.0%、8.9%。2022年市委市政府坚持把稳住经济大盘作为头等大事，迅速制定出台"1+8"政策体系，组织1927名干部开展"送政策、解难题、优服务"行动，常态化开展"企业家沙龙""畅聊早餐会""企业家吐槽会"等活动。到2022

年6月底，全市共完成减税退税降费56.8亿元；争资争项233.1亿元，同比增长27.8%；新增专项债107.16亿，同比增长7.6%；累计发放再贷款再贴现52.9亿元，同比增长52.98%，各项贷款余额达3082.98亿元，同比增长14.02%，为稳企业稳市场注入了强大动能。

2.质量效益持续优化。岳阳三产结构持续优化，由2011年的12.1∶56.8∶31.1调整为2021年的10.5∶41.7∶47.8。全市2021年新增高新技术企业485家，高新技术产业增加值占GDP比重、新兴产业增加值占规模工业比重分别提高4%、2.9%，比2011年提高8.3%；新兴产业占规模工业比重、制造业占GDP比重稳步提高，万元GDP能耗持续下降。地方税收收入占一般公共预算地方收入比重提高17%；各项存、贷款余额分别增长52.3%、177.5%；市场主体总量居全省第二；2022年上半年全市工业投资同比增长29.1%，排名A类市州第二，工业技改投资同比增长39.8%，排名A类市州第一。

3.县区实力持续增强。近年来，岳阳市把发展壮大县区经济作为省域副中心城市建设的重要支撑，坚持分类指导、突出特色原则，县区实力持续增强。经开区获批国家小型微型企业创业创新示范基地，城陵矶新港区获批国家先进装备制造高新技术产业化基地，平江跻身全国县域经济综合竞争力400强，湘阴获评首批全国创新型县，华容获评国家可持续发展实验区，君山获评全国农产品质量安全区，屈原管理区获评全国农村改革试验区，南湖新区获评中国最佳国际休闲旅游目的地，岳阳楼区获评全省推动高质量发展成效明显县市区，汨罗获评湖南县域经济高质量发展先进县10强，临湘获评全省县域外贸特色产业集群重点培育县，岳阳县获评全省经济发展快进县，云溪获评推进质量强省工作成效明显县市区。

二、产业发展势头正盛

1.产业体系日益健全。坚定树立产业强市理念，将产业链建设作为推动岳阳高质量发展的主攻点，保持定力强产业、兴实体，出台《岳阳市加快实施省产业发展"万千百"工程行动方案》等系列政策文件，建立市级领导任链长、副链长的高位推动机制；链长制、行长制、盟长制、校长制"四长联动"工作机制；"一月一联系、两月一调度、半年一讲评、一年一评估"调度机制。确定了产业发展"两图"（产业全景图、现状图）、"两库"（客商库、项目库）、"两池"（资金池、人才池）、"两报告"（产业链招商报告、分析报告）。2022年新增链上龙头和重点企业61家，获批省级"专精特新"中小企业65家，获得国家重点支持"专精特新"小巨人企业2家。电子信息、装备制造、电力能源正向千亿产业稳步迈进，产业发展动能持续增强。

2.产业项目硕果累累。坚持以经济发展比实力，以产业项目论英雄，突出优势优先，打造岳阳中部地区石化产业重要基地。石化产业是20世纪70年代以来岳阳最大的产业优势。近年来，岳阳积极推动石化产业的绿色化、高端化、智能化发展，石化产业进入了以结构调整和产品升级为主要特征的快速发展时期。当前，正举全市之力推进150万吨乙烯项目加快建成投产，项目全部达产后，预计可实现年销售收入260亿元，年均净利润约50亿元。己内酰胺项目全面进入设备安装阶段，年底前可完成中交；大力发展食品加工、装备制造、现代物流、文化旅游、电子信息、电力能源等其他七大千亿产业和"12+1"优势产业链。力争引进2个以上投资过100亿元、10个以上投资过50亿元的产业链旗舰项目，带动更多专精特新企业融入产业链供应链，不断提升产业链本地配套。持续推进攀华二期、正威二期、汇川、新金宝、中创天空、鑫源链、泰格林纸70万吨文化纸重大项目建设。以重点项目建设构建产业项目的"四梁八柱"，带动全市经济高质量发展；2022年变形镁合金、力合厚浦、中非工贸园二期等一批好项目纷至沓来，湘阴成功引进总投资300亿元的中联重科新材料项目，这是2022年全省签约投资额最大的制造业项目。"迎老乡、回故乡、建家乡"行动深入推进，2022年上半年湘商回乡投资项目高达205个，总投资359.44亿元。

3.产业园区成绩斐然。全市拥有岳阳经济技术开发区、湖南岳阳绿色化工高新技术产业开发区2个千亿产业园区，省级高新产业园区数量居全省第一。近年来，园区主要经济指标增速普遍高于全市同类指标同期水平，体制机制和营商环境不断优化，资源利用效率、亩均税收显著向好，产业聚集度、集群化水平持续提高，成功创建省级高新区7个。湖南岳阳绿色化工高新技术产业开发区跻身"中国化工园区30强"，湖南先进装备制造（新能源）特色产业落户湘阴，汨罗循环经济产业园获评全国绿色产业示范基地、全省绿色低碳典型园区。云溪绿色化工高新区亩均效益保持全省第一。

三、开放领跑蓝图铺展

1.外贸业绩高位攀升。2021年，全市外贸进出口总额612.1亿元，连续跨越六个百亿台阶，其中出口额316.76亿元，增长71.2%；进口额295.31亿元，增长26.0%，贸易顺差21.45亿元。城陵矶港集装箱吞吐量由16万标箱增加到60.1万标箱，成功实现4年翻番。2022年上半年完成集装箱吞吐量47.51万标箱，同比增长16.1%。外贸平行汽车进口位居内陆港口岸第一。

2.平台效能加快释放。中国（湖南）自由贸易试验区岳阳片区形成15项"首提首批首创"成果，落地全省首个国家级试点案例；综保区进出口总额和增速居全省7个海关特殊监管区首位；进境水果指定监管场地成功获批，已形成"三区一港四口岸"——中国（湖南）自由贸易试验区岳阳片区、中国（岳阳）跨境电商综合试验区、城陵矶综合保税区、启运退税港和汽车、肉类、粮食、水果进口指定口岸等8个国家级开放平台。在中国（湖南）自由贸易试验区121项改革试点任务中，岳阳片区承接88项，已实施82项，探索形成26项"首提首批首创"成果。开通港澳直航航线，新港二期、国际贸易"单一窗口"、松阳湖铁路专用线等建成投运。城陵矶综合保税区稳居全省7个海关特殊监管区首位。城陵矶老港建成亚洲最大环保巨型"胶囊"仓库，岳阳危化品船舶洗舱站及集装箱烟花堆场全面投入使用，新港多式联运物流园建成，中欧班列岳阳站开通在即。2022年"进口水运转关货物先行提离"等9项创新事项落地实施；中国（湖南）自由贸易岳阳片区新增市场主体1155家，其中企业类962户，同比增长近5倍。

3.区域合作不断深化。持续推动"岳企出海、岳品出境"，净增实绩外贸企业161家，中非工贸产业园一期建成投运，获批海峡两岸产业合作区。南部服务强省会战略破局提速，湘江新区湘阴片区金龙首开区正式开工建设，华能集团、深圳赛格、湘江集团等龙头企业相继落户；汨罗"一区两园"加快建设，一批头部企业、旗舰项目成功引进、承接、配套；平江加大合作交流力度，湘赣边区域合作示范区建设取得新的进展；屈原区即将获批国家农业现代化示范区。

四、数字经济乐章奏响

1.数字基础设施逐步夯实。全市抢抓新基建带来的政策机遇，移动通信网4G网络基本实现全面覆盖，5G网络正在加速建设，投资4.17亿元建成开通5G基站1768个，实现了中心城区主要党政机关、重点商圈、主干道路5G网络信号覆盖，开始步入"5G时代"。目前已建设物联网基站约800个，覆盖市区、县城、乡村、交通干线等区域，并在电力、炼油等众多领域开展应用。

2.企业改造升级扎实推进。传统企业数字化、智能化转型正在朝着"互联网+数据共享+智能应用"方向稳步迈进，推动企业"上云上平台"。2019年5月市政府与华为软件技术有限公司签订《软件开发云战略合作协议》。2020年我市企业上云10003户，上平台477户，"上云上平台"总数10480户，占全省9.4%，排名全省第三。湖南凯美特气体股份有限公司获评湖南省"上云上平台"标杆企业，通过应用华为软件开发云、引入Saas（软件即服务）及专家上门服务，实现了从传统落后的研发方式向模块式、敏捷式、协同式先进研发模式转型，研发周期平均缩短了50%，研发人均产出提升了2倍，研发出错率降低了70%以上。加大智能企业、智能工厂、智能车间建设，打造了大科激光、永和食品等一批信息化改造标杆企业，湖南科伦制药"注射剂生产与质量管理过程中的智能制造新模式应用"项目、湖南科力嘉纺织"高端针织纱全流程智能工厂建设项目"纳入国家智能制造项目。道道全粮油股份有限公司、际华三五一七橡胶制品有限公司等一批企业组建了智能制造生产车间。被工控界称为"小华为"的汇川伺服电机制造项目成功落户城陵矶新港区，使岳阳具备了打造高端智能制造产业集群的新优势。

3.智慧平台体系加快搭建。通过建设多样化数字平台，促进资源要素数字化、产业数据共享化、产业分工专业化、创新服务集约化、平台治理协同化，带动用户集聚线下实体园区，实现线上线下产业协同发展。以"系统、平台、市场"思维建设智慧城市，全省首个落地新型智慧城市建设整体特许经营，建成全省首个城市运行中心，打造了全省首个中小微信息化企业孵化基地——"岳阳数字产业园"，创立了全省最具影响力的移动数字政务品牌——"岳办岳好"。经开区在湖南省中小企业公共服务平台开辟"岳阳经开区孵化基地"板块，为园区管理提供快捷通道。新港公司打造全新的园区安全监控管理平台，主要包括烟火高危事件管控、安全作业实时监督等，关键区域烟火监督防控实现100%时段视频覆盖，危险事件处理效率提升60%，员工人身伤害概率降低80%。运想重工建立售后服务管理系统，对设备进行信息履历管理，记录故障形成知识库，通过平台将配件销售在线化，大大降低了公司销售成本。绿色化工产业园搭建集安全、环保、应急于一体的信息平台，建立了应急指挥中心。湘阴高新技术产业园引进北京中能合低成本运营产业化示范平台，从智能制造、科技创新、综合能源、共享互济、购销配对等方面，为园区80多家规模以上企业提供针对性服务，190多家企业接入该平台。巴陵石化完善优化了生产营运平台，道道全建成了ERP、MES等系统平台。千盟电子是国内最早投入工业智能控制的企业之一，是岳阳唯一入围"湖南省智能制造系统解决方案供应商"，针对巴陵石化、长炼、华能电厂等开发了自动布料系统，让数字化赋能高质量发展。

4.电子商务快速增长。近年来岳阳市电子商务行业呈快速增长趋势，岳阳电商产业园被国家商务部评为第二批"全国电子商务示范基地"，华文、华康、永和、小凤仙渔具、网尚、天宇、智游等7家企业获评"省级电子商务示范企业"。积极探索"互联网+品牌创建"新模式，进一步加大了网销农产品"一县一品"推广力度。岳阳县对9大品牌15个生产基地农产品生产过程实施24小时全程监控，监管部门、企业主、批发商、零售商、普通消费者均能通过互联网实时查看品牌企业产品生产情况，有力促进了农产品生产、加工、流通各个环节质量溯源和标准化建设，被认为是可复制、可持续的"岳阳模式"。加快推进多式联运信息化建设，推动建立各种运输信息资源开放共享机制，促进船、车、班列、港口、场站等动态信息交换共享和互联互通，实现业务协同联动。

五、乡村振兴画卷壮阔

1.端稳中国人的饭碗，彰显鱼米之乡新富饶。岳阳是闻名遐迩的鱼米之乡。党的十八大以来，全市三农工作主动适应新常态，推动农业质量变革、效率变革、动力变革，实现传统农业向现代农业迈进，稳步实现农业高质高效。全市农林牧渔业总产值由2012年的390.8亿元增长到2021年的804.4亿元，翻了一番。全市粮食面积稳定在711.3万亩，总产量稳定在300万吨左右；生猪出栏462万头，存栏328万头以上；水产品产量达50万吨以上，从1989年开始，连续33年居全省第一位，全市累计建成高标准农田409万亩，有效灌溉面积占耕地总面积比重达90%。农业机械总动力由2012年的515万千瓦增加到2021年的675万千瓦，增长31%。农业生产综合机械化率由56.8%增加到76%，增长19.2个百分点。

2.龙头企业数量攀升。岳阳现有市级以上农业产业化龙头企业285家，其中，国家农业产业化重点龙头企业6家，省级龙头企业61家，市级龙头企业218家。农业产业化龙头企业中产值过50亿元的企业1家、产值过20亿元的企业2家、产值过10亿元的企业4家、千亿产业标杆龙头企业4家，全省农业特色产业30强岳阳5家。成功授牌10个以上农业产业化特色小镇，其中平江县加义康养小镇获评全国农业产业强镇。

3.农产品品牌建设再立新功。岳阳黄茶、岳阳王鸽、汨罗粽子广告走进高铁站、高铁车厢、高速路口、飞机场；2020年中国中部（湖南）农博会，组织了"华容稻"专场推介会，岳阳市获得优秀组织奖，长康等6个产品获农博会产品金奖。华容芥菜和君山银针获评湖南省首批"一县一特"农产品优秀品牌。长康被评为中国农产品百强标志性品牌；全市农产品品牌企业在省外新增连锁店（专营店）14家；新增挂牌上市品牌企业7家。

4.农村基础设施建设成效卓著。健全卫生保洁长效机制，打造50个以上生态宜居美丽乡村；完成农村公路提质改造7581公里；北部补水一期、三大垸蓄洪安全建设基本完工，除险加固水库424座；建成35千伏及以上输变电项目132个，相当于再造了一个岳阳电网；省农科院岳阳分院正式揭牌；新建成高标准农田190万亩；改造农村危房5.8万户，农村改厕31.5万户，创建美丽乡村示范村215个，供销合作社综合改革、农村"空心房"整治、移风易俗等创造了岳阳经验，乡村振兴呈现出产业兴旺、生态宜居、乡风文明、治理有效、生活富裕"推门见景、推窗见绿"的美丽画卷。岳阳成为镶嵌在长江之滨、洞庭湖畔的璀璨明珠，朝着中华民族伟大复兴的中国梦踔厉奋发、勇毅前行。

第四章
省域副中心城市建设的目标路径

  将岳阳定位为省域副中心城市,是省委省政府从战略高度作出的重大决策,体现了对岳阳的关怀厚爱与充分信任,也赋予了岳阳前所未有的战略地位和发展机遇;加快建设"产业强劲、开放领跑、绿色示范、人民共富"的省域副中心城市,则是市委市政府全面落实"三高四新"战略定位与使命任务的务实之举,是新时代化危机为新机、于变局开新局的行动路线。两者有机结合,相得益彰,形成了一个完整、系统的体系,体现了战略定位、战略目标、战略路径的有机统一,体现了当前与长远、全局与一域、机遇与责任的有机统一,体现了认识论、实践论和方法论的有机统一。

第一节　把握"四位一体"的内在逻辑

习近平总书记在省部级主要领导干部学习贯彻党的十九届五中全会精神专题研讨班开班式上指出，要准确把握新发展阶段，深入贯彻新发展理念，构建新发展格局，推动"十四五"时期高质量发展。建设"产业强劲、开放领跑、绿色示范、人民共富"的省域副中心城市，是岳阳市委市政府在"三高四新"战略定位和使命任务背景下，基于对中央、省委发展要求的准确把握，对岳阳地理区位、历史地位、时空方位的精准定位提出的。"产业强劲、开放领跑、绿色示范、人民共富"与"省域副中心"相互联系、互为表里，是一个"四位一体"的逻辑系统。建设名副其实的省域副中心城市，就要准确把握两者在理论渊源、科学内涵和价值指向上的内在联系，准确把握岳阳发展逻辑、实践逻辑与历史逻辑的有机统一。

一、"四位一体"顺应大势、呼应大政

"三高四新"战略定位和使命任务，指明了建设现代化新湖南的大方向、大逻辑与大目标；而建设"产业强劲、开放领跑、绿色示范、人民共富"的省域副中心城市，则是岳阳在思想上的精准对

标，在政治上的坚决拥护，在行动上的务实担当。两者战略理论同源，战略内容承续，战略行动接力。打造国家重要先进制造业高地和具有核心竞争力的科技创新高地，"产业强劲"是重要支撑；建设内陆地区改革开放的高地，"开放领跑"是优势优先；推动中部地区崛起和长江经济带发展，"绿色示范"是必然要求；建设富强民主文明和谐美丽新湖南，"人民共富"是不变的追求；而在推动高质量发展上闯出新路子，在构建新发展格局中展现新作为，奋力谱写新时代坚持和发展中国特色社会主义的湖南新篇章，对岳阳而言，归根到底就是要建设名副其实的省域副中心城市。

可以说，岳阳建设"产业强劲、开放领跑、绿色示范、人民共富"的省域副中心城市，充分体现了新发展阶段、新发展理念、新发展格局的实践要求，也是一级地方党委、政府对党的新理念、新政策、新要求的坚持与贯彻，从理论与实际层面对中央和省委大政方针创造性的理解与执行，上承党性、下合民意，顺应趋势、呼应大势，是"三高四新"战略定位和使命任务在岳阳的具体化、地方化与个性化。

"四位一体"注重立足新发展阶段。正确认识党和人民事业所处的历史方位和发展阶段，是我们党明确阶段性中心任务、制定路线方针政策的根本依据，也是我们党领导革命、建设、改革不断取得胜利的重要经验。进入新发展阶段是党中央对"十四五"时期我国所处历史方位作出的重大论断。习近平总书记基于这个重大论断，针对新发展阶段湖南发展的新特征、新要求，提出"三高四新"战略定位和使命任务这一重要指引。岳阳作为湖南开放发展的"北大门"，也是湖南通江达海的"桥头堡"，无论打造国家重要先进制造业高地、具有核心竞争力的科技创新高地，还是打造内陆地区改革开放高地，既有加快发展的现实需要，也有基础条件的独特优势。而"产业强劲、开放领跑、绿色示范、人民共富"路径的提出，则为省域副中心城市建设赋予时代内涵，也是岳阳深刻把握经济社会发展实际，适应国内外环境的复杂变化，把握发展阶段量变与质变的内在逻辑，从世之大势、国家大者、省之大计中找准自身比较优势，致力推动岳阳从全面小康向全面现代化的提升。

"四位一体"始终贯穿新发展理念。党的十八大以来，我们党对经济形势进行科学判断，逐步形成了新发展理念，建立起一个系统的理论体系，回答了关于发展目的、动力、方式、路径等一系列理论和实践问题，阐明了我们党关于发展的政治立场、价值导向、发展模式、发展道路等重大政治问题。岳阳致力加强对新发展理念的学习贯彻，明确了"产业强劲、开放领跑、绿色示范、人民共富"的发展路径，融"创新、协调、绿色、开放、共享"五大发展理念于一体，在新发展理念指引下擘画出地方发展战略。无论是打造"四位"，还是建设"一体"，都是新发展理念在岳阳的实践化、任务化和使命化。建设名副其实的省域副中心城市，必然要求岳阳牢牢把握新发展理念的"根"和"魂"，切实将五大新发展理念贯彻落实经济社会发展全过程和各领域，做到不跑题、不偏题、不漏题。

"四位一体"突出构建新发展格局。加快构建以国内大循环为主体、国内国际双循环相互促进的新发展格局，是"十四五"规划《建议》提出的一项重大战略任务，这既是应对全球大变革时代各种危机和风险挑战的战略选择，也符合现代大国经济崛起的必然规律。岳阳贯通南北，联系东西，处在"一带一部"、长江经济带、长三角一体化等国家战略的重要节点，是湖南构建"一核两区三带四区"、加快长岳一体化的重要地带。省委书记张庆伟视察岳阳时提出，"岳阳要高标准建设长江经济带绿色发展示范区、奋力打造湖南高质量发展增长极、积极当好内陆地区改革开放先行者、千方百计增进民生福祉等要求"，给岳阳高质量发展进一步指明了方向、增添了动力。而建设名副其实的省域副中心城市，则是岳阳对中央、省委要求的坚决贯彻与落实，也是对岳阳发展格局的重新定位与布局，势必要求岳阳立足国内大循环，紧扣生产、分配、流通、消费等环节，着力清淤点、通堵点、通节点，切实添流量、增能量、控变量，努力打造成为国内大循环的重要枢纽、国内国际双循环的战略支点。

二、"四位一体"相辅相成、互相促进

罗伯特·豪斯（RobertJ.House）以俄亥俄州立大学的领导理论研究、激励理论中的期待理论为基础，提出路径-目标理论（Path-goaltheory）。该理论认为，领导者的工作是帮助下属达到他们的目标，并提供必要的指导和支持，以确保各自的目标与群体或组织的总体目标相一致。而建设"产业强劲、开放领跑、绿色示范、人民共富"的省域副中心城市，就是目标与路径的有机统一，"四位"与"一体"相辅相成，互为支撑。建设省域副中心城市，这是省委赋予岳阳选择的奋斗目标，也是岳阳跨越发展的前进方向。而"产业强劲、开放领跑、绿色示范、人民共富"，则是岳阳建设名副其实的省域副中心城市的实现路径，也是岳阳跨越发展的必由之路。

可以说，"四位"犹如"四根顶梁柱"，支撑起省域副中心城市"一体"的宏伟大厦，擘画了岳阳迈向基本现代化的时代征程。

"省域副中心"是奋斗目标。区（省）域副中心城市，通常是指在一定区域范围内，综合实力较周边城市强大，经济辐射力超出了自身管辖的行政区范围，拥有独特的优势资源，可以被赋予带动周边区域发展重任的大城市。实践证明，建设省域副中心城市有利于培育经济建设新的增长极，有利于推进农业现代化进程，有利于提升城市化速度和质量，对一个地方经济社会发展具有重大战略意义。湖南省委将岳阳定为省域副中心城市，这是继中央和省2020年批复建立"中国（湖南）自由贸易试验区岳阳片区"和将岳阳定为"大城市"之后，第三次为岳阳提位升级，是对岳阳的厚爱与支持，也为岳阳发展提供了千载难逢的历史机遇。我们一定要清醒认识，倍加珍惜，保持足够的政治定力、发展定力和战略定力，以更加开阔的视野和胸怀，肩负起建设岳阳的历史重任，为巴陵大地实现跨越式高质量发展注入强劲活力，为湖南落实"三高四新"战略定位和使命任务做出更大的贡献。

"产业强劲"是基础支撑。国内外发展实践表明，产业是发展之基、城市之本、富民之源，没有强劲的产业，就没有强大的省域副中心城市。特别是当今时代，新一轮科技革命和产业革命风起云涌，谁抢占了现代产业的制高点，谁就会赢得经济发展的主动权。岳阳强调"产业强劲"，必将围绕产业链部署创新链，围绕创新链布局创产业链，立足岳阳的资源禀赋、产业基础与发展趋势，做到扬长避短，有所为有所不为，精准选择产业发展的突破口和主攻方向，加快培育七大千亿产业集群，抓紧抓实"12+1"优势产业链建设，实现差异竞争、错位发展，推动更大范围、更高水平、更多发展要素集聚岳阳，必然会推动全市经济高质量发展。

"开放领跑"是活力源泉。开放是发展的大势，是我国发展不断取得新成就的重要法宝。站在新的历史起点上，习近平总书记把开放发展作为引领我国未来发展的重大理念，向世界表明中国开放的大门永远不会关上。岳阳早在清代就已通商开埠，成为湖南对外开放的"前沿阵地"，具有对外开放的优良传统与丰富经验，以港兴市、开放崛起，是岳阳赢得竞争、赢得未来的关键所在。锚定"开放领跑"，是对岳阳发展历史与未来深刻考量得出的务实之举与理性之策。坚持开放发展、开放合作，既"引进来"，大力引进利用外资，引进先进技术、经营理念、管理经验，又"走出去"，优先开展有比较优势产业的国际合作、区域合作，支持有实力的企业开展对外直接投资、建设和管理，必将为妥善应对岳阳发展中的困难和挑战提供强大动力，为实现基本现代化拓展更大的发展空间。

"绿色示范"是底线要求。绿色是生命的象征，大自然的底色，代表着美好生活的希望、人民群众的期盼。人民群众过去盼温饱，现在盼环保；过去求生存，现在求生态。岳阳突出"绿色示范"，彰显了"守护好一江碧水"首倡地的责任担当，释放了长江经济带绿色发展示范区建设的重大利好，让绿水青山颜值更高、金山银山成色更足。"绿色示范"必然会形成绿色价值取向，坚持生态优先绿色发展，在产业模式上实现高循环，在资源利用上实现高效率，推动产业价值链不断攀升，实现资源、环境、生态与经济社会之间的共生共荣，实现以效率、和谐、持续为目标的经济增长和社会发展方式，为岳阳经济社会可持续发展提供绿色支撑和永续动力。

"人民共富"是价值追求。人民对美好生活的向往，就是我们的奋斗目标。美好生活具体而微的说法，就是共同富裕。共同富裕是社会主义的本质要求，是中国式现代化的重要特征，也是人民群众的共同期盼。岳阳作为忧乐精神的发源地，民本情怀是其独特的文化写照和精神风标。岳阳突出"人民共富"，集中体现了"以人民为中心"的发展思想，也充分展现了共产党人为人民谋幸福的初心使命。将追求"人民共富"贯穿发展始终，让人民充分共享现代化建设成果，不断实现好、维护好、发展好最广大人民根本利益，使发展成果更多更公平惠及全体人民，必然会进一步集中民智、凝聚民心、反映民意、激活民力，凝聚改革发展磅礴力量，朝着共同富裕稳步前行。

三、"四位一体"厘定目标、指明路径

建设"产业强劲、开放领跑、绿色示范、人民共富"的省域副中心城市，全面系统地对发展形势进行了深刻分析，对发展机遇进行了科学判断，对发展目标进行了客观预测，对发展路径进行了不断探索，对发展重点进行了准确把握，对发展要求进行了严格明确，形成了上合大政方针、内合岳阳实际、下合民心民意的发展思路，为岳阳"十四五"发展确立了一个战略制高点。

发展目标顺应时代要求。湖南省第十二次党代会提出，要切实担负起习近平总书记赋予的新时代使命任务，全面建设富强、民主、文明、和谐、美丽的社会主义现代化新湖南。我们要认真学

习、深刻领会、精准把握这一目标要求，坚持一张蓝图干到底，奋力建设名副其实的省域副中心城市。这一发展目标，紧跟新一轮科技革命与产业变革，应对国际贸易形势变化，适应新冠肺炎疫情防控常态化，顺应"世之大势"；这一发展目标，着眼融入国家发展战略，推进中部崛起战略，构建新发展格局，服务"国之大者"；这一发展目标，顺应农业大省向经济强省跨越，推进高质量发展，建设现代化新湖南，呼应"省之大计"；这一发展目标，进一步提高站位、把准定位、争先进位、彰显地位，符合省委省政府对岳阳的信任与厚望，切合岳阳经济社会发展的基础与实际，契合全市人民群众的梦想与期盼。

发展路径符合经济规律。建设名副其实的省域副中心城市，把"产业强劲、开放领跑、绿色示范、人民共富"既作为追求的目标要求，又作为实现的重要路径，将解决眼前的具体问题与解决长远的深层次问题结合起来，既有整体性、战略性，又有理论性、关联性，还有操作性、针对性。"产业强劲"是省域副中心城市最坚实的支持，充分体现了高质量发展的丰富内涵；"开放领跑"是省域副中心城市最强劲的活力，充分顺应了构建新发展格局的时代要求；"绿色示范"是省域副中心城市最鲜明的特色，充分体现了习近平生态文明思想；"人民共富"是省域副中心城市最恒久的追求，充分彰显了以人民为中心的思想。岳阳"四位一体"的发展目标路径，是"五位一体"总体布局和"四个全面"战略布局在岳阳的落实落细。

发展重点彰显岳阳特色。实现岳阳高质量跨越发展，必须突出发展重点，做到有所为有所不为。在建设名副其实的省域副中心城市过程中，岳阳注重遵循发展规律，紧贴工作实际，突出发展重点：坚持创新发展，突出抓好乙烯等重大项目，提升"增长极"质效；坚持开放发展，做好做强城陵矶港，发挥"桥头堡"作用；坚持绿色发展，坚决"守护好一江碧水"，放大"示范区"效应；坚持协调发展，加快南向发展步伐，激发"先行者"活力；坚持共享发展，着力改善民生，永葆"忧乐情"本色。建设省域副中心城市，抓住了岳阳最具比较优势、最能体现岳阳特色、最能牵动岳阳经济社会发展全局的战略关键，必然会"牵一发而动全身"，以一域之光为全省添彩。

第二节　强化"产业强劲"的基础支撑

当今时代，国际竞争日趋激烈，新一轮科技革命与产业变革不断向纵深推进，国际贸易形势瞬息万变，新冠肺炎疫情防控步入常态化，产业越来越重要，竞争越来越激烈。习近平总书记指出："实体经济是大国的根基，经济不能脱实向虚。要扭住实体经济不放，继续不懈奋斗，扎扎实实攀登世界高峰。"产业是实体经济最重要的载体，是经济实力最直接的体现，也是全社会税收、就业、民生等的源头活水。产业强则经济强，产业兴则百业兴。"产业强劲"是湖南打造国家重要先进制造业高地的岳阳担当，以建设中部地区先进制造业聚集区为目标，把发展经济的着力点放在振兴实体经济、建设制造强市、构建现代产业体系上，充分体现了"产业为先、项目为王"的鲜明导向，充分彰显了"发展为要、实干为本"的不懈追求。

一、"产业强劲"是知变应变、顺势而为的必然路径

从政策导向看，党的十九大报告指出，我国经济已由高速增长阶段转向高质量发展阶段。推动产业高质量发展是当前和今后一个时期经济工作的重中之重。党的十九届五中全会提出，"坚持把

发展经济着力点放在实体经济上，坚定不移建设制造强国、质量强国、网络强国、数字中国，推进产业基础高级化、产业链现代化，提高经济质量效益和核心竞争力"。当前，全国各地正在努力推动质量变革、效率变革、动力变革，提高全要素生产率，增强产业核心竞争力，推动产业迈向价值链中高端，努力在创新版图和经济版图中赢得主动权。岳阳只有牢固树立谋产业、抓产业、强产业的鲜明导向，把产业发展放在突出位置来谋划推进，才能准确把握政策"窗口期"，推动人才、资金、技术等优质要素汇集、聚变，加快构建具有岳阳特色的现代产业体系，进一步提升城市影响力、竞争力和辐射力。

从发展走向看，21世纪，全球科技创新进入空前密集活跃的时期，新一轮科技革命和产业变革正在重塑全球经济结构。近年来，我国积极发展核电、高铁、人工智能、5G、新能源汽车等新兴产业，在激烈的国际竞争中赢得市场、技术、人才优势，成长为顶天立地的优势产业和支柱产业。在这场全球产业"大洗牌"中，岳阳具有可以大有作为、跨越赶超的难得机遇。省委省政府对岳阳寄予厚望，要求奋力打造湖南高质量发展增长极，而要真正成为增长极，岳阳必须具有高人一筹、强人一等、先人一步的产业实力。要坚决打破传统的区域和产业分割，融合数字、特色、共享等经济模式，促进创新要素的流动和深度融合，加快改造提升传统产业，做强做大新兴产业，以区域创新推动实现"产业强劲"，从根本上转变经济增长方式，提升区域经济规模和质量。

从风险趋向看，目前，新冠肺炎疫情和俄乌冲突等超预期因素严重冲击了产业链供应链的安全稳定。同时，随着市场化运行、专业化分工、全球化布局的不断深化，产业发展各环节、要素、主体之间深度耦合、融通发展，关键环节和节点出现的局部"扰动"，可能演变成为冲击系统稳定运行的"灰犀牛""黑天鹅"事件。保持产业链供应链稳定，是保居民就业、保基本民生、保市场主体的基础，事关经济安全、社会安全和国家安全。形势逼迫我们必须树牢安全发展理念，加快补短板强弱项，精准打通产业循环堵点卡点，深化开放合作，做强企业主体，优化产业布局，不断提升产业链供应链稳定性和竞争力，为稳定经济大盘、冲刺目标任务提供有力支撑。

二、"产业强劲"是错位扬优、乘势而上的核心动力

产业实力与历史积淀、资源禀赋、基础配套等密不可分。无论是立足基础条件，还是着眼产业走势，构建增长稳健、结构优化、动能增强、质效提升、区域协调的良好局面，岳阳都具有实现"产业强劲"的突出优势和巨大潜力。这是建设省域副中心城市的信心所在、底气所在。

立足产业基础，岳阳具有走在前列的深厚底蕴。岳阳工业共有三大门类（制造业，电力热力燃气业，采矿业），37个行业，是中南地区重要的石油化工、装备制造、电力能源、造纸基地。2021年，完成规模工业总产值6584.45亿元，同比增长18.3%；规模工业增加值同比增长8.4%，规模工业总产值与增加值总量均位居全省第二。实缴工业税收145.38亿元，同比增长7.2%。新增规模企业204家，规模企业总数达1772家。制造业增加值占地区生产总值比重达到32.2%。基础坚实的产业经济固本培元、强筋壮骨，为建设"增长极"和"副中心"立起"四梁八柱"。

立足产业优势，岳阳具有弯道超车的广阔空间。岳阳产业特色明显，十大重点产业规模工业总产值占全部规模工业总产值的比重超过90%，石化、食品产业、装备制造业规模工业总产值均突破千亿元。产业平台坚实，拥有国家级园区1个、国家级海关特殊监管区1个、省级园区9个，省级高新产业园区数量居全省第一，2021年园区技工贸总收入、利润总额分别增长88.1%、57.1%；亩均税收达到16.4万元；园区省级以上科创平台达到213家，居全省第二。产业质量提升，工业战略性新兴产业总产值同比增长22%，占规模工业总产值比重的27.3%；小巨人企业133家，其中国家级14家，省级113家；上市公司总数达到11家，居全省第二。产业特色化、集约化、高端化、绿色化，为岳阳产业提供扬优成势的强大动力。

立足发展走势，岳阳具有后发赶超的强大动能。近年来，市委市政府坚持"以经济发展比实力，以产业项目论英雄"，将产业项目建设作为最有力的抓手。引进"三类500强"企业85家，新金宝、己内酰胺、攀华等一批旗舰产业项目和平江抽水蓄能电站、华电平江电厂等一批重大能源项目扎实推进，连续三年获评全省产业项目建设先进市州。七大千亿产业和"12+1"优势产业链发展迅速，建链、延链、补链、强链态势强劲。265家链上龙头和重点企业持续壮大，特别是150万吨乙烯等重大项目前期工作扎实推进，必将成为重构岳阳产业发展的"尖兵""奇兵"、建设省域副中心城市的"定海神针"。

三、"产业强劲"是提标进位、蓄势而起的现实选择

与新一轮科技革命与产业革命的要求比，与省域副中心城市

的目标定位相比，与市州争先恐后的竞争态势相比，岳阳产业发展速度不是快了，而是慢了；总量不是大了，而是小了；实力不是强了，而是弱了。如果不能做到"产业强劲"，岳阳就不可能保持动能充沛的发展走势，不可能具有令人信服的综合实力，也不可能发挥辐射周边的示范效应。唯有紧扣"产业强劲"目标，不偏向、不放松、不停步，坚定不移地扩投资、强实体、兴产业，岳阳才能赢得应有的地位与尊严，让省域副中心城市名副其实！

要深刻认识优化产业结构的艰巨性。岳阳传统产业占比过大，石化、食品等传统产业总产值占全市规模工业的比重接近四分之三，长岭炼化、巴陵石化两厂税收占比超过70%，石化"一业独大"的局面短时间内还无法改变。同时，战略性新兴产业占比仅为19.1%，低于全省7.3个百分点，较长沙、株洲、湘潭、衡阳、郴州分别低了19.9%、25.0%、2.2%、4.6%、10.9%。现有小巨人企业中，只有49%开展了中小企业技术创新"破零倍增"工作。从总体上看，岳阳仍然央企独大、产业层次偏低、产业链条不长、技术含量不高，产业分工处于价值链低端，过度依靠要素投入，结构性矛盾和增长方式粗放突出，必须加快转型升级、创新创业，提升产业层次，做大发展能级。

要深刻认识沿江周边竞争的严峻性。区域竞争的核心是产业竞争。目前，岳阳正处于"前有标兵、侧有重兵、后有追兵"的激烈竞争中，产业优势并不明显。从规模工业增加值看，与省内一类市州对比，工业总产值与其他市州拉开差距，稳居全省第二，但增加值总量差距较小、占比不高，说明产业结构调整缓慢。特别是增速由高速转为中低速，呈下降趋势。从利润总额看，与省内一类市州对比，岳阳规模工业利润总额与营业收入排名有落差，说明工业企业效益依然有待提升。从工业用电量看，岳阳工业用电量居一类市州第五位，占全省工业用电总量的8.83%。在工业税收方面，岳阳实缴税金是长沙的27.92%，与经济总量全省第二的地位明显不匹配，工业企业质量和产出效益依然不高。总体上看，尽管岳阳产业总量靠前，但与"标兵"长沙越拉越远，与"追兵"常德、衡阳、株洲越来越近，还没有令人信服的比较优势和综合实力。只有争创一流、保持领先，岳阳才能真正成为一"极"一"核"。

要深刻认识资源要素保障的紧迫性。园区"行政化"倾向严重，自身优势释放不够，支撑现代产业体系构建的承载能力尚待提升，资金和土地低效益利用问题突出。同时，产业园区用地紧缺问题日益严重，2021年土地需求18314亩，缺口14712亩，缺口高达80%。绿色化工产业园布局己内酰胺项目后，后续产业链延链项目甚至面临项目等地的局面，均存在用地不够问题。企业融资仍然困难，小微企业融资渠道单一，难以享受金融惠企政策，存在资金链断裂风险。资本运作滞后，11家上市公司平均市值不足50亿元，首发募集资金平均仅4亿多元。2020年平均净利润为负，有3家上市公司亏损，符合上市条件的企业数量较少，绝大部分上市后企业平均净利润不超过5000万元。人才瓶颈突出，缺乏行业高端人才、实用科技人才和专业技能人才，造成关键岗位空缺、项目中断，成为企业发展软肋。"信息孤岛"现象明显，信息化建设存在一定矛盾，不同企业、不同区域间信息技术应用水平差异大，共享服务跟不上当前信息化、智能化建设需求。只有解决这些困难，"产业强劲"才能落地见效，也只有实现"产业强劲"，这些问题才能从根本上得到解决。

第三节　激发"开放领跑"的活力源泉

改革开放是党和人民大踏步赶上时代的重要法宝，是决定当代中国命运的关键一招。习近平总书记指出："不论世界发生什么样的变化，中国改革开放的信心和意志都不会动摇。"当今时代，既是创新的时代，又是开放的时代，对外开放是全方位、全领域的，正在加快推动形成全面开放新格局。在湖南打造内陆地区改革开放高地的战略布局中，岳阳处在"一带一部"的重要节点，开放优势突出、潜力巨大，完全可以争当排头兵、先行者，引领和推动湖南由内陆腹地迈入开放前沿。

一、岳阳开放优势得天独厚

地理区位通江达海、腹地广阔。岳阳拥有洞庭湖60%以上的水域面积，坐拥163公里长江岸线资源，是湖南省唯一的临长江口岸城市，同时也是长江沿岸亿吨级大港城市。岳阳地处武汉、长沙两大城市群的几何中点和长江经济带的咽喉地带，是长江中游的"金十字架"、一带一部的重要节点，对内通过"一湖四水"沟通湖南74个县市，把全省80%的地域与长江大动脉连成一体，对外连通上海、走向世界，是全省通江达海、对外开放的大门户、总枢纽。自古以来，物资汇聚、商贾云集、舟辇纵横、金鞭络绎，享有着"三湘门户""洞庭客栈"的美誉。1899年，岳州正式开埠，城陵矶设海关，凡进出口大宗货物，悉经于此，曾一时船舶聚集，客商聚居，水上交通达到鼎盛。岳阳过去伴港而生、依港而兴，未来也将凭港而立、因港而强。

交通方位贯通南北、畅通内外。构建起"国道成环、高速成网、铁路入规、航空发展、干线升级、乡村通达、客货流畅"的立体交通新格局，水陆一体、通江达海的综合交通优势突出。常岳九快速铁路、荆岳昌高速铁路、长岳城际铁路等项目全面提速，"三纵三横"干线铁路网正在形成；公路网络四通八达，公路通车总里程突破2万公里，实现县县通高速，市域1小时、城区半小时交通圈基本建成；16条长江干支航道畅通无阻，总里程1275公里，城陵矶新港开通港澳直航航线，新港二期、国际贸易"单一窗口"、松阳湖铁路专用线等建成投运，打造了15分钟高效疏港物流生态圈，与中欧班列实现无缝对接，基本形成"水公铁空"多式联运大交通格局；空中走廊日益拓展，三荷机场已开通23条航线，通达全国31个航点，进一步打通了开放通道，延伸了开放网络，优化了开放环境。

战略定位高点谋划、高位推进。岳阳1992年即被列入国家首批"沿江对外开放城市"。21世纪以来，城陵矶综合保税区启运退税试点港和进口肉类、汽车整车、进境粮食等指定口岸成功获批，跨境电子商务综合试验区、港口型国家物流枢纽和中国（湖南）自由贸易试验区岳阳片区先后揭牌成立。自此，城陵矶成为中部地区唯一拥有8个国家级开放平台的开放区。省委省政府决定，发挥岳阳作为湖南融入长江经济带的"桥头堡"作用，将其发展成为全省通江达海的新增长极，并提出"举全省之力，把城陵矶新港区建设成为全省综合交通运输体系的重要枢纽、现代物流的新园区、开放型经济的重要门户"。现任省委书记张庆伟明确要求岳阳依托港口优势，积极当好内陆地区改革开放先行者。在全省乃至长江中游开放大格局中，岳阳具有极其重要的战略地位、极其优越的政策平台、极为广阔的发展空间。

二、岳阳开放格局全域拓展

从建市之初的"活港兴市"，到"五市一极""一极三宜江湖名城""三区一中心"，再到"开放引领"的省域副中心城市，历届市委市政府坚持开放兴市，统筹东南西北四个方向，统筹"铁公水空"四种方式，开创了全域开放新局面，构建起内陆开放新高地。

向北深度融入长江经济带。依托长江"黄金水道"，岳阳连续五年上榜中国外贸百强城市。外贸业绩高位攀升，进出口总额由91.2亿元增加到612.1亿元，连续跨越六个百亿台阶，由全省第6位跃升至第2位；城陵矶港集装箱吞吐量由29.4万标箱增加到60.1万标箱，成功实现翻番。平台效能加快释放，岳阳自贸片区形成15项"首提首批首创"成果，落地全省首个国家级试点案例；综保区进出口总额和增速居全省7个海关特殊监管区首位。开通港澳直航航线，新港二期、国际贸易"单一窗口"、松阳湖铁路专用线等建成投运。争取全国首个中非贸易本币结算试点，探索"大宗货物+加工贸易+临港产业"的经贸合作新模式，自贸片区新增市场主体1155

家，其中企业类962户，同比增长近5倍。中非工贸产业园一期建成投运，获批海峡两岸产业合作区。

向南主动对接强省会战略。着力打造岳阳的"南码头"、长沙的"北花园"，优化拓展江海直达水运航线，加快建设湘江长沙至城陵矶一线航道，推进与岳阳虞公港、城陵矶港协同发展，推进与长沙等省内物流枢纽城市协同发展。湘江新区湘阴片区首开区正式开工建设，华能集团、深圳赛格、湘江集团等龙头企业相继落户；汨罗"一区两园"加快建设，一批头部企业、旗舰项目成功引进、承接、配套；平江加强合作交流，湘赣边区域合作示范区建设取得新的进展，实现和长沙沿边城市抱团联动。

依托南北两翼齐飞，岳阳积极融入国内大循环为主体、国内国际双循环相互促进的新发展格局，开放领域不断拓展，开放层次明显提升。2021年，全市内联引资引进到位资金1161亿元，同比增长27%，总量居全省第2位；引进"三类500强"项目26个，总投资357.7亿元；实际利用外资4113万美元，同比增长25.5%，为在更大范围、更宽领域、更深层次扩大开放奠定了坚实基石。

三、岳阳开放短板依然突出

开放是岳阳的优势所在，但同样是短板所在，开放型经济水平距先天秉赋和战略定位还有较大差距。唯有坚持"开放引领"不动摇，岳阳开放型经济才能扬长补短、做大做强、行稳致远。

开放环境还不优。从政策环境看，政策支持相对薄弱，工作机制不够完善，相关职能部门权责不明确，工作交流不畅通，对服务贸易、引进外资、对外经济合作等方面支持力度还不大，导致开放发展动力不足、氛围不浓。从硬件环境看，尽管城陵矶口岸平台基本建成运营，但集疏运体系、口岸监管服务、港航作业科技水平和信息化程度不高，严重制约港区开放。如烟花鞭炮作为城陵矶港重要进出口货物，但由于航线处于市场培育期，加之直航基础货源受政策限制，航班密度和稳定性明显不够。从营商环境看，部分干部存在短视现象，工作急功近利、怠政懒政、业务霸权、阳奉阴违、墨守成规等怪象屡禁不止；国际商务谈判、外贸跟单、外贸业务拓展等开放型人才严重匮乏；对外贸主体引导不到位、帮扶不精准，企业困难得不到及时有效解决，离市场化、法治化、国际化营商环境还有很大差距。一流营商环境是第一竞争力。岳阳只有要坚持系统观念，优化发展生态，让市场主体放心投资、安心创业、舒心发展，才能在扩大开放上快人一步、高人一筹。

开放水平还不高。由于产业总体层次偏低、链条不长、结构不优，导致主导产业优势不明显、产业辐射面有限、承接产业转移能力不强、外向型经济发展不畅、进出口企业物流成本高、沿江产业发展滞后等各种问题，大量企业开拓国际市场意愿不强、能力不足。2020年，全市有进出口业绩的企业314家，其中新港区和经开区占了一半。与沿江同类开放城市，芜湖、九江相比，岳阳也同样缺乏竞争优势，集装箱吞吐量、高新技术投资、地方财政收入等指标，远远落后于这些地方。岳阳如果不能迎头赶上，就可能在沿江开放竞争中步步败退，最终成为无所作为的物流"过境港"。

风险隐患还不小。由于世界百年未有之大变局加速演进，保护主义、单边主义上升，世界经济低迷，开放型经济持续逆风逆水、困难重重。2022年上半年，全市进出口总额增速下降、排名下滑，实现"开放引领"的复杂性、严峻性、不确定性大幅上升。无论是立足全局，还是着眼长远，岳阳的优势在开放、潜力在开放、未来在开放，唯有登高望远才能行稳致远，唯有融入大局才能开创新局，唯有开放主动才能发展主动，唯有大气包容才能共生共荣。岳阳只有坚持"开放引领"不放松，充分利用国际国内两个市场、两种资源，让"黄金水道"发挥"黄金作用"让"黄金口岸"产生"黄金效益"，才能打造沿江开放的战略支点，创造新的无限可能。

第四节　明确"绿色示范"的底线要求

目前生态文明建设正处于压力叠加、负重前行的关键期，已进入提供更多优质生态产品以满足人民日益增长的优美生态环境需要的攻坚期，也到了有条件有能力解决生态环境突出问题的窗口期。习近平总书记"守护好一江碧水"的殷殷重托，更赋予岳阳生态优先、绿色发展的如山重任。岳阳提出"绿色示范"建设目标，奏响了生态优先、绿色发展、行稳致远的奋进赞歌，展示出作为"守护好一江碧水"首倡地的政治责任，彰显出长江经济带绿色发展示范区的历史担当，体现出践行"三高四新"战略定位和使命任务建设美丽湖南的岳阳作为。

一、绿色是岳阳最鲜明的底色

岳阳生态资源得天独厚。地处长江中游，枕长江、拥洞庭、纳四水，水系发达，水资源总量全省第一。拥有1500多平方公里东洞庭湖湿地，生态环境良好，自然资源丰富。全市46处自然保护地中，国家级自然保护区1处，国家级风景名胜区2处，国家级森林公园4处，国家级湿地公园6处，国家级地质公园1处，国家级水产种质资源保护区6处，国家生态建设示范县（区）3个，境内森林覆盖率达45.31%。其中，东洞庭湖国家级自然保护区是全国首批六大国际重要湿地之一，是全球200个生物多样性热点地区之一。

岳阳生态发展前景辉煌。葱茏绿色赋予了岳阳山水江湖城市的鲜明底色，也为岳阳发展积累了生态优势，赢得了发展契机。2020年8月，国家长江办正式印发《关于支持湖南岳阳开展长江经济带绿色发展示范的意见》，岳阳成为继上海崇明岛、湖北武汉市、江西九江市、重庆广阳岛之后的第5个长江经济带绿色发展示范区。可以说，长江经济带绿色示范区建设是岳阳当前最大的利好，只要擦亮了这块"含金量""含新量""含绿量"极高的金字招牌，岳阳就能抢占先机、挖掘潜力、激发后劲，在高质量发展中破茧成蝶、振翅高飞。

岳阳生态追求与时俱进。"绿水青山就是金山银山"，强调优美生态就是生产力，就是社会财富，凸显了生态环境在经济社会发展中的重要价值；"既要金山银山，又要绿水青山"，强调生态环境和经济社会发展相辅相成、不可偏废，坚持把生态优美和经济增长"双赢"作为发展的重要价值标准；"宁要绿水青山，不要金山银山"，则强调绿水青山是比金山银山更基础、更宝贵的财富。岳阳坚持绿色发展，致力"绿色示范"，形成绿色价值取向，正确处理经济发展同生态环境保护的关系，目的就是要更加自觉地推动绿色发展、低碳发展、循环发展。

岳阳绿色示范意义深远。在"四位一体"目标路径中，"绿色示范"不仅体现了岳阳省域副中心城市的鲜明特色，同时与其他"三位"相互依存、相互促进：着眼"产业强劲"，绿色示范是坚强有力的支撑点，有力倒逼岳阳产业脱胎换骨、转型升级，为高质量发展增创优势、积蓄后劲；着眼"开放领跑"，绿色示范是塑造形象的得分点，发挥山水资源优势，打造宜居、宜业、宜游岳阳，可以提升城市的吸引力和竞争力，加快推动人流、物流、资金流集聚；着眼"人民共富"，绿色示范是人民生活水平的增长点，可以更好地回应人民群众追求高品质生活的呼声，让市民共建共享生态这个最普惠的民生福祉，切实提升老百姓的获得感、幸福感和安全感。"绿色示范"就如同一条红线，始终贯穿于岳阳省域副中心城市建设的全过程、各方面，让生态优势转为发展优势，以绿水青山换来金山银山！

二、绿色是岳阳最坚实的底气

岳阳始终牢记习近平总书记"守护好一江碧水"的殷殷嘱托，坚持保护生态环境就是保护生产力、改善生态环境就是发展生产力，坚决摒弃以牺牲生态环境换取一时经济增长的做法。"绿水青山就是金山银山"的意识普遍增强，"共抓大保护、不搞大开发"的自觉性进一步增强，坚持走生态优先、绿色发展之路的信心决心更加坚定，绿色发展理念正成为全市共识，绿色发展成效不断彰显，岳阳正成为一座越来越引人注目的绿色之城、生态之城。

生态环境更美。以习近平总书记岳阳考察为强大动力，投入资金280多亿元，打好污染防治攻坚战，多年形成的生活污水直排、黑臭水体、养殖污染、乱采滥占、乱围滥捕等问题得到较好解决。坚决对落后产能说不，关停非法砂石码头155处，拆除和提质改造沿江码头泊位82个，退还长江岸线7.24公里；完成35家造纸企业退出，沿江化工企业关停转产搬迁15家。加强与三峡集团合作，大力推进长江大保护示范项目，新建市政主管网107公里，雨污分流改造426公顷，获评全国黑臭水体治理示范城市、首批"海绵城市"建设示范城市。加强生态保护与修复，全面落实长江"十年禁渔"，2200平方公里水域全面禁捕，岸线洲滩湿地保护全面加强，湖南岳阳楼·洞庭湖文化旅游度假区建设加快推进。长江水质断面稳定达到Ⅱ类，洞庭湖水质综合评价接近地表水Ⅲ类，中心城区空气质量优良率达90.7%，"候鸟的欢歌""江豚的微笑""麋鹿的倩影"成为岳阳崭新的名片。岳阳先后获评中国十大活力休闲城市、十佳绿色城市、宜居城市百强、"中国观鸟之都"等殊荣。

生态产业更优。注重培育地标农产品，全市农产品"两品一标"有效数达309个，拥有马德里国际商标63件，中国驰名商标35件。加强文化旅游资源整合，完成岳阳楼君山公园转企改制，沿江环湖生态旅游廊道的规划思路、概念设计方案初步成形，洞庭湖博物馆建成运营，"岳阳天下楼、洞庭天下水"生态文旅品牌进一步打响。平江县通过"生态—旅游—扶贫"模式，盘活石牛寨、幕阜山等生态旅游资源，解决就业贫困人口2万余人，旅游业对经济贡献率达30%。岳阳县等地G240沿线"乡味长廊"精品游入选全国"体验脱贫成就·助力乡村振兴"乡村旅游学习体验线路。临湘市推行"生态+加工+文化+旅游"，带动楠竹种植10万户以上，竹业年产值达33亿元，其中竹制小家具占全国市场份额的85%，一根小竹子撬动了百亿产业。推进高标准农田建设，累计建成高标准农田372万亩，路相通、渠相连、田成方、林成网、旱能灌、涝能排，年新增粮食产能3800万公斤，直接受益农户年人均可支配收入增加550元。

绿色动能更强。以产业生态化为导向，推进产业绿色转型，经济绿色提质。相继实施了造纸企业引导退出、沿江化工关改搬转行动，否决高能耗高污染项目150余个，己内酰胺搬迁成为目前破解"化工围江"单个投资体量最大的项目。通过转型升级、腾笼换鸟，重点培育打造了"12+1"优势产业链，华为、正威等一批先进制造"旗舰项目"相继落地，岳阳长江百里绿色经济发展走廊蓄势待发。做优做强石化、食品、文化旅游、现代物流等千亿产业，狠抓传统企业清洁化、绿色化、智能化改造，着力推进产业园区专业化特色化绿色化发展，三年来工业技改投资增长20.6%，全市万元GDP能耗降低10.96%。城陵矶老港完成环保提质改造，新建巨型"胶囊式"全封闭散货仓库成为长江之畔的新地标。出台"新园区十条"，支持产业园区高质量发展，汨罗循环经济产业园获评国家级绿色产业示范基地。利用高新技术和先进适用技术改造传统产业，成功创建省级高新区7家，高新技术企业高达472家，高新技术产业增加值占GDP比重提高2.5个百分点。城陵矶新港区获批国家先进装备制造高新技术产业化基地，岳阳绿色化工产业园被认定为省级绿色园区。

习近平总书记深刻指出："只有把绿色发展的底色铺好，才会有今后发展的高歌猛进。"岳阳坚持把生态环保作为一号工程来抓，统筹兼顾，标本兼治，全面打响生态环保"攻坚战"，交上"守护好一江碧水"的高分答卷，用事实证明：生态优先、绿色发展之路，岳阳不但走得通，而且越走越宽广。

三、绿色是岳阳最持久的底蕴

绿色发展昭示方向，代表未来。生态环境保护，功在当代，利在千秋。无论是上海崇明以规划守住生态空间，以"双清单"管理制度引导产业绿色发展，促进产业与生态深度融合；重庆广阳岛以"自然恢复+技术创新"模式修复生态，推动破除消落带等生态治理难题；浙江丽水在不破坏生态环境的基础上实现生态与经济发展互促共赢，无不说明，生态兴则文明兴，生态衰则文明衰。建设名副其实的省域副中心城市，就要坚持创新、协调、绿色、开放、共享的新发展理念，加快转变发展方式，实现更高质量、更有效率、更加公平、更可持续、更为安全的发展，而强化绿色支撑是实现目标愿景的必然要求。

生态问题不容忽视，亟待重视。近年来岳阳生态环境质量持续好转，但形势依然严峻，任务依然艰巨。岳阳工业以重化工业为主，产业结构决定了整治任务异常繁重，生态环保压力依然很大；产业链层次偏低，产业结构不合理，产业转型任务依然繁重；岳阳在绿色发展示范区建设基础理论探索、制度框架设计、经验模式提炼等方面还存在较大差距，示范模式探索十分紧迫。加上人民群众对清新空气、干净饮水、安全食品、优美环境的要求越来越强烈，生态环境恶化及其对人民健康的影响成为突出的民生问题。2021年长江经济带生态环境警示片移交岳阳的问题还正在整改，中央、省环保督察反馈问题还需要销号，特别是2022年央视3·15曝光酸菜腌制加工问题，更是给岳阳发展敲响了警钟。岳阳必须顺势而为、应时而动，咬定"绿色示范"目标，坚定破旧立新的决心，拿出壮士断腕的勇气，彻底摒弃旧的发展理念，在绿水青山中闯出一片新天地。

绿色示范重在建制、标本兼治。推进绿色发展，实现绿色示范，既是攻坚战，更是持久战。从长远发展来看，必须建立健全以生态价值观念为准则的生态文化体系，以产业生态化和生态产业化为主体的生态经济体系，以改善生态环境质量为核心的目标责任体系，以治理体系和治理能力现代化为保障的生态文明制度体系，以生态系统良性循环和环境风险有效防控为重点的生态安全体系。从当前形势来看，要坚持"正本清源"，追根溯源、系统施治，标本兼治，做好关停并转、节能降耗的"减法"，学会生态修复与补偿的"加法"，探索生态经济、新兴产业的"乘法"。科学统筹山水林田湖等生态要素，协同推进蓝天、碧水、净土、青山四大保卫战，以最严密的法治、最严格的制度、最严厉的措施守护秀美家园；坚持"腾笼换鸟"，做大做强绿色低碳产业，加快打造岳阳长江百里绿色经济发展走廊，为高质量发展植入绿色基因；坚持"点绿成金"，做强大文旅，冲刺双千亿，进一步打响"洞庭天下水、岳阳天下楼"文旅品牌，让美丽风景扬优成势，增值变现，以绿色描绘出省域副中心城市该有的模样！

第五节　坚守"人民共富"的价值追求

为人民谋幸福、为民族谋复兴，这是我们党领导现代化建设的出发点和落脚点。共同富裕是社会主义的本质要求，是中国式现代化的重要特征。这既意味着全面建成小康社会之后，促进共同富裕成为极为重要的长期政策，更意味着这是中国迈向未来的一个极为重要的战略方向。岳阳坚持将"人民共富"作为目标之一，高度契合了人民群众对"美好生活"的向往，充分彰显了共产党人"为人民谋幸福"的初心使命，深刻体现了全面建设富裕民主文明和谐美丽的社会主义现代化新湖南的岳阳追求。

一、坚持以人民为中心的发展思想

习近平总书记深刻指出，以百姓心为心，与人民同呼吸、共命运、心连心，是党的初心，也是党的恒心。人民对美好生活的向往，就是我们的奋斗目标。美好生活具体而微的说法，就是共同富裕。共同富裕是中国式现代化的重要特征，也是人民群众的共同期盼。坚持以人民为中心，就要把群众立场站得更稳，把群众观点扎得更深，把群众福祉谋得更实，也就是要必须永远保持同人民群众的血肉联系，不断实现好、维护好、发展好最广大人民根本利益。

深厚的思想土壤。岳阳作为忧乐精神的发源地，民本情怀是其独特的文化写照和精神风标。屈原上下求索，"哀民生之多艰"；范仲淹先忧后乐，"居庙堂之高则忧其民，处江湖之远则忧其君"；明代尚书方钝"崇俭节用，深恤民苦"，苦修三眼桥；任弼时负重奋进，甘做"人民的骆驼"；高级干部喻杰晚年告别北京，回归平江开发家乡；等等。无不体现出以民为本、民生为先的追求。民之所忧，我必念之；民之所盼，我必行之。建设省域副中心城市也必须紧扣人民所思所盼，致力于满足广大人民群众的需求，自觉做到忧民所忧、乐民所乐，引导致富、实现共富，既是初心所系，也是使命必达。

明确的实现路径。以人民为中心，不仅是理念，更应是举措；不仅是目标，更应是行动。始终坚持发展为了人民，在建设省域副中心城市的各个环节、各项工作中体现和保障人民群众的利益；始终坚持发展依靠人民，尊重人民的主体地位和首创精神，密切联系群众，始终相信群众，紧紧依靠群众，最充分地调动人民群众的积极性、主动性、创造性，最大限度地集中人民群众的智慧和力量；始终坚持发展成果由人民共享，不断提高人民的生活质量和健康水平，不断提高人民的思想道德素质和科学文化素质，充分保障人民的经济、政治、文化、社会等各方面权益，让省域副中心城市建设成果惠及全体人民。

具体的目标要求。党的十九届五中全会提出"十四五"时期民生发展的主要目标，即民生福祉达到新水平，实现更加充分更高质量就业，居民收入增长和经济增长基本同步，分配结构明显改善，基本公共服务均等化水平明显提高，全民受教育程度不断提升，多层次社会保障体系更加健全，卫生健康体系更加完善，脱贫攻坚成果巩固拓展，乡村振兴战略全面推进，国家治理效能得到提升。实现"人民共富"，就要紧扣这些目标，竭力办好民生事业，着力推动在就业、教育、卫生健康、居民收入、分配结构、公共服务、社会保障等方面实现高质量发展，不断夯实民生福祉基础，让广大人民群众共建共享高品质生活。

二、坚持以高质量发展促进人民共富

在实现"人民共富"的过程中，既要坚持党的领导，为实现共同富裕提供坚强政治和组织保证；又要坚持以人民为中心的发展思想，激发实现共同富裕的内在动力；还要坚持发展为第一要务，为实现共同富裕提供物质基础。同富裕的物质基础是解放生产力和发展生产力。而只有实现高质量发展，让创新成为第一动力、协调成为内生特点、绿色成为普遍形态、开放成为必由之路、共享成为根本目的，才能更好地满足人民日益增长的美好生活需要。

应当看到，尽管我市如期完成脱贫攻坚任务，全面建成了小康社会，民生事业得到快速发展，民生领域取得巨大成就，但问题与差距依然存在。据有关部门统计，目前全市还有2319户脱贫不稳定户、1903户边缘易致贫户、2610户突发严重困难户，以及18.6万城乡低保和特困供养对象。同时，地区差距、城乡差距、收入差距仍然存在。解决这些深层次问题，必须推动高质量发展，创造高品质生活，更为顺应新阶段的多元化和个性化需求导向，更为体现未来高品质生活的价值引领，从侧重数量的维度转向实现经济生活品质、文化生活品质、政治生活品质、社会生活品质、环境生活品质等多维度全方位的同步提升。

习近平总书记强调，高质量发展就是要从"有没有"转向"好不好"。"有没有"是数量问题，主要通过高速度增长解决；"好不好"是质量和效益问题，主要通过高质量发展解决。岳阳要完整、准确、全面贯彻新发展理念，紧扣新形势新要求，推动高质量发展：稳增长方面，突出解决"动力不足"的问题，坚持稳字当头、稳中求进，做到投资、消费、出口"三驾马车"并驾齐驱；促改革方面，突出向改革要动力，向创新要活力；调结构方面，突出加快产业转型升级，积极培育发展新兴产业；惠民生方面，突出统筹推进经济发展和民生保障，把每件实事办在群众心坎上；防风险方面，突出树牢系统思维，坚持综合施策，从根本上防范化解各类风险；保稳定方面，突出要保持清醒头脑，增强忧患意识，树牢底线思维。

共同富裕是一场深刻的社会变革，是全体人民的富裕，不是少数人的富裕；是人民群众物质生活和精神生活都富裕，不是单纯物质富裕而精神空虚；是仍然存在一定差距的共同富裕，不是整齐划一的平均主义同等富裕。人民共富，既要口袋"鼓"起来，也要脑袋"富"起来。我们应坚持一手抓物质生活改善，一手抓精神生活提升，注重实现充分就业，夯实民生之本；推进教育均衡，筑牢民生之基；优化收入分配，疏浚民生之源；加强社会保障，织牢民生之网；建设健康岳阳，回应民生之盼。一句话，就是依靠高质量发展，补齐民生事业短板，更好地满足人民群众对美好生活的向往。

三、坚持以制度性安排协调共富步伐

中国特色社会主义制度是实现共同富裕的根本保证，中国特色

社会主义道路是实现共同富裕的根本途径。实现共同富裕就像做蛋糕，既要做大蛋糕，还要分好蛋糕。"做大"要靠高质量发展，不断探索新的"制作方法"，给更多人创造致富的机会；而"分好"则要靠制度性安排，调整致富共富的节奏步伐，实现"先富带动后富"。

要调整完善所有制结构，坚持公有制为主体、多种所有制经济共同发展。中国特色社会主义基本经济制度是保障我国经济高质量发展的制度基础，公有制为主体是实现共同富裕的重要前提和根本保证。要做强、做优、做大国有企业，不断夯实国有经济的基础，提高国有经济的活力、控制力、影响力、国际竞争力和抗风险能力，发挥国有经济的主导作用；要加强集体经济建设，充分发挥集体经济在促进基层，特别是农村地区实现共同富裕中的作用；同时要扶持发展民营经济、个体经济、联营经济、股份制经济等，发挥非公经济在破解发展瓶颈中的积极作用。

逐步健全分配制度，坚持按劳分配为主体、多种分配方式并存。按劳分配为主体是实现共同富裕的基本要求和重要保证。要逐步提高劳动报酬在初次分配中的比重，健全工资合理增长机制。构建初次分配、再分配、三次分配协调配套的基础性制度安排，加大税收、社保、转移支付等调节力度，提高低收入群体收入，扩大中等收入群体，形成中间大、两头小的橄榄型分配结构。三次分配是在自愿基础上进行的，要争取国家税收政策给予适当激励，通过慈善捐赠等方式，起到改善分配结构的补充作用。

不断提升激励机制，鼓励劳动致富、创新致富。共同富裕不是同步富裕、同时富裕、同等富裕，应允许有先有后、有快有慢。

要深入实施"巴陵人才工程"，贯彻尊重劳动、尊重知识、尊重人才、尊重创造方针，鼓励勤劳致富、创新致富，保护辛勤劳动、合法经营、敢于创业者的利益；要健全创新激励和保障机制，构建能够充分体现知识、经验、技术等创新要素价值的收益分配机制；要不断完善引导示范机制，深入推进"建设副中心，我来当先锋"党建主题活动，组织动员广大党员干部尤其是农村党员干部，在创业创新中干在实处、走在前列。

积极探索帮扶机制，不断完善先富带后富、帮后富机制。共同富裕和先富带动后富是辩证统一的关系，只有先富带动后富，才能实现共同富裕。要不断完善对口支援、社会帮扶、驻村帮扶等帮扶制度，推动区域协调发展、协同发展、共同发展，加强区域合作、增强区域发展的平衡性，优化产业布局、强化行业发展的协调性。要强化政策激励，组织和引导个人、企业先"结对帮扶"，鼓励先富带后富、帮后富。

构建民生发展长效机制，满足人民日益增长的美好生活需要。要围绕就业、社会保障、医疗卫生、科教文化、权益保障、社会稳定等重点领域，健全民情反映机制，深入了解民情，充分反映民意，广泛集中民智，切实珍惜民力；要健全民主决策机制，建立健全民生项目的民主决策制度、重大决策的听证和公示制度，构建专家论证、技术咨询和决策评估机制；要健全责任落实机制，构建责权对等、责任清晰、强化担当的主体责任清单体系；要健全考评监督机制，加大对民生实事的督查考评，用好"指挥棒"，并借助抖音、微博、微信等新媒体平台，完善社会公众监督考评机制，让"民生实事好不好，百姓说了算"。

第五章
打造"产业强劲"的省域副中心城市

  历史航程波澜壮阔,时代大潮奔腾不息。"产业强劲"不仅是经济发展的核心命脉,也是岳阳作为省域副中心城市该有的奋斗姿态,更是岳阳决胜未来的根本所在。面对更加复杂多变的国内外形势,必须立足新发展阶段、贯彻新发展理念、构建新发展格局,充分发挥岳阳资源禀赋和比较优势,紧紧抓住多重战略机遇叠加的利好,坚定不移培育产业发展新动能、新优势,于风雷激荡中挺立潮头,在勇毅笃行中书写华章,率先走出一条具有岳阳特色的高质量发展之路,以"产业强劲"打造名副其实的省域副中心城市,迈向当之无愧的全省高质量发展增长极。

第一节　产业项目是省域副中心 城市建设的第一支撑

产业是发展的根基，是一个城市发展的支撑。没有强大、坚实的产业支撑，就不可能形成有核心竞争力的城市。岳阳要当好全省经济社会发展的"排头兵"，以省域副中心城市之强带动全省之强，必须把产业作为第一支撑，以产兴城、以城聚产、产城融合。

一、"内因外力"合促产业发展

岳阳产业从零起步、在砥砺奋进中开拓，实现了跨越发展。从两个"五年计划"开始实施，国家战略布局的化学制品企业际华三五一七橡胶制品有限公司落户岳阳，长岭炼化和巴陵石化相继建设，岳阳石化产业龙头地位初步奠定，到"三线建设"全面展开，农业大市岳阳点燃了工业文明的火把，岳阳化工总厂、岳阳造纸厂、岳阳地区磷肥厂、岳阳电磁铁厂等一批骨干项目建成投产，化肥、农药、橡胶、被服等支农支工产品迅速发展，机械、医药、造纸、石化等工业产品大幅增加，岳阳现代工业基础框架初具雏形；从投身经济建设的热情被改革开放的春风再次点燃，岳阳民营经济进入加速发展期，到开始调整工业布局、优化产业结构，坚定走新型工业化道路，坚持"兴工强市"，工业化进程加速推进，工业主导作用明显增强；从岳阳工业"内外兼修"，对外积极引入国际知名企业、对内加快部署新兴产业，到牢固树立"以经济发展比实力、以产业项目论英雄"鲜明导向，印发《关于加快推进工业新兴优势产业链发展的实施意见》，加快培育石油化工、食品加工、现代物流、电子信息、装备制造、电力能源和文化旅游七大千亿产业集群，抓好"12+1"产业链建设工作，全面推动产业集群成链发展，全市"12+1"产业链企业库里，已有龙头企业84家、重点企业237家。岳阳在产业高质量发展的路上火力全开，朝着建设"产业强劲"的省域副中心城市的目标砥砺奋进、阔步前行。

近十年，岳阳经济规模持续扩大，区域竞争力不断提高，实现经济量的合理增长和质的稳步提升，主要经济指标保持全省领先，持续发挥"排头兵"作用，省域副中心城市建设呈现全面起势、加快成势的良好态势。产业规模总量不断壮大，地区生产总值连续跨越2000亿元、3000亿元、4000亿元三个台阶，全省第二经济强市地位进一步巩固，连续多年上榜中国城市GDP百强榜。产业结构布局持续优化，三产结构由2011年的12.1：56.8：31.1调整为2021年的10.5：41.7：47.8；高新技术产业增加值占GDP比重、新兴产业占规模工业比重、制造业占GDP比重稳步提高，万元GDP能耗持续下降。石油化工、装备制造、电子信息、电力能源、食品加工、现代物流、文化旅游七大千亿产业来势看好。产业发展动能稳步提升，新金宝、己内酰胺、中联重科新材料、变形镁合金、正威、攀华等一批百亿级旗舰产业项目相继落户；华电平江电厂、国能岳阳电厂、平江抽水蓄能电站等一批重大能源项目扎实推进；岳阳经开区、湖南绿色化工高新区晋升千亿产业园区。

二、"三大指南"锚定前行坐标

抓产业、强经济、促跨越，是一次"大考"，也是一次"大战"。分析研判岳阳这几年在经济发展中遇到的各种问题，岳阳最大的差距在产业，突破点和根本出路也在产业。

要持之以恒推动产业"脱胎换骨"。未来三年，是岳阳市建设省域副中心城市的关键时期，地区生产总值要突破6500亿元，经济总量要占全省12%左右，高质量发展主要指标要位居全省前列，综合竞争力要位居中部地区地级市前列，需要在经济增速保持较快水平的基础上，进一步提高发展质量、效益和竞争力。当前，各区域、各城市之间都在探索新路、竞相发展，经济总量争先进位的每一步，都需要先行一步、快人一步，经济发展的体量与规模上不去，就无法形成聚合各类要素的"磁力场"，便会一步慢，步步慢。当前经济发展的内部条件和外部环境正在发生深刻复杂变化。向外看，我们要面对世界经济陷入滞胀、减排降碳、能源"紧平衡"等冲击和挑战；向内看，面临着发展不平衡不充分、产业结构不合理、要素刚性约束等困难和挑战。越是面临风险挑战，越要求我们主动适应新环境，围绕新发展格局做好经济结构调整；越要突出发展质量效益，不断提高全要素生产率，不断增强经济竞争力、创新力、抗风险能力；越要多看差距，多找短板，多加压力，切实增强"不进则退、慢进也退"的紧迫感。

要千方百计促进产业"强筋壮骨"。岳阳工业基础夯实、资源禀赋明显、区域位置特色鲜明，具备产业领先发展的基础和优势，但也背负转型发展的风险和重担，需要采取"硬核"举措，拿出超常干劲，锚定目标，在产业发展上用猛力，坚决打好经济工作翻身仗。要积极发挥比较优势，聚焦区域定位，以绿色低碳推进存量升级，以高端示范引领增量转型，加快构筑多能互补、多业并进、多点支撑、多元发展的产业发展新格局。要有布局产业转型的思维，更要有强链补链的实招，立足产业转型升级，着力培育新的经济增长点，紧紧围绕七大千亿产业和"12+1"优势产业链，挖足特色产业，优化产业生态、做强产业链条、形成产业集聚，提升发展质量效益，推动岳阳产品向岳阳品牌转变、岳阳制造向岳阳创造转变。推动高端装备制造、新材料、节能环保、生物医药等战略性新兴产业集群创新发展，数字经济、人工智能等产业加快发展。要加快实施有效投资扩量增效行动，紧盯国家政策方向，加强产业链精准招商，立足投资强度、科技高度、链条长度、环保程度、能耗限度等维度，扩大有效投资，激活民间投资活力。要加快实施产业园区提质行动，聚焦产业布局优化和"亩均效益"评价，推动重点园区提质增效，确保全市园区综合排名进入全省前三位，再打造1~2个产值千亿级园区。

要抓铁有痕确保项目"落地生根"。项目建设始终是推动经济发展的关键所在、希望所在、后劲所在。项目是产业的载体，抓产业必须全力以赴抓项目，特别是重大产业项目建设。要树牢持续狠抓项目建设的鲜明导向，乘势而上推动重点项目建设取得更大实效。对于还在报批的项目，要主动对接、持续跟踪；对于已经批复的项目，要尽快开工、紧盯进度；对于已经开工的项目，要加强督导、尽快达产。要为项目建设排忧解难，重点解决"开头难"的问题；解决"中阻梗"问题，破解项目建设中遇到的资源要素等瓶颈制约和征地拆迁等难题；解决"见效慢"的问题，对前期工作缓慢、建设进度滞后的项目，精准发力帮助协调解决，全力以赴把这批项目推进好、建设好。要通过产业招商、资本招商和以商招商等途径，加快新上一批高端、高新、高智的重大产业项目，促进以城聚产、以产兴城、产城融合，推动岳阳产业做实、经济做活、实力做强。

三、"四大趋势"敲定转型方向

国家"十四五"规划纲要明确，中部地区要着力打造重要先进制造业基地、提高关键领域自主创新能力、建设内陆地区开放高地、巩固生态绿色发展格局；要做大做强先进制造业，在长江、京广、陇海、京九等沿线建设一批中高端产业集群；推动长江中游城市群协同发展，加快武汉、长株潭都市圈建设，打造全国重要增长极。要顺应产业发展变革的大势，紧扣国家对中部地区的定位和要求，分析自身的优势和不足，明确重点产业和主攻方向，争创新优势、彰显新作为。这其中，把握产业发展的趋势极为重要，因为趋势代表未来发展方向和历史发展必然，只有把准了趋势，才能因势而谋、应势而动、顺势而为、乘势而上。

把握高端化趋势，提升价值链。发展高技术含量、高附加值、高市场占有率、低消耗的产业，是提升产业竞争力的发展方向。近年来，岳阳坚持把做大做强做优产业作为强市之基，聚焦企业、产业、产业链、产业生态，全力以赴抓项目、兴实体、强产业，形成了以石油化工、食品加工、现代物流、文化旅游4条产业链为有力支撑,装备制造、电子信息、生物医药等新兴产业多点发力的产业格局。但也要看到,岳阳产业层次还不高,传统产业生机不足,受价格利润下滑、生产成本提高、同质化竞争激烈等因素影响,全市石化、食品、造纸、纺织等传统产业发展受阻,占比偏大,但增长缓慢,在现代化产业竞争中失去新动力和新优势。优势产业拉动乏力,全市重点发展的机械、医药、有色及循环等行业在全市所占份额相对偏小且占比下降,战略性新兴产业主要集中在长株潭地区,岳阳战略性新兴产业占全省战略性新兴产业增加值比重不到10%,规模偏小、占比偏低、实力整体偏弱,无法领跑全市产业发展。我们要瞄准"高端产业"和"产业高端",努力壮大产业规模,提高产业创新水平,优化产业结构,厚植产业发展潜力,不断提升产业发展的质量和效益。

把握数字化趋势,强化创新链。着重在数字转型赋能工业经济、园区发展等方面精准发力,推动岳阳站上新一代信息技术快速发展的时代风口,着力构建具有岳阳特色的数字化转型之路。促进产业数字化赋能。推动电子信息、高端装备制造、生物医药等领域建设柔性生产线,发展数字赋能中心,加快企业管理、生产制造、关键工序及设备应连尽连和升级优化。进一步加大5G基站、大数据中心、工业互联网等新型数字基础设施建设力度,加快夯实产业数字化底盘基座。进一步加大"上云用数赋智"、中小企业数字化赋能等政策支持力度,加快构建产业数字化政策扶持体系。进一步加大数字化转型示范培育机制创新力度,加快激活产业数字化巨大潜能,力争培育超过120家数字化转型示范企业,培育一批"两化"融合贯标企业,打造一批省级智能制造示范企业,形成一批可复制可推广的数字化转型解决方案，致力建设"数字强市""云上岳阳"。推动数字产业化增效。积极发展人工智能、5G应用、大数据、云计算、软件服务及互联网产业，培育一批第三方数据资源提供商和数据应用服务商，发展数据服务、数据分析、大数据交易治理等新业态。培育发展行业性、区域性工业互联网平台，汇聚共享设计能力、生产能力、软件资源、数据托管、在线检测、供应链体系等资源，建立制造资源在线化、产能柔性化、产业链协同化的智慧产业集群。依托华为新金宝高端制造基地、哈工大机器人（岳阳）军民融合研究院、猪八戒网（岳阳）创新创业园等载体，布局建设智能硬件、软件与信息技术服务、物联网、大数据等数字经济集聚区。

把握集聚化趋势，延伸产业链。产业发展的基本规律，就是产业的横向扩张和纵向延伸，使得技术、信息、人才、政策，以及相关产业要素等资源得到充分共享，从而产生溢出效应，而园区就是集聚化的重要平台。在2021年全省"五好园区"创建评价中，我市园区平均得分250.62分，比全省平均得分高20.41分，平江、经开区、汨罗、云溪、临港、岳阳县、湘阴等7个园区高于全省平均分，共有国家级、省级"专精特新"小巨人企业119家，其中国家级"小巨人"企业14家，园区建设卓有成效。但是，也存在发展空间不足、资金缺口较大、承载能力不强等突出问题。我们要强化园区的经济功能定位，完善管理运营机制，推动园区特色产业集聚发展，依托园区承载平台，以石化、食品、建材、纺织四大传统支柱产业，机械、医药、电子信息、有色及循环四大新兴优势产业，以及"12+1"条优势产业链为重点，推动形成产业链上下游有机衔接、大中小微企业分工协作的高质量全链条产业发展模式，以深度融入长江经济带产业分工协作体系为契机，积极承接产业转移，加速补齐产业链条，实现产业体系的功能性提级和整体性发展。

把握融合化趋势，形成支撑链。产业融合特别是先进制造业和现代服务业深度融合，不仅仅是一种趋势，而是产业发展的现实选择。近年来，岳阳突出供给侧结构性改革方向，大力推动工业化与信息化融合，加快促进产业链与供应链、创新链、资金链、人才链融合，在产业融合中提升了供给体系质量。但总体来说，融合发展缺乏高效引导，重点产业的生产性服务业支撑不足，科技、金融与产业融合还不够紧密。我们要加快推动新兴数字技术与实体经济深度融合，加速产业与科技、金融、人才深度融合，促进产业各领域之间、战略性新兴产业与传统产业之间深度融合，培育经济发展新引擎。要加快制造业服务化延伸，推动服务业制造化延伸，引领制造业转型升级、品质提升。要加快三产业融合，更好地补齐产业短板、拓展产业空间、提升产业效率。

第二节 构建有核心竞争力的现代产业体系

加快建设具有核心竞争力的现代产业体系是一个复杂的系统工程，必须要面对原始创新要素不足、绿色发展能力不强、协调发展程度不高等关键性问题，遵循新发展理念要求，不仅要做好"大"的文章，更要做好"强"的旋律、"优"的篇章，探索新时代产业高质量发展的新路径，加快实现岳阳产业体系向"大而强""大而优"转型跨越，还要找准重点产业和主攻方向，在确保战略性新兴产业向"微笑曲线"两端发力的同时，不断引领、支撑、带动传统产业提质增效和服务业态创新迭代，持续稳定快速提升产业和服务的附加价值，促进产业向中高端持续迈进，着力解决产业层次偏低、结构不优、关联度不高、融合程度不深等问题，争创新优势、彰显新作为。

一、优化提质传统产业

传统产业向高端产业迈进是产业转型升级的现实需要和重心所在。以制造业高质量发展为主攻方向，以深化供给侧结构性改革为主线，聚焦传统产业高端化、智能化、绿色化、服务化转型，持续推动传统产业质量变革、效率变革、动力变革，通过高位嫁接形成

"新制造",焕发新活力,再造新优势,做实、做强、做优岳阳产业基础。

石油化工产业。围绕石油化工及新材料产业链建设,以中石化长岭炼化公司和巴陵石化公司为依托,着力优化原油加工结构,强化央地合作和炼化一体化发展,以液化气、催化油浆、焦碳、碳三、碳四和芳烃资源等石化产品为核心,以煤化工、盐化工产品为补充,加快延长产业链。加快乙烯项目进度,根据最新方案,尽快呈报可行性研究报告及申请文件,加快办理项目及下游产业用地审批,确保年内开工建设。全力服务和推进己内酰胺搬迁和产业链建设项目,加大己内酰胺下游产业招商力度,进一步延伸己内酰胺产业链、锂系聚合物、环氧树脂产业链,加快形成以特色化工产业链和高附加值终端产品为主的石化产业集群,实现石化产业总产值再翻一番,跃上2000亿台阶。

食品加工产业。大力发展以粮油加工、畜禽水产加工、蔬果加工等为核心,饲料生产、调味品生产、休闲食品生产、酒类生产等为特色的食品工业体系发展格局。推进重点产业集聚区发展,加大对平江休闲食品、城陵矶新港区粮油加工、湘阴调味品、君山黄茶、华容芥菜、汨罗粽子等六大食品特色产业聚集区的支持力度。扶持道道全、九鼎、华文、长康食品等重点龙头企业做大做强。支持重大项目建设,推进中储粮油脂基地、道道全临港新区食用油加工综合项目、湖玉峰食品新型健康面筋食品开发及产业化等重点项目建设。

现代纺织产业。依托棉花、红黄麻、苎麻等资源,着力突破关键共性技术,大力发展高支纱和高档生态苎麻面料,以华容工业园为主要依托，逐步形成集现代纺织、服装加工、绿色印染于一体的产业集群，做大做强精品服装、家居产品、布衣工艺品等产品。支持传统天然纤维的升级与优化，不断加强特种动物纤维、麻纤维、竹原纤维、彩色棉花、类天然纤维等功能性纤维、超仿真纤维和高性能纤维的开发。推广防水防油防污、阻燃、抗静电及多功能复合等功能性整理技术，生产高档纺织面料。支持纺织行业生物脱胶、无聚乙烯醇（PVA）浆料上浆、少水无水节能印染加工、"三废"高效治理与资源回收再利用技术的推广与应用；支持废旧纺织品回收再利用技术与产品生产，聚酯回收材料生产涤纶工业丝、差别化和功能性涤纶长丝等高附加价值产品。

二、培育壮大新兴产业

战略性新兴产业是先导性、支柱性产业，是抢占新一轮经济和科技发展制高点的关键，事关岳阳后发优势的发挥和产业持续竞争力的提升。岳阳作为湖南融入长江经济带的主阵地，亟需依托产业特色与比较优势，在高端产业布局上抢占先机，加快经济新动能培育，推动战略性新兴产业成为全市经济社会发展的主动力和新引擎。

夯实新材料产业基础支撑。顺应新材料高性能化、多功能化、智能化、绿色化发展趋势，强化基础材料对重大装备、重点产品的保障能力，提高新材料基础支撑能力，推动新材料融入高端制造供应链。重点发展化工新材料、金属非金属新材料和建筑新材料。其中，化工新材料产业重点是持续做强做深高分子材料产业链，积极拓展特种热塑性弹性体橡胶、环氧树脂、尼龙等3D打印耗材、新型聚酰胺弹性体、碳纤维复合材料用特种环氧树脂、聚酰胺新品种等高分子材料，谋划发展环保新材料。金属非金属新材料产业重点是加速再生铜、再生铝、不锈钢、钢铁精深加工等金属材料发展提质，延展改性高分子原料、碳素新材料、云母等非金属材料发展广度。建筑新材料产业重点是发展新型防水材料、新型高效节能墙体材料，以及保温隔热防火材料、复合保温砌块、轻质复合保温板材等。

提升高端装备制造产业发展优势。立足岳阳现有石化装备、磁力装备、农业机械、节能装备等装备制造产业基础，加快智能测控装置、智能加工装备、智能农机装备、增材制造（3D打印）装备、工业机器人等领域关键技术研发和产业化，培育智能制造装备产业。发挥"中国磁力设备产业化基地"和"起重电磁铁之都"优势，加强电磁搅拌及电磁感应加热等核心技术研发，拓展"电磁铁+化工""电磁铁+数控装备""电磁铁+轨道交通"等领域，提升磁力装备产业。抓住湖南建设工程机械、轨道交通装备世界级产业集群的机遇，积极对接融入长株潭工程机械、轨道交通装备产业链，布局工程机械及轨道交通装备配套产业。

拓展电子信息产业发展空间。完善信息基础设施，加快5G基站及配套设施建设，推动5G网络设施延伸覆盖；加强千兆光网改造和接入网络建设，推进以千兆光网和5G为代表的"双千兆"网络建设互促、应用优势互补、创新业务融合；统筹规划物联网、大数据中心，加快建设"城市大脑"。发展电子信息制造业，依托泰金宝光电、华为新金宝等项目，重点发展新型计算机及信息终端设备制造、信息安全设备制造等产业；依托中韩智能显示、三兴精密、方正达、伟博智能等骨干企业，加快发展新型显示面板（器件）、材料和设备等新型显示器件产业；加快电子信息产业专业园区建设，承接电子信息制造企业转移。培育信息技术服务产业，围绕岳阳智慧城市建设和产业转型升级需求，加快发展大数据和云计算产业，构建一体化的大数据云应用服务平台，促进互联网与制造业深度融合；面向重点行业需求，培育发展新兴软件及服务业，发展"互联网+"应用服务和信息技术咨询服务；加快岳阳数字产业园建设，大力发展数字经济新业态，打造数字经济产业核心区。

引导生物医药创新发展。以岳阳经开区健康医药产业园、岳阳县工业园、科伦现代物流园等为依托，重点发展生物制药、化学制药、现代中药等，加强生物医药产业发展平台建设，促进关键技术突破和产业化，打造环洞庭湖医药产业集聚区。支持生物医药企业与高校院所加强产学研合作，重点发展新型抗体、重组蛋白、多肽类、干细胞等新型生物技术类药物。加强重大疑难疾病、慢性病等中医药防治和新药研发，推动中药材种植高质量发展和中药现代化。依托石化原料和特色化工新材料产品优势，加强创新化学药物创制，推动高端仿制药技术攻关和产品研发，发展高技术含量、高附加值的原料药和医药中间体。立足产业发展基础和后疫情时代需求，加大针对新冠肺炎等感染性疾病快速检测试剂、基因诊断试剂和新型疫苗产品的研制开发。围绕预防、诊断、治疗、康复等医疗和保健市场需求，积极引进发展医疗防护等器械类产业，鼓励发展健康信息服务产品。

培育节能环保产业核心优势。以工业节能、建筑节能和节能服务等为重点，提升高效节能装备及核心技术集成开发，促进高效节能产业快速发展。围绕高效节能工业锅（窑）炉、余热余压余气利用、新型节能电机等重点领域，加快工业节能技术及装备的研发及产业化。积极发展建筑节能产业，重点开展建筑工业化、装配式住宅，以及高效节能家电、制冷设备、照明等新型建筑节能技术创新。着力健全能源消费强度和消费总量"双控"机制，研究制定节能量第三方评估机制，探索节能服务新业态。加强先进适用环保技术装备推广应用和集成创新，强化先进适用环保装备和技术在冶金、化工、建筑材料、食品制造等重点行业技术的融合和集成研究，提升环保领域信息化水平。

三、前瞻布局未来产业

未来产业是基于前沿、重大科技创新而形成，尚处于孕育阶段或成长初期，代表科技和产业长期发展方向，并对未来经济社会发展产生重要支撑和巨大带动作用的先导性产业。前瞻性布局未来产业，能更好地为我市产业抢先发展赢得先机、开拓新局、掌握主动。

航空航天产业。抓住湖南全域低空飞行试点省和航空航天产业链发展契机，以湖南中创空天新材料股份有限公司、中国航发长江动力有限公司、湖南航天远望科技有限公司等重点企业为依托，加快中创空天新材料产业化基地项目建设，积极推动航空发动机零部件、应用卫星、浮空器、无人机、航空合金材料等相关产品的研制和产业化，做大航空航天配套产业规模。

北斗应用产业。发挥北斗导航应用示范城市优势，以北斗卫星导航应用产业园为依托，围绕测绘遥感数据服务、地理信息软件、地理信息与导航定位融合服务、地理信息应用服务、测绘地理信息装备制造与服务等重点领域，攻克卫星资源应用、导航抗干扰、授时守时等领域应用技术难关，大力开发卫星导航应用服务系统、卫星技术综合应用系统，积极拓展卫星应用领域，推动北斗终端产品和应用服务产业化，打造北斗卫星导航应用服务产业链。

人工智能。依托哈工大智能研究院、伟博智能等龙头企业，加快引进行业龙头，重点发展人工智能软件开发、可穿戴智能设备制造等，推进计算机视觉、智能语音处理、生物特征识别、自然语言理解、智能决策控制等关键技术的研发和产业化，促进人工智能在智能终端等领域的推广应用，培育人工智能发展的创业企业和创新团队，形成创新活跃、开放合作、协同发展的产业生态。促进工业大数据发展，结合我市具备比较优势的石油化工、电磁及熔炼行业，研发工业大数据分析应用平台，推动大数据在研发设计、生产制造等产业链各环节的应用。加快区块链产业应用，引进培育一批区块链企业，推动区块链技术在知识产权、供应链、工业检测存证、中小企业贷款、银行风控等领域的应用。

四、加快发展现代服务业

推动生产性服务业融合化发展。将生产性服务业作为促进产业结构转型升级的重要力量，加快发展电子商务、研发设计、金融服务、商务咨询、文化创意、知识产权服务、检验检测认证等生产性服务业，实现服务业与农业、工业等在更高水平上有机融合，促进经济提质增效。

现代物流。加快综合性和专业性物流园区建设，大力培育物流领军企业,发展壮大航运物流、保税物流、危化物流、冷链物流、城乡物流配送、空港物流等特色物流,推广多式联运、甩挂运输、共同配送等现代物流组织方式,全面提升物流业专业化、社会化水平。

电子商务。以岳阳国家电子商务示范基地为依托,做大做强本地电商品牌企业,引导大型百货商场、购物中心、连锁超市建设网上商城,实现线上线下融合互动。以获批湖南自贸区岳阳片区建设和国家跨境电子商务综合试验区为契机,加快发展跨境电商,建设跨境电商综合服务平台,实现跨境电商生产要素和产业集聚。

金融服务。大力引进股份制商业银行和公募基金、股权投资、资产评估、融资担保等金融机构,规范发展多种所有制形式的中小银行以及证券公司、基金管理公司等,推动企业在主板、中小板、创业板、科创板上市,提升直接融资能力。加大中小微企业扶持力度,支持开展地方金融和中小企业金融改革试验,鼓励金融机构加大信贷投放和"险资入岳"支持力度。支持龙头企业进入金融领域,主导发展股权投资基金、产业引导基金等金融业务,全面提升金融服务水平。

科技服务。围绕岳阳高端制造、新材料、生物医药等重点制造业产业,打造中小企业创新服务平台。通过产学研结合的方式,对接岳阳重点发展的特色产业集群,承担影响岳阳战略性新兴产业发展的重大科研攻关项目。加大力度推动科技成果产业化,鼓励技术转移机构创新服务模式,为企业提供跨领域、跨区域、全过程的技术转移集成服务。

推动生活性服务业品质化发展。顺应新型城镇化建设和城乡居民消费结构升级趋势，充分利用新技术，以更好质量、更高效率满足人们在教育、医疗健康、养老、托育、家政、文化、旅游、体育等领域的新兴需求，围绕培育新兴消费热点和促进民生改善，推进生活性服务业精细化、品质化发展，促进社会服务数字化、网络化、智能化、多元化、协同化。

商贸服务。依托东风湖新区、洞庭新城、高铁新城、临港产业新城和临空经济区建设，打造一批大型商贸综合体，推动商贸服务业高端化发展。积极发展社区连锁便利店、蔬菜直销店、快递服务等便民商业网点，完善社区商贸服务体系。

文化旅游。发挥岳阳历史文化底蕴深厚和山水生态资源丰富的独特优势，促进文旅融合，深化"文旅+"农业、工业、商贸、教育、体育、会展等多业态融合，重点打造湖湘文化体验、大美洞庭观光、美食体验旅游、养生度假旅游、体育运动休闲、特色旅游演艺等六大核心支撑产品。

医疗康养。推进新兴技术与医疗健康产业不同机构、不同服务、不同阶段的深度融合，加快数字化转型。完善家庭医生签约服务。发展"智慧医院"，建设健康医疗大数据中心，大力推广"远程医疗"服务。构建以居家为基础、社区为依托、机构为补充，功能完善、服务优良、监管到位、覆盖城乡的多层次、多元化的养老服务体系。

第三节 构建有极大影响力的优势产业基地

建设产业基地是推动产业发展和转型升级的重要载体和突破口,一方面,有利于统筹推进现代化产业体系和创新型城市建设,进一步优化产业布局,促进土地等资源的集约利用,加快岳阳块状经济的有机更新;另一方面,有利于推动跨行政区资源共享、优势互补,提升省域副中心城市辐射带动能力,深化与周边大城市的联系,加快集聚更多全球高端发展资源,更好地服务和融入新发展格局。

一、创建高标准"五好"园区

产业园区是落实"三高四新"战略的主阵地,也是推动高质量发展的主战场。要坚持以创建"五好"园区为导向,加快推动园区"特色化、专业化、集约化、市场化"发展,打造一批特色鲜明、布局合理、承载力强的产业园区,提升园区经济总量和发展水平,加快产业集聚发展,为产业基地建设发展夯基垒台,提供平台支撑。

推动园区特色化发展。一方面,坚持规划引领,划定功能分区。全面完成产业园区及其功能区中长期规划编制,创新编制思路,加强规划融通,有机融合产业发展、城市空间、土地利用等多种规划，实现"多规合一"。坚持一县一园，一个县市区原则上只保留一家园区，禁止不经申报新设各类工业区。科学划定园区功能分区和拓展空间，合理确定园区的产业发展、公共服务、居住和生态用地比例，切实改变园区功能分区散乱、项目布局随意化的局面。另一方面，聚焦产业集群，优化产业布局。坚持战略导向、目标导向和问题导向，按照全市产业"一盘棋"的原则，引导项目延链布局、企业延链发展，增强产业聚合度，建设互为配套的产业链体系。严格落实《岳阳市产业园区主导产业目录》，按照国家级园区"两主一特"、省级园区"一主两特"要求，科学布局主导产业。重点支持岳阳县生物医药、新型建材、机械制造，临湘市新材料、浮标钓具、竹木制品，华容县纺织服装、通用设备制造、医药卫材，汨罗市再生资源利用、有色金属加工、工程机械配套，平江县休闲食品、云母制品、石膏建材，湘阴县装备制造、建筑建材、食品加工等优势产业做大做强，建立利益分享机制，按照政府引导、市场主导的原则，积极稳妥地引导不属于园区主导产业的企业，向符合主导产业发展要求的园区转移。建立非主导产业退出机制，逐步疏解非主导产业的企业。不符合园区主导产业规划方向的项目禁止入园。鼓励园区开展跨区域合作，发展"飞地经济"，共同建设项目孵化、人才培养、市场拓展等服务平台和飞地园区，为承接产业转移项目创造条件。

推动园区专业化发展。一是增强园区承载能力。配套建设完备的电力、燃气、供水、通信、道路、消防、防汛、治污等基础设施，以及为企业服务的标准厂房、孵化器、仓储物流等公共服务平台，全面提升园区承载能力，提升园区可持续发展水平。聚焦产业应用开展5G、大数据中心、人工智能、工业互联网、物联网、新能源汽车充电桩等新型基础设施建设,搭建信息技术应用场景,促进特色园区数字化、网络化、智能化转型,建设"智慧园区"。二是推进创新载体建设。大力推进产业创新中心、制造业创新中心、技术创新中心、产业技术创新联盟、产业研究院等各类创新载体建设。实施产业基础再造工程,加强关键共性技术、前沿引领技术联合攻关和产业化应用。实施高新技术企业倍增计划、科技型中小企业壮大计划和独角兽企业培育计划。三是提升公共服务水平。鼓励特色园区优化专业化生产性服务能力,打造技术创新、检验检测等技术性服务平台,发展信息服务、市场开拓、管理咨询等公共服务平台。创新政府性资金支持方式,因地制宜设立产业投资基金,以及园区企业信贷风险补偿基金"资金池",实行风险分担,扩大信贷投放,推动"园区贷"落地落实。

推动园区集约化发展。一方面,坚持亩均效益导向。突出以质量和效益为核心,搭建全市产业园区"亩均效益"综合评价平台,融合园区各领域数据,建立大数据管理模式,实现园区生产经营、生态环保、项目建设一网通管,建立企业、产业、园区三级"亩均效益"评价体系。实施重大产业项目准入联审、招商引资联动、协作利益共享办法,将单位用地投资强度、销售收入、税收、能耗、排放等指标纳入土地出让条件,对未达标项目一律"拒之门外"。进一步完善基于综合评价的差别化用地、用能、金融、奖补等要素配置政策,将评价结果作为项目准入管理、错峰生产、环保管控、节能减排等依据,激发内生动力,促进效能提升,带动发展升级。另一方面,加强土地集约利用。创新园区用地供给方式,鼓励园区采取用地弹性出让、长期租赁、先租后让、租让结合等方式供地。抓好高标准厂房建设，引导中小企业集中入驻，鼓励土地使用者在符合规划的前提下，通过厂房加层、厂区改造、内部用地整理等途径提高土地利用率。紧盯"批而未供""供而未用""供多用少"等闲置土地问题，持续深入开展闲置低效用地处置和"僵尸企业"清零行动，盘活存量用地，进一步拓展园区发展空间。

推动园区市场化发展。一是推进管理体制改革。坚持"去行政化"改革方向，按照精简、高效原则，推动园区"瘦身强体"，推行"小管委会、大公司"、大部门制的运行机制，积极稳妥剥离园区的社会事务管理职能，明确产业园区主要承担经济管理、投资服务和优化营商环境方面的职能，辖区内的行政和社会事务管理由属地政府负责，园区管理机构一律不再承担社会事务，强化园区经济建设、科技创新、项目服务等主体功能。二是深化人事制度改革，建立市场化人力资源配置机制和公平竞争的用人机制，采取公开竞聘、"揭榜挂帅"、"帅点将、将点兵"等方式，全面推行岗位聘任制，建立健全竞聘上岗、末位淘汰等管理制度，构建以绩效为中心、多元化的分配制度，推动人员能进能出、岗位能上能下、待遇能增能减。三是创新完善运行机制。坚持市场化改革取向，引进专业园区运营商，采取"园中园"整体开发等方式，对园区土地开发、产业导入培育、园区运营、企业持续发展、生态环境污染第三方治理，实行全生命周期的投入、运营。鼓励社会资本参与园区配套基础设施建设，推动园区基础设施建设、招商、运营，逐步实行企业化管理、市场化运作、专业化服务。

二、打造高能级产业基地

充分发挥承东启西、连南接北的区位和交通优势,抓住沿海发达地区产业转移的契机,聚焦主导产业、优势产业、新兴产业,扩大产业规模,延伸产业链条,加快建设规模体量大、成长性高、引领性强、市场竞争优势明显的产业集群,打造一批特色鲜明、地位重要的高能级产业基地。

建设世界领先石化新材料产业基地。紧扣国家"控炼少油增化"产业发展方向和中国石化"一基两翼三新"产业格局要求,积极推动岳阳乙烯炼化一体化项目建设,加快实现己内酰胺产业链搬迁与升级转型发展项目尽快投产运行,推动巴陵石化和长岭炼化联合建设炼化一体化项目,努力建成以大乙烯、己内酰胺为龙头,有机化工原料、合成材料和下游化学制品协调发展的产业体系,加快形成以特色化工产业链和高附加值终端产品为主的石化产业集群。重点围绕催化剂及助剂、锂系聚合物、环氧树脂及尼龙6系列等高端合成材料,推进新型功能材料产业发展,实施上大压小、产能合并、以新带老,促进产业链补链和服务链配套,实现产业横向耦合、纵向延伸、循环链接,切实提升中国石化炼化集中度、规模化水平和总体竞争力,加快建成世界领先、中部地区最大、国内有重要地位的绿色化、高端化、智能化石化新材料产业基地。

打造中部地区重要电子信息产业基地。围绕构建现代电子信息产业体系这条"发展主线",加大对"显示面板—打印机—北斗导航"三大产业政策支撑,加强产业技术创新,以"招大引强+补短壮优"为目标,提高龙头企业的配套率,推动岳阳电子信息产业由以生产制造为主,向生产制造与研发应用服务相结合转变,进一步完善电子信息产业链。统筹发展全市电子信息和军民融合产业，打造从芯片、软件、终端、网络到业务应用的完整产业链，构建以军民融合北斗导航为特色的电子信息产业。做大做强湖南省军民结合卫星应用产业园、平江工业园国家级军民结合产业示范基地及开发区装备制造产业园浮空器项目，培育形成1~2个在省内具有重要影响力的电子信息产业聚集区，通过龙头带动配套，推动电子信息产业规模化、集群化、高端化发展，加快打造岳阳千亿电子信息产业基地。

打造大型高端装备制造业基地。一是大力发展电磁及磁力装备产业。以经开区为重点，依托中科电气、科美达电气等龙头企业，支持企业创新发展和拓展业务领域，推动电磁及磁力装备产业向磁力选矿、港口机械设备、磁悬浮轨道交通装备、电磁感应加热、海洋军工等领域发展，建设开发区磁力装备产业园，引导企业入园发展，把岳阳磁力装备建成全国有影响的产业集群区域品牌。二是大力发展工程机械制造产业。高标建设湖南工程机械配套产业园，主动承接三一重工、中联重科、山河智能的上下游企业转移，通过延链补链强链，实现主机企业与配套企业协同发展，打造岳阳千亿工程机械产业，加快建成"湖南最好、国内领先、国际有影响力"的工程机械关键零部件生产基地。着力建设湖南先进装备制造（新能源）特色产业园，重点发展新能源汽车及其零部件、智能装备制造、新能源及储能装备等高新技术制造产业，推进中联重科新材料总部及产业基地项目建设，力争早日建成千亿园区。三是大力发展高端装备制造产业。顺应产业变革趋势，依托岳阳临港国家先进装备制造高新技术产业化基地，培育壮大航空航天装备及零部件、北斗卫星导航、无人机等产业，重点发展工业机器人、增材制造、轨道交通装备、传感器、高端仪器仪表、高端数控机床等高端装备制造产业，提升装备制造产业发展层次。

打造环洞庭湖医药产业基地。建设一个特色园区。规划建设好岳阳经济技术开发区生物医药产业园，将园区建成湖南重要的生物医药产业制造基地。打造一个百亿产业。开展产业链精准招商，重点围绕化学药、中医药、医疗器械三个领域，引进一批上中下游的领军企业和创新型企业，打造集聚百亿、十亿、亿级的企业集群方阵，构建涵盖孵化、中试、产业化的平台支撑体系，搭建覆盖孵化期、初创期、起步期、发展期、成熟期的企业全生命周期资金扶持体系，出台全链条、长周期的政策保障体系。集聚一个产业集群。加快构建以经开区为核心，以岳阳县、华容县为两翼，以湘阴县、临湘市、平江县、君山区、云溪区等县市区为协同的"一核两翼多区"发展格局，建设环洞庭湖医药产业集聚区，打造全省"高端仿制制造区""中药智能制造示范基地""医药卫材生产谷"。

打造湖南综合能源基地。一是全面构建现代能源体系。加快推进大型清洁火电厂规划建设，积极推动抽水蓄能电站建设，配合特高压输变电工程建设，优化电网线路、变电站布局，增强供电保障能力。加快热力系统建设，充分利用现有设施，多点发掘城市热源，推进供热管网及热力站布局与建设。因地制宜开发生物质能、太阳能，积极推广氢能应用，推动氢能示范城市建设，形成火电、水电、太阳能发电、生物质能发电、氢能等多元化驱动的能源产业发展格局。二是推进能源重大项目建设。统筹争取火电、光伏发电、抽水蓄能电站建设指标，加快推进华电平江电厂、国能岳阳电厂、平江抽水蓄能电站、汨罗抽水蓄能电站等重大能源项目建设，做好华容县小墨山核电站、岳州电厂、汨罗电厂的谋划推进工作。三是加快推进储运基础设施建设，积极推进岳阳铁水集运煤炭储备基地、华容煤炭铁水联运储配基地建设，推动建立省级煤炭交易中心。推动仪征—长岭原油管道复线、长岭—长沙黄花机场航煤油管线建设，拓展油品来源渠道，提升煤炭和油气保障能力。加快储气设施建设，推动君山LNG接收站、陆城LNG储配基地建设，加快"气化湖南"君山天然气管道建设，保障原油储备和油气长输管道平稳运行。四是加强智慧能源系统建设。构建集"智能电网、智能气网、智能热网"于一体的城市智慧供能网，实现对能源生产、能源传输、能源转换与存储、能源使用等全环节的信息监控、实时感知和智能化控制。积极推进分布式综合能源系统建设，实现冷、热、气、电等多种能源互补，提高能源利用效率。

建设大美湖区优质农产品基地。一是优化空间布局。立足湖区农业资源优势，打造粮食、油料、蔬菜、水产、畜禽、茶叶、竹木等七个百亿产业，推动全市农业农村现代化发展。重点构建"一园一区一圈一带"产业区位布局："一园"，依托市农科院，打造岳阳县麻塘现代农业示范园；"一区"，围绕岳阳楼区、经开区、岳阳县、君山区打造岳阳都市农业示范区；"一圈"，围绕环洞庭湖、长江和汨罗江沿岸县市区打造七大百亿产业绿色生态产业发展圈；"一带"，围绕G240沿线，整合粽子、甜酒、肉鸽、虾蟹等资源，打造产业兴旺示范带。二是推进产业集群。依托城陵矶新港区（自贸区）做强粮食和油脂加工产业集群，依托华容县和君山区做强蔬菜加工产业集群，依托湘阴县、君山区和云溪区做强虾蟹和淡水鱼加工产业集群。三是建优基地平台。坚持"一县一业、一乡一品、一村一特",积极创建优质农副产品供应示范基地、现代农业特色产业园,重点建设君山绿色食品产业园、平江县食品产业园等产业园,整合资源、形成集聚、培育龙头。支持华容芥菜主产区打造国家级现代农业特色产业园。到2025年,全市建设国家级现代农业产业园2个、省级8个,建设省级优质农副产品供应基地8个,建设省级现代农业特色产业园100个、市级200个。

第四节　构建有强烈吸引力的特色产业名城

适应现代化产业发展趋势和特点，聚焦企业最关心、最直接、最现实的问题，坚持强化主体培育，做强产业品牌，打造要素集聚洼地，厚植企业发展沃土，构筑特色产业高地。

一、推动产业整合提升

将集群培育作为现代化产业发展的重要抓手，突出抓龙头、强链条、建集群，加大龙头企业扶持力度，积极引进和培育上下游企业与龙头企业配套，推动实现由企业集聚向产业集聚转变，提升产业链、供应链稳定性和竞争力。

做强龙头，增强集群集聚效应。围绕产业基地发展实际，最大程度整合全市资源，支持龙头骨干企业开拓市场、兼并重组，培育壮大一批综合实力优、创新能力强、市场潜力大、带动作用显著、管理科学规范的大型企业集团。强化龙头企业"链主"作用，促进"以商招商"，形成以龙头企业为核心的产业集群，积极引导中小企业融入产业链龙头企业供应链。依托基础化工原料优势，新建10个左右化工新材料企业。推动废旧金属、塑料等再生资源利用、云母、石膏建材、食品加工、浮标钓具、电磁铁等7个分别占据全国市场份额70%左右的行业整合发展，合并关联企业，形成龙头企业支撑的基地型产业生态，整合形成10个行业头部企业。引导科伦药业、科美达电气、华文食品等骨干企业"二次创业"，重点扶持60家左右10亿以上骨干企业向百亿级企业发展壮大。支持科伦制药扩能，打造全省第一药企；鼓励中创、正威、攀华、岳阳林纸、新金宝、道道全等企业通过追加投资、技术改造、产品转型等方式，开展"二次创业"，做大规模，提高税收贡献率。

培优育强，构建梯次发展格局。坚持传统产业改造升级和新兴产业培育"双轮"驱动不动摇，积极引导一批创新能力强、掌握关键核心技术、发展前景好、在国内细分市场占有优势地位的中小企业，加强技术提升，改善工艺装备，加强基础管理，深耕研发制造、工艺改进和市场拓展，力争在产业链的重要节点形成一批竞争优势突出、品牌影响力大、发展潜力强的隐形冠军。建立成长型小微企业培育库，健全"小微企业—专精特新企业—专精特新'小巨人'企业"梯次培育机制。深化龙头企业、中小企业协作配套和专业化分工，建立稳定的生产、供应、销售和技术开发等紧密型协作关系。加大对中小企业的扶持力度，探索开展"全链条、全周期、全天候"的保姆式服务，推动企业加速规模裂变、梯级成长。

完善机制，激发链式发展效益。完善集群建设推进机制。继续推行市级领导联系产业链的"链长制"，落实"一月一联系、两月一调度、半年一讲评、一年一评估"调度机制，形成链长亲力亲为、总链分链合力共为、部门协力推进的良好态势。探索建立集群发展促进机构，推动企业间协同发展，进一步强化链长制、行长制、盟长制、校长制"四长联动"，针对产业发展动态、行业发展问题加强交流协商，推进集群内企业开展业务对接、资源共享和协同攻关。支持打造"龙头企业+孵化"的大中小企业融通型载体，鼓励链上企业融通创新，以下游整机生产、系统集成、终端应用企业需求为引导，促进上游原材料、零部件产品更新升级，提高本地化配套能力。实行"一链一策"，摸清各产业链企业发展底数，梳理上下游关系，确定产业发展"两图"（产业全景图、现状图）、"两库"（客商库、项目库）、"两池"（资金池、人才池）、"两报告"（产业链招商报告、分析报告），制定产业发展规划，做好建链、补链、延链、强链文章，推动形成"落地一个项目、带动一个产业、打造一个集群"效应。

二、培育特色产业品牌

坚持把质量作为产业发展的关键内核，紧盯市场潜力需求，强化质量标准建设，着力增品种、提品质、创品牌，培育产业发展新优势。

深入开展质量提升行动。大力实施质量强市战略，聚焦制造业重点领域，推动实施新材料技术先导质量创新工程、高端装备制造质量强基工程、生物医药质量提升工程、消费供给质量满意工程、数字经济质量惠民工程。围绕重点行业、重点产品开展质量状况调查，组织质量比对和会商会诊，推动补齐一批质量短板。建立质量基础设施协同服务工作机制，坚持"整合、共享、协同、公益"理念，运用"互联网+"等新兴技术手段，促进计量、标准、合格评定等质量要素的共享和协作，全面构建适应我市高质量发展需要的现代化质量基础设施体系。鼓励企业推进实施首席质量官制度，加强全方位、全过程质量管理，提高质量在线监测、在线控制和产品全生命周期质量追溯能力。完善质量激励约束机制，深入开展质量奖评选表彰和质量强市（县）示范创建活动，树立质量标杆。

加快形成标准体系优势。全面推进标准化战略，围绕优势特色产业，积极申报标准化战略项目，健全标准体系，推进标准化管理。发挥质量标杆企业示范引领作用，支持企业跨界、融合和协同创新力度，加快质检中心、产业计量测试中心等公共技术服务平台建设，加强重点领域重大共性技术和关键核心技术的科研和标准同步研究，推动出台优势产业生产国家强制标准，强化产品质量监督、价格引导和市场监管，进一步提升品牌形象度和"岳阳标准"话语权。进一步加强行业商会建设指导，做实行业内部约束、矛盾协商处理、定期联席沟通等工作机制，充分发挥行业协会在资金争取、项目申报、产品评价、企业认证和评先奖励等方面的话语权作用，不断增强行业自律意识，遏制恶性竞争，减少矛盾分歧，规范企业经营行为，强化高质量发展共识。

着力推进质量品牌建设。培育一流制造品牌。支持石化新材料、装备制造、生物医药等优势企业，深耕产品定位、价值挖掘、传播渠道等，对标国际国内同行业品牌管理最高水平，树立品牌高端形象，提升品牌市场价值。鼓励科研机构、高校、企业搭建创意设计公共服务平台，积极促进创意设计多元化融合发展。持续擦亮农业品牌。加强名牌产品、驰名商标培育，不断推进"老字号"品牌建设，促进老字号传承与创新发展。开展质量提升示范区、知名品牌示范区创建，加快打造"垄上岳阳"优质农产品全域公用品牌。积极推广特色节会活动市场化运作模式，提高节会活动的策划创意、宣传营销和资源整合水平，推动形成一批全国知名的文化旅游节会品牌。

三、持续优化营商环境

优化营商环境是一场持续不断的体制改革和制度创新，是一项基础性、系统性工程。必须坚持和完善市场经济基础性制度，加快建设高标准市场体系，充分发挥市场在资源配置中的决定性作用，推动有效市场和有为政府更好地结合，不断增强企业发展活力和投资吸引力。

推动建设高标准市场体系。坚持市场化原则，着力完善产权、市场准入、公平竞争等制度，促进要素自主有序流动，筑牢市场经济有效运行的体制基础，推动经济发展质量变革、效率变革、动力变革。健全以公平为原则的产权保护制度，全面依法平等保护民营经济产权，依法严肃查处各类侵害民营企业合法权益的行为。全面贯彻落实市场准入负面清单，实施"非禁即入"制度，打破各种形式的不合理限制和隐性壁垒，清理在市场准入负面清单之外对民营企业设置的不合理或歧视性准入措施。落实公平竞争审查制度，强化公平竞争审查的刚性约束，建立公平竞争审查抽查、考核、公示制度，建立健全第三方审查和评估机制。推进土地要素市场化配置，推动构建城乡统一的建设用地市场；引导人力资源合理配置，完善人力资源有序流动机制；加快发展技术要素市场，促进技术要素与资本要素融合发展，深入推进成果产业化；积极培育数据要素市场，发展数字经济新产业、新业态和新模式，拓展数据开发利用场景。

激发各类市场主体活力。坚持推动各种所有制经济健康发展，努力为各类所有制企业营造公平、透明、法治的发展环境，最大程度激发各类市场主体活力。深化国资国企改革，科学调整国有资本布局，加快平台公司转型升级，增强造血功能和抗风险能力，着力打造一批实力较强、结构优化、肌体健康的市属国有企业。推动民营经济发展，严格落实各类减税降费政策，完善民营企业参与涉企政策制定机制，健全政商交往机制，畅通政企沟通渠道，依法严厉打击对民营企业生产经营造成干扰的涉黑恶犯罪，加强民营企业产权保护，依法保障民营企业和企业家合法财产不受侵犯、合法经营不受干扰。建立以信用为基础的新型监管机制，推进符合新产业、新业态发展要求的包容审慎监管，大力推行信用承诺制度，健全完善信用修复、强制退出机制，深化行业协会、商会和中介机构改革，完善跨领域跨部门联动执法、协同监管机制。大力弘扬企业家精神，树立对企业家的正向激励导向，加强对优秀企业家先进事迹和突出贡献的宣传报道，加大对企业家的帮扶力度，引导企业家主动履行社会责任。

加强要素资源服务保障。一是保障产业用地供给。保障制造业发展空间，稳定工业用地布局规划，加强用途管制，严把产业准入关和土地供应关。深化差别化政策指引，促进存量低效用地转型升级，推动工业用地收储预算资金安排，引导各类市场主体参与存量用地盘活。主动探索适应新兴产业发展趋势的土地政策，降低制造业企业用地用房成本。全面优化重构行政审批流程，整合"标准地+承诺制"改革和"用地清单制"改革，确保企业"拿地即开工"。二是破解项目用能制约。推行能耗总量和强度"双控"，增强能源消费总量管理弹性，对能耗强度降低达到激励目标的地区，其能源消费总量免予考核。积极协调统计部门将新增原料用能和可再生能源电力消费量不纳入地方能源消费总量。对单位增加值能耗低于全市"十四五"单位GDP能耗目标值的一般项目，优先办理节能审查手续，简化报省节能审查项目初审程序。积极争取国家重大项目能耗单列。三是突出重点领域改革。推进园区行政许可权、行政处罚权相对集中改革，打造企业开办、企业变更、企业纳税、企业注销、项目开工、竣工验收等具有园区特色的"一件事一次办"事项，持续深化政府购买项目帮办代办服务，全面推行项目建设极简审批"洽谈即服务、签约即供地、开工即配套、竣工即办证""四即"改革，加强区域评估成果运用，进一步节省企业入园和报建时间。落实减税降费政策，推动降低制度性交易成本、企业物流成本和用能用地成本。四是推进产业深度融合。促进产业、科技和金融良性循环和密切互动，发挥产业基金引导带动作用，围绕"产业基地+产业基金"模式，吸引各类社会资本共同建立重点领域产业基金及园区投资基金；发挥政府性融资担保基金作用，持续扩大制造业中长期贷款规模，降低制造业企业融资成本。支持符合条件的制造业企业开展债券融资，有效扩大知识产权、合同能源管理未来收益权等无形资产质押融资规模。强化无还本续贷机制，推广政银合作金融产品，加强政银企融资对接平台、金融信用信息服务平台、财金应急转贷平台、中小企业信贷服务平台、小微企业信贷风险补偿基金平台等融资扶持平台建设力度，深化"全市一盘棋，市县一体化"融资担保体系。

第六章

打造"开放领跑"的省域副中心城市

　　长风破浪会有时，直挂云帆济沧海。水是岳阳最鲜明的特色，通江达海是岳阳最大的优势。岳阳，正以大江大湖的胸襟、海纳百川的包容和舍我其谁的气魄，敞开门户促开放，抢抓重大发展战略机遇，彰显岳阳通江达海独特优势，以鹰击长空之势奔向长江奔向大海，加快打造内陆开放型经济高地。在国家"一带一路"倡议和"三新一高"、湖南"三高四新"和"一带一部"大战略带动下，岳阳将向海而行、勇毅前行，把通江达海区位优势加速转化为高质量发展胜势，不断巩固"桥头堡"地位，激发先行者活力，奋力干出省域副中心城市的新精彩！

第一节　开放是省域副中心城市建设的最强动力

2021年2月，岳阳市学习贯彻党的十九届六中全会精神专题培训班暨市县乡负责干部会议，明确提出"加快建设产业强劲、开放领跑、绿色示范、人民共富的省域副中心城市"。目标定位的4个关键词、短短16个字，融"创新、协调、绿色、开放、共享"五大发展理念于一体，体现了当前与长远、全局与一域、目标与路径的有机统一，为打造省域副中心城市锚定了方向、指明了路径。这是顺应民心民意和新阶段岳阳发展特点的重大部署，是与历届市委市政府发展思路一脉相承的不懈接力，是应对百年变局、奋进新征程的行动路线，岳阳将以更加昂扬的姿态走向无比美好的未来！

改革开放是决定中国命运的关键，中国对外开放的大门将越开越大，岳阳通向世界的道路将越走越宽，离世界将越来越近。开放，是一座城市在新时代应有的站位、胸怀和自觉。岳阳坐拥163公里长江黄金水道和城陵矶港天然"风口"，"铁公水空"立体交通"经天纬地"，"三区一港四口岸"平台优势得天独厚，开放发展占有天时、地利、人和，是当仁不让的全省对外开放"桥头堡"和内陆地区改革开放先行者。实现"开放领跑"，对于岳阳而言，不是选择题，而是必答题！

一、坚定不移扩大开放是落实中央、省战略决策的重要抓手

党的十八大以来，国家先后提出了"一带一路"倡议，推出了长江经济带、洞庭湖生态经济区、长江中游城市群等一系列重大决策，岳阳作为重要节点城市，有多重战略在此交会。习近平总书记来湘考察时提出并确定了"三高四新"战略定位和使命任务，岳阳作为先进装备制造业和改革开放的高地，占有重要位置，承担了重要职责。近几年，岳阳获批第5个国家长江经济带绿色发展示范城市，被赋予了建设省域副中心城市的历史重担。省委书记张庆伟在岳阳调研时，明确要求岳阳高标准建设长江经济带绿色发展示范区、奋力打造湖南高质量发展增长极、积极当好内陆地区改革开放先行者。这是中央、省从战略高度、区域布局、政策层面对岳阳的高度关心和看重。

习近平总书记明确提出，湖南要"在构建新发展格局中展现新作为"。岳阳通江达海，地处中部地区开放的最前沿，省委省政府将其定位为湖南开放发展的"桥头堡"。发挥通江达海优势，致力打造内陆地区开放高地，加快建设湖南高质量发展增长极，是省委省政府对岳阳的期望与重托，也是岳阳跨越发展、建设省域副中心城市的希望与潜力。这是一种信任，也是一种责任，更是一种机遇，必须增强"抢"的意识和"抓"的干劲，一仗接着一仗打，一关接着一关闯，善始善终、善作善成。必须将岳阳高质量发展放在全省、沿江、全国乃至全球背景下审视，在大视野、大格局、大棋盘中找准方位、把握方向、谋划发展，推动岳阳发展不断攀新高、添新翼、出新彩、开新局。我们一定要以"时时放心不下"的责任感，努力跑出新赛道，坚持港口带动、开放领跑，进一步打开胸

襟、提升格局，在内陆地区制度型开放、对非经贸合作、开放平台建设上走在前列，深度融入全球产业链、价值链和供应链，依靠开放突破发展瓶颈，拓展发展空间，从"开放腹地"一跃成为"开放前沿"，成为湖南高水平开放的先行者与排头兵，奋力打造湖南高质量发展增长极。

二、坚定不移扩大开放是应对经济形势变化、畅通"双循环"的务实行动

在经济全球化背景下，扩大开放是大势所趋。开放越积极、越自觉、越主动，活力就越充沛，经济就越繁荣。当前，全球新冠肺炎疫情肆虐、经济萧条、物流不畅、贸易保护等各种复杂情况交织在一起，经济复苏还有很长的路要走。国内经济形势依然严峻，常态化疫情防控给正常生产、消费带来巨大挑战，需求紧缩、供给冲击、预期减弱难以短时间内缓解，稳住经济大盘的压力前所未有。在这种国际国内大背景下，岳阳不可能置身事外、独善其身，建设高质量发展增长极客观上面临很多的困难和障碍。如何依托通江达海优势，加快融入国际国内双循环，特别是投身国内统一大市场建设，对冲宏观经济形势的负面影响，还需要付出艰辛努力。这就要求我们坚定不移扩大对外开放，夯实岳阳应对经济形势变化的支撑根基，畅通岳阳对内对外"双循环"的发展路径。

岳阳作为湖南省第二大经济体，要以全球眼光和战略思维，大视野、大手笔、大气魄谋全局、促开放，深度融入国家开放战略，加快从内陆腹地迈向开放前沿，决不能被逆风和回头浪所阻。党中央、国务院先后出台《关于新时代推动中部地区高质量发展的意

见》《关于加快建设全国统一大市场的意见》，围绕坚持扩大高水平开放、畅通国内大循环等提出了一系列政策举措。2022年2月，国务院批复同意《长江中游城市群发展"十四五"实施方案》，明确提出：提升岳阳等要素集聚能力；推进岳阳等主要港口集约化规模化发展；推进岳阳等跨境电子商务综合试验区建设；支持岳阳等长江经济带绿色发展示范区深化探索实践等具体措施。省第十二次党代会明确提出"实施强省会战略"，加快岳阳省域副中心城市发展，省政府出台《支持岳阳市加快建设省域副中心城市的意见》。这些为岳阳更好融入"双循环"新发展格局、打造湖南通江达海引领区带来重大机遇。岳阳要坚持南北互动、全域开放，向北融入长江经济带，加快构建以城陵矶港为龙头的现代港口体系，整体联动、错位发展；向南融入强省会战略，立足岳阳，对接长沙，加快建设全省世界级万亿产业的战略性配套基地。对外融入沿江开放发展新通道，加快高水平"引进来"和高质量"走出去"步伐，推动"千商入岳""岳企出海"，不断提高经济的外向度和影响力。要紧紧扣住市场化、法治化、国际化的要求，按照"建制度、不干预、零容忍"九字方针，形成秩序稳定、监管有效、预期稳定的对外经济良好生态。

三、坚定不移扩大开放是彰显岳阳通江达海优势、奠定高质量发展胜势的有力举措

岳阳拥江湖之利，是长江中游仅次于武汉的又一个"黄金十字架"，处于武汉、长沙、南昌小三角区和华东、西南、华南大三角区中心，处于湖南"一带一部"枢纽区和长江中游城市群融合带，在我国区域发展战略中起着承东联西、南北交流的枢纽作用。凭借日益完善的"水铁公空"立体交通，省外可对接长三角、粤港澳大湾区和成渝地区，省内可融入长株潭城市群，在湖南对外开放格局中发挥着重要的"桥头堡"作用。

自从1899年岳州开埠通商伊始，岳阳逐步敞开了对外开放的门户。改革开放以来，"开放兴市"战略加快推进，岳阳对外开放步入全新时期，综合实力显著提升，产业结构优化升级，各项改革日益深化，创造活力不断激发。事实证明：岳阳发展快的时期，也是开放好的时期。岳阳过去的发展得益于扩大开放，今后要实现高质量发展，根本动力仍然是扩大开放。

近年来，岳阳市委市政府全力加快沿江开放开发，城陵矶港集装箱吞吐量由2016年的29万标箱上升至2021年的60万标箱，五年实现翻一番；全市进出口总额由2016年的96亿元上升至2021年的612.12亿元，五年增长五倍多，由全省第七跃居第二，岳阳连续五年入围"中国外贸百强城市"榜单，逐步实现由"跟跑"向"并跑""领跑"转变。

作为全省唯一通江达海的口岸城市，港口不仅是岳阳的最大优势，也是全省的战略资源。我们要围绕湖南"打造内陆地区改革开放高地"的定位，坚持港口兴市，把岳阳通江达海的优势用好用足，让"黄金水道"产生"黄金效益"，"黄金节点"发挥"黄金作为"，加快建设湖南通江达海开放引领区，在新一轮开放发展征程中走前头、做示范，推动开放发展全面领跑，为全省高水平开放做出岳阳贡献。

四、坚定不移扩大开放是提升城市能级、培育经济增长新动能的有效途径

城市能级和经济增长新动能，代表着一个城市的现代化水平、发展后劲和对周边地域的影响力。提升城市能级、培育经济增长新动能是高质量发展的必由之路，体现的是发展的价值取向、功能定位。

近年来，经过持续努力、拼搏奋斗，全市支柱产业迅速发展壮大，区域性中心城市建设取得阶段性显著成效，城市能级有了明显提升。岳阳沿长江30公里范围内，聚集了巴陵石化、长岭炼化、华能电厂、岳阳林纸等一批大型企业。近几年新金宝、华为、己内酰胺、正威、攀华、汇川等项目扎实推进或投入运营，乙烯项目前期工作取得重大进展。岳阳经开区、临港高新区（含综保区）、绿色化工高新区进入千亿园区行列。石化、食品、装备制造、现代物流、文化旅游成为千亿产业，电子信息和电力能源正在向新的千亿产业迈进，构建起多点支撑、多元发力的现代产业体系。

但我们也要清醒认识到，岳阳的影响力、辐射力、吸引力还不够强，面向周边地区的带动引领作用发挥还不够；综合实力和核心竞争力还不够强，新产业、新经济尚处于起步阶段，科技创新水平较低，新旧动能转换不够快，开放型经济水平不够高，等等。如没有依托大港口、大通道、大枢纽，有效构筑起大产业体系，主要是大进大出产业少，港口依赖程度高的重大项目和大水运量的企业不多，缺少"快进快出、大进大出"型出口加工企业，建设工程机械、港口装备、化工机械装备和特种汽车等重型装备制造基地还在起步阶段，总体上产业链条短，出现平台多、企业少，港口优、货

源少的现象。与沿江同类城市比较，岳阳2021年进出口总额分别比九江、芜湖少39.51亿元、133.2亿元，外贸依存度分别比九江、芜湖低3.5个、3.4个百分点。我们正面临前有标兵在"发展"、侧有重兵在"发力"、后有追兵在"发奋"的区域竞争形势。我们只有找到差距、看到不足，才能找准发力点，逐一寻求突破，通过补短板为城市赋能。

因此，岳阳要充分认识自身的地位和作用，牢牢把握发展定位、历史使命、责任担当，全面深化改革开放，优化发展布局、提升城市能级，培育经济增长新动能，引领带动湘东北和环洞庭湖经济区崛起，当好全省开放发展的主力军。要坚持把改革开放作为最大动力源，做到改革不停顿、开放不止步，着力放大岳阳通江达海效应，用好用足"政策、区位、资源"三大优势，逐步完善"通""融""聚"三种功能，促使其转化为产业和经济发展胜势，不断提高城市竞争力、吸引力和辐射力，以大开放促进大发展，为岳阳高质量发展打造新的高速增长引擎。

第二节　提升长江黄金水道能效值

长江是岳阳宝贵的资源，是建设开放岳阳极其重要的基础、载体和动能。要依托长江，以港口型国家物流枢纽建设为核心，大力推进内外循环大通道建设，加快从"江湖时代"迈进"江海时代"，努力打造长江中上游"出海口"，奔向大海、拥抱大海，不断让"黄金水道"释放"黄金效益"。

一、加强航道建设，提高市域内江湖水系通航能力

岳阳水系丰富，境内分布有长江、湘江、汨罗江、新墙河、洞庭湖湖区等五大流域，有280多条河流直接流入洞庭湖和长江。要充分发挥水运成本低、能耗少的优势，就必须进一步加强航道疏浚治理，加快提升水运航道标准，推广标准化船型，提高通行能力。

从长江中游来看，武汉港、九江港均位居水深6米的长江黄金水道上，通过水路、公路基本可辐射全省各地，而长江岳阳段通航能力受航道等级（城陵矶至武汉常年维护水深4.5米）制约，水运能级偏低，城陵矶至武汉枯水期只能通航5000吨级船舶，达不到常年通航10000吨级船舶的标准。从省内来看，湘资沅澧四水1000吨级及以上航道比例远低于湖北、江西。从城陵矶港中转箱数据来看，环洞

庭湖地区占3%，长株潭地区占90%，长江上游地区占7%，大湘南、大湘西等地区从时效和成本角度考虑，大多选择通过广东沿海出运。因此要大力推动构建以"一江一湖四水"为骨干的航道网。

要进一步畅通长江干线航道。争取省政府协调交通运输部，加大对岳阳境内长江海轮航道的疏浚整治力度，加快推进6米维护水深的前期工作，力争将武汉至城陵矶231公里航道常年维护水深提升至6米工程列入交通运输部"十五五"长江航道疏浚规划，清除岳阳港区航道内磨盘石、烟灯矶、仙峰礁礁石，使其达到常年散货船舶2万吨级、集装箱船舶1万吨级通航标准，畅通上中下游水运。同时要推进深水深用信息化通航制度探索，加快推进城陵矶-武汉长江电子航道建设，以技术手段保障通航标准，实现岳阳港区货物在长江"大进大出"。

要配套整治各支线航道。争取省政府支持，加快实施"四水"航道畅通与延伸工程，重点打通湘江下游瓶颈，疏挖治理湘江航道萝卜洲段，推进湘江2000吨级航道建设一期工程（株洲-城陵矶），以洞庭湖区为中心的松虎至澧资2000吨级航道工程，加快实施华容河、藕池河、新墙河、汨罗江等河湖的疏浚，升级虞公港至城陵矶为一级航道，加快畅通"四水"尾闾航段，推动一湖四水与长江干线有机衔接，实现全省高等级航道成网，通过城陵矶港通江达海，促进一湖四水货物"快进快出"。

二、加强港口体系建设，加快打造现代化港口群

岳阳港拥有城陵矶、华容、君山、云溪、临湘、湘阴、汨罗、岳阳县八大港区，港口经营企业22家，码头（泊位）83个，航运企

业32家，船舶拥有量占全省40%、港口吞吐量占全省51%、千吨级深水码头占全省60%、深水岸线占全省70%、危险货物进出量占长江中上游地区80%。但是，目前岳阳港"一城一港"内部协同机制，以及与"一湖四水"内河喂给港联动机制尚未有效建立，因此一定要着力解决港口各自为政、竞争无序的问题，坚持一体化发展，形成港区优势互补、公铁水高效联运、无缝衔接产业发展的港口发展体系。

要提升城陵矶港全省的母港核心地位。总的来看，城陵矶港作为全省母港的核心地位还没有得到充分体现，通江达海的区位优势效应呈现减弱趋势。要高度重视加快省域市域港口一体化建设，争取省委省政府支持，明确省港务集团作为省级港口资源整合主体，按照"一省一港一平台"的原则和"统一平台、统分结合，水港协调、港产联动，市场为主、行政推动"的方向，统筹推动全省"一湖四水"港口资源深度整合、提质升级、高效管理，实现港口特色化、融合化、智能化、绿色化、国际化发展，不断增强全省港口对岳阳母港的喂给功能，将城陵矶港打造成长江集装箱重要支线港和全省枢纽港、通江达海的核心港，尽快建成100万级以上标箱大港，争取成为全国第9个集装箱年吞吐量过百万的内河港口，步入长江内河枢纽大港行列，厚植长江中游航运中心优势。力争"十四五"时期末集装箱吞吐量达200万标箱以上，港口吞吐量总量排名稳居长江主要港口前五。

要优化港口战略布局。2021年11月，湖南省人民政府正式批复实施《湖南省港口布局规划（修订）》。要根据规划要求，坚持融合、特色、错位发展，加强港口规划与各类规划衔接，实现"港、航、产、城、园"一体化。要推动构建"一枢纽、多重点、广延伸"港口体系,加快形成以城陵矶港为枢纽龙头,省内其他港口为喂给港,市内虞公港、塔市驿、鸭栏、扁山、鹿角等港口为卫星港的战略布局。要抓住强省会战略机遇,突出加强与长沙港合作发展,将城陵矶港的优势与长沙的运量有机结合,重点做好湘江岸线码头规划建设,加快湘阴虞公港干散件杂货码头、长沙集星港集装箱码头建设,形成功能差异化布局,更好地为水运枢纽城陵矶港发挥配套与支撑作用。要整合市域港口资源,引导城陵矶老港远期逐步退出运输功能,以打造滨江风光带为重点;核心航运功能向城陵矶及下游长江港区集中,城陵矶新港作为集装箱核心港区,临湘港区承载石化和散货物流转移,远期作为集装箱港补充;一般物流功能向城陵矶上游港区集中;生活服务功能向湘江港区集中。

要进一步扩大港口吞吐能力。加快建设港口三期工程,统筹建设集装箱泊位和重件兼杂件散货泊位。在已完成岳阳煤炭储配基地码头一期工程、城陵矶新港危化品集装箱堆场工程的基础上,规划建设岳阳煤炭储配基地工程、彭家湾散货码头工程、道仁矶通用码头工程、城陵矶港区松阳湖通用码头工程、松阳湖集装箱码头工程、城陵矶新港危化品集装箱堆场工程、岳阳港化学品洗舱站等专业化码头项目建设,统筹推进华容煤炭储配基地码头工程、湘阴虞公港一期工程、中石化己内酰胺产业链搬迁与升级转型发展项目码头工程、岳阳新华联富润石油化工公用码头工程等建设,争取将虞公港一期工程纳入省重点工程名录,着力打造城陵矶港的延伸港、大宗散货集散中转港和服务长株潭地区的深水港。

要不断提升港口现代化水平。推动5G、北斗、物联网、云计算、大数据等信息技术应用，构建"船找货、货找船"平台，努力建设世界一流的智慧、绿色、平安港口。码头作业上，集装箱搬运采用潜伏式重载AGV配合岸边装卸桥作业；除集装箱外，主要考虑集装袋、托盘两种集装单元化方式；没有采用单元化包装的货物，利用KBK实现分拣作业；提升港口基础设施和监管智能化水平，加快岳阳自动化码头建设，推行智能堆场、智能理货、智能配载、智能闸口、设备远控等港区作业无人化管理新模式。

三、发挥江湖水网优势，进一步健全航线结构

岳阳港是全国内河28个主要港口之一，城陵矶港是国家一类水运口岸、长江八大深水良港之一。岳阳港通过"一湖四水"沟通湖南74个县市，把全省80%的地域与长江大动脉连成一体，长沙港、衡阳港、常德港、津市港进出的集装箱全部可在岳阳港进行中转，沿长江可上达宜宾下抵上海各港埠，还可辐射国际港口，已开通至港澳直航航线和东盟、日本、澳大利亚、中国台湾地区等接力航线，构建乌克兰—华中、西南地区粮食进口通道，与中欧班列实现无缝对接，基本形成"水铁公空"多式联运大交通格局。岳阳港口航线比较齐全，要进一步扩大固有优势和良好发展势头。

要加密长江干线航线。加强长江干线西进东出船舶调度，稳定运营城陵矶至黄石、南京、宜昌航线，加密城陵矶至川渝、上海洋山与外高桥航线，争取川渝、上海洋山航线与外高桥航线实现每周各运营5班。

要拓展国际航线。尽快开通东南亚直航，推动开通岳阳至日韩、东盟、澳大利亚、欧洲、南非等国际接力航线，常态化运营港

澳直航，加快形成近海直航、远洋接力的航线结构。争取适时设立"中国岳阳港"为船籍港。

要加密省内航线。加快加密城陵矶至湘资沅澧四水内河小支线，加密岳阳至长沙、常德、津市等穿梭巴士运输航线，形成内河内湖水上巴士运输体系。不断提高航线准班率，打造覆盖全省的航运网络。

四、发挥岳阳港枢纽和多式联运组织平台作用，不断扩大水运规模

城陵矶港运量与运能不匹配，呈现"毛多肉少"的局面。与武汉、九江相比，城陵矶港本地箱比率大大低于中转箱比率，表明腹地经济对城陵矶港吞吐量支撑还比较有限。湖南省港务集团虽定位为全省港口资源整合及开发建设平台，但目前仅完成岳阳港部分整合，规模效应、资源效应尚未凸显，对常德、长沙等地物流资源不能调配，省内货物从城陵矶港转运不多，致使岳阳航线吃不饱。原计划湖南、江西走北海去香港中转的烟花作为直航基础货源，但因该基础货源受长沙海关不监装外地烟花政策限制，导致组织直航货源困难。再加上香港缺乏返程货源，直航运营更加困难重重。目前城陵矶港只有对香港直航处于运行状态，且存在运营不稳定、时间不固定，以及持续亏损等问题。2021年城陵矶仅开行香港直航往返4.5个班次，运载量124个标箱，不到口岸外贸量的0.2%。这种状况亟需从根本上扭转。

要打造岳阳江海联运集结中心。要充分发挥交通资源优势，就必须进一步以沿江重要港口（包括华容和临湘）为节点和枢纽，加

快建设长江物流通道转接中心,促进航运、铁运和公路运输要素向航运枢纽集聚,积极拓展江海运输、干支直达、实现无缝对接,不断提升物流综合运输能力。大力拓展城陵矶港经济辐射腹地,与贵州、四川、云南、广西、新疆等省区西部陆海通道相联通,开辟西部省份转向湖南经岳阳城陵矶水运通达江浙沪及日韩的陆海通道,同时吸引省内和华南、西南等地区装备制造、矿石、汽车、粮食等大宗商品从城陵矶港进出中转,着力构建"珠三角"北上、"长三角"西进、成渝双城经济圈东出南下的跨区域物流大通道。

要加快建设长江中游航运物流中心。拓展"水水中转""公改水、散改集""水铁联运"等市场,引导省内企业改变运输方式,从城陵矶港集并中转,将更多的货物引进箱、引下水。积极为中部地区提供便捷的水水中转、铁水中转、公水中转业务,建立中部地区以化工、原油、矿石、粮食、建材等为主的综合物流基地,以及面向长江上中游地区的物流配送基地。将城陵矶件杂货码头纳入海关统一监管范围,开通件杂货直航运输,完善件杂货口岸功能,便于进口件杂货中转和直达。将"互联网+物流"信息链覆盖全省,促进港口经营业务与腹地产业有效对接、联通。建设满足超大规模内需市场与国际产业合作的中部地区"双循环"物流集散、中转、分拨中心,形成中非非资源性产品加工集散中心。争取到2025年,进出口总额达1200亿元,力争1500亿元,占全省比重超过15%。

要进一步充实货源。一是放大流量经济效应,积极推进长沙港、岳阳港、常德港等主要港口的集装箱和大宗散货铁水联运,以及多式联运发展,加快建设形成多式联运格局。通过铁水联运吸引货源,推动粤港澳大湾区、云南、贵州、四川等地铁水联运项目。

加强与中国铁路南宁局集团合作,推动碳酸钙在城陵矶新港中转。加强对接,引流江西氢氧化锂改变原有公路运输方式到城陵矶港中转。通过散改集吸引省内五矿、怀化内贸硅砂等到城陵矶港中转。二是加强与长江沿线黄石、九江、安庆、芜湖等港口合作,共同经营接力航线,实行货物拼装,保障航运充足货源。三是请求省政府召开专题会议,研究解决长沙海关不监装外地烟花鞭炮问题,积极争取外省烟花爆竹等危化品能在湖南统一监装和城陵矶口岸查验,吸引各地烟花从城陵矶口岸出口。四是省港务集团要主动加强与省内制造业企业对接,根据企业需求拿出个性化解决方案,引导企业货物"陆改水"。五是要打造能源、资源口岸,加快大型储煤码头建设,推动进出口原煤和各类资源产品利用岳阳港中转。六是抓住新一轮省管河道采砂规划(2023—2027)实施契机,结合航道疏浚合理开采砂石,争取更多的砂石销往长江中下游地区。七是加强港区与后方物流园、工业园的统筹规划,按照"前港后园""前港后厂"理念,以临港产业为核心和重要载体,推动园区发展适港产业,吸引适水货物择水运输。八是推动省参照长江沿线其他港口高速公路集装箱通行费的减免政策,研究制定对城陵矶港实施省内集装箱减半收费、省外集装箱全免等优惠政策;学习借鉴九江做法,制订岳阳"三同"扶持政策,对进出岳阳的航运、公路运输线路进行补贴,实现进境与沿海同价到港、出境与沿海同价启运、通关与沿海同等效率,让奖补政策发挥杠杆效应。

第三节　构筑四通八达立体交通网

要加快扩大开放，务必要坚持交通先行。岳阳虽然初步构建了"水铁公空"立体交通体系，但是"水铁公空"多式联运体系还不够健全，长江黄金水道与海外通道之间的无缝对接受到较大限制，东联西接的铁路通道没有全面打通。当前，一定要深入贯彻习近平总书记关于交通运输的系列重要指示精神，抢抓中央全面加强基础设施建设的重大机遇，积极建设外向型综合交通枢纽，主动对接长三角、粤港澳大湾区、成渝双城经济圈三大综合交通枢纽集群，打造国内国际交通衔接转换的关键节点。

一、推进港口集疏运体系建设

要大力完善港口集疏运体系，打通水、铁、公、空连接的"最后一公里"，做到严丝合缝、环环相扣。积极推进包括城陵矶老港铁路环线改造、城陵矶高速新港联络线、S201松阳湖扩容、南洋洲进港铁路专用线等9项工程的集疏运体系项目。加快建设城陵矶港区与云溪港区的铁路连接支线，同时并入京广线和浩吉线。全力推进G353岳阳东站至三荷机场快速通道、G353洞庭湖大桥至岳阳东站、S217岳阳长江经济带沿江公路（华容段）、S208岳阳长江经济带沿江公路（道仁矶-黄盖湖）（一期工程）、S209道仁矶至G353段、S503岳阳三荷机场至康王、杭瑞高速金凤桥连接线、云溪区松阳湖港区化工码头至云溪区绿色化工园、杭瑞高速三荷机场横铺互通及联络线、云溪至岳阳东站公路等建设。将海关通关和港口物流有机整合，通过建立"集疏港智慧平台"，打通集疏港快速通道，降低成本、便利企业，减少物流环节，提升港口吞吐能力和作业效能。

二、着力完善全域公路体系

要全面规划，分步实施，不断健全纵横交错、内外通达的公路网。"十四五"期间，一是继续加快实施并力争尽早建成平益高速公路和城陵矶高速公路，其中平益高速公路全长约176.66公里，岳阳段总里程约163公里，计划2022年完工，项目建成后对于完善湖南省交通网，促进"3+5"城市群的融合具有重要意义；城陵矶高速公路全长7.3公里，项目于2019年开工，计划2022年完工。二是启动京港澳高速拥堵段扩容改造工程，岳阳羊楼司（湘鄂界）至长沙广福段建设规模157公里，岳阳段总里程136公里，按照双向八车道进行扩容，项目已正式纳入省"十四五"高速公路建设规划项目库。三是谋划监利华容-汨罗高速公路、岳阳-益阳-常德高速公路、岳阳绕城高速、岳阳-平江-浏阳高速公路和赤壁-羊楼司高速公路，畅通岳阳对外高速通道，形成"互联互通、保障有力、高效畅通"的"六纵三横一射三连接"的高速公路网。同时推进普通国省道城镇过境段、出入段提质改线，有效缓解过城镇路段瓶颈制约，加强与重要枢纽、产业园区、重点景区等的有效衔接，进一步提升国省道保障能力和服务品质。

三、加快市域铁路建设

要畅通大动脉，加紧谋划一批铁路工程。加快推动京广铁路岳阳段东移外迁和荆岳昌高铁、常岳九铁路、长九铁路，以及坪田货运站建设，谋划长沙经岳阳至武汉城际铁路、经湘阴铁路，形成与长株潭城市群、武汉城市圈联动的区域一体化大交通发展格局。加快推进高铁站扩建，筹划建设长岳武城际铁路枢纽站、岳阳城市轨道交通枢纽站，努力构建换乘便捷、环境优美的城市综合功能空间。推进岳阳铁水集运煤炭储备项目和华容煤炭铁水联运储备基地铁路专用线建设，谋划君山港区现代物流园、古培塘至虞公港、推山咀物流园区和鹿角临港新区等铁路专用线。其中岳阳铁水集运煤炭储备项目铁路专用线接入坪田站，与浩吉铁路相连接，为城陵矶港区服务，同时也是蒙西至华中地区煤运通道重要的疏运线路，为南洋洲煤炭储备基地服务。华容煤炭铁水联运储备基地铁路专用线接入松木桥站与浩吉铁路相连接，主要为浩吉铁路华容港区洪山头煤炭储备基地服务。君山港区现代物流园铁路专用线接入君山站，与浩吉铁路相连接，主要为君山工业园服务，连通浩吉铁路和岳阳港荆江门码头，实现铁、水联运。古培塘至虞公港铁路专用线接入古培站，与京广铁路相连接，该线将长沙西站、华能电厂铜官及古培塘货运站铁路引入湘阴港区虞公港，打造"港铁联运"格局。

四、塑造区域级航空中心

要超前谋划，按照"南客北货"定位，将岳阳打造成航空货运中心。三荷机场初始定位低，飞行区按4C标准，航站区按满足2020年旅客吞吐量60万人次、货运吞吐量1800吨设计，供给能力与客货运输需求快速增长矛盾日益加剧。要抢抓省全域低空开放的重大机遇，积极推动省政府明确岳阳在湖南航空产业发展中的功能定位，将三荷机场纳入国家口岸五年发展规划，并在国家发改委、国家民航局调整《全国民用运输机场布局规划》时，将岳阳三荷机场纳入专业性航空货运枢纽机场布局规划，科学规划实施三荷机场改扩建和货运枢纽建设，打造中部地区航空货运枢纽，同时兼顾廉价航空和旅游机场客运功能。"十四五"期间，加快机场改扩建工程建设工作，重点推动三荷机场货运场站和功能区的完善，加强三荷机场与粤港澳大湾区主要机场航线合作，适时增加岳阳至东南亚客货运航空航线，同步启动汨罗、湘阴、华容等通用航空机场的规划建设。

五、切实健全联运网络

"十三五"时期以来，一个以水港为重点，以陆港为基础，以空港为补充，铁、公、水、空多种方式融合发展的岳阳多式联运中枢系统已初步形成。在此基础上，要提高站位，立足全省、统筹全省、联动全省，加快多式联运体系建设，打造长江中游重要的和湖南省唯一的多式联运枢纽。一是打造江湖海转运、水铁公联运枢纽。以水铁公多式联运示范工程为牵引，依托省港务集团等重点企业统一整合水陆运输，提升多式联运运营组织，建立以城陵矶港作为启运港的铁水、公水联运系统，利用浩吉铁路坪田站和胥家桥综合物流园公路路网资源，建设铁公中转多式联运示范工程。二是打造国家级物流大通道。做优做强"粤港澳大湾区—岳阳城陵矶港—武汉等长江港口—华中—北方"往返大通道（"岳阳中部通道"），将岳阳中部通道提档升级为"中部双循环大通道"，联合通道沿线港口城市政府部门，推进鄂、湘、粤三地政府、三地港口、三地海关、广铁集团等协同合作，由单一的内贸通道升级为内外贸双通道，实现内外贸双循环。增设更多到发铁路站点和港口节点，围绕"一杆多枝"理念，逐步开通荆州港、九江港、黄石港等省际航线，开通"北方—华中—湖北省港口—城陵矶港—南沙港—盐田港"外贸新通道，与各地沿线港口城市、铁路物流枢纽等签订战略合作协议。三是构建国际联运通道。省委省政府正在全省打造五大国际物流通道体系，岳阳要抢抓机遇，加快打造长江中游航运枢纽和国际物流通道的集结中心。要强化东向江海联运国际通道，依托长江黄金水道，通过长三角地区港口群的航线、货源集聚优势；依托上海港作为江海联运通道中转节点，强化长江中游地区与长三角港口联动，加快引入航运企业开通岳阳至日韩、北美地区的航线，构建面向日韩、北美地区的国际贸易通道。要开行西向国际铁路联运通道，重点依托松阳湖多式联运基地，开行由岳阳至欧洲及中亚地区的中欧班列，争取设立中欧班列和中老班列岳阳站，持续推进中欧、中亚班列常态化开行，为岳阳的企业提供高效物流贸易新路径。要新建南向国际海铁联运通道，从过去北方、华中货源主要从东向沿海口岸出口，增加从南向主要港口（广州、深圳）出口。依托岳阳城陵矶新港、松阳湖多式联运基地，结合岳阳京广铁路东移方案规划建设的云溪铁路货站，通过京广铁路、广珠铁路等，联通广州南沙港铁路场站、深圳平湖南铁路集装箱中心站等粤港澳大湾区专业铁路场站，构建形成以岳阳为起点，途经长沙、广州、深圳，经海运至东盟、非洲港口的跨境陆海联运国际通道，并进一步依托广州南沙港对非航线主要联通的廷坎、德班、蒙巴萨、开普敦、洛美、伊丽莎白、特马等港口，联通非洲内陆地区。

第四节 完善城陵矶口岸功能平台

针对开放平台作用发挥不够、开放主体有待做强、开放质效有待提升等问题，对症下药，靶向施治，以中国（湖南）自由贸易试验区岳阳片区为引领，带动"三区一港四口岸"八大国家级开放平台叠加发力，加强开放平台之间、开放平台与全市各产业园区协同协作、资源共享、优势互补，推动经济腹地高质量发展。

一、大力发掘已有平台优势

作为首批沿江对外开放城市，岳阳先后获批城陵矶综合保税区、中国（湖南）自由贸易试验区岳阳片区、中国（岳阳）跨境电子商务综合试验区、启运退税港和汽车、肉类、粮食、水果进口指定监管场地，成为中部地区唯一拥有8个国家级开放平台的地级城市，荣获全国现代物流创新发展试点城市、国家多式联运示范工程、港口型国家物流枢纽等国字号品牌，岳阳成为中部地区重要的开放高地。但是，目前"三区一港四口岸"综合效应没有得到充分体现，通关周期长、成本高、清关量减少；信息平台相对滞后，联检单位、运营平台、外贸企业信息不能共享，无法实现数据协同，口岸信息服务平台不能根据外贸企业发展需求提供全方位服务。要改变这种状况，务必在拓展口岸功能上下功夫。

要进一步延续城陵矶综合保税区良好发展势头。岳阳城陵矶综合保税区经国务院批复设立、正式封关运营以来，重点发展电子信息智能制造、进口粮食加工、进口肉类加工、进口天然橡胶加工、进出口商品展示交易等产业。目前已争取进口粮食保税加工、区外企业委内加工、汽车平行进口综合试点、增值税一般纳税人资格试点和跨境电商综合试验区等专项政策。以后应进一步聚焦对外贸易发展重点——电子信息及智能制造，与美国、巴西、印度、南非、乌克兰、乌拉圭、日本等主要进出口国家加强贸易合作，建设沿江保税仓库体系，推动专业物流链共建共享，全力支持拓展海外业务，不断扩大开放型经济发展势头，力争综保区年度绩效评估排名前进10个名次。

要推进中国（湖南）自由贸易试验区岳阳片区加快发展。自贸试验区是我国现在开放水平最高、制度最开放、利用程度最好的一个平台。要先行先试、探索路径，以自贸试验区为引领来整合其他开放要素和生产要素，构建开放型经济体系平台，形成岳阳新的竞争优势，构建通江达海开放引领区。一方面加强制度创新。一是加快推进各项改革试点任务的落地实施，大力复制推广全国自贸试验区改革试点经验。深入推进省市级权限下放，推动极简审批，建立事中事后监管机制，优化集成式政务服务和法律服务，推广全程"帮代办"，完善全闭环司法保障体系，打造市场化、法治化、国际化的一流营商环境。建立健全改革发展、考核评价、统计监测体制机制，力争到2023年，88项改革试点任务全部实施，推出国家级创新案例2项以上，省级创新案例30项以上；到2025年，推出国家级创新案例3项以上，省级创新案例50项以上。二是加强改革创新系统集成，进一步强化港航物流优势，降低要素成本，打通企业发展的制度性障碍，为企业带来实实在在的获得感。着眼于全省唯一出海口——城陵矶港，继续推进"内河运费不征关税""进口调味品通关便利化模式"等制度创新实践，为进口企业降低货物进口成本，吸引云贵川鄂等外地企业来岳清关。探索多式联运"一站式、一口价、一票制"、铁路运单物权凭证赋能等制度，争取开展市场采购贸易方式试点。完善国际贸易"单一窗口"功能，增加具有岳阳特色的"单一窗口"服务功能模块，对进出口诚信企业实行检验检疫"绿色通道"和直通放行制度，积极推荐符合条件的企业出口免验，为出口企业申领原产地证书提供便捷服务。针对进口粮食、木材、矿石等大宗贸易商品，探索在检验检疫、外汇结算、转关清关等方面的制度创新，重点推进海关全业务领域一体化，积极推动岳阳与长江流域南京、上海等地跨关区协同通关。进一步优化进出口货物通关模式，全面落实岳阳自贸片区推出的进出口货物"提前申报""船边直提"和"抵港直装"等制度创新措施。深化税收征管改革，进一步推广关税保证保险、汇总征税、自报自缴、预裁定等便利措施。优化完善"经认证的经营者"（AEO）制度，为海关认证企业提供更多方便。三是推进口岸环节政务服务网上办理，推进岳阳片区智慧自贸一体化信息平台建设，推广"一站式"海运业务查询办理平台，及时公开集装箱存箱、用箱信息，实现提箱预约、电子化放箱和精准提箱。向进出口企业、口岸场站推送各环节通关状态信息，实现海关、海事等部门口岸通关状态查询和通关流程全程可视化。四是探索建立"母基金＋子基金"架构，形成产业投资基金+创业投资基金+天使投资基金的基金群，以基金运作创新带动投融资模式创新，推动与上海实业、上海国和合作组建产业引导基金，与湘投控股合作成立中国（湖南）自由贸易试验区岳阳片区新兴产业基金，为企业开展对非业务提供融资服务。另一方面充分释放制度红利。抓好自贸片区规划实施，建好EOD数字经济产业综合体、人力资源产业园等产业载体，围绕航运物流、新能源新材料、新一代信息技术主导产业招大引强，大力发展总部经济、平台经济、直播电商、跨境电商等新经济业态，率先与RCEP成员国进行规则对接，尽快将岳阳打造成为进口大宗贸易商品集散中心和进口调味品聚散中心。到2023年，利用外资直接投资达省定指标任务、外贸进出口总额年均增长30%以上。

要高标准建好中非工贸产业园。抢抓中非经贸发展机遇，全力争取国家有关对非政策，大力开拓中非贸易新业务板块。2021年9月，省商务厅正式向岳阳中非工贸产业园授牌。要紧紧围绕岳阳片区中非产业合作这一重要改革试点任务，采取"基础共建+税收分成"模式，由城陵矶新港区与临湘市合作建设岳阳中非工贸产业园，尽快完成50亿元总投资，建成集保税仓储物流中心、林木产品加工基地、食用油生产加工基地、牛羊肉（海鲜）加工基地、中非现货易货交易交割中心、全链条金融支持中心、生活配套园于一体的大宗商品交易地，形成"大宗货物+加工贸易+临港产业"的发展模式，引导优质进出口木材、服装、农产品、粮食等加工制造、仓储物流、贸易企业进驻，加大非洲非资源性产品进口、研发和加工，促进岳阳成为中非经贸合作先行区和湖南国际投资贸易走廊重要承载区。全面建成运营后，预计对非大宗商品进出口贸易额达100亿美元以上。做大橡胶、矿石等传统业务板块，拓展电子元器件、美妆等新兴业务板块，扩大农副产品、调味品等中非贸易板块，力争到2023年，岳阳中非工贸产业园对非经贸合作企业超过20家，至2025年超过50家。利用城陵矶港和尼日利亚共同平台资源优势，通过内陆港口"点对点"合作，打通标准化大宗物资的集货、运输、清关和质检通道，创造对非合作新亮点。以际华三五一七橡胶制品有限公司、岳阳观盛投资发展有限公司投资科特迪瓦的农产品加工厂项目为契机，打造"海外仓初加工+国内深加工"的模式，加快建设11个海外初级加工工厂和4个国内精加工工厂。

要着力推进跨境电商综试区发展。进一步完善跨境电商线上综合服务平台，建设跨境电商产业园区，推动政策支持、信息共享、金融服务、智能物流、电商诚信、统计监测、风险防控等监管和服务"七体系"建设。鼓励跨境电商平台、经营者、配套服务商等各类主体做大做强，引进培育跨境电商平台企业、支付企业和品牌企业，加快自主品牌培育，支持企业建设公共海外仓和跨境电商综合服务中心，支持我市高等院校、中职院校开设跨境电子商务相关专业和课程。建立电子商务人才创业创新支持平台，支持创新人才开展跨境电子商务商业模式创新和技术创新。发挥"水公铁空"立体交通网络优势，为跨境电商企业、物流仓储企业、供应链服务商等提供便捷的跨境物流通道，实现跨境电商一站式数据共用、资源共享、信息互通。进一步优化跨境电子商务产业发展环境，为企业提供全面优质的服务，注重产业衍生效应，助力区域经济发展，打造可持续发展的跨境电子商务生态圈。

要不断扩大"四口岸"开放贸易影响。加快释放国家级口岸动能，拓展铁矿石、煤炭、粮食、橡胶、平行车进口等业务板块，逐步实现贸易由代理向自营转型，推动贸易总额尽快上升到千亿级规模。充分发挥汽车整车进口口岸、进口粮食指定口岸、进口肉类指定口岸和进口水果指定口岸目前在中部内陆地区、长江沿线的几个第一（"内陆口岸中平行进口汽车量排名第一的口岸""长江内河沿线最大的粮食口岸"）优势，带动进出口产品多样化发展，打造中部地区汽车、粮食肉品、水果进口的重要渠道。积极争取进口贴息项目资金，支持先进技术、装备和关键零部件进口，扩大大宗商品进口。支持有条件的企业设立专销中心，扩大优质消费品进口，满足人民群众高品质生活需求。支持现有外贸企业拓展进口业务，培育进口贸易龙头企业，打造面向全国市场的进口商品集散中心。到2023年，全市进口额突破500亿元，年均增长30%以上，到2025年突破700亿元。

务实推动口岸个性化。以岳阳为中心的400公里腹地范围内，同时存在武汉港与九江港两大长江港口，应主动寻求错位分工，避免长江中游三港同质化竞争。其中，武汉铁路系统发达，临港工业基础好，可定位为国家级航运中心、联运枢纽港和高端制造港；九江和岳阳同为区域级航运物流枢纽，九江航道资源本底条件略优于岳阳，且江西省内工业能源需求强，因此九江可定位为矿石进口口岸、联运和物流枢纽港；岳阳的优势在于开放层次高，政策优势明显，因此可定位为更加注重发展近洋外贸的贸易物流港。当前要加快打造贸易型平台，通过货流集聚，催生一批贸易平台、金融平台，推动城陵矶港从货物港走向贸易港。学习张家港"港口+自由贸易区"模式，实现口岸物流和保税物流、保税加工有机融合，加强综保区、港口等海关监管区的联动。争取国家数字货币结算支持，谋划打造中非经贸合作数字人民币结算中心，加快推进"数字人民币+智慧园区"建设。

二、积极新建功能性平台

要抓住机遇，争取开设更多的新平台，进一步完善岳阳的口岸功能，增强城市承载力和辐射力。

积极谋划航空口岸。根据实际情况，可考虑争取在岳阳三荷机场设立国家航空（临时）口岸，尽快开通国际航线航班，待条件成熟后正式常年开放。加强与中外各大航空公司和UPS、DHL、顺丰速运、圆通速递等境内外企业合作，优先开通港澳台地区及日本、韩国包机航班，争取落地签证，实现高效快捷服务。将航空口岸纳入岳阳机场规划建设，启动航空口岸联检设施建设，建设航空口岸联检大楼、联检单位生活小区，以及国际货运仓库等配套设施工程，将发展临港经济与临空经济有机结合，着力将三荷机场打造成区域性航空港、国内货运枢纽，形成水陆空立体口岸发展格局。

争取尽快设立公路口岸。启动建设综合性公路口岸联检大楼、海关监管专用仓库和联检监管配套设施，着力拓展陆路口岸，促进公路口岸对外开放。大力发展公路运输业务，开通汨罗到香港、澳门监管直通车。开展水上、公路等多式联运，延伸直通关，发展直通车，在岳阳构建高效率、低成本的鲜活农产品快速直达运输网络，形成鲜活农产品流通绿色通道。

创造条件开设铁路口岸。做好铁路口岸建设规划，申报建设冷水铺（岳阳北站）铁路口岸，在七里山建设岳阳铁路口岸通关、联检办公场所和相关监管等配套设施，形成从长沙经岳阳、新疆至欧洲的铁路运输大通道，将其打造成为欧洲进出口货物集散中心和湘新欧快线重要节点。

争取新设木材和冰鲜水产品口岸。增加进境原木指定监管场地，以集装箱运输进口原木，解决内陆口岸进口原木难度大、运输成本高的问题。利用岳阳出入境检验检疫局的食品综合实验室、城陵矶口岸的冷链仓储和冷链查验平台、专用的冷藏集装箱堆场等设施，增加进境冰鲜水产品指定监管场地，与肉类查验平台实行功能叠加。

大力推动电子口岸建设。建设集"口岸平台监管、数据综合处理、政策信息发布和国际物流动态"于一体的电子口岸，包括进出口企业与口岸联检电子报关、电子报检、电子口岸监管、口岸科技及办公自动化设备等设施建设，实现海关、检验检疫等部门"信息互换、监管互认、执法互助"，全面推行"一次申报、一次查验、一次放行"关检合作模式，并实现与全国口岸通关和航运物流信息平台联网。统筹数据应用，建立系统、科学、完整的岳阳通江达海数据云，以数字化、智能化方式提升港口运输、口岸运营效率，打造长江流域"最快"港口。

建设高规格、高效率的航运交易中心。加快以省港务集团为主体的湖南航运交易中心建设工作，推动全省航道、港口、船舶和物流园信息化升级，构建"船找货、货找船"信息平台，实现全省货港航一体化。引导政府部门、港航及相关企业进驻，聚集航运物流功能，促进港航企业更好地参与跨地区合作，吸引全省乃至周边省份的出口企业将货物运输到城陵矶港拼箱出口，打通与云贵川渝等地区铁海联运通道。搭建线上航运平台，建立长江流域及洞庭湖流域大宗商品在线交易机制，开发人才、公共航运、铁水联运、航运知识产权等线上服务系统。发挥岳阳在长江中游及环洞庭湖地区航运数据获取方面的优势，设立"岳阳长江/洞庭航运指数"，客观反映长江中游地区及环洞庭湖地区航运市场状态及运价变化情况，分区域、分运输货类形成一系列航运指数体系。通过打造"岳阳长江/洞庭航运指数"，提升岳阳的城市品牌影响力，增强其作为长江中游航运枢纽的话语权。待"岳阳长江/洞庭航运指数"体系更加成熟后，进一步发挥上港集团综合管理的优势，寻求与上海期货交易所合作，推出"岳阳长江/洞庭航运指数"期货。

充分利用好会展平台。持续办好口岸经贸博览会，在3到5年时间里争取上升为国家级口岸经贸博览会。建设进出口商品展示交易中心，打造集进出口商品展示交易、生产包装、物流仓储、产业孵化、电子商务、生活配套等于一体的综合性商贸平台。开发岳阳电商谷，建成集运营载体平台及金融、认证、智能物流、展览展示、外贸等一系列第三方服务机构于一体的综合电子商务平台。以中非经贸博览会永久落户湖南为契机，建立宣传推介、项目追踪、金融对接等服务保障机制和高层次协作机制，高标准举办第三届湖南（岳阳）口岸经贸博览会等展会展览，加强相互交流合作。

三、强化系列口岸引领带动作用

要发挥口岸平台的示范牵引作用，推动实现资源优势和政策叠加效应高效协同、深度融合，带动腹地经济快速发展。目前，全市外贸进出口业绩主要集中在新港区，占87%左右，其次是经开区，占8%左右，其他11个县市区合计占比仅5%左右，说明其他区县的潜力和空间还没有挖掘出来，务必花大力气、下大功夫促进均衡发展。

大力发挥自贸片区"龙头"作用。要利用自贸岳阳片区平台，加强与县市区外贸联动，放大自贸区溢出效应，帮助各县市区进出口企业做大规模。探索建设区域联动发展机制，打造外贸供应链服务平台，开展内贸供应链业务，推动"三区一港四口岸"8大国家级开放平台与全市重点园区的互融互动，形成自贸试验区一体化改革叠加区、协同改革先行区、改革辐射区，提升区域综合竞争力和对外开放水平。

大力培育外贸主体。深入开展外贸破零倍增、外贸综合服务等工作，支持各县市区初具规模的外贸企业做大做强，做到"抓大扶小"，全方位培育开放主体。合力落实岳阳市稳外贸百日行动要求，帮助全市外贸企业优产品、稳订单、拓市场。组织各县市区（园区）参加消博会、进博会、广交会等重点展会，推动企业国际市场开拓数字化转型。依托岳阳园区基础，重点支持发展先进装备制造、信息产业、生物医药、新材料、新能源产业的加工贸易，引导加工贸易向产业链高端发展。利用跨境电商综合服务平台，推动岳阳特色产品"出海"。

联合开展招外商引外资活动。围绕通江达海区位优势、"水公铁空"多式联运成本优势，加强与日韩、欧美、东盟以及"一带一路"沿线国家企业的对接合作，引进龙头项目和战略投资者拓展开放发展新空间。坚持外向型导向，全面落实新版外资准入负面清单和鼓励外商投资产业目录，开展实际使用外资"破零倍增"行动，加大外资招引力度，构建招商项目全程式服务和履约跟踪问效机制，鼓励外资企业扩大再投资。以亚欧博览会、中非经贸博览会等为载体，重点引导石化、电磁铁等比较优势明显企业到境外开展投资合作，支持我市重点企业设立海外生产基地、营销中心、研发设计中心。

第五节　加快构建枢纽经济新格局

枢纽经济是指依托交通枢纽，增强高端优质要素集聚和配置能力，提高资金流、物资流、商品流、知识流、信息流、人才流等流动要素的规模和效率，实现要素价值叠加、聚合、倍增的经济形式，是重塑产业空间分工体系、全面提升城市能级的经济发展新模式，是现代经济体系的重要组成部分。

岳阳地处江湖交汇处，素称"湘北门户"，具备发展枢纽经济的独特条件和良好基础。为充分发挥我市大门户、大通道、大平台优势，主动融入"双循环"新发展格局，打造城市发展新引擎，应以更加开放的姿态、务实的举措，抢占枢纽经济发展制高点，加快打造内陆开放型经济新高地，为省域副中心城市建设提供强大动力。

一、实施枢纽经济规划体系工程

通过制订枢纽经济发展战略规划、功能区规划、项目规划和品牌规划，绘就全市枢纽经济发展蓝图，优化枢纽经济空间形态和组织方式，强化创新驱动、品牌引领和跨界融合，充分利用优势资源共建枢纽经济发展高地。

制订枢纽经济战略规划。围绕建设省域副中心城市，打造国内大循环战略腹地，建设国内国际双循环门户枢纽，塑造开放型经济发展新优势，站在城市发展战略高度，做好发展枢纽经济顶层设计，对枢纽经济的发展定位、目标任务、发展路径、空间布局、产业打造和推进机制等方面进行统筹谋划。

制订枢纽经济功能区规划。按照差异定位、产业集聚、功能集成、产城融合的理念，依托城陵矶港、岳阳航空港、岳阳高铁站和胥家桥公路港等交通枢纽及腹地产业，重点规划建设水港、空港、高铁、陆港四大枢纽经济功能区，明确四大枢纽经济功能区的发展定位、空间边界、产业体系、配套设施、引导政策、支撑体系等，推动交通枢纽、产业园区、城市社区资源有效整合，向产城一体、功能复合的枢纽经济功能区升级，打造主题鲜明的经济高质量发展新平台和更可持续的产业集聚发展新模式。

制订枢纽经济项目规划。根据枢纽经济发展战略规划和四大枢纽经济功能区规划，谋划、筛选，并向社会发布一批具有较强带动功能和示范作用的项目、产品或服务等机会清单，主动释放市场要素资源，引导社会力量积极参与枢纽经济功能区建设，激活枢纽经济发展新动能。

制订枢纽经济品牌规划。通过制订发展枢纽经济的品牌战略、形象系统和品牌运作机制，建设高规格招商展示场馆，打造"城市会客厅"，举办具有国际国内影响力的资源对接大会，塑造"内陆开放前沿"的城市品牌形象，全面提升枢纽城市的显示度、影响力和竞争力。

四大枢纽经济功能区:

水港枢纽经济功能区。以城陵矶新港区、综保区、自贸岳阳片区"三位一体"为核心承载,升级打造水港枢纽经济功能区。按照打造连接世界、服务长江中上游地区的江海联运枢纽和区域性航运物流中心的定位,以港口、物流园区、临港工业区为依托,发挥交通枢纽、港航服务、产业集聚、港产联动四大功能,发展现代港口物流业、现代航运服务业、综合保税区现代服务业、高端装备制造业以及电子信息、新材料、电子商务等新兴产业;积极推进港产城融合发展,提高功能复合率和宜居宜业度,建成国际化、现代化、综合性的港口枢纽新城。

空港枢纽经济功能区。以岳阳三荷机场为中心,以空港产业园为基础,规划建设空港枢纽经济功能区。按照建设国内重要的支线机场、区域性货运枢纽机场、现代航空新城的定位,发挥航空服务、产业集聚、港城联动三大功能,重点发展航空物流业、航空运输服务业、航空制造业、临空现代服务业、空港衍生关联产业和生活服务业等,加快形成航空业全产业链和价值链。积极推进产城融合发展,逐步建成国际性、现代化、生态化、智慧型航空新城。

高铁枢纽经济功能区。以岳阳高铁站为中心,以高铁新城为基础,规划建设高铁枢纽经济功能区。按照打造岳阳中央商务商贸集聚区和长江中游地区重要旅游集散中心的定位,统筹规划建设换乘便捷、环境优美的城市综合功能空间。重点发展金融商务、现代商贸、文化创意、信息技术咨询、健康服务、旅游服务等产业,大力发展总部经济和楼宇经济，加快构建高铁站高端商务商业圈，实现人流、物流、信息流、资金流的高度聚集，成为高端要素富集的核心区域、枢纽经济的发展高地。

陆港枢纽经济功能区。以胥家桥公路港、综合物流园为基础，规划建设陆港枢纽功能区。依托公铁联运交通优势，按照"物流园区+交易市场+产城融合"的模式，建设国家级枢纽型综合物流园区，提供物资集散、现代储运、商品展示、电商配送、信息服务、生活居住、休闲配套等多种功能，突出发展增值服务，实现供应链上物流、信息流、资金流、商流的"四流合一"，打造现代商贸物流产业集群，建成中部地区重要商贸物流基地。

二、实施枢纽经济产业体系工程

通过发展配置全国优质要素资源的现代服务业，构建多元应用场景，提升要素汇集流通能力，增强区域辐射影响力，成为各种要素流集聚、转化和价值创造的策源地，打造长江经济带供应链核心节点和资源配置中心。

大力发展现代物流。发挥通江达海的优势，以港口型国家物流枢纽建设为契机，依托"两港"和自贸区，加快构建以"物流枢纽、国际通道、立体口岸"为核心要素，融入全国、链接世界的现代物流体系。加快推动岳阳市大数据物流信息平台、国家多式联运示范工程、长江中游国际物流园区、胥家桥综合物流园、中非工贸产业园、临空物流产业园区等重大物流项目建设。大力提升智慧物流水平，支持符合条件的物流企业开展智能配送、无人配送等新的服务业态，引导企业使用低能耗、低排放运输工具，推广绿色节能仓储及物流包装循环，支持省港务集团联合主要船公司和物流公司打造湖南省港航物流联盟，实现物流体系高效率与低成本运作。加快推动一批县市区重点物流项目建设，积极拓展物流腹地市场，有效扩大物流需求规模。大力引进中国海运、中铁快运、中储、中邮等头部物流企业，加强跟普洛斯、京东、中交等大企业合作，积极扶持本地物流企业上档升级，打造一批具有较强竞争力和品牌影响力的现代物流企业集团。

大力发展口岸经济。不断壮大外贸主体，加强外贸供应链平台建设，成立岳阳"走出去"产业联盟，创建国家外贸转型升级基地、进口贸易促进创新示范区。推动机电产品、化工新材料、农产品等特色优势产品出口，促进二手车、二手工程机械设备出口，鼓励开展保税检测、全球维修和再制造出口。利用中非经贸博览会、进博会、口岸博览会等机制，鼓励企业积极拓展与"一带一路"沿线、东盟、非洲等国家地区贸易新渠道，建立业务处、地区处、商务代表处、境外商协会、使馆经商参赞处"五位一体"的国际市场拓展体系，争取科特迪瓦政府在岳阳设立领事馆，大力发展新型易货贸易。进一步发挥四个口岸平台作用，扩大进口规模，建设进口商品"世界超市"，打造长江中游"买全球、卖全球"的集散地。依托自贸区、综保区和空港产业园，探索建设中欧、中新、中韩、中日、中非等国别合作园区，打造岳阳与欧亚非开展投资贸易和科技国际合作的重要平台，发挥国际合作园区窗口示范功能，提升岳阳经济外向度和国际形象好感度。

大力发展总部经济。以枢纽经济功能区为载体，加快推进"总部岳阳"建设，打造展示岳阳现代化新形象和新风貌的重要窗口。

重视轻资产和高能级项目招引，全力争取"六类"500强企业（世界500强企业、中国500强企业、中国民营500强企业、服务业500强企业、欧美日500强企业和新经济500强企业）来岳设立区域总部和采购中心、分拨中心、结算中心、培训中心等功能性机构，发挥总部经济核聚效应，提高对高端信息流、资金流、知识流、人才流的聚合力。助力本土企业成长，重视本土成长型总部企业培养，支持企业做大做强；鼓励骨干企业升级生产基地为区域性总部；拓展枢纽经济功能区服务功能，助推企业上市，打造上市企业集群；大力培育"瞪羚企业""独角兽企业"等高成长型企业，促进向总部企业方向发展。抓住自贸区建设契机，集聚一批具有采购、分拨、营销、结算、物流等单一或综合贸易功能的总部机构，培育发展一批拥有自主知识产权和自主品牌的大型供应链集团。

大力发展金融商务。高标准建设岳阳金融中心、基金小镇，联动湖南金融中心、武汉国际金融中心，引导产业资本、金融资本、创投资本高度集聚。大力发展供应链金融、航运金融、航空金融、物流金融、离岸金融结算等专业金融服务，构建多层次资本市场体系，提升金融服务能级和辐射力，促进产融资源高效匹配，服务枢纽经济和实体经济发展。重点谋划建设城陵矶国际商务区、空港生态商务区、高铁站中央商务区等核心载体，打造一批会展场馆、高档酒店和专业楼宇，发展会展服务、商务交流、科创服务、信息服务、专业服务等，成为先进生产要素富集活跃区域。

大力发展现代商业。以枢纽经济功能区为重要载体，依托交通枢纽及站点，大力推动以交通为导向的TOD模式商业综合开发，积极发展包括主题式和体验式购物中心、新零售超市旗舰店、特色专业市场、定制店、高级酒店、美食中心、文体娱乐中心等新业态的大型城市综合体，打造具备一定辐射能力的品质化、智慧化、特色化区域核心商圈，构建TOD城市交通生态经济圈，形成新的商业枢纽中心，集聚人流、商流、物流，释放巨大消费潜力，促进区域经济发展。同时通过塑造兼具地域文脉和时代精神的活力开放空间，优化城市空间形态，提升城市运营综合效益，引领城市发展新格局。

大力发展平台经济。充分利用创业孵化基地、科技孵化器、商务商贸集聚区等公共空间，打造一批平台经济创新创业示范基地，推动平台企业集聚发展、创新发展。顺应互联网经济和分享经济发展潮流，着力打造创新型、网络型平台，突破地域限制，拓展服务半径；围绕集聚资源、便利交易、提升效率，构建平台产业生态，推动商品生产、流通及配套服务高效融合，以流通创新促进商产融合，带动产业升级和消费升级。重点发展供应链协同平台、商贸物流专业服务平台、电子商务服务平台、行业垂直细分平台、智慧文创文旅平台及生活服务平台等，推动平台经济与实体经济融合发展、互促发展。大力培育市场主体，引进平台经济头部企业在岳设置区域运营中心或分支机构；鼓励有条件的贸易商、制造企业拓展内部贸易平台服务领域，向专业化平台转型升级。

大力发展数字经济。统筹推进枢纽经济功能区大数据基础设施建设，加快建立大数据共享平台和数据中心。谋划建设城陵矶大数据产业园、空港大数据产业园、岳阳MCN新经济产业园，大力引进国内外知名IT公司和大数据公司，加快培育本地大数据骨干企业，加快发展IPv6（互联网协议第6版）、5G、数字终端等下一代信息网络产业，大数据、云计算、物联网、移动互联网、人工智能、网络信息安全等新兴软件服务产业，集成电路、新型显示、传感控制、智能硬件等电子核心产品制造产业。深度拓展基于大数据的交通指挥调度、大通关和物流信息服务、智慧工厂管理等智慧城市行业应用。构建产业大数据平台和园区数字化运营体系，实现产业、空间、人才精准匹配、协同发展，以大数据技术促进园区管理优化升级，赋能产业提质增效。

大力发展文旅产业。根据地理方位和资源状况，围绕楼岛湖核心资源塑造文化IP，把岳阳建设成为独具"江湖形胜、湖湘风韵、家国情怀"人文特质，"可向往、可回味"的国际化文化旅游目的地。着力拓展旅游场景创新，通过高铁游、轮船游、航空游，打破时空界限，吸引八方游客。发展长江游轮旅游，建设城陵矶游轮母港和太平咀国际文旅码头，将城陵矶旅游码头建设成为长江游轮始发港（岳阳—三峡—重庆），形成长江水上旅游集散中心。建设高铁旅游集散服务中心，打造游客集散中转、资源整合和服务平台，为建设国家级休闲旅游城市提供优质服务支撑。

三、实施产业联动互促发展工程

立足通江达海的枢纽优势和开放优势，实施产业大循环、大联动、大融合战略，推动岳阳融入长江经济带、长江中游城市群、粤港澳大湾区等国家重大战略布局的产业循环体系，推动先进制造业和生产性服务业联动发展，持续扩大自贸片区对区域发展的辐射效应，加快将岳阳打造成为现代产业高地。

发展枢纽偏好型先进制造业。充分发挥岳阳的区位交通、资源禀赋和要素成本优势,提升新港区、经开区、岳阳绿色化工产业园、湖南工程机械配套产业园、湖南先进装备制造(新能源)产业园能级,大力发展大运量大耗水量装备制造业、绿色化工产业、电子信息产业、军工新材料产业、新能源产业。大力推动区域产业链协同和精准招商合作,加快对接长株潭城市群、武汉城市圈等大型制造企业,引进配套项目,联动发展。积极推进与粤港澳大湾区、长三角、闽南等沿海地区共建跨区域合作产业园区,重点建设临港智能制造产业园、先进材料产业园、航空航天科创产业园等一批特色"园中园",大力承接沿海地区产业转移。

推进服务业与制造业联动发展。积极推进生产性服务业与先进制造业良性互动、互为支撑,引领和服务全市产业转型升级。依托城陵矶新港区发展带来的机遇和相对独立的优惠政策,遵循"专业化、规模化、国际化"的原则,建设新港区服务外包产业园,打造国内一流的服务外包产业基地,承接沿海地区的现代服务业转移,推动生产性服务业集聚发展、规模发展,为促进全市制造业高质量发展提供强大支撑。借力上海、广州、深圳的创新资源溢出效应,围绕电子信息、智能制造、新能源、新材料等重点,采用双基地模式,高标准建设科创离岸双向孵化基地,打造集项目孵化、人才集聚、技术转移等功能于一体的离岸孵化平台,构建"创新研发—成果孵化—产业化落地"的完整创新创业链条。

推进自贸片区联动创新发展。探索岳阳自贸片区与上海自贸区、湖北自贸区、深圳前海片区、海南自贸港联动创新合作,探索建立岳阳、长沙、郴州三片区协同合作机制,推动与省内其他市州之间协同发展。尽快启动岳阳区域内联动创新区设立工作,推动自贸片区与华容、君山、临湘、云溪、汨罗等县市区和全市重点园区联动发展，促进政策互通、产业互补、交通互连、要素共享、平台共驻，建立"总部+基地""龙头+配套"等产业协同发展机制，探索"存量不动+增量分成"区域利益分享模式和跨区域合作项目经济产出分配办法，尝试打造"飞地经济"模式。

四、实施产城一体融合发展工程

坚持"筑城兴业、品质聚人"，将枢纽经济功能区打造成为面向未来的功能完备、职住平衡、生态宜居、交通便利的现代产业新城，支撑枢纽经济发展。

积极推进"多规合一"。统筹空间、规模、产业三大结构，加强"三线一单"（生态保护红线、环境质量底线、资源利用上线和生态环境准入清单）严格管控，在规划的严格指导下推进生态环境保护精细化管理、强化国土空间环境管控、推进绿色发展高质量发展。紧密结合枢纽经济发展需求和现代产业新城建设，以完善基础设施和公共服务设施为着力点，充分考虑未来城市建设、产业发展需求，在整体布局、用地指标、生态保护等方面，因地制宜，高水平做好规划修编工作。

提升城市综合承载力。加大枢纽经济功能区城市基础设施投资建设，推动水电路气网等基础设施共建共享。积极衔接融入"大交通"，谋划城市轨道交通建设，建设畅通高效综合交通运输体系，提高城市交通联结度，实现产城高效互通。按照统一规划、统一建设、统一经营、统一维护原则，统筹推进供水、排水、燃气、热力、电力、通信、广播电视、工业等管线及其附属设施建设，完善市政基础配套。

提升城市功能品质。以枢纽经济功能区为载体，有序推进城市更新改造，合理布局公共服务设施，健全商务、居住、科教、公共服务等城市功能，建设一批高品质标准厂房、专业楼宇、科创空间、孵化器、邻里中心、文体中心、城市客厅、特色小镇，统一城市元素设计，塑造高颜值的城市形象，推进职住空间有效耦合、生产生活生态空间有机交融，提高工作与生活匹配度，打造宜居宜业的产业新城、美好生活的样板区。

第七章
打造"绿色示范"的省域副中心城市

习近平总书记指出："要坚持不懈推动绿色低碳发展，建立健全绿色低碳循环发展经济体系，促进经济社会发展全面绿色转型。"建设生态文明、推动绿色低碳循环发展，和经济发展是辩证统一、相辅相成的，不仅可以满足人民日益增长的优美生态环境需要，而且可以推动实现更高质量、更有效率、更加公平、更可持续、更为安全的发展，走出一条生产发展、生活富裕、生态良好的文明发展道路。要坚持"绿水青山就是金山银山"的理念，积极营造和谐江湖生态系统，加快培育绿色发展新动能，加速推动生态产品价值实现，持续改善生态环境质量，实现绿色可持续高质量发展，着力打造"绿色示范"省域副中心城市。

第一节　绿色是省域副中心城市建设的鲜明底色

"绿色"是大自然最美好的颜色，也是新时代发展的底色；是人民群众对美好生活的向往，也是高质量发展的要求。"绿色经济"是以资源高效利用、产业低碳发展、人与自然和谐共生为基本特征的具有可持续发展能力的经济形态，是经济社会现代化的重要标志。习近平总书记曾指出："绿色发展和可持续发展是当今世界的时代潮流。"坚持绿色发展，不是限制生产力，而是提升生产力，是绕过工业化实现"结构增长"的"绿色通道"，是最有前途的发展领域，代表了当今科技和产业变革方向。

一、打造"绿色示范"省域副中心城市，是深入贯彻落实习近平生态文明思想的战略选择

绿色发展方式是符合生态文明要求的经济发展方式，是深入贯彻习近平生态文明思想、推动生态文明建设的发展路径。党的十八大以来，习近平总书记对生态文明建设提出了一系列重要论述。在党的十八大报告中，习近平总书记提出全面推进经济建设、政治建设、文化建设、社会建设、生态文明建设"五位一体"总体布局，将生态文明建设上升为党的执政方针。十八届五中全会又提

出，"创新、协调、绿色、开放、共享"五大发展理念，"绿色发展"作为五大发展理念之一正式提出，标志着习近平生态文明思想基本形成，并且与时俱进，动态发展。党的十九大提出，"人与自然是生命共同体，人类必须尊重自然、顺应自然、保护自然。"在2022年1月17日召开的2022年世界经济论坛视频会议上，习近平总书记发表重要演讲，提出"发展经济不能对资源和生态环境竭泽而渔，生态环境保护也不是舍弃经济发展而缘木求鱼。"3月30日参加首都义务植树活动时指出，"我们要坚定不移贯彻新发展理念，坚定不移走生态优先、绿色发展之路"。在致2022年"6.5"环境日国家主场活动的贺信中强调："全党全国要保持加强生态文明建设的战略定力，着力推动经济社会发展全面绿色转型，统筹污染治理、生态保护、应对气候变化，努力建设人与自然和谐共生的美丽中国，为共建清洁美丽世界做出更大贡献！"等等。这一系列新思想、新观点、新论断是对习近平生态文明思想的进一步完善和提升。

2018年4月，习近平总书记在岳阳考察长江大保护工作时殷殷嘱托"守护好一江碧水"，赋予了岳阳"守护好一江碧水"首倡地的政治责任。岳阳打造"绿色示范"省域副中心城市，必须以习近平生态文明思想为首要遵循，以"守护好一江碧水"为首要使命，准确、深入、全面贯彻新发展理念，统筹推进"五位一体"总体布局，顺应时代要求和历史发展规律，坚持"绿水青山就是金山银山"的发展理念，着力构建人与自然和谐相处的生命共同体，让"绿色"成为高质量发展的重点，成为省域副中心城市建设的鲜明底色。

二、打造"绿色示范"省域副中心城市，是服务国之大者、省之大计的必然要求

为应对发展对生态环境带来的挑战和压力，近几年，党中央、国务院紧锣密鼓出台了《关于加快推进生态文明建设的意见》等一揽子指导性文件，对推动绿色发展理念走深走实、加快生态文明建设作出了一系列重大决策和部署安排，对绿色高质量发展提出了更高标准、更严要求。湖南深入贯彻习近平生态文明思想和党中央、国务院系列决策部署，加快推动生产方式绿色转型，纵深推进"一江一湖四水"系统联治，持续改善环境质量。2019年9月，省人大十三届十三次常委会议修订发布《湖南省环境保护条例》，开宗明义提出保护和改善环境，促进绿色发展，推进生态文明建设，满足人民日益增长的优美生态环境需要。2021年9月，省政府办公厅印发《湖南省"十四五"生态环境保护规划》，提出坚持绿色发展，保持生态文明建设的战略定力，正确把握保护生态环境与发展经济的关系，坚守长江经济带"共抓大保护、不搞大开发"的总规矩。2022年1月，省政府工作报告提出，要保持历史耐心和战略定力，落实绿色成为普遍形态要求，彰显绿色生态、产业、文化、制度之美，让绿水青山造福人民、泽被后世。

同时，在绿色发展理念下，党中央、国务院和省委、省政府因地制宜制定了一系列发展战略，为岳阳坚持绿色发展乘势而上、大有作为提供了重要战略机遇，也赋予了新的历史使命和政治责任。2013年11月和2020年9月，习近平总书记考察湖南时分别提出"一带一部"和"三高四新"战略定位和使命任务，明确了湖南绿色转型的突破方向，以及以水生态为核心的生态治理重点领域，岳阳作

为湖南的"副中心""增长极",地位十分重要,使命尤为艰巨。
2014年4月,国务院批复同意的《洞庭湖生态经济区规划》提出,
坚持生态优先,推进绿色低碳发展,建设资源节约型和环境友好型
社会,努力实现生态建设与经济社会发展同步推进,为培育岳阳等
中心城市指明了"绿色路径"。同年9月,国务院印发《关于依托
黄金水道推动长江经济带发展的指导意见》,部署将长江经济带建
设成为生态文明建设的先行示范带,培育发展岳阳等长江中游城市
群。2016年3月,中共中央政治局审议通过《长江经济带发展规划纲
要》,提出"江湖和谐、生态文明"的基本原则,支持含岳阳在内
的城市群之外的地级城市发展。12月,国务院批复同意《促进中部
地区崛起"十三五"规划》,提出构建人山水林田湖和谐共生的美
丽家园,继续做大做强岳阳等区域性中心城市。2022年2月,国务院
批复同意《长江中游城市群发展"十四五"实施方案》,提出推动
绿色低碳转型,大力推进生态文明建设,把修复长江生态环境摆在
压倒性位置,打造襄阳、宜昌、岳阳、衡阳省域副中心城市。

2015年11月,省委十届十五次全会提出"一核三极四带多点"
发展新格局,将岳阳确定为第一个增长极,同时提出从严从紧抓好
环境保护,真正走出一条绿水青山与金山银山相得益彰、共建共生
的科学发展之路。2021年1月,省人大十三届四次会议批准《湖南
省国民经济和社会发展第十四个五年规划和二〇三五年远景目标纲
要》,提出"共抓大保护、不搞大开发",打造生态优先绿色发展
主战场,支持岳阳、衡阳两大省域副中心城市向II型大城市发展。8
月,省政府出台《支持岳阳市加快建设省域副中心城市的意见》,
提出加快绿色崛起,营造和谐江湖生态系统,培育绿色发展新动

能，推动生态产品价值实现，到2025年省域副中心城市基本建成。10月，省委书记张庆伟来岳阳调研时指出，要以高度的政治责任感守护好一江碧水，深入践行"绿水青山就是金山银山"的理念，更好服务和融入长江经济带发展，大力发展以生态为本底的新产业新业态。2022年7月，省长毛伟民在湘阴调研时指出，要开发和保护好岸线资源，实现港口特色化、融合化、智能化、绿色化、国际化发展。

在危机中育新机、于变局中开新局，岳阳必须辩证认识和准确把握自然发展规律，在增强机遇意识和底线意识中保持战略定力和实干定力，强化生态责任担当，勇担绿色发展重任，既要金山银山，也要绿水青山，寻求在处理经济发展和环境保护问题上的"最大公约数"，打造"绿色示范"高质量的省域副中心城市，更好地服务国家、省级重大发展战略。

三、打造"绿色示范"省域副中心城市，是岳阳发挥优势，实现可持续高质量发展的必经之路

2016年以来，习近平总书记先后三次主持召开推动长江经济带发展座谈会。虽然每次会议根据不同阶段提出的工作重点各有侧重，但内涵要求是高度一致的，生态优先、绿色发展的战略定位是一以贯之的，共抓大保护、不搞大开发的战略导向是一以贯之的，推动长江经济带高质量发展的目标要求是一以贯之的。习近平总书记站在时代和全局高度，系统回答了事关长江经济带发展的一系列重大理论和实践问题，体现了宏阔的大历史观、大生态观、大文明观、大发展观，进一步指明了新时代长江经济带高质量发展的目标

和方向。岳阳处于洞庭湖生态圈和长江生态屏障带的接合部，作为湖南唯一拥有长江岸线的通江达海开放城市，是湖南融入长江经济带的"桥头堡"，生态功能非常独特，生态地位举足轻重。特别是作为国家长江经济带绿色发展"5+2"试点示范城市，岳阳既担负着确保长江生态安全和水环境安全的重大责任，也担负着提供更多优质生态产品，以满足人民日益增长的优美生态环境需要的重要使命，在推动"示范区"建设上走在前、出经验，是职责所系、使命所在，责无旁贷、义不容辞。

而岳阳同时作为中南地区重要的石化、造纸、电力能源基地，这些年围绕中石化长岭炼化、巴陵石化两大企业上下游产业链，进驻了一大批化工企业，在推动经济发展的同时，也给环境带来了很大的压力，迫切需要推进产业转型升级，积极探索大江大湖和重化工地区生态环境协同保护治理的新路子。在产业建设上，要以先进、现代为标准推动产业绿色化升级，改造传统产业，发展绿色农业、战略性新兴产业，建立绿色供应链，从而建立起绿色循环低碳的生产体系。在产业形态上，一方面要通过发展绿色农业从源头上控制污染物排放；另一方面，要通过改造传统产业、发展新兴产业进行节能减排和降碳。在科技创新上，要加快绿色技术的研发、推广，从而对绿色生产体系的打造形成基础支撑，根据岳阳生产力布局和产业技术优势，更好发挥政府作用，规范法规标准体系，注重商业模式创新，着眼重点领域、主导产业和重大项目，在全市推广和普及一批效益显著、先进适用、便于示范的绿色技术，助推绿色低碳循环发展目标的实现。在改革开放上，要以绿色开放和生态治理制度创新为抓手，抢抓长江经济带"共抓大保护""守护好一江碧水"和建设省域副中心城市的历史性机遇,以大开放助推破解生态环境历史性难题,促进环保产业产能走出去,将绿色开放合作打造成强化科技交流创新和构筑全方位开放高地的重要窗口和现实路径。同时,要突破完全或主要依赖政府治理的模式,充分发挥市场和非政府主体的重要作用,建立和理顺以政府为主导、企业为主体、社会组织和公众共同参与的环境治理体系。

推动长江经济带发展是党中央作出的重大决策,是关系国家发展全局的重大战略。近年来,市委市政府以建设长江经济带绿色发展示范区和省域副中心城市为统揽,统筹推进洞庭湖治理和长江经济带保护,"示范区"和"副中心"建设取得了实质性成效,但受江湖关系变化、人为活动等因素影响,目前仍存在水环境承载能力、水生态环境治理、环保基础配套设施建设、产业转型、体制机制建设等方面存在短板和不足。这些都需要进一步树牢保护生态环境就是保护生产力、改善生态环境就是发展生产力的理念,把生态文明建设融入经济社会发展的各个方面和全过程,着力加强规划引领,完善顶层设计;着力改善生态环境,狠抓突出问题整改;着力推动绿色转型,提高发展质量;着力创新体制机制,以最严的考核实现最好的发展,推动"示范区"和"副中心"建设同频共振,相得益彰。

第二节　营造和谐江湖生态系统

岳阳是大江大湖城市，湖南163公里长江岸线和60%以上洞庭湖水域面积都在岳阳，水资源优势突出。营造和谐江湖生态系统，是"守护好一江碧水"的重大责任使命，是推动绿色示范创建的重要工作任务，是事关区域生态安全的重要问题。

一、纵深推进水污染治理

持续推进洞庭湖水环境综合治理"五大专项行动"和长江保护与治理"七大行动"，坚持源头减排与末端治理相结合，完善水污染处理设施，加强沿江沿湖排口管理，切实削减入湖入河污染物排放量，进一步提高全国黑臭水体治理示范城市、首批海绵城市建设示范城市的成色，为打造"绿色示范"的省域副中心城市提供高质量的水环境保障。

严格治理工业污染。把严治工业污染作为水环境治理的重要抓手，把洞庭湖重点工业源排查摆在重要位置，以改善水环境质量为目标，坚持科学施策、标本兼治、铁腕治理，深入推进重点工业污染源的排查整治。完善园区污水收集配套管网，确保园区内工业废水经预处理后能达到集中处理要求，所有转移产业均执行持证排污和达标排放，实现对工业集聚区污水规模化的深度处理和重点企业的在线监控。加大重点行业结构调整和污染治理力度，依法严厉打击不落实应急减排措施行为。加强长江经济带沿江化工产业污染防治，推进距离长江岸线岳阳段、洞庭湖岸线岳阳段和湘江、资江干流岸线岳阳段1公里范围内落后产能和安全环保不达标的化工生产企业搬迁工作，引导化工生产企业通过调结构搬迁到沿江1公里范围外的合规化工园区，沿江岸线5公里范围内严禁新建、扩建化工园区、化工生产项目，严禁现有合规化工园区在沿江岸线1公里范围内靠江扩建。

严格处置城镇污水垃圾。持续推进黑臭水体治理，加强城镇生活污水处理，加大截污管网建设力度，实现源头治污、雨污分流。把污水管网建设作为洞庭湖生态治理最核心、最关键的工作来抓，强力推进污水直排口、溢流口整治和污水管网建设，进一步解决污水直排以及污水处理厂运行负荷不足的问题。在统筹布局城市生活污水管网的基础上，优化营商环境，深化"最多跑一次"改革，精简项目审批流程，加快完成市中心城区污水系统综合治理项目和临湘市水环境综合治理工程项目，全面落实绩效考核和监管机制，定期跟踪检查工程质量，确保污水管道无渗漏。强化部门审批监管联动机制，凡新建工程项目特别是房地产开发项目，从源头抓起，在土地出让、规划审批等环节，一律按照海绵城市和污水管网建设要求进行审批和监管。严格排查餐饮、医疗等场所，特别是工业园区的污水初处理预处理情况，已建的要达到排放标准，未建的要补建，其污水必须经过初处理后再排入城市污水处理系统。加强环境卫生整治，突出解决乱倒乱排、水域垃圾等问题。

严格控制农业面源污染。推广测土配方施肥、有机肥替代化肥、水肥一体化、病虫害绿色防控、农作物病虫害专业化统防统治等减肥控药技术，严格控肥、控药，做到主要农作物单位种植面积化学农药使用总量和化肥施用量实现负增长。及时回收化肥农药包装袋（瓶）、塑料软盘、部分农用塑料薄膜。进一步促进垃圾科学分类减量、无害化处理、废物循环利用。大力创新秸秆还田技术，利用秸秆生产饲料和生物质燃料，发展循环农业，彻底消除秸秆露天焚烧。按照环境保护县市区属地管理责任，建立"组巡查、村为主、乡负责、区督查"的监管模式，严格执行环水体周边牲畜禁养政策，收回水域管理权，取消对外承包水产养殖。加速畜禽养殖企业转型升级，进一步提高畜禽粪污资源化利用水平，加强畜禽养殖常态化监管。推广池塘工厂化循环水、大水面生态养殖、稻渔综合种养等多种生态健康养殖模式。落实渔业养殖污染防治常态化监管机制，进行渔业养殖结构调整，开展精养池塘生态化改造。强化农村厕所污水治理效果。

严格防控船舶污染。推进内河船型标准化，推广节能环保船型，全面推进船舶污染物上岸接收处理设施建设，建设岳阳港危化品洗舱站项目，建设6处岳阳港污染物收集点，17处岳阳港船舶污水垃圾港口接收处理设施，18处岳阳港岸电设施。定期组织辖区航运公司、码头、船舶污染物接收单位开展船舶污染防治知识培训，督促企业落实安全与防污染主体责任，全面加强船舶防污染源头管理，严查船舶污染违法行为，严格按照"零排放"规定，加强港航、环保、城管等部门协作，着力提升船舶污染物接收、转运、处置的全程监控水平。加强泊位的提质改造，推动新建码头岸电设施配套和使用，鼓励船舶靠泊优先使用岸电，促进清洁能源使用，有效减少船舶废气排放。强化重点水域监管，积极开展固废非法转移倾倒运输环节整治。禁止船舶在饮用水水源地一级保护区范围水域停泊、作业，以及在保护区范围排放有毒有害物质、船舶垃圾及船舶污水，做好水源地一级保护区内码头关停、搬迁工作，有效保障辖区长江干线饮用水源地保护区水域环境安全，着力构建和谐江湖关系。

二、持续做好水生态修复

立足"江湖一体"宏观战略，着眼"人水和谐"生态目标，统筹重要生态保护区域和生态敏感区域，统筹洞庭湖区湿地、山林、水草等生态资源，全流域同步实施湿地保护、生物多样性保护、自然保护区建设等工程，调动各方力量共同推进水生态修复。

打好长江保护修复攻坚战。全面落实长江保护法和"共抓大保护、不搞大开发"战略要求，坚持问题导向，力促长江生态环境突出问题整改，努力推动生态环境由量变向质变飞跃。一体推进水环境、水生态、水资源、水安全和岸线"四水一岸"保护修复，持续深化生态环境综合治理、源头治理、协同治理。加快实施长江岸线复绿工程，完成长江沿岸防护林建设，增加长江岸线林草覆盖，实现沿岸应绿尽绿，建成长江岸线绿化生态廊道，丰富长江岸线生态景观，打造最美长江岸线。持续推进"长江十年禁渔"，提高生态系统自我修复能力。

狠抓湿地生态修复。坚持规划引领与湿地调优相结合，构建湿地大保护机制。严厉打击侵占河湖水域岸线、围垦湖泊、填湖造地等行为，通过退田还湖、还泽、还滩、还林草等措施，实施湿地恢复重建。实施退耕还湿和驳岸生态改造工程，开展杨树迹地清理修复，治理芦苇湿地。加强湘阴洋沙湖—东湖、汨罗江、新墙河、华容东湖、平江黄金河、云溪白泥湖6个国家湿地公园建设，积极申报国际重要湿地和国家重要湿地。以保护自然、服务人民、持续发展为目标，扎实推进洞庭湖国家公园建设。

构建洞庭湖流域动态水网。加强对洞庭湖水系、湘江水系、新墙河水系、汨罗江水系、华容河水系沿岸开展绿色缓冲带建设。对沿路、沿江河湖岸100米范围内宜林地开展造林绿化和绿化提质提效，促进山体、林地等生态基底自然原貌恢复。对流经城区内的河流打造精细化的亲水绿廊，市域内的其他河流，提升涵养水源、保持水土、防风固沙等防护功能。以城市内湖内河黑臭水体整治为抓手，推进河湖连通工程。恢复洞庭湖与外河、内湖等不同水体的水力联系，构建多源互补、脉络相通的水网体系，增强水生态自我净化和自我修复能力。重点推动实现长江与洞庭湖、南湖、东风湖、吉家湖、芭蕉湖河湖连通，云溪区枫桥湖、鲁家湖、白泥湖、肖田湖水系连通，临湘市冶湖、黄盖湖与长江连通。实施松阳湖流域水环境综合治理工程，推动东风湖流域生态治理提质升级，打造长江经济带绿色发展的示范样板。

维护洞庭湖流域生物多样性。加强自然保护地体系建设，完成自然保护地整合优化和勘界立碑，建设"智慧保护地"监控系统，提升保护地有效管理能力。优化自然保护区林地、湿地等景观结构，加强外来物种监测和防控，维护区域生物多样性。以国家级、省级自然保护区为重点，建立野生动植物及其栖息地保护网络，实施江豚、麋鹿等珍稀动物栖息地生态修复和保护工程，建设麋鹿安全通道与避难所及越冬候鸟食源补给地，开展野生植物极小种群就地保护，提升环境质量。深入推进长江流域重点水域禁捕退捕工作，加强水产种质资源保护，在适宜区域建设相应物种的监测站、增殖站和救护站，建设必要的集鱼护鱼设施，提升管护能力。重点加强东洞庭湖、湘阴横岭湖、临湘黄盖湖、华容集成麋鹿、华容集成长江故道江豚、平江幕阜山等国家级、省级自然保护区管理和保护，加强东洞庭湖鲤鲫黄颡鱼、东洞庭湖中国圆田螺、洞庭湖口铜鱼短颌鲚、汨罗江河口段鳡、汨罗江平江段斑鳜黄颡鱼、南洞庭湖大口鲶青虾中华鳖等国家级水产种质资源保护区建设。对接湖北荆州，开通岳阳—荆州麋鹿生态廊道。利用互通水系，开辟水生生物通道。积极争取长江水利委员会珍稀濒危物种拯救行动计划，提高洞庭湖区野生动植物种群数量。持续开展水生生物增殖放流，开展生物多样性调查、观测和评估，完善野生动植物档案。

三、推动水资源有效合理利用

落实最严格的水资源管理，持续加强水源地特别是饮用水源地保护和建设，优化水资源配置，建设节水型社会，建立健全防洪减灾体系，确保水资源有效保护、合理利用。

优化水资源配置。编制岳阳市水资源配置规划，开展水量分配工作，对市级行政区域涉及跨县市区的汨罗江、新墙河编制水量分配方案，科学配置水资源，做好水资源保障。开展市管主要河湖生态流量保障目标确定工作，对39个控制断面的生态流量保障目标进行研究、分析、确定。落实地表水许可水量10万立方米以上，地下水许可水量5万立方米以上的非农取水口新建或改建在线监测计量设施。坚决清零无证取水、杜绝超许可取水。科学合理推进取水许可审批和计划用水规范管理。

加强饮用水水源地保护。深入贯彻落实《湖南省饮用水水源保护条例》等法律法规，实施岳阳市铁山水库、临湘市龙源水库、华容长江、汨罗市兰家洞—向家洞等20处县级以上地表水集中式饮用水水源地保护工程，开展县级以下集中式饮用水水源保护区违规建设项目清理整治，推进重要饮用水水源地安全保障达标建设。组织水源地管理单位从水量达标建设情况、水质达标建设情况、安全监控体系达标建设情况、管理体系达标建设情况等方面定期开展饮用水水源地安全保障达标建设评估。建立健全水源风险评估和水质预警预报系统。加快推进《岳阳市铁山水库饮用水水源保护条例》的出台，为做好铁山水库饮用水水源保护提供强有力的法律保障。利用"世界水日、中国水周"等活动，走进社区、学校、单位、乡村、饮用水水源地等地方开展水资源保护的宣传及宣讲活动，并通过电视、报纸、网络自媒体等途径多方位多手段进行水资源保护宣传，不断提高群众的水资源保护意识，巩固提升饮用水安全保障水平。

推进节水型社会建设。大力发展节水减排农业。加快农业节水设施建设，优化调整产业布局。建成与水土资源条件和现代农业发展要求相适应的节水灌溉体系。严格执行水资源开发利用控制红线、用水效率控制红线和水功能区限制纳污红线，农业灌溉用水达到农田灌溉水质标准。全面整修农村山塘、水坝、水渠。因地制宜推广高效节水技术，在洞庭湖地区重点推广水稻"控灌中蓄"节水技术。在易发生水土流失地区，合理安排耕作和栽培制度，提高天然降水利用率。分产业推广节水技术。水稻、油菜等作物普及推广"控灌中蓄"节水灌溉技术，示范推广高产耐旱型水稻品种。经济作物配套完善节水补灌设备。持续推进工业节水。重点强化火电、石油及化工、造纸、冶金、纺织、建材、食品机械行业节水。确定行业用水定额、节水标准，推广循环冷却水处理技术、直流水改循环水、空冷、污水回用、凝结式回用技术等节水工艺和水处理的在线监控技术。强化企业内部用水管理，创建节水示范企业，及时总结和推广节水企业的先进经验，开展节水技术推介和交流活动。定期对华能、巴陵石化、岳纸、科伦制药等高耗水企业进行监测，推动企业创建节水载体。全面做好生活节水。提高公众节水意识，完善分质供水、居民用水梯级水价、非居民用水超额加收费措施，提高用水效率。推广应用节水型器具。提倡中水、污水再生利用，逐步优化城市供水系统与配水管网，降低输配水管网漏失率，建立城市再生水利用的管网系统和集中处理厂出水、单体建筑中水、居民小区中水相结合的再生水利用体系。做好县域节水型社会达标建设。

建立健全防洪减灾体系。健全市级领导和市直单位包县、县级领导包堤垸、县直部门包乡镇、乡镇包村、村支两委包堤段的"五包"防汛责任制。扎实推进三大垸蓄洪安全建设、洞庭湖北部补水、重点区域排涝能力建设、铁山灌区续建配套、岳阳县水系连通等重大水利工程建设；持续推进长江干流堤防提质改造，长江岸线崩岸滑坡治理，降低防洪保护区溃垸风险，筑牢防洪保安工程屏障。落实水库、堤防、涵闸及山洪灾害防守措施，充分发挥气象、水文、水利等部门观风测雨的重要作用，用好用活现代信息手段，对天气趋势和汛情变化实行24小时监测，进一步提高预测预警的及时性、精准性和预见性。

四、全面统筹洞庭湖流域森林、土壤、大气等生态要素

严格遵循生命共同体理念，统筹推进山水林田湖草沙一体化保护修复，重点深入实施森林、土壤、大气污染防治行动，着力改善生态环境质量，提升生态环境治理现代化水平，让良好生态环境成为人民生活质量的增长点和展现城市良好形象的发力点。

加强生态保护红线管理。依据主体功能区、生态功能区定位和发展阶段差异，优化森林、草地、湿地、河湖、农田等各类生态系统控制红线，分区域确定标准，分级治理，严格保护比例和管理层级。对福寿山、幕阜山、大云山、汨罗江等森林公园、风景名胜区，严格控制人工景观建设，禁止毁林开荒、采石、采砂、取土、开矿、放牧等行为，开展服务业活动应依据资源状况和环境容量，不对生物资源、景观资源造成损害。要制止、查处开垦湿地洲滩、非法采砂、非法狩猎、非法捕捞、违规垂钓等行为。

统筹沿江森林保护和修复。全面落实天然林资源管护，推进国土绿化和封山育林，加强受损山体修复和低效林改造工作，实施森林抚育和森林质量精准提升工程，增强森林生态系统综合服务功能，积极创建国家森林城市。完善林业改革创新制度，积极探索林长制改革。采取人工造林、封山育林、幼林抚育、低质低效林改造等方式，加快长江防护林体系建设。对国家级、省级公益林和天然林实施封禁性保护、补偿和生态性培育，停止天然林商业性采伐。

挂牌保护古树名木，建设古树名木主题公园。提质扩建岳阳森林生态博览园，建设岳阳城市植物园，提质改造汨罗林业生态科技示范园。对铁山库区等区域马尾松纯林进行改造，增强水源涵养、水土保持和抗病虫灾害功能。开展大规模国土绿化，推动在岩石裸露区、采矿区、废弃矿场、砂场等难造林地植树绿化，提高乡村绿化水平。

统筹流域土壤治理。深入开展土壤环境质量调查，健全土壤环境质量监测网络，重点掌握农用地、饮用水水源地、重点行业企业用地等敏感用地土壤环境质量变化趋势。强化未污染土壤保护，加强未利用地环境管理，严控新增土壤污染。实行土壤环境重点监管企业名单管理，定期开展土壤环境质量监测，加强环境监察执法。科学划定土壤污染地块，实施开发利用负面清单管理。规范工业废物处理处置活动，完善防扬散、防流失、防渗漏等设施。有序开展土壤污染治理与修复，根据耕地土壤污染程度、环境风险及其影响范围，重点在耕地重金属中轻度污染集中区域开展治理与修复，改善区域土壤环境质量。以受污染耕地及拟开发建设居住、商业、学校、医疗、养老机构和公共服务设施等项目的污染地块为重点，强化土壤污染治理和修复，重点推动中心城区已内酰胺退出区域土壤污染治理和临湘工业园滨江园区退出化工企业区域污染地块综合治理与修复。推动农村生活垃圾收转运设施基本覆盖并稳定运行，大力推行用养结合的耕作模式，在农作物低产低效低质区推行合理的轮作、间作，采取生物修复、置换耕作层等治理方法，做好土壤中重金属的清除工作，修复治理污染耕地。

统筹流域大气治理。加快推进有机化工、工业涂装、沥青搅拌等行业企业发挥性有机物（VOCs）治理，加大餐饮油烟治理力度。强化移动源污染防治，大力发展绿色公共交通，减少机动车尾气排放，加快淘汰老旧柴油货车。加大燃煤小锅炉淘汰力度，加快淘汰不达标工业炉窑，鼓励工业炉窑使用电、天然气等清洁能源或由周边热电厂供热。加强扬尘综合治理，严格施工扬尘和道路扬尘监管，做到工地周边围挡、物料堆放覆盖、土方开挖湿法作业、路面硬化、出入车辆清洗、渣土车辆密闭运输"六个100%"，大力推进道路清扫保洁机械化作业，提高道路机械化清扫率。加强大气污染和噪声污染治理，落实县级及以上城市建成区全面禁放烟花爆竹规定。加强重污染天气应对，推进大气污染防治联防联控，打好重污染天气消除攻坚战。

第三节　培育绿色发展"新动能"

发展绿色低碳经济，不仅能够满足我们日益增长的优美生态环境需要，还能够积聚新的发展动能，推动实现更高质量、更可持续的发展。近年来，岳阳紧扣绿色低碳循环方向，加快产业结构调整，持续推进资源高效节约集约利用，生态文明建设取得了一定成效，但仍存在绿色产业体系不够优化、资源能源综合利用率偏低、循环经济体系尚未建立等问题，整体水平有待进一步提高。后半阶段要以建设长江经济带绿色发展示范区为契机，点燃创新引擎，发展绿色产业、攻关绿色技术、激活绿色要素，进一步培育绿色经济发展新动能，加快实现高质量发展。

一、强化理念创新，构建绿色产业体系

将绿色发展理念贯穿于产业发展始终，不断推动发展现代化、生产过程清洁化、产品流通绿色化，着力构建有利于资源高效利用、产业低碳发展的生态经济体系，使产业从价值链的低端向中高端升级迈进。

升级传统产业。绿色发展道路，对于传统产业来说既是约束也是机遇。政府要加强引导把控，推动传统企业向创新驱动、高

端高新、质量品牌、融合发展、现代管理等方面转型升级，实现裂变扩张、提能升级。一是调整完善准入门槛。参考国家现行单位产品能耗限额标准确定的准入值和限定值，科学划定各行业能效基准水平。严把新上项目的碳排放关，对化工、建材、纺织和造纸等行业各类污水、废气等制定统一排放标准，建立统一完善的环境风险三级防控体系，规范风险防范及应急设施建设。加强污染治理和环保督查，重点推进沿江化工企业搬迁改造，加快淘汰高能耗、高污染、低效率的企业。二是引导企业技改升级。把技术改造作为重要抓手，进一步加大技改投入，建立重点企业技改项目库，推动化工、造纸、食品等重点行业和重点领域开展绿色化改造，鼓励引进先进的绿色生产设备，采用环保工艺流程，扩大绿色生产的规模。三是推进企业融合发展。推进传统优势企业与智能技术、生产性服务业融合发展，支持企业外引内联、兼并重组、战略合作，从而向创新驱动、高端高新、质量品牌、融合发展、现代管理等方面转型升级，实现更多"老树开新花"。

培育新兴产业。新兴产业指基于重大发现和发明而产生的将改变人类社会生产方式和生活方式的新产品，以及由此产生的新的产业群，由于往往处于技术尚不完全成熟、产业垄断尚未形成、商业模式尚存在不确定性的阶段，可以作为推动经济增长，实现"弯道超车"的新兴力量。因此，要抢抓新一轮科技革命和产业变革机遇，优先发展一批市场容量大、前景好、附加值高、节能环保、基础条件充分的产业。大力培育资源循环利用、清洁能源、节能环保等绿色低碳产业，重点围绕人工智能、生物技术、新能源汽车、高端装备等领域，引进、培育、扶持一批新项目，以点突破带动新兴产业整体跃升。把握产业变革和技术革命趋势，前瞻布局高端工业软件、光子芯片与器件、量子通信、前沿新材料、类脑智能、元宇宙等未来产业。着力打造新型电力和新能源装备、工程机械、物联网、生物医药等先进制造业集群，助推互联网、大数据、人工智能、物联网与制造业融合发展，推动制造业向数字化、网络化、智能化、绿色化转型。支持开发氢能、太阳能、风能、地热等特色资源发电和综合利用项目，提高洁净煤、石油焦、天然气等清洁能源消费比重。大力发展林业碳汇、农业碳汇、渔业碳汇、滩涂碳汇等产业，完善和延伸产业链，持续增强自然生态系统固碳能力。

壮大绿色产业。一是发展绿色农业。充分利用计算机与网络技术、物联网技术、音视频技术、3S等现代化信息技术，实现农业可视化远程诊断、远程控制、灾变预警等智能管理，实现农业精细化、高效化与绿色化，保障农产品安全、农业竞争力提升和农业可持续发展。大力发展生物农业，注重培育推广营养、健康、优质的农产品，健全绿色农产品检验检测体系。深化与电视、报刊等传统媒体和抖音、快手、小红书等新媒体平台的合作，加强宣传引导，打造推广一批绿色农业品牌。二是发展绿色工业，开展循环经济示范试点工作、工业节能示范试点工作，促进绿色工业的转型和发展。三是发展绿色建筑业。完善和落实国家、湖南省对绿色建筑评价标准、绿色施工评价标准、绿色建筑工程验收标准，推进绿色物业运营管理，积极开展绿色建筑星级评定。推广绿色建造方式，鼓励推广新型墙体材料和集中制冷供暖系统、使用散装水泥、预拌混凝土等节能材料和技术。鼓励建设单位提供产业化装修一次到位的成品房，提高建筑资源利用效率。四是发展绿色服务业。加快餐饮、住宿行业的污染治理和垃圾利用，鼓励采用节能、节水、节材和有利于环境保护的产品，限制一次性用品的使用。推进餐厨垃圾资源化利用，发展相关企业对其进行规模化有序回收，推进收集、运输流程GPS跟踪和处置全过程监管。充分挖掘生态旅游资源，打造生态文化旅游、生态休闲旅游线路。建设节能环保的景区设施，完善生态旅游公共服务体系，建设绿色交通线路、生态停车场、绿色饭店等。

二、推动技术创新，发展绿色循环经济

通过绿色技术创新，实现经济发展与自然环境和谐共生，形成倡导资源循环再生性、节约使用不可再生资源、寻求可再生资源的生产生活方式。

深入推进碳达峰行动。扎实推进绿色低碳科技创新行动，制定科技支撑碳达峰碳中和行动方案，设立碳达峰碳中和关键技术研究与示范等重点专项。将绿色低碳技术创新成果纳入高等学校、科研单位、国有企业有关绩效考核，支持企业承担国家绿色低碳重大科技项目，鼓励设施、数据等资源开放共享，采取"揭榜挂帅"机制，开展低碳零碳负碳关键核心技术攻关。探索建立绿色技术交易中心，加快创新成果转化，加强绿色低碳技术和产品知识产权保护。

推动绿色技术革命。积极扶持应用绿色科技的产业，帮助推广普及高能源利用率、无公害的现代化生产技术；加大力度对研究与试验经费的投入，灵活地调整税收政策，为相关的绿色产业发展提供宽松的税收环境，以促进其可持续发展。对综合园区的发展走

向进行科学合理的规划，对园区发展的不同阶段有明确的目标设置与指标设定，以园区的绿色产业发展带动周边城镇建设、工业配套的发展，以技术为支撑，提升资源的利用效率，减少废气、废渣的排放，推动资源节约型、环境友好型生产园区的建设。强化公众教育，推动社会资金参与到绿色产业的发展中去，构建以企业为创新主体、以市场需求为导向、产学研结合的创业体系。

发展绿色循环经济。按照减量化、再利用、资源化原则，在资源开采、生产消耗、废物产生、消费等环节，逐步建立全社会的资源循环利用体系。大力开展循环经济示范城市创建活动，加强园区循环化改造，构建企业内、企业间、园区内的能源循环利用链。推进农业生产节能，探索种养结合、生态养殖、废弃物资源化利用等生态循环农业模式。加强固体废物治理与资源化利用，推进岳阳静脉产业园、汨罗大宗固体废弃物资源综合利用基地建设，实现城市固体废物减量化、无害化、资源化处理，打造国家级城市废弃物资源化产业聚集区。大力推动生活垃圾分类工作，完善城乡垃圾收集转运体系，建立"户分类、组保洁、村收集、镇转运、县处理"垃圾一体化处理模式。在节能环保、清洁生产、清洁能源领域积极培育壮大一批绿色产业龙头企业，提高绿色产业集聚度和综合竞争力，支持汨罗循环经济产业园、绿色化工产业园创建绿色产业示范基地。

三、聚焦要素创新，激发绿色发展活力

有效激发绿色发展活力，充分认识科技、资本、文化和制度的性质和特点，使之互相融合、有机结合、形成合力，共同推动绿色发展。

加大财政支持。落实中央和省级土地、节能、节水、环境保护、资源综合利用等税收优惠政策,创新贷款贴息、补助和奖励等方式,加大对绿色制造重点领域技术创新和技术改造的支持。建立地方绿色发展项目信息平台,支持符合条件的绿色发展项目优先申报国家中央预算内资金。针对目前资金渠道分散、标准偏低、统筹程度不高等问题,发挥中央、地方财政资金的引导带动作用,加大对中小民营企业的政策支持,积极引入金融信贷、股权投资等形式的社会资金。研究设立绿色产业发展专项资金,着力支持绿色产品成果转化、应用示范和平台建设,重点研究出台支持节能与新能源汽车、绿色建筑、新能源与可再生能源产品等绿色消费信贷的相关政策。加大政府绿色采购力度,营造良好的营商环境,切实降低企业税费负担和能源、资金等要素成本,加大对共性技术、基础材料研发,以及人力资源培训等支持力度,为企业创新提供优质高效务实的服务。建立健全绿色产品品牌保护机制,加大对绿色专题、绿色产品商标等知识产权的保护力度。

强化人才支撑。突出技术创新需求,加强低碳环保新兴产业、传统产业转型等科技创新人才队伍建设,依托重大科技平台加强产学研交融协同和人才培养。通过推荐企业加入企业联盟、专业新技术培训、高技术人才招聘等方式加大政府对企业技术指导,为企业建立或打通与市场信息、技术人才之间的沟通渠道。借助"四海揽才"等人才引进平台,结合绿色技术创新、应用、推广和产业发展要求,加快培养既懂政策又懂业务、既有国内市场经验又兼具国际市场眼光的经营管理人才。

创新金融服务。建立健全绿色低碳投融资体系,加大节能环保、碳达峰碳中和、新能源等领域投融资支持力度。支持政府投资基金布局绿色低碳领域，鼓励通过市场化手段设立绿色低碳发展基金。鼓励金融机构创新符合绿色经济发展特点的金融产品，开发面向绿色技术研发、推广的信贷产品和服务，将绿色技术及产品的知识产权、特许经营权、环境合同服务权等广泛纳入担保范围。

倡导低碳生活。全面开展生态文化建设，强化公众生态保护意识。支持有条件的县市区创建零碳示范区，全面开展"光盘行动""节约型机关""绿色学校""绿色社区"等创建活动，倡导绿色思维、绿色行为、绿色习惯。开展多层次、多形式的生态文明宣传教育活动，扎实推进环保创建活动，加强生态工艺广告宣传。推广绿色照明、高效家电等新技术、新产品，推动居民消费绿色升级。建立节能低碳产品信息发布和宣传平台，政府率先示范并引导消费者优先采购绿色低碳产品。推广交通和闲置物品的共享新模式，提高耐用消费品和可回收物品的利用率。

第四节　推动生态产品价值实现

习近平总书记在全面推动长江经济带发展座谈会上指出："要加快建立生态产品价值实现机制，让保护修复生态环境获得合理回报，让破坏生态环境付出相应代价"。岳阳生态资源非常丰富，积极探索生态产品价值实现途径，加快打通"绿水青山"和"金山银山"双向转化通道，对于彰显岳阳特色、发挥岳阳优势、促进岳阳发展、造福岳阳人民具有十分重要的意义。必须坚持以产业生态化和生态产业化为主体，积极探索生态产品价值实现机制，推动生态优势转变为现实价值。

一、丰富生态产品供给

坚持以绿色发展为引领，有效利用生态之源、生态之美、生态之功，发展生态农业、生态旅游、生态服务等新业态，积极培育绿色生态产业新引擎，实现发展与生态、富裕与美丽的双赢。

大力拓展生态农业。以农业产业化特色小镇建设为抓手，大力提升生态农业发展水平。突出地域特色，划定特色产业带，重点打造"一县一业""一乡一园""一村一品"的生态农业新格局，重点推进黄茶、虾蟹、芥菜、竹器、甜酒、豆干、辣椒、栀子等特色产业，力争到2025年，全市建设省级特色农业小镇20个，争创国家级农业强镇5个和省级农业强镇10个，实现特色小镇产业产值、利润、税收逐年增加。要围绕省政府"百企"工程，重点帮扶20家省级以上龙头企业，推动农产品加工业提质升级，打造资源整合能力强、综合实力优的现代农业联合体。要进一步深化大美湖区优质农产品供应基地的打造，制定目标任务、完善配套政策、健全规划实施、优化产业布局，努力推进全市农业农村高质量发展。

大力扩展生态旅游。充分发挥岳阳"江、湖、楼、岛、山、镇、村"等资源优势，加强旅游业态创新和项目策划，集中推出以"大江大湖"为背景的山水生态旅游品牌，打造长江中游重要的度假休闲旅游目的地。着力开发多条精品生态旅游线路，即以三江口为中心，西向华容、东向临湘，环湖沿江建设绿色走廊，加强沿江沿湖景观改造，形成以岳阳楼、君山湿地公园为核心，沿江景区为点缀，桃花山、天井山、五尖山、龙窖山等为支撑的沿江环湖休闲旅游线路；加强汨罗江沿岸滨水风景带建设，整合流域"红色、蓝色、绿色"资源，形成以屈子文化园、汨罗江百里画廊、幕阜山风景区为一线的高品质旅游线路；加强新墙河沿线乡村民俗风景点建设，打造以南湖为起点，张谷英村为支撑，铁山水库、大云山为目的地的乡村民俗民宿旅游线路；沿G240线建设乡味长廊，结合农村人居环境整治，塑造沿线特色风貌，以南湖观景、黄沙街品茶、长乐镇喝甜酒、屈子祠吃粽子、樟树港尝辣椒、鹤龙湖吃螃蟹等将观光休闲美食串联整合，形成农旅融合、文旅融合、工旅融合的岳阳品牌。通过串点成线、以线带面，激活岳阳全域旅游，将旅游业发展成为我市战略性支柱产业。要谋划推进长江国家文化公园（岳阳段）建设，统筹抓好洞庭湖国家级旅游度假区、君山全域旅游示范区、"守护好一江碧水"首倡地国家4A级景区，以及平江国家全域旅游示范区创建，进一步增强文旅资源要素的集聚与辐射能力。

大力延展生态服务。精准提炼岳阳地域文化精髓，挖掘文化内涵，通过影视、戏剧、小说、诗歌和各类研讨活动等传播形式，促进岳阳生态文化服务输出，彰显岳阳"文化+"的独特魅力。加强伟人、名人纪念堂馆建设，积极创建国家爱国主义教育基地；充分利用岳阳特有的山水田园资源和厚重的历史人文资源，加强与全国文联、作协、诗联、音协、美协等文化团体的协作联系，建立各类创作采风、教育培训基地；充分发挥生态资源的科研价值，创建亚洲最大的湿地生态科普基地和相关生态物种科研基地。大力发展康养产业，以"医、养、游、药、食、健"为重点，在健康养老、森林康养等方面形成特色，打造拳头产品，力争成功创建国家级健康产业发展示范基地。以美丽山水为依托，加快体育新城建设，组织举办国际性的马拉松赛事、自行车赛事、汽车拉力赛事、摩托艇赛事、龙舟赛事、滑翔赛事、定向越野赛事、徒步大会等。充分发挥洞庭湖国际观鸟节平台作用，加快推进"国际观鸟村"、国家生态文明教育基地建设，"打造中国观鸟之都"。

大力发展生态工业。让美好生态成为"经济要素"，充分利用岳阳空气清新、水源洁净的优势，建设环境依赖性强的高科精密产业园，大力引进环境污染小、产业价值高的生物制药、电子信息、精密仪器制造等企业落户岳阳，采取"飞地经济"等形式，以优质生态吸引生态依赖性产业入驻，促进形成生态利用型的产业集群，不断优化岳阳产业结构，放大生态产品价值。同时，岳阳民间有大量种植茱萸、平术、百合、黄精等中药材的习惯，通常以原材料或半成品进行收购销售，可以通过引进培植科技研发团队，开展生物提纯和下游产品开发，实现产品附加值提升和产业链延伸。重点深度挖掘龙窖山"江南药库""药姑山"等地的发展潜力，动员当地居民或中草药企业开展野生赤芝、黄精、蕲蛇、蛤蚧等药用动植物种养、加工项目。

二、构建生态转化机制

探索建立生态产品价值实现、绿色发展考核评价、生态产品保护补偿及生态环境损害赔偿机制，积极打造"双碳"综合服务平台，通过资本赋能和市场化运作，推动生态资源变现。

完善自然资源统一确权登记制度。科学合理确定生态产品的所有者权益，加快构建生态产品产权归属清晰、保护权和开发权明确的产权制度。健全生态资产确权登记制度规范，逐步完成对全市水流、森林、山岭、荒地、滩涂等自然资源资产的确权、登记和颁证，明晰自然资源资产所有权及其主体，厘清生态产品产权主体，划清所有权和使用权边界。丰富生态资产使用权类型，合理界定出让、转让、出租、抵押、入股等权责归属，在坚持生态保护优先的原则下，鼓励个人、集体和企业等通过缴费、租赁、置换、赎买等方式取得生态空间的使用权、配额或特许经营权，投资生态产品的供给，搞活生态产品市场。

构建生态评估核算体系。由统计部门牵头，会同自然资源、水利、林业、海事、农业农村、生态环境、文化旅游等部门，对全市生态资源进行全面调查摸底，对森林、湖泊、河流、湿地、农田等自然资源存量及增减变化进行分类评估，完善生态资产和生态产品目录清单，建立生态产品数据库。科学评估各类生态产品的潜在价值量，对包括生态用地、水资源、林木资源在内的自然资源价值和生态系统产品供给、调节及文化服务价值进行评估，构建由生态资源价值、生态产品价值、生态服务价值构成的生态价值评估指标体系。重点建设生态资产、生态产品核算和监测的生态云大数据综合平台，开展森林、耕地、湿地、河湖等生态资产及相应生态产品的定期调查、核算和发布，夯实生态产品价值实现的数据基础。

推进资源环境权益交易。加快建立自然资源权能体系，积极培育区域之间、企业之间的用能权、用水权、碳排放权、排污权、林权等市场交易体系，完善交易指标分配机制、交易项目注册和账户管理方法、交易跟踪和核算管理系统、交易工具签发和交易周期设计、交易规则设计等技术操作机制，健全配额计算与统计方法、第三方机构认证方法、奖惩机制、管理模式优化等服务支撑机制，落实国家碳排放权交易政策，积极参与全国碳市场建设，探索开发森林碳汇、湿地碳汇项目，着力提高生态产品价值的市场化实现程度。有序推进生态环境损害赔偿制度改革，建立覆盖所有固定污染源的企业排放许可制度，全面推进主要污染物排污指标有偿使用和交易制度。

健全生态补偿机制。近年来，岳阳先后开展了野生动物致害损失补偿试点、实施了退耕还湿项目建设、完善了市级公益林保护工作、开展了禁捕退捕生态补偿、完成了流域横向生态补偿基础工作。但仍存在生态补偿辐射面小、标准偏低、杠杆作用发挥不大的问题。要在总结现有生态补偿政策执行情况的基础上，依托科学技术的支撑，制定资源环境价值评价体系、生态环境保护标准体系，自然资源和生态环境统计监测指标体系等，推行生态补偿量化考核评价。要把握洞庭湖生态经济圈、长江经济带建设等国家战略，主动配合省委省政府和长江流域其他省市，将东洞庭湖自然保护区、长江流域（岳阳段）纳入国家试点范围，争取连贯、稳定的国家级生态补偿项目资金。要加强对县市区之间，岳阳与长沙市之间横向生态补偿资金统筹，试行横向生态补偿资金纵向管理，确保每年度补偿资金拨付到位。要以生态补偿效益为导向，将东洞庭湖国家级自然保护区、铁山水源地保护区、长江沿线、洞庭湖周边及湘江、汨罗江流域等，确定重点领域生态示范点，制定公益林差别化补偿标准，实行分级分类差异化补偿。积极引导社会资本参与生态建设投资，拓宽生态补偿市场化、社会化运作渠道。

三、推进生态市场对接

要通过市场化运作方式，让"好生态"直面"大市场"，在更广阔的市场中实现更高的市场价值。

构建生态标准体系。建设统一的生态产品标准、认证、标识体系，实施统一的生态产品评价标准清单和认证目录，出台生态精品农业、公共区域品牌、农村电商运营管理等地方标准体系。同时进一步健全生态产品认证有效性评估与监督机制，加强对已认证企业的信贷、技术、销售网络等的支持力度，建立企业的准入机制和退出机制。重点围绕核心品牌，引导行业协会、示范企业积极参与标准制定。对标国际先进标准，组织一批生态产品和生态服务质量标准提升示范项目。

全面提升产品附加值。大力实施品牌战略，创立覆盖全区域、全品类、全产业的市级区域公用品牌"垄上岳阳""岳阳美食""巴陵山水"。在公用品牌之下，统筹全市各类农副产品、旅游线路品牌，建立全产业链一体化公共服务体系，不断提升生态产品价值。按照"三化一体"（标准化原料基地、集约化加工园区、体系化物流配送和营销体系）思路，实行规模化种植、标准化生产、品牌化销售，加强"三品一标"农产品认证保护和特色农产品优势区创建，用品牌化倒逼生态化、产业化、标准化，推动优势农业资源转化为产品品质资源，进一步提升农产品供给质量和品牌影响力。其中重点培育平江酱干、平江辣条、岳阳黄茶、临湘黑茶、华容芥菜、临湘浮标、湘阴樟树港辣椒、汨罗粽子、岳阳小龙虾、岳阳王鸽、鹤龙湖和白泥湖螃蟹等产业品牌，"山润""道道全""长康""劲仔"等企业品牌。要不断延伸文化服务产品价值，打造区域性农耕生态文化品牌，推动生态文化创意产品设计、制作、展示、销售、服务环节全方位升级。要积极推进绿色食品和有机地理标志农产品认证，逐步提高区域绿色优质农产品认证比例，并做好认证产品标准化生产推广工作。

积极创新产品营销模式。建立健全农业产业化服务体系，为全市农业产业提供产前、产中、产后全过程服务。以田园牧歌农业服务公司等为重点，建设好一体化全程式农业综合服务体系。依托中粮城陵矶产业园、海吉星冷链及农产品物流园和汨罗、湘阴、华容等冷链物流基地，建设好农产品物流体系。整合构建电商、微商融合的营销体系和品牌推介平台，发挥经开区"国家电子商务示范基地"等平台优势和岳阳名优特农产品信息网作用，引导、支持各县市区和电商企业聚焦特色产业、特色产品，探索推进农产品上行的方式途径，通过全网销售扩大我市绿色农产品在全国的辐射面、覆盖面。进一步鼓励引导和支持大学生村官、农村返乡青年、未就业大学生、农村致富带头人和专业大户、农产品经销商、农产品生产加工营销企业开设网店。同时加强信息技术与旅游产业的结合，运用大数据精准分析定位目标客源，通过自媒体宣传等促进营销，发展数字化、智慧化全域旅游。

四、强化生态政策保障

推动生态产品价值实现是一项系统工程，需要加强配套支持，进一步完善相关政策支持和保障体系。

强化生态环境法治保障。在落实国家、省相关法律法规的基础上，勇于先行先试，织密织牢生态环境保护的法治网络，构筑生态环境保护的"四梁八柱"，既守住发展底线，又守住生态红线。加快出台《岳阳市大气污染防治条例》《长江洞庭湖岸线保护条例》等地方性法规和配套制度。加强法律法规的执行和落实，用最严格制度最严密法治保护生态环境。

发展绿色金融。健全主要污染物排污权、水权、林权等抵质押融资模式，推进绿色消费、科技研发、生态农业等领域的绿色信贷产品创新，鼓励开展绿色金融资产证券化。拓宽绿色产业融资渠道，重点围绕生态农产品供给、生态旅游、文化创意产业等绿色项目，引导符合条件的企业发行绿色债券。有序发展绿色保险，探索绿色企业贷款保证保险，健全环境损害赔偿机制，创新生态环境责任类保险产品。建立健全绿色信用评价体系，发展绿色金融信息共享机制,将生态保护、污染排放、节能减排等情况纳入企业征信系统。

积极向上争取政策利好。争取国家长江经济带绿色发展专项基金加大对岳阳的支持力度,推动生态产品价值实现模式创新和成果应用示范。争取省政府统筹建立流域生态共建基金,共同合作提升水源涵养和水质保障能力。积极争取中央和省预算内资金,加大对岳阳综合交通、沿江沿湖绿道、康养小镇、高等级景区建设等重点项目支持力度,引导信贷资金重点投向岳阳绿色经济重点项目、示范企业,以及公共服务平台。

着力构建生态考核体系。探索推进GEP(生态系统生产总值)或绿色GDP核算,加强完善生态系统产品价值、生态调节服务功能、生态文化服务价值、环境退化价值、资源消耗价值等主要统计指标体系建设。进一步完善生态文明建设考核评价体系和评价方式,逐步加大生态文明建设考核在政府绩效考核体系中的权重,注重考核反映自然资源资产结构和质量变化、利用水平、可持续发展能力等内容的代表性指标,尝试将GEP或绿色GDP纳入考核体系。通过编制自然资源资产负债表,开展领导干部自然资源资产离任审计,客观评价领导干部在自然资源资产管理、保值增值方面的履职情况。建立完善的现代化生态环境监测体系,强化生态保护监管,严密防控环境风险。

第八章
打造"人民共富"的省域副中心城市

　　牢固树立以人民为中心的思想，坚持发展为了人民、发展依靠人民、发展成果由人民共享，实施就业优先战略，促进教育均衡发展，织密社会保障网络，健全养老服务体系，将"人民共富"的省域副中心城市建设得更有温度、更有质感。

第一节 人民共富是省域副中心城市建设的根本目的

习近平总书记指出："我们推动经济社会发展，归根结底是要实现全体人民共同富裕。""我们说的共同富裕是全体人民共同富裕，是人民群众物质生活和精神生活都富裕，不是少数人的富裕，也不是整齐划一的平均主义。"习近平总书记这些重要论述，为人民共富的省域副中心城市建设提供了根本遵循。近几年来，岳阳市委市政府坚持以习近平新时代中国特色社会主义思想为指导，认真贯彻落实中央、省委各项决策部署，岳阳经济社会发展取得辉煌成就，为加快建设省域副中心城市奠定了坚实的基础。但我们也要看到，一切向前走得再远，也不能忘记为什么出发。我们建设省域副中心城市的出发点和落脚点还是实现人民对美好生活的向往，实现全体岳阳人民的共同富裕。

一、党的领导决定了建设省域副中心城市必须实现人民共富

人民共富就是全体人民共同富裕。党的十九届六中全会通过的《中共中央关于党的百年奋斗重大成就和历史经验的决议》中，用

"十个明确"对习近平新时代中国特色社会主义思想的核心内容进行了系统概括。《决议》指出:"明确中国特色社会主义最本质的特征是中国共产党领导,中国特色社会主义制度的最大优势是中国共产党领导。"中国共产党是中国工人阶级的先锋队,同时是中国人民和中华民族的先锋队。中国共产党的宗旨是全心全意为人民服务。中国共产党的性质和宗旨,决定了党在任何时候都要把群众利益放在第一位,为实现最广大人民的根本利益而不懈奋斗。建设省域副中心城市,就是要实现岳阳最广大人民的根本利益,就是要实现人民共富。

人民共富是党一以贯之的追求目标。根据马克思、恩格斯的设想,未来社会的"生产将以所有的人富裕为目的","所有人共同享受大家创造出来的福利",共同富裕是马克思主义的基本目标。中国共产党继承和发展了马克思主义,自诞生之日起就将共同富裕作为奋斗目标。新中国成立后,毛泽东在社会主义制度设计和建设中始终坚持走共同富裕道路。社会主义"是可以一年一年走向更富更强的,一年一年可以看到更富更强些。而这个富,是共同的富,这个强,是共同的强,大家都有份"。邓小平同志强调:"社会主义最大的优越性就是共同富裕,这是体现社会主义本质的一个东西。"江泽民、胡锦涛同志也始终坚持和发展了我们党共同富裕思想。以习近平同志为核心的党中央站在历史和时代发展的战略高度,准确把握党和国家事业发展的历史方位,围绕稳步促进全体人民共同富裕进行了一系列理论创新和实践创造,为新时代党带领人民群众实现共同富裕提供了科学指南与根本遵循。显而易见,人民共富是我们党一以贯之的追求。

　　人民共富是党初心使命的集中体现。中国共产党自成立之初起就将为中国人民谋幸福、为中华民族谋复兴确定为自己的初心和使命。我们党在波澜壮阔的百年奋斗中，无论是在新民主主义革命时期、社会主义革命和建设时期，还是改革开放和现代化建设新时期，始终守初心、担使命，秉持全心全意为人民服务的宗旨，团结带领全国各族人民为创造美好生活、实现共同富裕而不懈奋斗，国家和人民生活发生了翻天覆地的变化，人民群众生活水平和社会发展水平实现质的飞跃。特别是党的十八大以来，党和国家事业发生历史性变革，取得了历史性成就，开启了党员干部孜孜以求践行初心使命、追求共同富裕的崭新篇章。2021年1月，在省部级主要领导干部学习贯彻党的十九届五中全会精神专题研讨班开班式上，习近平总书记强调，"实现共同富裕不仅是经济问题，而且是关系党的执政基础的重大政治问题。"这一重要论断，从夯实党的执政基础的高度，深刻阐明了实现全体人民共同富裕的重要性，彰显了中国共产党人的初心使命。

　　人民共富是巩固党执政根基的必然选择。党的根基在人民、血脉在人民、力量在人民。党的百年历史充分证明，江山就是人民，人民就是江山。打江山、守江山，守的是人民的心。中国共产党始终致力于实现好、维护好、发展好最广大人民的根本利益。习近平总书记强调："人民对美好生活的向往，就是我们的奋斗目标。"在推动人民共富的进程中，我们党始终相信群众、依靠群众、服务群众，始终为群众谋利益，始终为人民谋幸福，以此赢得人民群众的信任和拥护，党的执政基础不断巩固。同时，人民群众在推动共同富裕的进程中做出了贡献、展现了智慧、创造了经验，参与感、获得感、满足感不断增强，人民群众对党和国家的信任、对中国特色社会主义事业的信心不断增强，党的执政地位不断巩固。

二、社会主义的本质决定了建设省域副中心城市必须实现人民共富

邓小平同志指出："社会主义的本质，是解放生产力，发展生产力，消灭剥削，消除两极分化，最终达到共同富裕。"岳阳建设名副其实的省域副中心城市，就是始终要把人民对美好生活的向往作为奋斗目标，把所有工作的落脚点放到增进民生福祉上，在发展经济中做大民生"蛋糕"，在分好"蛋糕"中促进人民共富。

人民共富需要更高质量的发展。推动经济高质量发展，归根结底是为了促进人的全面发展、实现全体人民共同富裕，这是社会主义制度优越性的充分体现。如果没有经济的高质量发展，共同富裕就是空中楼阁、镜中水月。新中国成立以来，我们党和国家一直把经济建设放在重要位置，从20世纪60年代提出建设"四个现代化"的宏伟目标，开启实现国家富强、人民富裕的崭新历程；到改革开放后党和国家的工作重心转移到经济建设上来，允许一部分人、一部分地区先富起来；再到党的十八大中国特色社会主义进入新时代以来，通过打赢脱贫攻坚战，逐步解决了区域性整体贫困，消除了绝对贫困，全面建成小康社会，使我国向着共同富裕的目标迈出了一大步。然而，发展之路没有终点，只有新的起点。没有实实在在的发展，共同富裕就无从谈起。新征程上，我们追求的发展是高质量发展，我们追求的富裕是全体人民的共同富裕。当前，岳阳正处

于政治清明清正、大盘稳固稳进、产业提速提效、开放融合融通、社会安定安全的大好时期，但也要看到岳阳发展不平衡不充分的问题还比较突出，也存在着发展质量效益还不高、风险底线隐患还不少、机关文化怪象还较多的忧患。我们要落实中央稳住经济大盘的要求，扎实推动项目建设、园区建设、促进消费、"三资"改革，稳步推进岳阳经济社会高质量均衡发展。

人民共富需要更加充分的就业。就业是民生之本。我们从人民共富的角度强调就业问题，就是把就业摆在更加突出的位置，推动实现更加充分、更高质量就业，让人人有工作、人人有收入，这样才会为共同富裕奠定坚实基础。近几年来，岳阳不断发展经济，千方百计拓宽就业渠道，提供就业岗位，将就业置于"六稳""六保"任务之首，落实落细各项减负稳岗扩就业措施，就业岗位更加充足、就业规模持续扩大、就业结构不断优化、重点群体就业更加平稳、贫困劳动力就业成效显著，为民生改善和经济发展提供了重要支撑。要实现更加充分的就业来促进共同富裕，就必须围绕劳有岗位、劳有技能、劳有优得、劳有体面、劳有保障，坚持经济发展就业导向，大力开展职业技能培训，深化收入分配制度改革，促进改善劳动条件、深化完善社会保障体系，以高质量就业为建设人民共富的省域副中心城市提供重要支撑。

人民共富需要更为均衡的教育。百年大计，教育为本。要全面贯彻党的教育方针，统筹推进义务教育均衡发展。实现人民共富，基础在教育。实现教育更加均衡发展，缩小教育差距，营造更加公平均衡的教育环境，都是人民共富要解决的问题。岳阳历来实行教育强市战略，教育质量稳步上升。但目前，岳阳教育不均衡问题还比较突出，布局调整还不够优化，农村中小学校基础设施仍较落后，农村教师流失现象突出，代课老师问题没有得到有效改善，教育质量提升幅度还不大，现有高中招生政策对接新高考不够紧密，促进教育均衡发展还任重道远。

人民共富需要更实托底的保障。我们党历来高度重视民生改善和社会保障。习近平总书记指出，社会保障是保障和改善民生、维护社会公平、增进人民福祉的基本制度保障，是促进经济社会发展、实现广大人民群众共享改革发展成果的重要制度安排。作为社会主义国家文明制度安排的社会保障制度，其价值导向和目标追求，就是通过保障与改善民生、调节收入分配、促进社会公正、实现人民共享经济发展成果，实现共同富裕。可以说，社会保障制度是公平正义的保障网、共同富裕的稳定器。目前，岳阳市已建立覆盖全民、城乡统筹、功能完备的社会保障网络体系。但也要看到，随着社会的发展，社会矛盾和问题日益凸显，社会保障体系还存在不足，需要从社会保险、医疗保障、住房保障、社会救助等方面加强顶层设计、社会投入、责任落实，实现社会保障的均衡充分发展。

人民共富需要更高水平的养老。老吾老以及人之老。习近平总书记强调，满足老年人多方面的需求，让老年人能有一个幸福美满的晚年，是各级党委和政府的重要责任。人口老龄化是社会发展的主要趋势，有效应对人口老龄化，事关国家发展全局，事关亿万百姓福祉，共同富裕路上，一个也不能掉队。根据第七次全国人口普查数据，岳阳的人口老龄化化问题比较严重，建设人民共富的省域副中心城市，必须将处理好人口老龄化问题作为一项重要工作，始终坚持以人民为中心的发展思想，时时萦绕心中，推动养老服务增量提质、多维发展，让共同富裕的民心工程行稳致远。

三、岳阳发展实践决定了建设省域副中心城市必须实现人民共富

岳阳地处"湘北门户"和长江中游"黄金十字架"上，拥有163公里长江水道，拥有通江达海的城陵矶港，地理位置得天独厚，经济社会发展长期保持良好态势，为建设人民共富的省域副中心城市提供了坚实的物质基础。同时，岳阳独有的民本思想和忧乐精神，为岳阳建设省域副中心城市提供了丰厚的精神土壤。

人民共富是"三高四新"战略的使命要求。2020年9月16日至18日，习近平总书记来湖南考察调研，对湖南提出了"三高四新"的战略定位和使命任务，为湖南高质量发展提供了指导思想和行动纲领。2021年8月，湖南省人民政府办公厅出台关于印发《支持岳阳市加快建设省域副中心城市的意见》，赋予岳阳建设省域副中心城市的崭新定位和重大使命，这是落实"三高四新"的战略定位和使命任务的岳阳方案。《意见》指出，岳阳市是湖南省唯一临江口岸城市，要加快建设省域副中心城市，更好服务和融入国家发展大局，到2025年，省域副中心城市基本建成，到2035年，建成更高水平的省域副中心城市，经济总量、质量、均量三量稳居全省前列。建设省域副中心城市，不仅是经济的省域副中心，而且在文化、社会、生态文明等各方面都要走在全省的前列，最终落脚点必须要落在民生上面。只有让岳阳505万人民上学更开心、看病更暖心、就业更安心、办事更省心、出行更顺心、居住更舒心、安全更放心，"产业

强劲、开放领跑、绿色示范、人民共富"的省域副中心城市才会名副其实。

人民共富是"民本岳阳"的拓展升华。"民为邦本,本固邦宁"。民本情怀一直是岳阳独特的文化写照和独有的精神实质。2004年岳阳市委市政府提出"民本岳阳"的执政和发展理念,"发展为了人民、发展依靠人民"成为广大党员干部干事创业的精神坐标。一直以来,岳阳历届市委市政府秉承"民本岳阳"的发展理念,尊重民意、改善民生、促进民富、维护民利、保障民安,民生支出占财政总支出比重持续保持在70%以上,城镇居民人均可支配收入由2012年的22110元增加到2021年的39799元,"民本岳阳"已成为岳阳一张靓丽的名片。因此,我们建设人民共富的省域副中心城市,这是"民本岳阳"理念的政策拓展和升华,必将成为岳阳实现人民共富目标的新起点。

人民共富是忧乐精神的历史传承。"先天下之忧而忧,后天下之乐而乐"。《岳阳楼记》中这句千古传诵的名言,在岳阳历史的长河中构筑起永恒的道德坐标、价值高地。忧乐精神是中华文明的思想瑰宝,是湖湘文化的重要基石,是岳阳人文的鲜明特质。忧乐精神坚持民生为大,"居庙堂之高则忧其民,处江湖之远则忧其君",始终把人民摆在首要位置,这与共产党人"全心全意为人民服务"的根本宗旨高度契合。岳阳作为忧乐精神的发源地,人民共富彰显着永葆"忧乐情怀"的岳阳本色,是对社会公平正义的理想超越。广大党员干部要坚持忧百姓之忧,把解决老百姓急难愁盼问题作为工作中心,以"时时放心不下"的责任感,把岳阳建设成为人民群众"时时放心"的"后乐园",努力提升人民群众的获得感和幸福感。

第二节　实施就业优先战略

就业在初次分配中发挥着基础性作用，是扎实推进共同富裕的根本。习近平总书记指出，要坚持就业优先战略，把解决人民群众就业问题放在更加突出的位置，努力创造更多就业岗位。近年来，岳阳市大力实施就业优先战略，特别是新冠肺炎疫情暴发以来，将就业置于"六稳""六保"任务之首，就业工作取得显著成绩。进入新时代，在加快建设人民共富的省域副中心城市中，实现更加充分更高质量的就业仍然是我们工作的重中之重。

一、坚持经济发展就业导向，持续扩大就业供给

"十四五"规划明确提出，"坚持经济发展就业导向"，发展中的问题要靠发展来解决，持续稳定高质量的经济社会发展才是推动高质量就业的"总钥匙"。

完善产业体系。一是促进制造业高质量就业。以岳阳七大千亿产业集群和"12+1"产业链为基础，实施链长制，推动重点产业链强链、延链、补链，培育一批技术主导型、市场驱动型"链主式"企业，构建具有岳阳特色的先进制造业体系，增强制造业就业吸引力。二是扩大服务业就业。充分发挥岳阳千亿文旅市场、千亿物流

市场，以及饮食消费领域的就业承载能力，发展文化旅游服务产业，建设现代化的物流园区，建设高档饮食文化、消费娱乐场所，打造饮食文化与消费娱乐品牌，充分释放服务业巨大的就业容量。三是拓展农业就业空间。深入实施"产业兴农、品牌强农"战略，结合岳阳"鱼米之乡"的实际，重点聚焦水产品和粮食生产两个主攻方向，大力发展"龙头企业+基地+专业合作组织+农户"的产业化经营模式，发展农产品深加工，打造农业全产业链，提升农业价值链，吸纳带动更多就业。

持续援企稳岗。一是支持民营经济发展。完善促进民营企业、个体工商户发展的法治环境和政策体系，落实减税降费、减租降息、普惠金融、社保缓缴等政策，持续减轻民营企业和个体工商户负担，保持民营经济就业稳定。二是支持多渠道灵活就业和新就业形态发展。取消不合理限制灵活就业的规定，建立多渠道灵活就业机制，制定扶持灵活就业政策，支持和规范外卖骑手、快递小哥、网约车司机、直播带货员等新就业形态就业者参加基本养老、基本医疗保险相关政策，促进新就业形态的发展。三是推进以县城为主要载体的城镇化建设，激发就业内生动力。吸引各类生产要素向县城流动聚集，做大做强县域经济，把乡镇建设成拉动农民就业的区域中心。在农业农村基础设施建设领域积极推广以工代赈方式，带动更多脱贫人口等农村低收入群体参与乡村建设，充分发挥以工代赈促进就业作用。

鼓励创业带动。一方面深入实施创新驱动发展战略。加大对初创实体支持力度，进一步降低创新创业门槛和成本，增强初创企业发展动力和持续发展能力。落实创业担保贷款及贴息政策，提高贷款便利度和政策获得感，支持建设一批高质量创业孵化示范基地、众创空间等创业载体和创业园区，为各类初创实体提供场地支持、租金减免等政策扶持。另一方面激发社会大众创业的积极性和主动性。鼓励高校毕业生和留学回国人员创新创业，引导有创业意愿和创业能力的农民工、大学生、退役军人等人员返乡创业。推动建立科研人员兼职兼薪和离岗创业制度，完善科研人员职务发明成果权益共享机制。激发和保护企业家精神，倡导敬业、精益、专注、宽容失败的创新创业文化。

二、完善重点群体就业帮扶，增强就业保障能力

弱势群体就业，是实现共同富裕的重要一环，同时也事关社会和谐稳定。市场经济发展经验充分表明：弱势群体的就业问题无法通过劳动力市场的自发调节来解决，需要政府和全社会的共同关心和帮助。

突出做好高校毕业生就业。一是优化就业政策和服务。由政府与学校出面对接需求，采取"访企拓岗+社会实践+毕业引进"的合作模式，探索建立校企联盟长效机制。建立大学生现场招聘会长效机制，开展高校毕业生就业服务周活动，定期组织大学生参加行业性、区域性、专业性专场招聘会。简化就业报到与人才落户手续，全面贯彻落实岳阳"人才新政45条"，为大学生就业落户提供便利条件。二是拓宽就业渠道。稳定机关事业单位招录（聘）高校毕业生规模，统筹实施"三支一扶"、农村特岗教师、大学生村官、社区网格员等优先选聘本地高校毕业生。支持大学生创业与灵活就业，给予相应的创业房租补贴、一次性创业补贴、创业担保贷款及

贴息、税费减免、社保补贴等政策。三是扩大见习规模。实施大学生实习"扬帆计划",支持企事业单位、社会组织、政府投资项目、科研项目等设立实习岗位,在全市建设200家左右在校大学生实习基地,实习期满每留用一名实习大学生政策补贴1000元。

推进农村劳动力转移就业。一是实施劳务输出。搭建用工信息平台,加强劳动力跨区域精准对接,创建劳务输出品牌,有序组织农村劳动力外出就业。二是继续开展"春风行动"等各类专项服务活动,举办农民工专场招聘会、送岗位下乡等就业服务活动。三是促进农村劳动力就地就近就业。发挥工业园区企业、农业产业基地就业带动作用,推动重大投资项目、各类基础设施建设优先吸纳当地农村劳动力就业。四是实施农民工素质提升工程。强化农村劳动力技能培训,培育在乡创业主体,加大乡村能人、带头人培训力度和农村专业人才队伍建设,挖掘培养一批"田教授""土专家""乡创客"等乡土人才,以及乡村工匠、文化能人、手工艺人等能工巧匠,创造更多适合农村劳动力的就业岗位。

统筹其他重点群体就业。开展"点亮万家灯火"就业帮扶服务活动,对各类重点群体分类帮扶、精细援助和跟踪服务。一是促进脱贫人口稳定就业。巩固拓展脱贫攻坚成果同乡村振兴有效衔接,健全脱贫人口、农村低收入人口就业帮扶长效机制,保持脱贫人口就业扶持政策总体稳定。持续开展困难群体就业援助,通过鼓励企业吸纳、公益性岗位安置、社会政策托底等多种渠道帮助就业困难人员。对零就业家庭人员、残疾人等困难群体,提供"一对一"精细化服务,实现零就业家庭动态清零。二是落实退役军人就业优待政策。推行退役军人就业适应性培训,优先为退役军人提供职业介绍、职业指导、创业指导等服务。三是支持妇女平等就业。加大消除就业性别歧视工作力度，进一步拓宽妇女就业渠道，促进贫困妇女就业创业，提升女性就业技能水平。四是挖掘低龄老年人再就业潜能。建立老年人才信息库，发展银发经济，营造老年人再就业的良好环境。

三、提升劳动群体技能素质，缓解结构性就业矛盾

劳动者素质决定了就业的质量，高质量的发展必须要有一支高素质的劳动者队伍。

开展大规模职业技能培训。一是开展困难群体就业培训。面向市场需求，重点加强高校毕业生和退役军人、农村转移就业劳动者、脱贫人口、失业人员、就业困难人员（含残疾人）等技能培训，提高弱势群体技能素质。二是支持企业开展技能培训。支持企业开展职工在岗培训，突出高技能人才培训、急需紧缺人才培训、转岗转业培训、储备技能培训、通用职业素质培训。三是开展新型职业培训。积极开展养老、托育、家政等生活服务业从业人员技能培训，广泛开展新业态新商业模式从业人员技能培训，支持各地结合本地重点产业发展需要，开展项目制培训。

大力发展职业技术教育。深入推进改革创新，优化结构与布局，建设集教育、培训、实训、技能鉴定和职业教育研究等功能于一体的"岳阳职教城"，把岳阳建设成职业教育创新发展高地。健全职普融通机制，稳步发展职业本科教育，实现职业技术教育与普通教育学习成果互通互认、纵向流动。实施技工教育强基工程，整合技工教育资源，改善办学条件，扶持建设一批优质技工院校和

专业，鼓励扶持岳阳职业技术学院、湖南民族职业学院、湖南石油化工职业技术学院等职业院校立足办学优势，突出特色专业，建设成特色鲜明、省内领先、全国一流的职业院校。创建一批具有区域产业特色的实习实训基地，为岳阳培养高水平的职业技术人才，力争2025年，全市专业技术人才总量达21.5万人。推动职业技术教育与产业发展深度融合，推动校企深化产学研合作。全面落实《湖南省职业教育改革实施方案》对师资队伍建设的各项政策要求，加强"双师型"职业教育师资队伍建设。

提高劳动者职业素养。坚定实施技工强市战略，大力弘扬劳模精神、劳动精神、工匠精神，营造劳动光荣的社会风尚和精益求精的敬业风气，鼓励劳动者通过诚实辛勤劳动、创新创业创造过上幸福美好生活。大力培育"巴陵工匠"，加强职业素养培育，将职业道德、质量意识、法律意识、安全环保和健康卫生等要求贯穿职业培训全过程，引导劳动者树立正确的人生观、价值观、就业观，培养敬业精神和工作责任意识。

四、健全公共就业服务体系，维护就业合法权益

为劳动者提供高效的就业公共服务，保障劳动者工作待遇，维护劳动者的合法权益，让广大劳动者实现更加体面的就业、更加全面发展。

完善就业公共服务体系。一是打造高标准的线上线下就业服务。支持用工密集或劳动力密集区域建设"一园多区"人力资源市场，支持零工需求较多地区建设一批零工市场。建设全市人力资源大数据分析和网络招工平台，动态精准掌握全市高校毕业生、农民

工、残疾人、失业人员、困难人员等重点群体就业失业状态，动态监测重点企业行业的用工情况和需求情况，加强供给和需求精准对接。持续开展春风行动、民营企业招聘月、百日千万网络招聘、高校毕业生专场招聘、农民工专场招聘等线上线下招聘活动，创新活动方式，丰富活动内容，促进供需匹配。二是深化人力资源市场领域"放管服"改革，规范实施人力资源服务许可，持续优化人力资源市场环境。强化市场在人力资源配置中的决定性作用，更好地发挥政府宏观调控和服务功能，加快建设统一规范、竞争有序的人力资源市场。三是加强人力资源市场诚信建设，探索建立守信激励和失信惩戒机制，扎实开展清理整顿人力资源市场秩序专项执法行动和劳务中介专项整治，规范人力资源市场活动。

改善劳动者就业条件。一是合理增加劳动报酬。坚持按劳分配为主体，多种分配方式并存，提高劳动报酬在初次分配中的比重。健全工资决定、合理增长和支付保障机制，充分发挥劳动部门与工会的作用积极推进工资集体协商制度，开展薪酬分配指导，合理调节收入分配差距，增加劳动者特别是一线劳动者劳动报酬，基本实现劳动报酬与劳动生产率同步提高，推动更多低收入者进入中等收入行列。完善工资指导线制度，健全最低工资标准动态调整机制。二是营造良好劳动环境。加强劳动者安全生产和职业健康保护。持续加强矿山、冶金、化工等重点行业领域尘毒危害专项治理，坚决遏制重大特大事故发生。严格执行安全生产法，推动简单重复的工作环节和"危繁脏重"的工作岗位尽快实现自动化智能化替代，加快重大安全危险领域"机器换人"。三是努力消除就业歧视。建立劳动者平等参与市场竞争的就业机制，营造公平的市场环境，逐步消除民族、种族、性别、户籍、身份、残疾、宗教信仰等各类影响平等就业的不合理限制或就业歧视，增强劳动力市场包容性。

保障劳动者合法权益。一是构建更加和谐劳动关系。健全政府、工会、企业代表组织共同参与的劳动关系协调机制，持续扩大和谐劳动关系创建覆盖面，实施劳动关系"和谐同行"能力提升行动。加强对劳动密集型企业、中小微企业劳动用工指导，推进落实劳动合同、集体合同、工时和休息休假制度。完善企业民主管理制度，引导中小企业依法成立工会组织，在中小企业集中的地方推动建立区域性、行业性职工代表大会。加强劳动关系形势研判，建立劳动关系运行状况监测预警和应急处置机制。二是加强劳动争议处理效能建设。完善劳动人事争议调解仲裁机制，加强调解、仲裁与诉讼衔接机制，在全市打造一批工作基础好、制度机制全、办案能力强、服务水平高的金牌劳动人事争议调解组织和星级劳动人事争议仲裁院。三是加大劳动保障监察执法力度。完善劳动保障监察制度体系，深化劳动保障守法诚信制度建设，规范重大劳动保障违法行为社会公布、欠薪"黑名单"管理制度，探索新就业形态劳动保障权益维护机制。加大农民工工资支付、人力资源市场秩序、劳动用工、休息休假等重点领域的监察执法力度。

防范化解失业风险。一是建立健全失业预警防控机制。坚持市县联动，建立就业失业监测预警体系，合理确定监测预警指标，运用大数据技术实时监测指标变化情况。建立健全企业规模裁员减员及突发事件报告制度，加强风险评估，适时发布失业预警信息。二是健全风险应对处置机制。制定分级政策储备和风险应对预案制度，加强规模性失业风险应急处置，鼓励有条件的地方设立就业风险储备金。三是完善广覆盖的失业保障体系。稳步推进失业保险扩围，建立灵活就业人员参加失业保险新模式，提高失业保险政策受益率。建立失业保险金与最低工资标准挂钩的动态调整机制，落实省级统筹制度，规范做好失业保险跨统筹区转移业务。利用失业保险为失业职工提供资金补助、医疗保障、技能培训等多方位服务，充分发挥失业保险保障失业人员基本生活、预防失业、促进就业功能。

第三节　促进教育均衡发展

习近平总书记指出，教育公平是社会公平的重要基础，要不断促进教育发展成果更多更公平惠及全体人民，以教育公平促进社会公平正义。建设人民共富的省域副中心城市，根本靠发展，基础在教育。多年来，我市全力推进教育强市战略，教育结构不断优化，队伍建设不断加强，教育质量稳步提升。但区域间、城乡间、校际间、学段间发展不平衡，优质教育资源供需矛盾依然突出。在建设人民共富的省域副中心城市中，如何让孩子同在蓝天下共享优质教育，让每一个学生都有人生出彩的机会，实现更高质量更高水平的教育均衡仍然任重道远。

一、持续加大教育投入

再穷不能穷教育。加大教育投入是实现教育均衡的物质基础，只有持续加大教育投入，补足补齐局部教育资源不足的短板，才能在根本和长远上实现教育均衡。

加大财政投入力度。严格按照《教育法》相关规定落实教育经费保障。一方面，要保障教育经费支出。把教育作为财政支出重点领域予以优先保障，严格执行学前教育、义务教育、普通高中、职业教育、特殊教育的生均经费基本标准和生均财政拨款基本标准。每年各级财政预算执行中的超收部分，均按年初预算教育经费占财政支出的比例安排用于教育。严格落实城市基础设施配套费按总额的20%、城市维护建设税按总额的15%~20%、土地出让收益的10%用于教育。另一方面，要保障教育经费持续增长。要严格贯彻落实教育经费"两个只增不减"（财政一般公共预算教育支出逐年只增不减，各生段按在校学生人数平均的一般公共预算教育支出逐年只增不减）的政策，确保预算内教育经费支出占财政支出的比例每年同口径提高1至2个百分点。

建立多元投入机制。在加强财政投入的同时充分发挥财政教育经费引导作用，多措并举鼓励社会加大教育投入。积极引导、建立政府购买教育服务机制，对登记为民办事业单位法人的且符合购买服务条件的民办学校，以当地上年度生均教育事业费为基准给予补助。探索成立国资引导、民资参与的民办教育担保公司，为民办学校提供贷款担保等服务。通过设立捐赠配比奖补，引导学校广泛争取社会捐赠，拓宽学校筹资渠道。发挥各级政府引导作用，鼓励企业、社会团体和公民个人捐资助学成立教育帮扶基金或捐建教育教学设施。

加强资金监管力度。一是要监督投入。要加强对县级政府落实教育经费"两个只增不减"的监督，以确保教育投入增长的落实，为促进教育均衡提供财力支撑。二是要公平分配。要根据均等性原则和效益性原则，建立城乡间、学校间、生段间公平公开的教育经费分配制度。三是要强化监管。建立健全教育领域预算、国库集中收付、政府采购、重大项目经费使用绩效评价制度。建立科学合理的学校经费管理制度和使用制度，推进学校财务决策民主化。加强学校国有资产管理，建立健全学校国有资产配置、使用、处置管理制度，防止国有资产流失，提高使用效益。

二、合理均衡分配教育资源

衡量一个地区教育发展水平，不是看其"顶部"，而是看其"底部"，要把更多的教育资源向农村、薄弱学校倾斜，努力实施有利于抬高教育"底部"的政策。

教育资源分配要向基础教育倾斜。一是要向学前教育倾斜。认真贯彻落实《湖南省中小学校幼儿园规划建设条例》，以区县（市）为单位制定幼儿园总体布局规划，逐年安排新建、改扩建一批公办幼儿园，积极扶持民办幼儿园提供普惠性服务，实现公办园占比达50%以上，普惠性幼儿园覆盖率达85%以上，降低学前教育负担，满足就近入园需要。二是要向义务教育倾斜。严格落实义务教育保障制度，实施义务教育学校标准化建设和"改薄工程"，维修改善中小学教学楼、食堂宿舍、厕所等，尽力打造学校硬件设施高标准环境。全力推进农村义务教育学生营养膳食补助和家庭经济困难学生生活补助，切实改善家庭经济困难学生和农村义务教育学生的生活水平。三是要向高中教育倾斜。深入推进高中阶段教育普及攻坚，加强示范高中、特色高中建设，扶持薄弱高中发展，实现我市高中阶段毛入学率稳定在95%以上，加强普通高中布局调整，消除高中大班额，确保高考质量稳居全省前列。

教育资源分配要向薄弱地区倾斜。农村、边远、贫困地区教育资源长期投入偏低，教育资源存量严重不足，生均占有量少，只有大幅度增加教育投入，才能从根本上改变这些地区教育发展严重落后的状况。建立完善农村学前教育资源布局，办好乡镇公办中心幼儿园，通过依托乡镇中心幼儿园举办分园、大村独立办园或小村联合办园等方式满足农村适龄儿童入园需求。要加快出台《岳阳市关于进一步推动全市城乡义务教育优质均衡发展的实施意见》，推动教育资源向农村义务教育倾斜。加强乡村小规模学校和乡镇寄宿制学校建设，重点支持每个乡镇至少办好1所标准化寄宿制学校。以县为单位，均衡统筹城乡教师资源配置，落实县域内城乡义务教育教职工编制、生均公用经费、基本装备配置同一标准。完善城乡学校支教制度，巩固城乡学校"手拉手"对口支援关系，实行城帮乡、强带弱、大联小，组织骨干教师到农村偏远学校走教、援教、支教。

教育资源分配要向薄弱学校倾斜。无论城镇还是乡村都存在一些与当地其他学校相比更为薄弱的学校，这类学校与邻近学校相比无论是软硬件差距都非常悬殊。学习外地先进经验，在城区科学规划与调整学校布局及师资配备，试点建立教育集团制度，由先进学校与薄弱学校共同成立一个教育集团，由先进带后进，共同进步。在乡村要充分发挥教育联校、乡镇中心学校的带头带动作用，由教育联校统一调配本区域教育资源，带动薄弱学校一同发展进步，实现本区域内的教育均衡。

教育资源分配要向弱势群体倾斜。在教育资源分配上要向农民工子女、留守儿童、残疾人等特殊群体倾斜，保障他们同等受教育的权力。健全以居住证为主要依据的随迁子女义务教育入学政策，加强对农村留守儿童和困难儿童关爱保护。将特殊教育纳入基本公共教育服务体系，加强特殊教育学校标准化建设，保障残疾人受教育权利，以普及残疾儿童少年义务教育为重点，扩充特殊教育资源总量，推进适龄残疾儿童少年教育全覆盖。

三、大力培养高素质教师队伍

教师是教育均衡发展的重要因素，要按照"四有"标准，培养造就一支师德高尚、业务精湛、结构合理、充满活力的高素质教师队伍。

实施师德师风建设工程。一是强化思想引导。引导广大教师以德立身、以德立学、以德施教、以德育德，坚持教书与育人相统一、言传与身教相统一、学术自由与学术规范相统一，做学生锤炼品格、学习知识、创新思维、奉献祖国的引路人。二是创新师德教育。坚持教育者先受教育，挖掘我市优秀传统文化、红色文化资源，建设师德教育基地。确定每年9月为"师德建设月"，集中评选表彰"最美教师""优秀班主任"，发掘师德典型、讲好师德故事，加强引领和感召，弘扬楷模，形成强大正能量。三是严格师德考评。把师德师风作为评价教师队伍素质的第一标准，推行师德考核"负面清单"制度，实行师德问题"一票否决"，着力解决教师有偿补课、体罚和变相体罚、侵害学生利益、违反课堂讲授纪律、科研弄虚作假等师德失范、学术不端问题。

实施教师素质提升工程。一是完善教师管理制度。推进义务教育阶段教师"县管校聘"管理体制改革，完善义务教育学校校长选拔、任用、轮岗、交流制度，逐步提升城镇优秀校长和教师向乡村学校、薄弱学校交流轮岗的比例。二是加大教师培训力度。按照《中小学教师继续教育规定》各级财政按在职教职工工资总额的

1.5%~2.5%安排教师继续教育培训经费，实施"国培计划""省培计划"和市级专项培训，落实中小学教师5年一周期不少于360学时的全员培训制度，促进教师终身学习和专业发展。三是加强校长队伍建设。完善校长负责制和任期制，推行校长职级制改革，促进校长队伍专业化建设，努力造就一支政治过硬、品德高尚、业务精湛、治校有方的校长队伍。

实施教师人才引进工程。一方面完善教师补充机制。建立符合教育行业特点的教师招聘办法，加大乡村教师定点培养力度，继续实施"特岗计划"，持续补充偏远乡村教师队伍。推进"巴陵人才工程战略"，建立完善符合教育实际的人才引进绿色通道，遴选乐教、适教、善教的优秀人才进入教师队伍，重点补充紧缺学科教师。另一方面严格教师准入。提高教师入职标准，新入职教师必须取得教师资格，逐步将幼儿园教师学历提升至专科，小学教师学历提升至师范专业专科和非师范专业本科，初高中教师一律提升至本科及以上，一些重点学科针对性引入重点高校本科毕业生或硕士研究生、博士研究生等高层次人才。

提高教师地位和待遇。一是积极开展尊师重教活动。营造尊师重教良好社会风尚，提升教师社会地位，依法依规严肃查处侵犯教师合法权益的违法行为。二是建立教师待遇保障机制，优先保障教师工资待遇，建立健全义务教育教师工资随当地公务员待遇调整的联动机制，义务教育学校教师工资待遇保障所需经费足额纳入本级政府财政预算，确保义务教育教师平均工资收入水平不低于或高于当地公务员平均工资收入水平。有计划地逐步实行公办幼儿园教师统一的岗位绩效工资制度，并享受规定的工资倾斜政策。三是大力提升乡村教师待遇，全面落实乡村教师生活补助政策，实施乡村教师安居工程，确保乡村教师整体高于城市教师收入水平，不断增强乡村教师职业吸引力，让乡村教师"下得去、留得住、教得好"。

四、深化教育领域的改革创新

进入新时代，我国社会主要矛盾的变化对教育发展提出了更高要求，建设高质量教育体系迫切需要以改革创新为教育发展提供"源动力""脑动力""软实力"。

深化督导和评价改革。一是压实县级主体责任。完善对县级政府履行义务教育均衡发展的督导评价体系，定期开展督导评价，完善控辍保学督导机制和考核问责机制，坚决纠正片面追求升学率行为。二是推进学校评价改革。完善中小幼学校评价体系，建立完善学生、家长、社会、第三方评价机构多方参与共同协商的评价模式，实现教育"管办评"分离，推动学校落实立德树人的根本任务，推进学校治理体系的现代化。三是推进教师评价改革。坚持把师德师风作为第一标准，突出教育教学实绩和一线学生工作，树立教师育人正确导向，规范教师职称评价工作。四是推进学生评价改革。树立科学成才观念，严格学业标准，完善德智体美劳全面发展的评价体系。五是强化督导评价结果的运用，评价结果要成为教育行政部门对学校的主要考核依据，与校长的任免考核、教师绩效奖励、职级评定、提拔任用、评先评优、人事调动等挂钩。

系统推进"双减"工作落地见效。一是全面加强"五项管理"。建立健全手机、睡眠、读物、作业、体质管理机制，严控作业总量、时长、考试频次、睡眠时间和读物入校园，逐年提升全市中小学生"国家学生体质健康标准检测"优良率。二是切实提升课后服务水平。全面实施"5+2"课后服务，实现义务教育学校和有需求的学生"两个全覆盖"，积极开展丰富多彩的课后服务，满足学生多样化需求。三是依法规范校外培训行为。对校外培训机构实施分类管理，停止审批新的面向义务教育阶段学生的学科类校外培训机构，严格非学科类培训机构的审批，强化常态运营监管。

持续深化考试招生制度改革。全面取消义务教育阶段所有特长招生，根据教育均衡和就近入学原则，优化调整义务教育阶段各个学校招生范围，确保适龄儿童整体上相对就近入学。将民办义务教育学校招生纳入市教体局统一管理，合理制定招生计划，严格制止民办学校变相"掐尖"招生行为。保障随迁子女义务教育入学，合理确定入学条件，简化入学流程和证明要求，确保符合条件的随迁子女顺利入学。加强对普通高中和中等职业学校招生的统一管理，搭建统一的招生平台，统一发布招生信息、统一填报志愿、统一招生进度，统一按照规定录取。公办高中要将不低于50%的招生名额分配到区域内的初中，并适当向农村初中和薄弱初中倾斜。强化考试安全责任，加强诚信制度建设，坚决防范和严肃查处考试招生舞弊行为。

加快发展"互联网+教育"。一是建设信息校园。抓住"数字基建"发展机遇，加快新型基础网络、数字校园、学习终端等建设，推动全市教育信息化基础设施提质升级。二是建设网络教育平台。整合全市教育信息系统，搭建全市教育大平台，建设市级网络大课堂和各级网络联校，录制一批岳阳名师的特色网络课程，建立学生电子学习档案,鼓励学校组织学生在线学习,扩大优质教育资源覆盖面。三是充分利用教育数据。充分挖掘与发挥平台数据效能,通过大数据分析,推动教育教学、实习实训、人才培养和教育评价等模式变革,提升教育资源分配的均等性、教育管理的专业性、教学过程的高效性、师生服务的精准性,推动实现更高水平更高质量的教育均衡和教育治理体系和治理能力的现代化。

第四节 织密社会保障网络

习近平总书记指出："社会保障是保障和改善民生、维护社会公平、增进人民福祉的基本制度保障，是促进经济社会发展、实现广大人民群众共享改革发展成果的重要制度安排，是治国安邦的大问题"。社会保障作为一项重大社会制度，在推进全体人民共同富裕过程中发挥着举足轻重的作用。如果社会保障缺失，那么就会失去社会发展的"稳定器"、经济运行的"减震器"、收入分配的"调节器"。织密社会保障网络，就要在共同富裕目标指向下，树立以人民为中心的思想，不断完善社会保险、医疗保障、住房保障、社会救助体系，着力构建覆盖全民、城乡统筹、权责清晰、保障适度、可持续的多层次社会保障新格局。

一、完善社会保险体系

社会保险制度是社会保障制度的核心内容。要优化和发展社会保险制度，完善社会保险体系，保证社会的和谐稳定，为建设人民共富的省域副中心城市打下坚实的基础。

深化社保全民享有。实施全民参保计划，推进全民参保和就业状态调查登记，积极促进城乡居民基本养老保险适龄参保人员应保尽保。加强人社、民政等部门的信息共享和数据比对，支持帮助低保对象、特困人员参加城乡居民基本养老保险，实现精准帮扶。健全参保缴费激励约束机制，鼓励灵活就业人员缴费基数增档、增加缴费年限，通过多缴费、增加缴费年限多得养老金。加强宣传教育，深入社区（农村）、写字楼、商铺等场所"面对面"宣传社保政策，促进有意愿、有经济能力的灵活就业人员和新就业形态从业人员等参加社会保险，推动社会保险实现由制度覆盖向全民享有转变。加强失业保险参保扩面工作，探索建立灵活就业人员参加失业保险新模式，做好中小微企业、农民工等重点群体参保工作，将参保的城乡失业人员全部纳入失业保障范围。

优化社保经办服务。完善社会保障经办服务体系建设，建立与养老保险全国统筹相适应的经办服务体系，推进社会保险关系转移接续顺畅便利。推广岳阳人社业务经办服务"综合柜员制"，变"单一办事窗口"为"综合服务窗口"，减少经办环节，简化办事手续，压缩办理时限，实现"一次办、马上办"。加强社会保障经办人员业务培训和思想教育，稳定经办人员工作队伍，探索建立提升社保经办能力工作机制，有效提高经办队伍服务能力和专业化水平。构建事前预防控制、事中核验比对、事后稽核监督的社保经办风险防控体系，强化"一事双岗双审"等防控措施，推进防控措施"进规程、进系统"，实现风险防控与业务系统的深度融合。

强化社保基金风控。落实党委政府领导责任、人力资源社会保障部门主体责任、财政税务审计等部门工作责任、经办责任银行责任，加强人大监督、行政监管、社会监督、纪法监督，落实"制防""人防""技防"，建立健全政策、经办、信息、监督"四位一体"的基金管理风险防控制度体系。建立社保基金管理风险防控数据共享和相关部门大数据比对工作机制，进一步提升风险识别、监测、防控能力，遏制社会保险基金大案要案发生，确保不发生系统性风险。继续推动社保基金投资运营工作，遵循谨慎、分散风险的原则保障基金安全运营，定期对社保基金运行状况和安全形势分析研判，促进社保基金长期平衡。

二、完善医疗保障体系

"看病难、看病贵"一直是群众躲不过、绕不开的难题，严重影响人民群众的幸福感和获得感。建立健全覆盖多种人群，以保障基本需求为主、兼顾多层次需求，形成制度覆盖广泛、保障方式规范灵活的医疗保障制度体系是立体式解决这一难题的重要手段。

提升服务水平，实现小病"有报销""没烦恼"。牢固树立"以人民健康为中心"的发展思路，强化各级责任，持续推进医保市级统筹改革，认真落实《岳阳市基本医疗保险和生育保险市级统筹实施细则》，统一全市职工和城乡居民基本医疗保险政策，实现以基准为参照的全市基本医疗保险筹资和待遇基本均衡。统一医保经办服务事项和服务流程，规范进行双向转诊，实施医保差别化支付向基层倾斜，确保医保政策调节作用充分发挥。强化基层保障，全面实施城乡居民医保门诊统筹，通过取消城乡居民医保个人账户、改革职工个人账户计入办法等方式，建立门诊共济保障机制。加快"互联网+医保"运用，积极推动国家医保信息平台上线运行，完善医保基层公共服务移动端应用，推动普通门诊费用和慢特病治疗费用跨省直接结算，让"数据多跑路、群众少跑腿"。

提升保障力度，实现慢病"费用轻""没忧虑"。聚焦基层常见病、多发病治疗和慢性病管理，全面落实医疗保障待遇清单制度，大力保障慢特病患者权益。健全特殊病种保障机制，探索扩大特殊病种保障种类，使更多的特殊病种患者受益。完善医疗服务价格管理，健全灵敏有度的价格调整机制，积极推动医疗服务价格动态调整监测评估，确保价格机制稳定运行。持续推动DIP支付方式改革，结合我市医疗卫生体制，持续推进医保基金区域点数法总额预算和按病种分值付费改革，通过成立工作专班、开展业务培训、医疗机构全覆盖等方式，切实解决当前普遍存在的过度用药、过度诊治、过度检查等问题，确保分级诊疗推进更加有序，医疗服务质量持续提升。

提升减负力度，实现大病"敢治疗""没压力"。加强医疗救助，落实《岳阳市医疗救助实施细则》，建立健全防范化解因病返贫致贫主动发现机制和精准帮扶机制，用一站式参保服务确保困难人口应保尽保。加强集采工作落实，大力推进药品集中采购，大幅降低医疗耗材和药品的价格。落实"双通道"药品单行支付，扩大统一参保患者住院、门诊和药店"双通道"医保报销药品种类，大力保障"临床价值高、患者急需、治疗重特大（罕见）疾病"用药，降低群众治疗成本和费用。推广大病保险，扩大城乡居民意外伤害保险和大病保险筹资标准和保障范围，进一步构建多层次医疗保障体系，切实满足人民群众多样化、多层次健康保障需求。

三、完善住房保障体系

在当前城镇化快速推进的过程中，我市住房保障体系在供给侧存在质量不高、配套不全，需求侧存在改善性需求难满足、流动人口基本需求难保障等问题，住房保障体系的进一步完善考验着我市治理能力和治理水平。

加强顶层设计。加快构建以公租房、保障性租赁住房为主体的住房保障体系，因地制宜推进棚户区改造，形成"租售补改"为一体，"多层次、广覆盖、多主体"的住房保障新格局。加强住房保障的精准供给，按照"以需定供，量力而为"的原则，科学下达计划并组织实施。对符合条件的公共服务人员等重点群体，以及重点产业就业的住房困难群体在调查摸底的基础上，实施精准保障。以需求为导向，全面提高保障性安居工程项目规划设计水平，优化户型结构，严把建设工程质量关，大力发展建筑节能和绿色建筑，推进装配式住宅建设，切实提升保障性住房居住品质。将公租房、保障性租赁住房等保障房建设纳入城市交通、教育、医疗、商业等配套规划指标的统筹决策体系，强化配套设施与住宅建设同步设计、同步建设、同步交付，确保保障群体生活和工作便利。完善准入退出机制，建立公租房租金标准随市场平均租金水平定期动态调整机制，探索公租房准入标准由绝对收入向更为科学的相对收入标准转变，确保住房保障与经济社会发展水平相适宜。

加力运行管理。理顺市、县（市区）、街道、社区四级管理工作体制，明确职责分工，做到需求由社区提出，保障由县（市区）负责，政策由市级统筹。完善公租房准入分配机制，分类分层合理确定准入条件及保障范围。健全实物保障和货币补贴相结合的保障方式，着力提高资源利用效率，其中对低保、低收入住房困难家庭，以实物配租为主，对符合条件的其他家庭，以货币补贴为主，有层次、有差别的发放货币补贴。加强监督管理,切实维护公租房分配、使用、管理等环节的公平公正,提高公租房使用效益。充分利用信息技术,通过大数据把好准入资格审核关和退出关,严肃查处非法转租、违规转借、空置公租房,以及故意拖欠租金等违规行为。加强公租房的后续运营管理,深化落实属地管理机制,压实属地管理责任。进一步加大公租房运营维护的资金保障,探索建立公租房后期管理专项资金,积极创新运管方式,优化公租房运营管理,实现"住有所居"。

加大保障供给。向产业园区、城市建设重点开发片区、重大公共配套周边集中,因地制宜、多措并举确保保障性租赁住房用地有效供应,至2025年,达到建设公共租赁住房建筑面积42.30万立方米,保障性租赁住房105.00万立方米,供应公共租赁住房用地约38.05公顷,保障性租赁住房用地约60.88公顷的目标。建立健全住房租赁管理服务平台,加强对保障性租赁住房建设、出租和运营管理的全过程监督,确保保障性租赁住房不得上市销售或变相销售,严禁以保障性租赁住房为名违规经营或骗取优惠政策。优化保障性租赁住房发展环境,精简保障性租赁住房项目审批事项和环节,降低建设运营机构的增值税等运营和持有成本,扶持一批主营业务突出、竞争力强、示范性好的保障性租赁住房企业。

四、完善社会救助体系

社会救助是改善和保障民生的基础性工程,是社会保障的最后一道阀门。完善社会救助体系,是实现第二个百年奋斗目标的本质要求。

　　进一步健全社会救助制度。健全最低生活保障制度，推进"精准救助先行区"建设，逐步推进根据家庭成员人均收入与低保标准的实际差额发放低保金。落实就业成本抵扣、收入减免、渐退机制等政策，鼓励低保对象劳动就业、生产自救。逐步推进全市城乡社会救助服务均等化，逐步缩小城乡低保标准差距。健全特困人员救助供养制度，完善特困人员认定条件和程序，拓展无生活来源的认定条件，适度放宽特困人员救助供养制度覆盖的未成年人范围，加强分散供养特困人员的照料服务。健全医疗救助制度，全面落实重点对象的参保资助政策，分类落实困难群众医疗救助政策。健全教育救助制度，拓宽助学金、生活补助资助范围，落实高中和中职特困学生免学费政策，加大残疾学生、孤儿和事实无人抚养儿童的资助力度，落实义务教育阶段相关政策。健全住房救助制度，对符合规定标准的住房困难的低保家庭、分散供养特困人员实施住房救助。健全就业救助制度，搭建用人单位与有劳动能力的社会救助对象之间的供需平台，为有劳动能力的社会救助对象优先提供职业指导、介绍等服务，优先安排公益性岗位，按规定落实税费减免、创业担保贷款、社会保险补贴、公益性岗位补贴等政策，确保零就业家庭实现动态"清零"。健全受灾人员救助、重大公共事件急难救助和临时救助制度，及时将困难群体纳入救助范围。

　　进一步改善社会救助工作。完善低保标准调整机制，综合考虑居民人均消费支出或人均可支配收入等因素，并结合财力状况、物价上涨等因素确定当年的低保标准。健全完善主动发现和自主申报相结合、线上申报和线下申报相结合的工作机制，将走访、发现困难群众列为村（社区）重要工作内容，融入村（社区）网格化治理。深化"放管服"改革，推进社会救助审核确认权限下放至乡镇（街道），乡镇（街道）经办机构统一受理基本生活、医疗、教育、住房、就业、灾害等社会救助申请。加快社会救助信息管理系统、居民家庭经济状况核对信息系统对接融入市"互联网+政务服务"一体化平台，强化相关部门单位数据比对交换、设置接口、建模、线下定期更新等方式，及时共享社会救助家庭及其家庭成员有关信息，实现部门之间救助需求、救助对象、救助信息互通共享。推行"资金+物资+服务"救助方式，加大政府购买服务力度，积极为特殊困难群体开展访视照料、心理疏导、康复服务等专业化服务。

进一步提升社会救助能力。实施基层社会救助能力提升工程，各级党委政府要根据社会救助对象数量、人员结构等因素，完善救助机构建设，提升经办能力。强化乡镇（街道）社会救助责任，落实相关保障条件，配强社会救助工作人员。参照外地先进经验，设立村级民生协理员，困难群众较多的村（社区）建立社会救助服务站点，明确专人负责。加强业务培训，打造一支政治过硬、业务素质高、对困难群众有感情的社会救助干部队伍。加强救助资金监管，规范资金使用，健全"双随机、一公开"监督机制，利用信息化手段提升监管效能。对挤占、挪用、截留和滞留资金等行为，及时纠正并依法依规追究有关责任。加大对骗取社会救助行为查处力度，依法追回被骗款项并追究相应责任。

第五节　健全养老服务体系

满足数量庞大的老年群众多方面需求，妥善解决人口老龄化带来的社会问题，事关国家发展全局，事关百姓福祉，需要我们下大气力来应对。根据第七次全国人口普查数据，我国60岁及以上人口有2.64亿人，占比18.7%，其中65岁及以上人口为1.9亿，占比13.5%；岳阳市60岁及以上人口有102.4万，占比20.27%，其中65岁及以上人口为72.8万，占比15%。岳阳人口老龄化程度已超过全国平均值。人口老龄化既是社会发展的一个重要趋势，也是我市今后较长一段时间内的基本市情。如果未能妥善处理好养老问题，让所有老年人老有所养、老有所依、老有所乐、老有所安，共同富裕就无从谈起。因此，健全养老服务体系建设，提升共同富裕成色，显得尤为重要。

一、提升养老服务供给能力

近年来，虽然我市不断提供养老服务供给，但受社会经济发展水平限制，养老服务方面存在养老床位不足、养老机构建设不佳、居家养老服务普及率不够等问题。对此，应对我市养老服务产业进行合理升级，提升养老供给能力，改变养老服务总量偏少、结构单

一、效益低下的状况。

擘画蓝图，合理规划养老设施布局。按照人口老龄化的迫切需求和岳阳市高质量发展的客观要求，将养老服务设施规划纳入城乡公共服务设施总体规划，一起谋划、一起设计、一起建设、一起维护。落实《自然资源部关于加强规划和用地保障支持养老服务发展的指导意见》要求，切实保障养老服务设施用地，科学划分市域城乡空间，合理规划机构养老、社区居家养老及专类养老服务设施的空间布局。落实《岳阳市新建住宅小区养老服务用房建设管理办法》，新建住宅小区配套养老服务设施"同步规划、同步建设、同步验收、同步交付"。鼓励具备条件的居住社区参照《住房和城乡建设部等部门关于开展城市居住社区建设补短板行动的意见》提出的"完整居住社区建设标准"，建设建筑面积不小于350平方米的老年人日间照料机构。

夯实基础，加强城乡养老设施建设。养老服务设施是开展养老服务的载体和基础，也是当前城乡养老服务发展的"堵点""痛点"。要大力推进城乡养老设施建设，在乡镇（街道）示范养老服务中心和县市区示范养老机构全覆盖的基础上，推动岳阳楼区鹰山社区等示范养老服务机构或中心加强示范引领、人员培训和对下指导，在社区（村）建设嵌入式养老服务机构或日间照料中心，开展全托、日托、康复保健、助餐配餐等服务，就近为老年人提供生活照料、助餐助行、紧急救援、精神慰藉，逐步实现社区（村）级养老服务机构全覆盖。大力推进农村幸福院等互助性养老服务设施建设，探索设立"家庭照护床位"，将专业的照护服务送到老年人的床边，为家庭照护增能。盘活闲置资源，加大既有公共用房、机关和企事业单位闲置办公用房，以及闲置的厂房、学校、医院等闲置资源清理力度，将适合用于养老服务用途的闲置资源逐批改造为养老服务设施。

底线，抓实特困供养服务机构改造。紧密结合乡村振兴战略，将农村特困供养服务机构纳入农村基础设施建设优先选项，实施特困人员供养服务机构提质改造三年行动计划，坚持保障基本、经济适用原则，细化改造提升指标，重点增强长期照护功能，增设失能人员生活服务照护单元，以及医疗护理、康复服务等医养结合照护单元，配备专业化照护人员。特困供养服务机构要优先满足本区域失能、部分失能特困人员集中照护需求，合理设置照护床位，重点为特困人员、经济困难的失能失智老年人、计划生育特殊困难家庭老年人提供无偿或低偿托养服务。

因地制宜，推动社区居家适老化改造。开展城镇老旧小区养老服务补短板行动，统筹推进适老化改造，通过补建、购置、转换、租赁、改造等方式，逐步配齐已建小区养老服务设施，为老年人提供安全、舒适、便利的社区环境。制定我市经济困难老年人居家适老化改造办法，对纳入分散特困供养人员、城乡低保等范围内的高龄、失能、残疾老年人家庭，经评估后按照《无障碍设计规范（GB50763-2012）》给予最急需的适老化改造，通过财政专项资金、福彩公益金、社会捐赠等方式予以必要支持。在居家适老化改造试点的基础上，在全市范围内积极推广"一键帮"等居家养老服务新模式，为全市居家老年群体提供多样化的居家养老服务，确保老年群体生活有人问、困难有人帮、生病有人理。打破社区居家养老和机构养老的边界，将机构内的助餐、助浴、护理等各种专业化服务延伸到周边社区有需求的老年人，充分发挥专业资源的最大效用，促进全市居家养老服务水平进一步提高。

二、优化养老服务发展环境

将民营养老服务机构作为养老服务体系的重要组成部分，进一步降低政策门槛、优化供给结构、提升服务质量、激发市场活力，让老年群体享受到优质高效的养老服务，切实增强人民群众的获得感。

做实市场准入"加法"。依托"全国居家和社区养老改革试点地区"金字招牌，深化"放管服"改革，优化审批流程，全面清理、取消申报养老机构的不合理前置审批事项，鼓励社会力量进入养老服务领域，多渠道引入社会资本创办民办公益性养老机构。建立统一、开放的市场环境和公开、透明的政策环境，最大限度激发市场活力，培育更多如际华康养、圣安医养、国泰阳光等具有知名品牌和较强竞争力的本地养老品牌企业。鼓励和支持社会力量重点发展养医结合、提供长期照护服务的护理型养老机构，鼓励有条件的护理型养老机构设置卫生室、护理站，或与周边医院、社区医疗卫生服务中心合作，实现医疗资源共享。鼓励社会力量举办社区居民养老服务照料中心、托老所、老年活动中心等养老服务设施，支持社区发展养老顾问、长者食堂等养老新业态，对于养老机构以外的其他提供养老服务的机构，鼓励其依法办理法人登记并享受相关优惠政策。

抓实税费负担"减法"。进一步减税降费，对在民政部门办理备案的养老服务机构或在社区提供养老服务的企事业单位和社会组织，享受增值税、企业所得税、房产税、城镇土地使用税等财税优惠和各项行政事业性收费减免政策。养老服务机构符合现行政策规定条件的，享受小微企业等财税优惠政策，养老服务机构用电、用水、用气、用热享受居民价格政策，对在社区提供日间照料、康复护理等服务的养老机构给予税费减免。

落实扶助支持"办法"。参照外地先进经验，社会力量举办的非营利性养老机构与政府举办的养老机构享有同等的土地使用政策，依法使用国有划拨土地或农民集体所有土地。县市区财政要根据老年人口增长速度和经济社会发展水平，持续加大对养老服务投入，各级彩票公益金用于支持发展养老服务的资金要逐步提高投入比例。落实《岳阳市社会办养老服务专项补助实施办法》，完善社会办养老机构扶持措施，优化养老服务机构床位建设补助、运用补助等政策，及时足额发放养老服务发展专项补助、居家和社区养老服务运营补助和就餐补助、养老机构等级评定补助、连锁品牌扶持补助等。鼓励和引导企业、社会组织、个人等社会力量依法通过捐赠、志愿服务等方式，为基本养老服务提供支持和帮助。

严实综合监管"章法"。建立养老机构和社区养老服务组织的等级评定制度，将评定的结果作为养老服务收费、政府购买服务和诚信体系建设的考量因素。建立覆盖养老服务机构法人、从业人员、服务对象的行业信用体系和失信联合惩戒机制，加强信用监管和信息公开，对被纳入养老服务市场失信联合惩戒对象名单的养老机构及服务企业实行重点监管，并按照有关规定依法予以惩戒。建立健全养老服务领域联合执法工作机制，加大对违规养老服务行为的查处惩戒力度。贯彻落实《养老机构服务安全基本规范

（GB38600-2019）》，联合住建、消防部门开展养老机构消防安全问题整治，联合公安、金融办等部门开展养老服务领域非法集资等突出问题排查整治。建立完善养老服务安全监管约谈制度，加大"互联网+监管"在养老服务领域的应用，搭建养老服务投诉举报受理平台，拓宽公众参与社会监督的渠道和方式。

三、加强养老服务队伍建设

加强养老服务人才队伍建设，是提升老年人养老幸福指数，推动养老服务高质量发展的必然要求。要进一步拓展养老服务人才供给，提升养老服务从业人员专业技能和管理服务水平，努力造就一支素质优良、数量充足、结构合理的养老服务人才队伍，不断满足广大老年人多层次、专业化的养老服务需求。

突出"扩"，拓展养老服务人才来源渠道。在稳定现有养老服务人员队伍的基础上，本着"为我所用，不求所有"原则，扩大养老服务人才来源渠道。建立养老服务人才培养体系，湖南理工学院、岳阳职业技术学院、湖南民族职业学院、岳阳第一职业中等专业学校等大中专院校要大力发展养老服务相关专业，加强养老服务相关专业建设，鼓励通过扩大招生渠道、国家奖助学金支持等措施，吸引学生就读养老服务相关专业，不断扩大专业招生规模，着力构建"以职业教育为主体、应用型本科和研究生教育层次相互衔接、学历教育和职业培训并重"的养老服务人才培养体系。鼓励卫生专业技术人才转岗养老行业，鼓励家政服务人员、医院护工和本市城镇就业困难人员从事养老服务，鼓励养老服务、养老护理、医疗护理等相关专业高校毕业生到养老行业就业，鼓励退休医务工作者、低龄老年人参与提供为老服务。提倡有条件的县市区和有实力养老机构、社区养老服务中心制定人才吸引计划，积极吸引外省市优秀人才，充实养老服务人才队伍。

突出"教"，做好养老专业队伍学习培训。健全市、县民政部门和养老机构三级实训体系，定期组织从业人员轮训，实现100%培训上岗。一是加大养老护理人才培训力度。定期开展机构养老护理员、失智老人照护员、居家养老护理员技能培训，在行业内开展形式多样的养老护理技能大赛，提升养老护理人才职业技能和照护能力。支持养老护理知识技能进家庭、进社区活动，为失能老人家庭护理人员开展照护知识和技能培训，逐步将失能老人子女亲属吸纳到养老护理人才队伍中去。二是加大专业技术人才培养力度。整合各院校等教育培训资源，加快培养老年服务管理、医疗保健、康复护理、营养调配、心理咨询、技术培训、能力评估、服务规划等养老专业人才。鼓励各类养老服务机构科学设置专业技术岗位，重点培养和吸引医师、护师等相关领域专业技术人才。三是加大养老管理人才培养力度。对养老服务机构负责人进行养老服务理论和实操培训，定期组织开展养老服务、市场营销、安全管理等方面的培训会、研讨会，培养熟知养老行业法律法规、熟悉养老机构管理模式、了解养老运营业务流程、懂得养老服务质量控制的领军人物，打造一支高素质、懂养老、善运营的养老管理人才队伍。

突出"留"，确保养老服务职业发展前景。开展养老护理职业发展体系改革试点，打通养老服务人才晋级渠道。加强岗位管理，科学设置养老护理、专业技术、管理等岗位，细化岗位责任，通过开展多岗位锻炼培养高级复合型养老服务人才。支持行业协会、养老机构开展养老护理员技能等级评价工作，完善养老护理员职业发展体系。对养老服务从业人员实行全市统一登记管理，建立养老服务从业人员信用评价体系，作为今后评职、晋级、提薪、转岗的重要依据。依法保障养老服务人才劳动权益，养老服务机构应当与养老服务从业人员依法签订劳动合同，建立劳动关系，参加社会保险，依法保障养老服务从业人员合法劳动权益。优化工作环境，建立困难职工帮扶机制，关心养老服务从业人员工作生活，帮助解决工作和生活上的困难，对于临终关怀等特殊岗位的人员，要做好心理疏导和精神慰藉，为他们提供喘息服务。积极利用现代科学技术手段，降低养老服务从业人员劳动强度，营造养老服务行业良好从业环境。根据经济社会发展状况，稳步提高养老服务从业人员薪酬水平，推动养老服务行业平均薪酬待遇原则上不低于上年度本市服务行业的平均工资水平。鼓励就业困难人员和高校毕业生等从事养老服务工作，并落实各项优惠待遇，参照外地先进经验，符合小微企业标准的养老服务机构新招用高校毕业生，签订1年以上劳动合同并缴纳社保费的，可以给予社保补贴。

突出"德"，提升养老服务队伍综合素质。加强职业道德建设，将"德"和"孝"作为养老服务从业人员的德行追求。开设养老护理相关专业的高等院校、职业教育机构，应将尊老敬老的孝道文化纳入职业教育内容。养老机构选聘录用人才时，优先聘用尊老爱老孝老、热心为老人服务的人员。规范养老行业从业人员的职业行为，重点从仪表着装、体态语言、服务流程、服务标准等方面予以规范，为老年人提供更加优质、贴心的养老服务。

第九章
省域副中心城市建设的创新驱动

　　创新驱动是指推动经济发展的动力和引擎，是建设现代化经济体系的战略支撑。以习近平同志为核心的党中央把创新驱动发展上升为国家战略，标定了创新在我国现代化建设全局中的核心地位。推动岳阳建设省域副中心城市，对创新驱动发展的需求更为迫切，需要更多依靠创新驱动，提供更多创新动能，打造先发优势，优化产业结构，将创新驱动嵌入岳阳高质量发展的各个环节。从而坚定以创新驱动引领岳阳高质量发展，以"时时放心不下"的责任感，奋力干出省域副中心城市建设的新精彩。

第一节　创新驱动是省域副中心城市建设的必由之路

创新驱动发展是适应世界科技革命和迎接竞争挑战的必然选择，是岳阳实现高质量发展、建设省域副中心城市的必由之路。

一、创新是引领发展的第一动力

创新是一个民族进步的灵魂，是一个国家兴旺发达的不竭动力。新时代新发展阶段，创新是全面推进现代化建设的动力源泉；贯彻新发展理念，创新是实现高质量发展的内在要求；构建新发展格局，创新是促进国内国际双循环的关键支撑。

伟大事业都基于创新，抓创新就是抓发展，谋创新就是谋未来。党的十八大以来，以习近平同志为核心的党中央一以贯之高度重视科技创新发展，对实施创新驱动发展、建设科技强国，进行了一系列论述和顶层设计、系统部署，出台了一系列改革文件，作出了整体安排。习近平总书记的重要论述和考察湖南时的重要讲话精神，为岳阳在新发展阶段实施创新驱动和高质量发展、建设省域副中心城市指明了方向、提供了根本遵循。

创新摆在五大新发展理念的首位，实施创新驱动发展战略，强调科技创新是提高社会生产力和综合国力的战略支撑，必须摆在国家发展全局的核心位置。这是党中央在新的发展阶段确立的立足全局、面向全球、聚焦关键、带动整体的国家重大发展战略。

"创新是引领发展的第一动力，是建设现代化经济体系的战略支撑。"党的十九大报告还强调要加快建设创新型国家，明确到2035年跻身创新型国家前列的战略目标。党的十九届四中全会又提出：完善科技创新体制机制，在创新主体上明确建立以企业为主体、市场为导向、产学研深度融合的技术创新体系；在创新方式上要求弘扬科学精神和工匠精神，加快建设创新型国家，强化国家战略科技力量；在人才培养上完善科技人才发现、培养、激励机制，健全符合科研规律的科技管理体制和政策体系，改进科技评价体系，健全科技伦理治理体制。

科技水平影响民族兴衰，创新能力关乎国家命运。坚持创新在我国现代化建设全局中的核心地位，把科技自立自强作为国家发展的战略支撑，面向世界科技前沿、面向经济主战场、面向国家重大需求、面向人民生命健康，深入实施科教兴国战略、人才强国战略、创新驱动发展战略，完善国家创新体系，加快建设科技强国。党的十九届五中全会再次强调了科技创新在现代化建设全局中的核心地位，强调了科技创新发展"四个面向"的方针。

2021年，习近平总书记对实现高水平科技自立自强，从五个方面作出重要战略部署：第一，加强原创性、引领性科技攻关，坚决打赢关键核心技术攻坚战；第二，强化国家战略科技力量，提升国家创新体系整体效能；第三，推进科技体制改革，形成支持全面创新的基础制度；第四，构建开放创新生态，参与全球科技治理；第五，激发各类人才创新活力，建设全球人才高地。

2022年3月，全国人大政协两会期间，习近平总书记先后多次"下团组"并作出一系列重要论述，让我们更加深刻理解了中国制度的优越之处，以及科技自立自强、创新驱动、高质量发展等中国治理关键词。

创新的浪潮，在不断奔涌。创新在经济社会建设中的作用愈发凸显。在创新驱动发展战略的引领下，我国科技实力和创新能力显著增强，正在从量的积累迈向新的质的飞跃，从点的突破迈向系统能力提升，一些前沿领域开始进入引领阶段，已经成为世界上具有重要影响力的科技大国，正在向科技强国迈进。

科技创新重大成果不断涌现。坚持自由探索和目标导向相结合，注重"从0到1"的原创导向，在量子信息、铁基超导、干细胞、合成生物学等方面取得重要突破。若干战略必争领域实现"后发先至"，抢占尖端技术竞争制高点。北斗导航卫星全球组网，"嫦娥四号"首次登陆月球背面，"嫦娥五号"实现地外天体采样，"天问一号"抵达火星，C919首飞成功，"奋斗者"号完成万米载人深潜，"雪龙二号"首航南极，悟空、墨子、碳卫星等科学实验卫星成功发射，磁约束核聚变大科学装置多项实验取得突破，散裂中子源、500米口径球面射电望远镜等建成使用，有力彰显我国的综合国力和国际竞争力。

科技创新激发经济发展动力和活力。紧紧围绕产业链供应链关键环节、关键领域、关键产品，布局"补短板"和"建长板"并重的创新链。移动通信、油气开发、核电等科技重大专项成果支持新兴产业快速发展。5G、人工智能等新技术推动数字经济、平台经济、共享经济蓬勃兴起。新型显示产业技术和规模全球领先，时速600公里高速磁悬浮试验样车下线，新能源汽车产销量连续多年位居世界第一。北京、上海、粤港澳大湾区国际科技创新中心加快建设，21家国家自主创新示范区、169家国家高新区创新发展引领辐射带动作用不断增强。企业创新主体地位进一步提升，全社会研发经费支出中企业占76.4%，国内发明专利申请量企业占65%。

科技创新支撑民生改善能力明显增强。坚持以人民为中心的发展思想，努力推出更多惠及民生的科技创新成果。新药创制、重大传染病防治等重大项目取得重要进展。癌症、白血病、耐药菌防治等领域打破国外专利药垄断，多项高端医疗装备加速国产化。以"任务式指挥"成体系开展新冠肺炎疫情防控科研攻关，7天内分离出新冠病毒毒株，14天完成核酸检测试剂研发和审批上市，为全国疫情防控取得重大战略成果做出科技贡献。全面建成小康社会前，85万名科技特派员深入脱贫攻坚一线，实现对建档立卡贫困村科技服务和创业带动全覆盖，为决胜脱贫攻坚贡献了科技力量。加强大气、水、土壤污染防治科技攻关，助力打赢污染防治攻坚战。

科技创新开放合作深度广度不断拓展。进一步加强政府间创新合作对话，深入实施科技合作伙伴计划。与160多个国家建立科技合作关系，加入200多个政府间国际科技合作组织。积极参与并牵头组织国际大科学计划和大科学工程，加强气候变化、空间、健康、能源、农业等领域国际科技合作。"一带一路"科技创新行动计划取得丰硕成果。内地与港澳之间的科技创新合作深入推进。广泛而深入的科技开放合作有力地推动构建人类命运共同体。

岳阳建设省域副中心城市已具备良好科技创新基础。近年来，岳阳在市委市政府的正确领导下，大力贯彻落实创新驱动发展战略，为岳阳市高质量发展、建设省域副中心城市奠定了良好基础。一是实施创新驱动。把科技创新摆在现代化建设的核心位置，加快建设创新型城市进程，不断完善科技创新体系，科技创新、科学普及工作快速发展，逐步形成了以企业为主体，市场为导向，产学研深度融合的技术创新体系。二是强化科技创新。落实国家科技体制改革三年行动方案，科学编制《科技支撑省域副中心城市建设行动计划》，加快创建以巴陵公司为依托的国家级技术创新中心等科研平台，完成新港区国家高新区创建任务，抓好军民融合创新示范基地、天鹅山科创城建设，实施省"十大技术攻关"项目、市"揭榜挂帅"科技重大专项，支持高校、科研院所在岳阳设立研究院和技术转移服务机构，推动省农科院科研基地落户屈原管理区。引导企业加大研发投入，全社会研发投入占GDP比重的2.22%，高新企业达750家以上，高新产业增加值达1180亿元。三是推进数字赋能。以数字化转型整体驱动生产方式变革，加快数字产业化和产业数字化，培育发展工业互联网平台，支持有示范效应的30家企业进行数字化改造，引导更多企业实施"设备换芯""生产换线"，为高质量发展注入"数字动力"。

二、创新驱动是大势所趋、形势所迫

创新驱动发展是立足全局、面向未来的重大战略，是加快转变经济发展方式、破解经济发展深层次矛盾和问题、增强经济发展内生动力和活力的根本措施，是大势所趋、形势所迫。

创新驱动就是创新成为引领发展的第一动力。科技创新与制度创新、管理创新、商业模式创新、业态创新和文化创新相结合，推动发展方式向依靠持续的知识积累、技术进步和劳动力素质提升转变，促进经济向形态更高级、分工更精细、结构更合理的阶段演进。

创新驱动是国家命运所系。国家力量的核心支撑是科技创新能力。创新强则国运昌，创新弱则国运殆。我国近代落后挨打的重要原因是与历次科技革命失之交臂，导致科技弱、国力弱。实现中华民族伟大复兴的中国梦，必须真正用好科学技术这个最高意义上的革命力量和有力杠杆。

创新驱动是世界大势所趋。全球新一轮科技革命、产业变革和军事变革加速演进，科学探索从微观到宇观各个尺度上向纵深拓展，以智能、绿色、泛在为特征的群体性技术革命将引发国际产业分工重大调整，颠覆性技术不断涌现，正在重塑世界竞争格局、改变国家力量对比，创新驱动成为许多国家谋求竞争优势的核心战略。我国既面临赶超跨越的难得历史机遇，也面临差距拉大的严峻挑战。唯有勇立世界科技创新潮头，才能赢得发展主动权，为人类文明进步做出更大贡献。

创新驱动是发展形势所迫。经济发展进入新常态，传统发展动力不断减弱，粗放型增长方式难以为继。必须依靠创新驱动打造发展新引擎，培育新的经济增长点，持续提升我国经济发展的质量和效益，开辟发展的新空间，实现经济保持中高速增长和产业迈向中高端水平"双目标"。

创新驱动发展已具备发力加速的基础。经过多年努力，科技发展正在进入由量的增长向质的提升的跃升期，科研体系日益完备，人才队伍不断壮大，科学、技术、工程、产业的自主创新能力快速提升。中国特色社会主义制度能够有效结合集中力量办大事和市场配置资源的优势，为实现创新驱动发展提供了根本保障。

创新驱动系统是一项复杂的系统工程。只有不断完善创新驱动机制，才能保障创新系统安全、有效、健康、稳定地运行，才能提升创新的效率和质量，为经济内循环提供动力源泉。

实践反复告诉我们，关键核心技术是要不来、买不来、讨不来的。只有把关键核心技术掌握在自己手中，才能从根本上保障国家经济安全、国防安全和其他安全。被人"卡脖子"，是挑战，也是机遇。它倒逼我们大力推进自主创新，在关键核心技术研发中奋起直追。

三、创新驱动发展的新内涵新特征

创新驱动发展是依靠信息、技术、知识等创新要素投入的国家战略，它涉及经济体制的重大变革，是技术创新、产业创新、制度创新、知识创新等各类创新协同的系统工程。其目的是打造先发优势，优化产业结构，以创新为动力，实现经济的内生增长和可持续高质量发展。

创新驱动发展理论最早可以追溯到马克思的政治经济学说。马克思在《资本论》一书中提出"科学作为独立的力量被纳入劳动过程"，深刻揭示了科技对生产力发展的重大推动作用的核心思想。创新驱动发展战略正是对马克思的创新思想的继承与发展。

创新驱动最早由著名战略管理学家迈克尔·波特提出，他在《国家竞争优势》一书中首次提出"创新驱动"概念。波特将经济发展阶段从低到高依次划分为要素驱动发展、投资驱动发展、创新驱动发展和财富驱动发展四个阶段。创新驱动的动力源是创新能力。

党中央、国务院印发的《国家创新驱动发展战略纲要》旨在实施三步走的科技创新步伐，到2050年建成世界科技创新强国。《纲要》将创新驱动发展界定为"使创新成为经济发展的第一动力，包括科技、制度、管理、商业模式、业态和文化等多方面创新的结合，推动经济发展方式转向依靠知识、技术与劳动力素质提升，使经济形态更高级、分工更精细、结构更合理"。

创新驱动发展的新内涵可以归纳为四个方面：一是创新驱动发展是把创新当作经济发展的关键引擎，而创新驱动是加快转变经济发展方式"最根本、最关键"的力量；二是相比于要素驱动和投资驱动，创新驱动是经济发展的阶段性特征，是经济发展的新阶段新境界。这并不是说该阶段的经济发展不需要要素和投资，而是要素及投资主要由创新来驱动；三是创新驱动发展是一项依靠信息、技术、知识等创新要素投入，包括技术创新、产业创新、制度创新、知识创新等在内的各项创新协同的系统工程；四是创新驱动发展的目标是打造先发优势，优化产业结构，加快转变经济发展方式，实现可持续发展。

创新驱动的实质是科技创新。创新驱动的内容是以产业创新形成新型产业集群，以科技创新形成完备的技术创新体系，以产品创新形成新的市场和经济增长点，以制度创新为经济发展方式提供保障，以战略创新形成协同创新体系。

创新驱动的重点是自主创新。可以是原始创新、集成创新，也或者是引进消化吸收创新。创新驱动内容围绕科技创新和国家创新的制度展开，通过科教兴国和人才强国，为创新型经济提供创新人才。

创新驱动的突破点是制度创新。一般认为，国家进入创新驱动的条件是科技进步贡献率达70%以上，研发投入占GDP的2%以上，创新依存度小于30%，创新产出高，具有国际竞争优势，以及创新扩散到多个领域。但是，创新驱动并不意味着减少要素和投资需求。通过建立创新体系，形成创新型经济，提高整体创新竞争力，实现经济新增长方式，创造新的经济增长动力。

从目前的新技术发展态势看，人工智能、5G、量子科技、大数据和数字应用等是新一轮科技革命和产业变革的重要驱动力。新一轮科技革命和产业变革的影响是广泛而深刻的，当前科技创新乃至社会经济发展正出现一些新的特征。

基础前沿领域孕育重大突破。科学研究正在向宏观、微观和极端条件扩展，宇宙演化、量子科学、生命起源、脑科学等正在开辟前沿新方向，并取得颠覆性突破。深海、深空、深地，以及网络空间安全等重大创新领域成为人类拓展生存空间维护核心利益和国家安全的竞争焦点。

前沿技术呈现群体突破态势。人工智能、5G、大数据、云计算、物联网、区块链、量子通信等新兴技术快速迭代，与生物、能源、制造、材料等前沿技术交叉融合，正在发生多技术群多点突破、相互支撑、齐头并进的链式变革，导致重大科技创新成果，特别是颠覆性技术加速领先。

科学研究学科间横向交叉融合日益紧密。在这种交叉融合的趋势推动下，热点研究领域大量增加，不断产生新兴学科、新兴技术及产业，应用基础研究得到越来越多的关注和投入。21世纪以来，诺贝尔化学奖约有三分之二的获奖成果与生物学相关，脑科学与数理、信息等学科结合正在催生脑机交互技术，极大带动了人工智能、复杂网络技术的发展。多学科间的渗透和交叉还推动了一系列新的研究领域的出现，如环境科学、信息科学、空间科学、能源科学、生命科学等，学科分支也从20世纪初的600多个，发展到现在的6000多个。

创新组织方式正在发生深刻演变。产研融合、科教融合、军民融合加速推进，技术创新与产业创新、社会创新、管理创新跨界融合，科技创新与金融资本、商业模式的融合也更加紧密。企业、高校和科研院所之间，基于明确职责定位基础上的开放型、多元化的创新合作趋势日益显著。

新产业、新业态、新模式不断涌现。推动科技创新的动力源于经济社会发展需求的强力拉动。当前科技与经济融合的趋势更加明显，科技创新重塑经济发展模式的作用更加突出，一些重大颠覆性技术创新促进传统技术和产业加速迭代，不断创造新需求、新业态、新产业，数字经济、智能经济、共享经济成为新的经济形态，进而塑造新的社会形态。

四、创新驱动是建设省域副中心城市的有效路径

创新驱动是经济发展依靠内需拉动的重要保障。以创新驱动引领岳阳高质量发展，是转变经济发展方式的根本途径，是提升岳阳科技实力的战略选择，是建设省域副中心城市的必然要求和有效路径。

以创新驱动推动岳阳城市品质的整体提升。把握国际国内发展形势，对岳阳进行高水平顶层设计，打造湖南省域副中心城市、国家区域性中心城市、洞庭湖区生态示范城市和滨湖人文城市；构建开放性、生态型、网络型大岳阳都市圈，辐射带动洞庭湖区以及周边地区，连接长株潭、大武汉、环鄱阳湖三大城市群，把岳阳建设成为湖南创新引领、开放崛起的重要引擎；以科技创新、产业创新、城镇创新、金融创新为重点，带动城市整体创新。

以创新驱动推动岳阳创新创业的蓬勃开展。深化科技创新，加速推进巴陵人才工程和"四海揽才"计划，加力推进万众创业，建立"双创"基金，扶持创新型园区、企业、团队和个人，不断提高科技进步对发展的贡献率；深化体制机制创新，在新港区、空港城、开发区、湖南理工学院先行先试；抓紧创新型城区、创新型港区、创新型园区和创新型政府"三区一府"建设。其中，创新型城区突出智慧城市、生态人居建设，创新型港区强化大进大出、多式联运功能，创新型园区彰显高端制造、科技引领特色。

以创新驱动推动岳阳产业结构的优化调整。岳阳发展崛起的关键在于培育特大型产业集群。要对产业结构进行调整提升，延伸炼油、石化、食品加工等产业链，引进电子信息、智能制造、新材料、节能环保等新型产业，大力发展高科技产业。重点引进龙头型工业企业，抓紧构建千亿级、两千亿级产业集群。严格控制污染型企业进驻，抓紧淘汰落后产能。

以创新驱动推动岳阳空间布局的合理配置。岳阳要走非均衡、差异化的发展之路，优势优先，重点突破。以京广线（包括长江、洞庭湖东岸线）为主轴线，以平江—汨罗—中心城区—君山—华容

为次轴线，以中心城区、新港区、经开区、绿色化工区为重中之
重，抓紧建设好高铁新城、三荷临空经济区、冷水铺铁路枢纽、临
湘滨江产业带、汨罗循环经济片区、湘阴漕溪港区、华容塔市驿港
区及平江、岳阳、华容县城。

以创新驱动推动岳阳城镇体系的科学构建。充分体现"吞长江、
拥洞庭、衔远山"组团式布局，加快建设以中心城区为核心圈，以经
开区、南湖新区、云溪区、君山区为内圈，以临湘市、岳阳县为外圈
的大岳阳都市圈。彰显"文、水、路、产、林"五大要素，构建历史
文化名城、滨江临湖绿城、大进大出港城、创新创业智城。

以创新驱动推动岳阳口岸经济的加速崛起。充分依托长江，整体
融入长江经济带，作为长株潭、大武汉、环鄱阳湖三大城市群之间的
枢纽，通过长江、京广线和诸多交通运输干线，做足地理区位和长江
水运的文章。既要把岳阳放在全省区域格局中衡量，更要把岳阳放在
中部地区、长江经济带区域大格局中衡量，提升站位和高度。充分发
挥岳阳的区位优势和交通优势，借此培育岳阳的核心竞争力，全面融
入国家大战略和国际大循环，借助对外开放促进对内搞活。

以创新驱动推动岳阳发展思路的转变提升。深化观念创新，打
破思维定势、工作惯性和路径依赖，由地方性思维向全球化视野转
变，超越常规谋跨越，跳出传统谋发展；由GDP担纲向"双创"引
领转变，强调"双创"引领和多元综合发展；由门户型城市向枢纽
型城市转变，建立立体型、口岸型和国际化的综合交通和商贸物流
枢纽；由重化工业主导向多元化支撑转变，更加强调科技创新的引
导作用；由传统型地方中心城市向湖南省域副中心城市转变，更加
注重交通、物流、口岸、贸易、科技、文化等功能。

第二节 不断增强科技创新供给

推进供给侧结构性改革，是党中央综合研判世界经济形势和我国经济发展新常态作出的重大决策，是跨越"中等收入陷阱"、迈向经济强国的战略选择。着力深化供给侧结构性改革，必须坚持以创新驱动创造新供给、提升供给能力，坚持以质量引领扩大有效供给，提高供给体系质量和效率，以更好地适应引领经济发展新常态，推动岳阳可持续的稳定增长、高质量的全面发展。

一、以创新引领深化供给改革

强化科技创新支撑引领，深化供给侧结构性改革。我国经济已由要素驱动、效率驱动转向创新驱动。从需求侧看，经济增长主要动力来自投资、消费和出口"三驾马车"；从供给侧看，经济增长主要动力来自要素升级、结构优化、制度变革。要素升级强调通过知识增长、技术进步、创新驱动引领来促进土地、资本、技术、信息、管理、劳动力和人力资本等生产要素提升；结构优化强调生产结构、流通结构、分配结构、消费结构、要素组合结构、增长动力结构等优化；制度变革强调行政管理、土地、财税、金融、教育、科技、人才等制度体系变革。

推进供给侧结构性改革有三个关键词，创新驱动是其核心动力和基本任务。第一是供给侧，要靠创新驱动提高供给体系质量和效益。第二是结构性，要以科技创新支撑引领产业结构和经济结构优化升级，化解结构性矛盾。第三是改革，要以制度创新引领改革，激发市场主体和创新主体的积极性、主动性与创造性，实现国家治理体系和治理能力现代化。深化供给侧结构性改革要发挥好"科技第一生产力"、"人才第一资源"和"创新第一动力"的支撑引领作用，以供给侧"提质增效升级"促进供需关系高水平匹配和经济高质量发展。

供给侧结构性改革是一场深刻、系统的全面创新改革实践。必须尊重规律，运用规律，"把解决体制性障碍、结构性矛盾、政策性问题统一起来"，协同推进科技体制改革与其他方面改革，全面提升劳动力、知识、技术、管理、资本、信息等要素的供给质量与效率，通过实践激发全社会的创新活力。

社会主要矛盾已经转化为人民日益增长的美好生活需要和不平衡不充分的发展之间的矛盾。经济运行主要矛盾是供给侧结构性的，人口红利减弱，投资的边际报酬递减，新技术、新产业、新业态、新模式对劳动力素质和制度供给的要求越来越高，高质量发展成为根本要求。加快形成经济社会创新发展的新引擎，必须坚持以供给侧结构性改革为主线不动摇，强化科技创新对现代化经济体系建设的支撑引领，不断增强经济创新力和竞争力。

创新是新发展理念之首，为高质量发展提供基础支撑、新增长点和新发展空间。2015年中央经济工作会议首次提出"供给侧结构性改革"，强调贯彻落实新发展理念，去产能、去库存、去杠杆、降成本、补短板。去产能的重要内容之一是减少无效供给；补短板的重要内容之一是补科技创新和制度创新短板。2016年中央强调继续深化"供给侧结构性改革"，科技创新是支撑引领高质量发展的核心驱动力。2017年中央强调重点在"破、立、降"上下功夫，即大力破除无效供给，大力培育新动能，大力降低实体经济成本，降低制度性交易成本，降低用能、物流成本。中国是制造业大国，在500多种主要工业产品中，220多种产品数量居世界第一，但中高端市场多数仍为国际领先企业所把控。提高供给体系质量和效率，推动社会生产力水平整体跃升，离不开科技创新的支撑引领。2018年中央明确要求更多采取改革的办法，更多运用市场化、法治化手段，在"巩固、增强、提升、畅通"上下功夫。2019年中央强调要提升产业链水平，注重利用技术创新和规模效应形成新的竞争优势，培育和发展新的产业集群。2020年中央强调要强化创新基础能力建设，提升在全球供应链、产业链、创新链、价值链中的地位，提升科技创新对产业发展引领作用。

实现经济发展质量变革、效率变革、动力变革，根本要靠创新。从生产力和生产关系角度看，创新的核心是科技创新和制度创新。在各项创新活动中，科技创新居于主导地位、发挥引领作用，最终要落脚到创新主体特别是企业主体上。推进供给侧结构性改革，要更好地发挥科技创新"补短板、挖潜力、增优势"的作用。

科技经济深度融合是供给侧结构性改革的重要着力点。制造业是孕育科技创新的根据地，是重构国际产业分工的主战场。中国制造业需要在多个方面发力，包括提高核心基础零部件元器件、关键基础材料、先进基础工艺等方面能力；构建多元化、统筹协调的创新资源投入机制；建立与未来发展相适应的人才培养和激励机制；提高高校和科研院所基础前沿技术供给能力和源头创新能力；增强企业关键技术储备和先进工艺设计能力；加强产学研深度合作。

以科技创新支撑引领产业发展，必须建设实体经济、科技创新、现代金融、人力资源协同发展的现代化产业体系，激发企业特别是高新技术企业的创新活力，形成以战略性新兴产业为引领、先进制造业和现代农业为基础、现代服务业为主体的新的产业集群。要把握新科技革命和产业变革机遇，大力发展数字经济和创新型经济，开辟新的增长源泉，提高供给体系质量和效率，以高质量新产品和新服务满足人民群众日益增长的美好生活需要。

二、以创新驱动提升供给能力

着力创新驱动，增强供给能力。创新水平决定供给能力。要按照习近平总书记"抓创新就是抓发展、谋创新就是谋未来"的要求，着力推动创新从"追跑跟跑"向"并跑领跑"迈进，加快建设现代化智能化科技、产业创新中心，以创新打造新动能、发展新经济、创造新供给、催生新需求，形成以创新引领为鲜明特征的供给侧新优势。

集中突破核心关键新技术，提高供给体系"技术含量"。主动顺应新一轮科技革命和产业变革，瞄准国家战略需求、消费升级方向和供给侧短板，部署创新链和产业链，把巨大的创新能力转化成创造新供给的强劲动力。岳阳要在已建成的4G及5G通信技术、生物、新材料、无人机等重大科技基础设施的基础上，规划建设一批重大科技基础设施项目。特别是在未来网络、超材料、新能源汽车等领域，要涌现出一批以突破性技术创造新供给的领军机构。

培育发展新型研发机构，打造新技术供给的"生力军"。创新体制机制，采取量身定制的政策措施，在超材料、智能机器人、大数据等前沿技术领域，培育15家左右集产学研于一体的新型研发机构，成为源头创新、以新技术创造优质新供给的重要力量。

开放式集聚全球创新能量，增强供给竞争力。实施引进海外高层次创新人才团队计划，引进国际一流创新团队7至10个、"海归"人才约1万人。在北京、上海、广州、深圳等地布局海外创新孵化器，支持岳阳企业、科研机构等在全国全球建设研发中心。

大力推进大众创业、万众创新，丰富供给主体。加快打造创客中心，制定支持创客发展的政策措施和三年行动计划，实施覆盖大中小学的青少年创新专项计划，推动科研仪器、检验检测平台向社会开放，建立创客学院，构建全链条的创客服务体系。深化商事制度改革，商事主体数量不断增多，累计达到22万多家，总量居全省城市前列，成为供给创新的"源头活水"。

三、以提升质量扩大有效供给

着力质量引领，提升供给水平。供给侧结构性改革的根本目的是提高供给质量。认真落实习近平总书记"推动中国制造向中国创造转变、中国速度向中国质量转变、中国产品向中国品牌转变"的要求，把减少无效供给、扩大有效供给作为主攻方向，对标国际一流供给体系，将设计、标准、品牌作为提升供给质量的三大支撑，实施提升工业设计、打造岳阳标准、培育自主品牌三大专项行动计划，着力提高供给质量，推动高端消费回流，引领消费潮流。

以精细设计促进供给多样化。工业设计是丰富供给内容、优化供给结构的"助推器"。岳阳要出台加快工业设计的政策措施，建设多个高标准工业设计中心，举办工业设计大展。

以更高标准提升供给品质。高标准决定高质量的供给。岳阳要积极开展标准立法，出台打造岳阳标准的指导意见及行动计划，全面提升产品、技术、服务、工程、环境等各方面标准，以高标准倒逼供给质量提升。目前岳阳一批行业领军企业正从"执行标准"向"制定标准"转变。

以一流品牌树立供给信誉。大力实施品牌战略中长期发展规划，建立覆盖全市商事主体的统一市场信用信息平台，推动企业树品牌、增信誉。

四、以转型升级优化供给结构

着力转型升级，优化供给结构。推进产业创新，推动实现"腾笼换鸟、凤凰涅槃"，以结构优化促进供给升级，不断提高供给结构对需求结构的适应性。近几年，岳阳累计淘汰低端落后供给企业1万多家，形成了"三个为主"的产业结构，其中经济增量以战略性新兴产业为主，对GDP增长贡献率超过50%；工业以先进制造业为主，先进制造业占规模以上工业增加值比重达60%；"三产"以现代服务业为主，现代服务业占服务业比重达60%。

打造转型升级"四路纵队"，形成可持续的产业供给。产业结构体现供给结构。岳阳把转型升级作为优化供给结构的重要支撑，着力构建梯次型现代产业体系。一是在高新技术产业的基础上大力发展战略性新兴产业，出台实施生物、互联网、新材料、新能源、

文化创意、新一代信息技术和节能环保等七大战略性新兴产业规划
和政策，布局建设23个战略性新兴产业基地，支持产业项目超过1万
个。近年来，战略性新兴产业年均增长20%左右，成为经济增长的
"主引擎"。二是提升现代服务业发展能级，大力发展创新金融、
现代物流、专业服务等现代服务业，2021年服务业占GDP比重达
58.8%。三是提升优势传统产业竞争力，推动电磁、服装、打印机等
优势传统产业向研发设计、品牌营销等产业链、价值链高端攀升。
四是大力培育未来产业。出台生命健康、航空航天、机器人等未来
产业规划和政策。

发展新业态、新商业模式，积极创新供给方式。着力推动互联
网和实体经济深度融合发展，以互联网思维、技术和手段，创新供
给新业态、新商业模式，促进供给侧与需求侧有效对接。实施"互
联网+""宽带岳阳"行动计划，推动大数据、云计算、物联网等新
一代信息技术与各行各业相结合，新业态、新模式不断涌现。充分
运用互联网、云计算、大数据、人工智能等现代技术手段，创新智
慧监管模式，有效加强对食品、药品、餐饮、成品油、冷链等领域
的全方位风险监测预警能力，实现信息资源共享、堵塞管理漏洞、
增加财政收入等目标。

五、以制度创新完善供给环境

着力制度创新，完善供给环境。要突出问题导向和需求导向，
遵循市场规律，加快政府职能转变，着力加大精准性、组合型政策
供给，努力降低交易成本，不断优化市场化法治化国际化的供给
环境。

以政策创新为供给"加力"。聚焦供给侧关键环节，制定出台关于促进科技创新、支持企业提升竞争力、促进人才优先发展三大政策措施。在促进科技创新方面，着力解决科技资金使用难、成果转化难、收益分配难、产权保护难等突出问题，将科研人员成果转化收益比例提高。在支持提升企业竞争力方面，从政策、资金、环境、服务保障等方面加大支持。在促进人才优先发展方面，完善人才培养、评价、住房保障、创新创业奖励等政策措施。

以改革释放供给侧"红利"。深化投融资体制、行政审批制度等改革，全面推行市场准入负面清单和部门权责清单，实行跨部门协同和网上并联审批，用权力的"瘦身"激发供给主体的"活力"。

以要素优化配置促进供给升级。着力破解企业用地难、融资难等突出问题，扩大土地、资金等要素供给。一方面，推进土地管理制度改革综合试点，加大城市更新和土地整备力度。另一方面，出台金融服务实体经济的系列政策措施，将更多资金向有效供给配置。

第三节　积极搭建科技创新平台

科技创新平台是科技创新的重要物质条件，在实现科技资源共享、促进科技成果转化方面作用巨大。实施创新驱动发展，提高科技创新水平，关键是加快科技创新平台建设。

一、落实强化国家战略科技力量

党的十九届五中全会对强化国家战略科技力量，提升企业技术创新能力作出了部署。加快建设科技强国、强化国家战略科技力量、坚持四个面向的战略方向、科技自立自强等是这次全会中的突出亮点。

加快建设科技强国。必须坚持系统观念，加强前瞻性思维，进行全局性谋划、战略性布局、整体性推进，全面落实强化国家战略科技力量，提升企业技术创新能力，激发人才创新活力，完善科技创新体制机制。

加强基础研究。要注重原始创新，优化学科布局和研发布局，推进学科交叉融合，完善共性基础技术供给体系。要面向国家重大需求和国民经济主战场，推进农业、健康、海洋、空间、能源等应用学科发展。同时，要加大对基础研究的持续投入，稳定投入，建立符合基础研究规律特点的评价机制,使科研人员能够心无旁骛,潜心研究。

加大核心技术攻关。要瞄准人工智能、量子信息、集成电路、生命健康、脑科学、生物育种、空天科技、深地深海等前沿领域,实施一批具有前瞻性、战略性的重大科技项目。同时,加快壮大新一代信息技术、生物技术、新能源、新材料、高端装备、新能源汽车、绿色环保以及航空航天、海洋装备等产业。推动互联网、大数据、人工智能等同各产业深度融合,推动先进制造业集群发展,构建一批各具特色、优势互补、结构合理的战略性新兴产业增长引擎,培育新技术、新产品、新业态、新模式。

强化国家战略科技力量是保障产业链供应链安全,构建新发展格局,实现高质量发展的必然选择。一是发挥社会主义集中力量办大事的体制优势,实施一批重大科技项目,打好关键核心技术攻坚战,持续增强科技创新能力,提高创新链的整体效能。二是推进国家实验室建设,形成布局合理、治理有效、创新能力强的专业化分工格局,支撑重要领域前沿突破。三是加强国家技术创新基地建设,强化产学研合作,鼓励地方发展新型研发机构。四是整合科研院所、高校和企业科研力量,优化配置和资源共享,强化企业创新主体地位,促进各类创新要素向企业聚集。五是建设各具特色的区域创新增长极,建设若干综合性科学中心和区域性创新高地。

二、把握科技创新平台建设内容

科技创新平台作为创新体系的重要组成部分,主要由资源条件、研究开发、科技成果转化、科技交流合作等物质与信息系统和相应的管理制度，以及专业化人才队伍等组成。当前，加快科技创新平台建设，主要应加快资源共享平台、技术创新平台、成果转化平台、交流合作平台建设。

资源共享平台建设。一是加快科技文献信息服务平台建设，为用户提供网络化、智能化、集成化、个性化、可订制的文献信息服务。二是加快自然科技资源和科学数据共享平台建设，加强资源收集、保存、利用和共享过程中的标准化、信息化等关键技术研究，形成科学数据资源服务体系。三是加快大型科学仪器共享平台建设。四是加快网络科技环境平台建设，整合各类科技资源，形成科技创新网络环境，面向全社会提供科技服务。

技术创新平台建设。技术创新平台主要包括重点实验室、技术创新中心、公共研发平台、院士工作站等。应当大力建设布局合理、装备先进、开放流动、共建共享、高效运行的实验研究开发基地，提高科技原创能力。鼓励重点实验室与企业合作共建，围绕行业技术瓶颈开展研发。鼓励企业组建创新中心，探索建立重点领域公共研发平台，提高高新技术和支柱产业领域的核心技术开发能力。建立企业院士工作站，以企业创新需求为导向，引导区域内外院士及其创新团队向企业集聚，研究开发产业核心技术。

成果转化平台建设。一是充分发挥各类科技园区的作用。以形成特色产业集群为目标，坚持面向市场，有效集成科技、人才、资金等资源，在有条件的科技园区、科技型企业建立若干个科技成果转化基地。二是加快科技企业孵化器建设。促进以高等院校和科研机构创新成果为依托的科技型中小企业成长。三是组织设立各类产学研战略联盟。加速科技成果转化，进一步提升相关产业的自主创新能力。四是加强技术市场建设。大力发展各类科技中介机构。

交流合作平台建设。交流合作平台建设主要包括各类展会、对外科技交流平台建设等。

三、全力搭建科技创新平台载体

坚持把加强科技创新平台建设作为深入实施创新驱动发展、提升企业自主创新能力、增强产业核心竞争力的重要抓手，构建以企业为主体、市场为导向、产学研结合的科技创新服务平台体系。

加快科技创新体系建设，搭建科技创新平台，促进产业转型升级和发展质量提升，打通内循环消费和投资市场，挖掘消费潜能。聚焦保障改善民生，就是要坚持以人为本，加强民生领域的科研工作，努力使科技更好地服务社会发展，提高人民群众幸福感和获得感。

搭建产业集群创新平台。通过产业集群创新平台集成、协同和整合各类创新要素，形成独具特色的科技创新产品集合，并在产业集群内外部实现科技创新外溢效应，形成现代产业集群的内循环发展模式，满足消费市场的个性化和多样化的需求，激发消费者的消费欲望。

搭建公共服务创新平台。为内循环消费市场提供优良的服务环境，公共服务科技创新平台以政府为主导，带动企业、研发机构等共同参与。依托于网络技术、以科技机构为中介形式的科技创新服务平台，可实现生产者和消费者的互联互通，提高消费者的消费层级，推动消费升级。

搭建科技创新投融资平台。推动内循环下投资有序健康发展，可成立科技创新基金，奖励创新科技企业，拉动和引导投资需求，进而带动内循环经济增长。

搭建科技创新服务平台。围绕重点领域，推进科技园区、科研院所、高校、龙头骨干企业，以及其他社会组织建设配套支撑全程化、创新服务个性化、创业辅导专业化的科技企业孵化器、众创空间、星创天地等平台，促进人才、技术、资本、服务等各类创新创业要素的高效配置和有效集成，打造有利于科研人员创新创业的生态环境。

搭建科技创新研发平台。开展产业共性关键技术攻关，为推进以企业为主体的技术创新体系的建设，进一步提升企业的自主创新、持续创新能力和水平，加强工程技术研究中心建设，促进产业技术创新、加快科技成果转化，提高企业自主创新能力和产业核心竞争力。

岳阳加快建设科技创新平台载体。湘阴县成功入选全国首批创新型县（市）建设名单，汨罗市获省创新县（市）建设支持。据不完全统计，目前，岳阳累计创建院士工作站、重点实验室、工程技术研究中心等科技创新平台76家（省级18家），积极支持推荐中石化巴陵分公司和中石化长岭分公司申报国家重点实验室培育基地，成功创建中科电气省级院士工作站。认定（备案）科技企业孵化器、众创空间、星创天地等科技创新创业服务机构59家（国家级12家、省级29家）。认定省级临床医疗技术示范基地15家，认定科普基地13家。

四、全面激发科技创新平台活力

岳阳坚持以科技创新催生发展新动能，塑造发展新优势，大力提升自主创新能力，建成一批重要科技创新平台，进一步提升科技创新对岳阳高质量发展、建设省域副中心城市的支撑引领作用，不断激发科技创新平台活力。

培育一批在国内、省内同行业中具有领先地位的企业研发创新中心。出台岳阳企业研发创新中心认定条件，重点围绕现代化工、食品加工、新能源、现代造纸、信息技术等传统优势产业或细分领域和电子信息、生物医药、新材料、先进装备制造、节能环保、文化旅游、现代服务业等新兴产业或细分领域，通过开放引进与巩固提升现有国家级、企业技术中心相结合，以项目带动、资源整合、产学研联盟等多种方式，进一步扩大增量、提升质量。

培育一批市级企业技术中心。用好用足国家关于高新技术企业财税优惠政策，鼓励岳阳企业加大研发创新投入力度，开展科研技术、组织模式和商业模式创新。凡有较强的经济技术实力和较好的经济效益，研究开发与创新水平在全市同行业中处于领先地位的，优先纳入市级企业技术中心评定范围。力争到2025年累计新增300家左右市级企业技术中心，市政府产业引导基金、风险投资基金等优先跟进支持其科技成果产业化。

搭建一批产业技术创新联盟。支持岳阳科研院所、高校联合大型企业集团，在现代化工、食品加工、新能源、现代造纸、信息技术和电子信息、生物医药、新材料、先进装备制造、节能环保、文化旅游、现代服务业，以及特色效益农业等行业建立技术创新联盟。通过创新成果产业化补贴和股权化改造等方式，推动产业技术创新联盟开展技术合作，建立公共技术平台，实行知识产权共享，为提升产业整体竞争力服务。

建设一批科技成果转化服务中心。推动央企科研院所、市属科研机构（平台），及岳阳1院4校现有工程（技术）研究中心、工程实验室、重点实验室改革体制机制，面向全社会提供科技成果转化服务，让更多中小企业、科技人员用得起科研设备，让更多科研成果转化为生产力。

构建一批创新服务机构。大力发展检验检测认证、知识产权、科技推广、科技咨询、科普等各类科技服务机构，通过将科技服务纳入政府购买服务范围，制定科技服务业市场准入负面清单，完善服务标准体系和诚信体系，形成覆盖全市重点产业的科技服务产业链。力争到2025年岳阳各类创新服务机构超过600家。

建设科技资源共享与交易云服务平台。建设岳阳科技服务大市场，集聚各类科技人力、财力、物力和成果等资源，构建统一开放、线上线下同步的科技资源共享与交易平台，实现科技资源整合、信息开放共享互动、技术成果交易以及科技金融服务无缝对接，促进知识产权转移转化，支撑和服务产业发展。

鼓励新建一批科技企业孵化器。探索政府、大学、研发机构、企业、投资机构独立或合作建立社会公益性、非营利性或营利性孵化器新模式，逐步建立以孵化器为核心，以网络为手段、吸引创业资本、相关中介服务机构和研发机构共同参与的科技创新孵化体系。对新认定的国家级、省级科技企业孵化器，分别给予最高500万元和100万元奖励。

打造一批新型孵化载体。以各类企业、投资机构、行业组织等社会力量为主构建市场化的众创空间，支持众创空间申请市场主体登记，探索建立"平台+服务+资本"的创新创业模式。鼓励利用闲置工业厂房、商务科研楼宇、仓库等载体,整合线上服务平台、线下孵化载体(含投资促进、宣传营销、专业服务、创客孵化、咨询交流等创新创业孵化器)、创业辅导体系以及技术与资本支撑等四大要素,推广创客空间、创业咖啡、创新工场、星创天地等新型孵化模式,为广大创新创业者提供良好的工作空间、网络空间、社交空间和资源共享空间。力争到2025年岳阳各县(市、区)至少打造5~10个众创空间,1院4校至少分别打造3~5个众创空间。

培育一批科技型"小巨人"企业。充分发挥科技型中小微企业技术创新基金、中小微企业发展专项资金等对创新型中小微企业发展的促进作用,探索"后补助"方式支持中小微企业开展科技研发和成果转化,并加大政府对中小微企业产品及服务的采购力度。力争到2025年岳阳科技型"小巨人"企业达到1000家以上。

五、完善推进平台建设保障措施

提供良好的政策环境。科技创新平台建设项目应实行牵头部门或单位负责制。依据科技创新平台建设整体框架和项目实施计划,联合相关部门和单位,分解任务、明确责任,保障科技创新平台建设顺利实施。加大政府投入,并采取市场化运营方式吸纳社会资本,建立平台建设的稳定投入机制。同时,制定有利于科技创新平台建设的政策措施,并认真抓好落实。

发挥科技人才作用。引导各类科技创新平台完善多样化的人才激励机制,吸引、留住优秀人才,达到优化配置人力资源的目的。应积极培育典型,对在推动科技创新平台建设中做出突出贡献的科技人才实行重奖;切实发挥科技奖励在评价人才、激励人才方面的导向和杠杆作用，引导科技人才创新创业。扎实推进科技特派员基层创业行动，引导科技人员投身于各类科技创新平台建设，积极维护好科技人才权益。

推动科技创新平台共建共享。发挥政府对公共科技资源供给的主导作用，形成全社会参与科技创新平台建设的合力。实现科技创新平台运行机制市场化，降低全社会创新成本。同时，强化科技平台管理与服务，加强对科技创新平台建设项目的考核评估。

第四节　持续优化科技创新生态

持续优化科技创新生态是创新驱动发展的重要保障。习近平总书记在科学家座谈会上强调，"关键是要改善科技创新生态，激发创新创造活力"。岳阳要持续优化科技创新的政务环境、市场环境、社会环境等，着力打造开放包容、创新友好、高效协同、近悦远来的科技创新生态环境，打造科技创新资源承载地，真正让岳阳成为"厂家商家必争之地"。

一、营造良好的科技创新生态

优化服务科技创新的政务环境。推进数字政府建设，深化科研领域"一网通办"前提下的"最多跑一次"改革，纵深推进"放管服""一件事一次办"改革，实行政府权责清单制度，持续开展"减证便民""园区赋能"行动，为各类科技创新主体办理证照、税务、社保等开设"绿色通道"。实施"揭榜挂帅""赛马"等制度，推行技术总师负责制、经费使用"包干制"、信用承诺制，加快建立以创新价值、能力、贡献为导向的科技人才评价体系。优化重大科技创新平台项目评审组织实施方式和审批流程。优化市级科技计划项目申报和验收、高新技术企业认定、技术合同认定登记、科技型中小企业评价等工作流程。完善包容审慎监管机制，推进新经济监管改革。完善中介服务超市网上交易平台功能，提高网上办件率，促进创新要素自主有序流动和高效配置。

完善金融服务创新体系和尽职免责的容错机制。遵循科技创新客观规律，完善金融服务创新体系，鼓励金融机构支持创新创业，拓宽科技型企业直接融资渠道，大力发展创业风险投资，引导科技资本、金融资本与产业资本结合起来更多投向科技创新领域。针对不同科技创新主体、类型和情形，依纪依规依法研究制定科技创新活动容错纠错清单。加强纪检监察机关和科技、财政、审计等部门沟通协作，建立科研项目监督、检查、审计信息共享机制，为推动科技创新发展解压松绑，营造鼓励科技创新、宽容失败的良好环境。

营造崇尚科技创新的文化环境。大力弘扬科学家精神，传承弘扬"两弹一星"精神、载人航天精神。大力宣传广大科技工作者爱国奉献、勇攀高峰的感人事迹和崇高精神，在全社会形成鼓励创造、追求卓越的创新文化，推动创新成为民族精神的重要内涵。加强科研诚信建设，引导广大科技工作者恪守学术道德，坚守社会责任。加强科学技术普及，提高全民科学素养，在全社会塑造科学理性精神。发挥科协和科技社团作用，推动科普社会化。

二、培育激励科技创新的社会环境

健全保护科技创新的法治环境。加快科技创新薄弱环节和领域的立法进程，加快建设知识产权强市，强化知识产权维权保护、源头创造和运用管理。建立健全行政执法、维权援助工作体系，加大执法打击和维权服务工作力度，实现重点科技创新园区维权工作站全覆盖；完善知识产权行政和司法保护衔接机制，加大协调协作力度；发掘知识产权价值，推动知识产权资本化建设，推动标准化提升；拓宽知识产权产业化和资本化便捷通道，促进一批重大知识产权成果产业化，积极营造有利于知识产权创造和保护的法治环境、公平竞争的市场环境，为科技创新创业保驾护航。

培育激励科技创新的公平竞争市场环境。岳阳高质量发展需要一个良好的市场环境。营造公平有序的市场环境，维护市场机制、规范市场秩序、促进公平竞争，打破制约科技创新的行业垄断和市场分割，切实提高市场发展活力和资源配置效率。要强化需求侧科技创新政策的引导作用，建立符合规则的政府采购制度，扩大科技创新产品和服务的市场空间。推进要素价格形成机制的市场化改革，强化能源资源、生态环境等方面的刚性约束，提高科技和人才等创新要素在产品价格中的权重，让善于科技创新者获得更大的竞争优势。要切实保护企业家的合法权益，鼓励企业家敢于创新。

严格科技创新项目过程和准入管理。岳阳要健全科技创新管理系统，加快推进市级科技创新管理信息化进程，建立一套完善的科技创新专家库和企业库，构建具有项目申报管理、咨询管理、立项管理、预算管理、合同管理、实施管理、验收管理、专家管理、诚信管理等功能的管理系统，达到方便使用、约束权力、可兼容升级的目的。完善科技创新计划项目评审方式，实行专家评审和管理部门评审"背靠背"的管理模式，健全专家和行政人员回避评审、咨询专家随机抽取等制度，探索开展网络视频评审，增强科技创新项目评估的科学性、合理性，确保科技创新立项评审的公开、公平、公正。同时，改进新技术新产品新商业模式的准入管理，实行"多证合一、一照一码"。推动各相关部门审批登记信息的互联互通，电子档案互认共用。

三、强化科技创新竞争规则建设

加强科技创新生态建设，要把有利于激发科技创新活力的竞争规则建设摆在更加突出的位置。公平激烈的竞争有利于激发科技人员的创新活力、提高科技创新资源的配置效率，为科技发展提供强大的内在驱动力。

加强知识产权保护。加强知识产权保护是应对科技创新规则调整、增强科技"软实力"的关键举措。要提高知识产权的创造、运用、保护和管理能力，引导支持市场主体创造和运用知识产权，以知识产权利益分享机制为纽带，促进创新成果知识产权化。直面在知识产权保护观念和措施等方面的"短板"，完善科技创新制度建设、加大执法力度，把知识产权保护网织好织牢。研究修订岳阳市专利促进与保护政策措施，强化知识产权运用和保护，推进重点产业知识产权快速维权体系建设。建立科技创新企业重大涉外知识产权纠纷应对工作机制，完善质量诚信体系，形成一批品牌形象突出、服务平台完备、质量水平一流的优势科技创新企业和产业集群。

深化科技评价制度改革。完善突出科技创新导向的评价制度，进一步深化以人才评价、项目评审、机构评估为核心的科技创新评价制度改革，让评价标准更能体现科技创新实效，让评价主体更能胜任评价活动，让评价方式更加符合科研规律，真正实现举贤任能、实至名归、物有所值的评价。

进一步改革完善职称评审制度，增加用人单位评价自主权。推行第三方评价，探索建立政府、社会组织、公众等多方参与的评价机制，拓展社会化、专业化评价渠道。改革完善科技创新企业评价机制，把研发投入和创新绩效作为重要考核指标。建立健全科学分类的科技创新评价制度体系。

打造更高层次更高水平开放的创新环境。科技创新合作是大趋势。进一步扩大科技创新体系的对外开放，全方位推进开放创新，更加积极主动地融入全球科技创新网络，是由扩大对外开放的大局决定的，是建立更高效、更健康的科研竞争环境需要的。进一步提高科技创新体系开放程度，实施更加开放包容、互惠共享的科技合作战略，实现引资、引智、引技相结合。积极参与科技合作规则制定，共同应对粮食安全、能源安全、环境污染、气候变化以及公共卫生等挑战。围绕落实"一带一路"构想，合作建设面向沿线国家的科技创新基地，不断提高科技创新对外开放水平。

四、优化科技创新的人文环境

强化组织领导。各级党委、政府以及人大、政协要切实肩负起领导和组织科技创新发展的责任，及时研究解决科技创新工作中遇到的重大问题。要结合实际制定具体实施方案，明确工作任务，切实加大资金投入、政策支持和条件保障力度，使科技创新活动能够始终围绕见企业、见项目、见产品、见流量、见配套体系"五见"的标准务实推进。要成立科技创新领导小组，加强对科技体制改革工作的统筹协调，打破部门和区域条块分割，加强协作，形成推动科技创新合力。

加大宣传普及。一是加大政策宣传力度。政策宣传与解读是促使科技创新政策落实到位的有效手段。政府要加大宣传投入，搭建宣传平台，充分利用各种媒体开展政策宣传，提高科技创新政策的知晓度。科技、工信、商务等部门充分利用各自工作渠道，结合自身工作重点引导科技创新主体对创新政策的落实。二是尊重基层首创精神，及时总结推广基层好的经验做法。要充分发挥各类媒体的宣传引导作用，每年举办十大科技创新人物评选，树立一批科技创新人物、科技创新企业、科技创新团队典型。三是推动科技资源科普化，加快科研设施向公众开放。营造人人关注科技创新创业、人人参与科技创新体验的新景象。

打造人才高地。人才是第一资源，科技创新关键在人才。坚持人才引领发展的战略地位，实施打造省域副中心城市人才高地五年倍增行动，用好用活"人才新政45条"，开辟落户、住房、子女就学、金融服务、个税奖励等"绿色通道"，着力引进产业领军人才和企业家，壮大卓越工程师和高技能人才队伍，努力引进培育高层次人才团队15个，遴选市级产业领军人才10名，使各类人才在巴陵大地各得其所、各展其长。营造爱才氛围。强化科技创新人才理念，从根本上认识到"经济要发展，人才为第一，教育为根本"，重视本地、本土人才的培养，营造惜才、爱才的社会氛围。不仅要引进人才，更要用好现有人才，以调动科技创新人才的积极性。

第十章
省域副中心城市建设的区域协调

　　协调是持续健康发展的内在要求，要建设优势互补、协调联动、竞相发展的区域发展体系，塑造区域协调发展新格局。建设省域副中心城市应主动对接"强省会"战略，大力实施城市能级提升行动，做实城市规划、做大城区空间、做优营商环境，提高中心城区的综合承载能力，发挥好辐射带动作用，进一步推进以县城为重要载体的城镇化建设，推动县域经济争先进位、追赶跨越，全面推进新型城镇化建设和乡村振兴，促进城乡区域协调发展。

第一节　区域协调是省域副中心
城市建设的内在要求

　　"十四五"时期是我国由全面建成小康社会向基本实现社会主义现代化迈进的关键五年，也是岳阳市推进高质量发展、优化国土空间布局、推进区域协调发展的五年。围绕"四个全面"战略布局，全面落实五大发展理念，面对区域协调发展新形势新挑战、社会主要矛盾新变化、高质量发展新要求，科学谋划岳阳市区域协调发展新蓝图，对于推动经济社会转型高质量发展，加快建设省域副中心城市具有极其重要的意义。

一、长岳协同优势互补

　　长沙岳阳两市优势互补，通过协同发展可实现互利共赢。长沙是湖南政治、经济、商贸中心，第一大经济体，2021年占湖南GDP的28.8%。岳阳是湖南北大门、第二大经济体，占比为9.56%。岳阳是长沙周边经济体量最大的地区。两市优势互补，长沙在高新技术产业、产业集群、金融资源、市场容量、科技教育和高素质人才等方面具有优势，岳阳在港口物流、水资源、能源、旅游资源、土地资源和劳动力等方面具有优势。

长沙岳阳协同发展，可充分发挥岳阳开放平台和"桥头堡"的
优势，助推湖南融入国家战略，开放崛起。岳阳拥有"三区一港四
口岸"——中国（湖南）自由贸易试验区岳阳片区、中国（岳阳）
跨境电商综合试验区、城陵矶综合保税区，启运退税港，汽车、肉
类、粮食、水果进口指定口岸，汽车平行进口试点等国家级口岸平
台，数量居全国地级市第一位。2021年，岳阳市港口集装箱吞吐量
突破60万标箱。岳阳是湖南融入长江经济带、长江中游城市群等
国家战略和"一带一路"倡议的"桥头堡"和过渡带，是洞庭湖生
态经济区建设的主战场。长沙、岳阳两市构成湖南融入以上国家战
略和"一带一路"倡议的主要通道，两市协同发展将有力推动湖南
融入以上国家战略，推动湖南实施开放崛起战略和"一带一路"倡
议，推动两市经济高质量发展。

二、大城市建设初见成效

岳阳建设省域副中心城市，具备先天的优势和机遇，加上近年
来的开发建设，已打下坚实基础，取得初步成效。具体体现在三个
方面：

一是区位、交通优势明显。岳阳市临江畔湖、通江达海，水陆
联动、承东接西、贯通南北，地处湘、鄂、赣三省结合部，处于国
家综合交通网第三纵"满洲里至港澳台运输大通道"和第四横"沿
江运输大通道"交汇区，坐拥长江"黄金水道"、京港澳高速、武
广高铁以及岳阳三荷机场等交通要道。拥有"三区一港四口岸"、
汽车平行进口试点等开放平台，国家级口岸平台数位居全国地级市
第一位，在湖南开放崛起中占地优势。二是产业基础较好。已形成

石化、食品、机械、生物医药等9大优势产业。是中南地区重要的石化、造纸、电力能源基地，再生能源基地，农产品加工基地，北斗应用、生物医药、新材料、节能环保等新兴产业正加快发展。三是资源丰富。水资源总量居湖南省第一（含长江过境水量），旅游资源、土地资源等位居全省前列，是湖南省重要的矿业综合城市。四是综合实力较优。近年来，岳阳市先后获批全国文明城市、全国现代物流创新发展试点城市、气候适应性城市建设试点、全国多式联运示范工程，经济规模位居全省第二，"2021年中国地级市品牌综合影响力指数前100名城市"显示岳阳排名全国第32名。

岳阳市是长江经济带和长江中游城市群中的节点城市、洞庭湖生态经济区的骨干城市，处在经济发展较快的武汉城市圈、长株潭城市群、成渝城市群、环鄱阳湖城市群的中间地带，"两带"（珠三角和长三角经济带）和"两区"（武汉城市圈和长株潭城市群"两型社会"建设综合配套改革试验区）之间的中心枢纽。随着国家"一带一路"、中部崛起、长江经济带、长江中游城市群、洞庭湖生态经济区，以及湖南"三高四新"战略、"一核两副三带四区"区域布局、强省会战略、中国（湖南）自由贸易试验区等一批重大战略深入实施，岳阳市面临的战略机遇持续叠加。

省域副中心城市的战略格局基本形成。一是城区"30分钟交通圈"、市域"1小时交通圈"初具雏形，基本形成了外部配套成环、内部纵横成网的水、公、铁、空多式联运体系。许广高速、杭瑞高速、浩吉铁路、岳阳松阳湖铁路专用线等建成通车，平益高速、常益长高铁、城陵矶高速即将建成。三荷机场通航，1.5小时车程可辐射湖北咸宁、洪湖、监利、通城等地，将填补这些区域航空运输的空白，覆盖人口近1000万。常岳九、长九铁路等一批重大工程前期工作已经开展。40公里城市环线全线建成。二是城市营商环境得到改善，产业承载力、要素集聚力得到增强。固定资产投资保持快速增长，产业转型升级速度加快，获批2016年度全国"创新驱动示范市"。洞庭新城、阿波罗商业广场、步步高新天地、豪斯登堡综合旅游主题公园、岳阳新体育中心等城市综合体集商成势，形成了辐射全城、全业态、多元化的都市型中心。三是开放平台优势进一步凸显。开放口岸功能得到进一步发挥，岳阳港货物、集装箱吞吐量大幅提升。成功设立湘欧快线国际货运班列站点，成功进入全国多式联运示范项目"笼子"，岳阳（汨罗）公路口岸投入使用。2021年，进出口总额612.06亿元，增长45.9%，跃居全省第2位。2022年岳阳市成功入围"中国外贸百强城市"榜单第40名。四是经过棚户区改造、禁拆治违、"海绵城市"试点、乡村振兴、历史文化名城保护、山体水体保护、生态修复、城市修补等重点工作，省域副中心城市功能进一步完善。

三、县域经济短板亟需补齐

补齐县域经济短板，增强内生发展动力。城市竞争力较量，很大程度取决于县域经济比拼。坚持把发展壮大县域经济作为省域副中心城市建设的重要支撑，注重发挥县城带动作用，不断挖掘县域经济发展潜力、释放县域经济发展活力，加快推动县域经济高质量发展。

部分县区产业结构层次不高、龙头企业不多、园区平台支撑力不强等瓶颈问题也依然存在，补短、提质、做优县域经济刻不容

缓、势在必行。虽然目前我市一半左右人口居住在县域，农村人口
中的大部分居住在县域内的乡村地区，但是部分县域人口流失的现
象已经显现，这也会对县域城镇化和县域经济发展带来不利影响。
县域经济增长遭遇历史困境，城乡经济转型压力凸显。在疫情常态
化的影响下，县域经济普遍进入快速下滑期，与此相对应的是县域
财政收入不断缩水，收支矛盾加剧，县域财政保运转、保民生、保
稳定、保发展的压力越来越大，债务风险正在不断加剧。

同时也要看到，县域经济发展也面临难得的历史机遇。从政
策供给看，我市在畅通城乡经济循环、加快城乡融合、推动乡村振
兴、推进以县城为重要载体的城镇化建设等方面作出了一系列安排
部署，各项工作有力推进，这些都为县域经济更好发展提供了政策
支持。

一方面，国内市场快速发展，国内国际双循环相互促进持续
推进，居民收入不断增加带来多元化需求，这些都为不同类型的县
域经济提供了更大发展空间。在此背景下，县域经济多样性优势可
以充分发挥，选择不同发展路径以避免同质化竞争成为可能。另一
方面，交通和信息基础设施持续改善，全国统一大市场建设不断推
进，人流、物流和信息流可以在更广大的区域内交互，为在县域空
间内进行分散化生产奠定了更为坚实的基础。此外，岳阳市中心城
区已初具区域性中心功能，突出强化服务创新引领，有效发挥对县
域经济的辐射效应，以实现与县城之间的协调平衡发展，带动县域
经济更好发展。

2021年岳阳市各区县均实现经济稳定增长，大部分地区增速较
快，经济发展运行质量稳定。

2021年岳阳市各县市区GDP发展情况

县市区	总量（亿元）	排位	增速（%）	排位
岳阳市	4402.98	—	8.1	—
岳阳楼区	744.45	1	8.5	4
汨罗市	463.94	2	8.1	8
华容县	394.64	3	8.1	8
岳阳县	385.80	4	8.1	8
湘阴县	369.02	5	8.4	5
经济开发区	363.48	6	14.0	2
平江县	361.24	7	8.6	3
云溪区	328.09	8	1.1	13
临湘市	309.88	9	7.8	12
城陵矶新港区	275.20	10	47.2	1
君山区	180.44	11	8.4	5
南湖新区	127.51	12	8.0	11
屈原管理区	99.28	13	8.3	7

注：资料来源：湘阴县人民政府网站《2021年1~12月岳阳市各县（市）区主要经济指标（一）》

四、城乡发展协调性需要增强

当前，我国发展不平衡不充分的问题集中体现为城乡发展不平衡和农村发展不充分。推进城乡协调发展，逐步缩小城乡差距，实现城乡居民收入均衡化、基本公共服务均等化和生活质量等值化，既是共同富裕的内在要求，也是形成强大国内市场、构建新发展格局的重要基础。城乡公共服务供给公平度不高，农村财政投入难以达到政策预期。地市、县域政府倾向于城镇化的公共投入，对农村的公共服务投入主要依赖中央和省级财政投入，而中央和省级财政对转移支付的分配并未将农村公共服务的供给缺口作为重要衡量标准，从而导致"强县多得、弱县少得"，影响到农村财政投入的公平与效率。当前岳阳农村基础设施仍然比较薄弱，诸多"最后一公里"瓶颈仍然存在，农村公共服务需求与供给的矛盾仍然突出。

乡村振兴离不开城市的反哺，城市发展离不开农村的根基。区委十三届三次全会明确提出，统筹乡村振兴和城市更新，高质量促进城乡协调发展，这既是全面贯彻中央和省、市委决策部署的必然要求，也是始终坚持以人民为中心发展思想的现实行动。全区上下要切实把全会精神落实到行动上、贯彻到工作中，全面统筹乡村振兴和城市更新，实现高质量的城乡共享繁荣，全面增进百姓福祉。

全面实施乡村振兴战略，深入实施区域协调发展战略和以人为核心的新型城镇化战略，将有利于从根本上破解发展不平衡不充分的问题，有力推动城乡区域高质量协调发展。岳阳市委市政府把乡村振兴作为新时代"三农"工作的核心，强化基础保障，培育产业发展动能，突出生态宜居，做好有机衔接，有力地夯实了乡村振兴的基础。与此同时，岳阳市乡村振兴仍然存在要素短板，主要体现在人才支撑不足、土地资源活力不足、资金保障力度不足。据此，提出利用市场配置充分调动、激发各项要素功用，加大育才引进力度，发挥土地溢出效应，强化资金资本支持，利用市场配置现代农业生产要素，有效推动资金、科技、人才、政策等要素向乡村流动，探索一条符合岳阳实际的乡村振兴之路。

乡村振兴战略，就是为了从全局和战略高度来把握和处理工农关系、城乡关系，解决"一条腿长、一条腿短"的问题。实施城市更新行动，则是解决城市发展中问题的有效途径，对不断满足人民群众日益增长的美好生活需要具有重要意义。统筹乡村振兴和城市更新，一方面要坚持农业农村优先发展，稳住农业基本盘，另一方面要提升中心城区功能，实现以城带乡、以工促农、城乡一体、融合发展。

乡村振兴方面，要紧扣岳阳实际抓重点、补短板、强弱项，筑牢"三农"工作"压舱石"，实现乡村产业振兴、人才振兴、文化振兴、生态振兴、组织振兴。产业兴旺要重抓吨粮田、适度规模经营、种业经济和品牌农业，藏粮于地、藏粮于技，提高农业综合生产能力，稳住"米袋子""菜篮子"。加快建设农业园区、农业强镇，深入实施种业振兴行动，构建育繁推一体化的种业产业体系，打响岳阳农业品牌。生态宜居要持续发力农房改善，推动新老村庄同步改善、融合发展，让群众住有安居、住有优居。乡风文明要坚持发展新时代"枫桥经验"，健全矛盾纠纷多元化解机制，完善基层治理体系，创建文明镇村、文明家庭、诚信标兵，以省级婚俗改革实验区为带动，营造文明乡风、良好家风、淳朴民风。生活富裕要重抓村集体经济、农民增收，扎实开展经济强村三年行动，推进农村集体经营性建设用地入市，有序实施村集体参与适度规模经营，成立农村土地股份合作社，深入开展示范家庭农场创建，支持农民在现代农业、电子商务、乡村旅游等领域创业，通过公益岗位、帮扶车间等促进农民就地就近就业，持续巩固拓展脱贫攻坚成果。

五、"一核双港三带"发展导向需要强化

岳阳市立足当前发展基础和未来发展潜力，兼顾对外沟通联系与对内集聚整合，构建"一核引领"（中心城区和临湘市、岳阳

县部分区域）、"双港驱动"（水港、空港）、"三支撑"（北部沿江经济带、南部区域合作带、中部京广经济带）的"一核双港三带"空间布局。

立足岳阳当前发展基础和未来发展潜力，提出"一核引领""双港驱动""三带支撑"的发展导向。一是强化"一核"引领。坚定不移提升城市首位度，整合中心城区和临湘市、岳阳县部分区域，做强城市发展核，形成支撑岳阳大城市建设和发展的核心区。按照功能错位、组团发展的思路，着力优化生产力布局，推动中心城区扩容提质；加快推动岳阳县和临湘市融城发展进程，重点将临湘滨江区域打造成为临港产业发展的新支撑，将岳阳县新墙河以北打造成为城区空间拓展的新界面，拉开城市骨架，做大城市体量，增强对湘鄂赣省际边界地区的要素集聚和辐射带动能力。二是实施"双港"驱动。按照挖潜能、聚动能和补短板、锻长板的思路，依托岳阳地处"一带一部"枢纽节点位置的独特优势和通江达海的区位优势，不断做强水港、做活空港，健全完善多式联运体系，大力发展枢纽经济，推动形成"双港"驱动发展格局，着力打造"双循环"新发展格局下国内重要的货物集散、中转、分拨中心。水港方面，依托城陵矶新港，发挥中国（湖南）自由贸易试验区岳阳片区、跨境电商综合试验区等高能级平台优势，全面完善基础配套，提升综合服务功能，发展壮大临港经济，打造长江中游综合性航运物流中心、内陆临港经济示范区；空港方面，依托三荷机场，加快改扩建步伐，着力完善货运功能，申报建设航空口岸，积极发展临空制造、航空快递物流和航空运输相关服务产业，推动构建临空产业体系，打造中部地区重要的航空货运枢纽。三是夯实

"三带"支撑。北部沿江经济带：以港口岸线资源和对外开放平台为依托，以长江经济带绿色发展示范为引领，加快岳阳沿江地区产业转型升级和联动协作，推动构建长江百里绿色经济发展走廊。加强与长江沿线地区特别是长三角区域的对接合作，大力发展水公、水水、水铁中转运输，打造长江中游重要的中转枢纽港，着力招引头部企业落户入驻，推动建设具有强影响力和竞争力的产业集群。中部京广经济带：以交通干线和产业园区平台为依托，重点加强与长株潭城市群和武汉城市圈的联系，构建城际快速交通网络，着力提升产业配套协作水平，联动打造中部地区的先进制造产业带。南部长岳经济带：发挥平江、汨罗、湘阴、屈原等南部县市区邻近长沙的地域优势，加快对接融入大长沙都市圈发展步伐，推动交通互联互通、产业配套协作、旅游合作开发、民生共建共享，打造长岳经济走廊。通过"三带"构筑岳阳市域发展"经纬线"，加强内部板块联系，拓展对外合作空间。

第二节　加快长岳协同发展

长沙是湖南省会、第一大经济体，正实施强省会战略，致力建设现代化新长沙。岳阳是湖南北大门、第二大经济体，正在加快建设"三区一中心"。长沙、岳阳是长江中游城市群和长江经济带重要的节点城市，承东启西、贯通南北，是"一带一部"的重要战略节点，区位交通、产业发展、港口开放、人文资源等方面优势突出。长岳协同发展，可充分发挥岳阳开放平台和桥头堡的优势，加快融入长江中游城市群，以"一体化"思维推动区域协作，助推构建国内大循环和统一大市场，推动中部地区崛起。

一、长沙岳阳协同发展的基础

1.长沙、岳阳两市人文相亲、山水相连、交通便捷、经济相融。历史上湘阴、汨罗、平江等地隶属长沙；长沙、岳阳双方拥有170公里的边界线；共享湘江、京广铁路、京广高铁、京港澳高速、107国道等交通大通道；长沙望城区与岳阳湘阴县有芙蓉北大道、雷锋大道两条城市主干道无缝对接，京珠复线即将建成通车，湘江大道北延线及景观道、城湘大道、潇湘大道将规划对接湘阴，使两市湘江风光带形成一个有机整体。

2.长沙、岳阳两市市委市政府对协同发展已有基本共识。早在2009年，时任岳阳市市长黄兰香要求湘阴学习长沙、对接长沙、承接长沙、服务长沙。2011年，时任长沙市委书记陈润儿高度重视和关注长沙与岳阳，特别是与湘阴的交流合作，共筑长沙经济圈，指出湘阴对接、融入长沙发展，是发展的趋势、双方的共同利益和共同责任，要求搞好规划衔接，加快两市交通基础设施建设，积极推动长沙产业向湘阴转移。2018年6月，岳阳市党政代表团到长沙考察，就深化两地合作、携手互利共赢等开展深入交流，双方一致认为要推动长岳一体化发展，在规划对接、产业合作、交通融合、飞地园区合作等方面进一步加强合作。2020年7月，市委书记王一鸥、市长李爱武率岳阳市党政代表团深入长沙市，对接长岳协同发展重点工作和重大项目，考察学习开发区运行机制、组织人才、科技创新等方面的好思路、好经验、好做法。2021年11月，长沙市与岳阳市协同发展工作座谈会在长沙举行，省委常委、长沙市委书记吴桂英主持会议并讲话，岳阳市委、市政府主要领导出席并讲话。

3.长沙岳阳两市协同发展已有初步成果。2013年，长沙经开区与岳阳汨罗市共建了汨罗飞地产业园，目前已经引进6个投资额在1亿元以上的项目，1个投资额5亿元以上的项目。2015年，湘阴县按照"敞开南大门，对接省会长沙，加快湘阴发展"思路，启动了湘阴六大对接工程（城乡规划、基础设施、产业项目、市场消费、人才信息、政策环境），主动融入长株潭大市场、大体系、大环境，规划了20平方公里的金龙新区，打造长株潭的产业承接园。2015年，湖南省委省政府决定整合岳阳港、长沙港以及省内其他港口资源，与上港集团、长沙新港等公司合作组建湖南城陵矶国际港务集团有限公司，实现了岳阳、长沙两港资源整合、联动发展。2016年，长沙与岳阳、郴州共同申请自贸区片区。2018年7月，长沙、岳阳两市发展和改革委共同制定了两地一体化发展的备忘录。两市基础教育合作取得重要进展，长沙市雅礼中学举办了岳阳雅礼实验学校，长沙市湖南师范大学附属南湖学校落户岳阳南湖新区，长沙市长郡中学拟在湖南城陵矶新港区建岳阳分校。2020年10月，《湖南省人民政府办公厅关于支持湘江新区深化改革创新加快推动高质量发展的实施意见》出台，明确布局建设湘江新区湘阴片区，湘江新区湘阴片区首开区正式开工建设，华能集团、深圳赛格、湘江集团等龙头企业相继落户。两市共同签署了《关于启动谋划合作建设虞公港助推长岳协调发展相关工作的会议备忘录》，协商提出《长岳协同发展战略重点工作和重点项目清单》，共同推进长沙北部绕城高速至岳望高速茶亭连接线、芙蓉北路交通优化等重点项目建设。

二、长沙岳阳协同发展的现实障碍

1.长沙岳阳协同发展没有被纳入省级交通、产业、空间等发展规划，缺乏高位支持。在湖南省的各类交通、产业、空间等规划中，没有体现长沙岳阳经济协同发展战略，两市城际轨道建设尚未有明确规划，长岳经济走廊缺乏产业支撑，湖南融入长江经济带步伐缓慢。

2.长沙、岳阳两市没有建立协同发展的工作机制。虽然两市主要领导已经于2020年和2021年开展了两次协同发展座谈，但还没有成立两市经济协同发展的领导小组和工作小组，缺乏常态化沟通机制。突出表现为一方有问题需要和对方沟通时，却难以找到沟通机会。

3.长沙、岳阳两市之间没有签订合作框架协议，缺乏协同发展的顶层设计。两市的经济协同发展主要局限于两市相邻县区（如长沙经开区与岳阳汨罗市、长沙望城区与岳阳湘阴县）之间的对接合作，且合作内容较为单一（主要表现为交通规划和飞地产业园合作），缺乏全方位合作。由于两市之间没有签订合作框架协议，下属的县区、职能部门之间因行政壁垒的存在，对开展合作存在顾虑。

4.长沙、岳阳两市在港口资源配置、航空运输市场定位、产业布局等方面缺乏统筹规划和协同意识。两市存在一定程度的重复建设、资源浪费，部分产业雷同、缺乏分工协作等现象。

三、推进长沙岳阳协同发展的政策建议

1.省委省政府应高度重视长沙岳阳协同发展，将长沙岳阳协同发展纳入湖南省各类发展规划。作为湖南省内部区域协同发展的试点区域，对长沙岳阳经济协同发展给予鼓励、支持和政策倾斜，总结经验后再逐步推广，有利于湖南省域协调发展。重点建设"一区一群一廊"（洞庭湖生态经济区、长江中游城市群、长岳经济走廊），将长沙岳阳经济协同发展作为"一区一群一廊"建设的核心。加快建设湘江新区湘阴新片区。推进以长沙为核心周边区域协同发展，强力推进长岳协同发展，加大长岳经济走廊建设力度，加强规划引导，出台政策支持。通过整合长株潭要素集聚的核心优势和岳阳通江达海的门户口岸优势，共同参与区域竞争，发挥长江中游的核心引领作用。

2.建议两市签署《长沙岳阳经济协同发展合作备忘录》，明确

合作领域，建立工作机制。长沙和岳阳共同肩负多项历史使命，两地要按照习近平总书记擘画的宏伟蓝图，进一步提高站位，抢抓国家发展战略重大机遇，扛牢省委省政府赋予的重大责任，确保"十四五"开好局、起好步。两市要深化合作共识，在规划共绘、交通共建、产业共兴、资源共享、环境共治等方面作出明确规定。要加强组织领导，两市市委书记和市长要坚持每年召开一次两市协同发展的会面商谈会议，两市分管副市长每半年召开一次协调会，两市发展和改革委及交通、经济和信息化委员会、海关、港口等相关部门每季度召开一次对接会。建立两地信息共享平台，定期制定两市经济协同发展的清单任务，争取"一季度一报"。

3.建议两市在港口、交通、土地利用、生态保护、产业协作配套等合作领域重点突破。坚持基础先行，织牢协同纽带，进一步拓展长岳对接通道。推进产业融合，增强协同效应，打造富有竞争力的现代产业链。建议由长沙市出资建设岳阳城陵矶港扩建工程，扩建完成后由双方共同经营，长沙市适航货物通过城陵矶港出运。交通基础设施对接先行，加快长沙岳阳城际轨道规划和建设，共同加强湘江航道提质改造。加强生态保护协同协作，合力推动长江经济带绿色发展行稳致远；加强水运设施互联互通，携手推进港口合作、湘江航道升级和长江黄金水道建设；加强战略平台共建共享，在跨境电商、口岸通关、园区发展等方面务实合作；加强产业发展衔接对接，推动审批联动互认，实现优势互补、配套协作、互利共赢；加强文化旅游融合发展，整合资源、挖掘潜力"串珠成链"。凝聚合作力量，共谱携手奋进新篇。深化合作机制，明确重点事项，纳入清单管理，确保高效推进、落地见效，鼓励引导各类市场主体、行业协会、社团组织等深度参与，促进两地合作更全面、更广泛、更深入。

4.建议两市鼓励、支持下属相邻县市区开展全方位对接。要鼓励、支持下属相邻县市区在交通、旅游、园区建设、金融、商贸物流、科教医疗等领域独立开展全方位合作，推动长沙岳阳经济协同深入发展。通过推动湘阴、汨罗融入长沙大都市区，扩容大长沙都市区，提升长沙辐射带动能力和湘阴、汨罗的承接协同能力，引导中心职能在更大范围的重组互补，实现协同发展。支持湘阴、汨罗、平江等县市抢抓国家系列重要的战略机遇、抢抓"强省会"战略的历史机遇、抢抓省市重视的重大机遇，强化"抢"的意识、"拼"的精神、"干"的作风，乘势而上、顺势而为，以更快速度推进开发建设。着力将湘阴片区建设成为长岳协同先行区、先进制造集聚区、开放经济试验区、自主创新引领区、绿色发展示范区、县域经济支撑区，打造成为"强省会"战略的新增长点、岳阳建设省域副中心城市的重要阵地、湖南湘江新区开放创新领跑的新增长极。

除了加强长岳协同发展，还应加强与益阳、常德、荆州、咸宁、九江等周边地区的区域互动合作，建立沟通协调、规划对接、技术支撑、产业分工协作等相关机制，促进城市间在基础设施建设、产业分工协作、公共事业发展、社会保障、旅游、生态环境治理等方面展开务实合作，强化在湘鄂赣边区的带动作用，推动城市功能整合和产业布局优化。加强区域生态、交通、市政和文化网络共建共享，重点通过高速铁路、高速公路和城际铁路联通各区域。进一步加强区域战略合作示范平台建设，加强洞庭湖生态经济区的治理与发展，创新城乡统筹、区域联动、绿色发展的新模式。探索与荆门、咸宁、九江联动发展，促进产业、生态、旅游融合发展。深度融入国家和省重大区域战略。以交通为纽带、以产业为支撑，强化与长江中游城市群、武汉城市圈、长株潭城市群协同发展。布局先进制造业和工程机械零部件项目，推动长株潭岳协同配套发展，在先进制造业、现代物流等产业领域形成合力。

第三节　不断提高城市能级

城市的能级体现在对周边和更广阔区域的拉动、辐射、协同、赋能、共融等效应。按照省域副中心城市的定位，牢牢把握城市建设发展方向原则、方法思路，努力打造"产业强劲、开放领跑、绿色示范、人民共富"的现代化大城市，走出一条城市高质量发展道路，城市空间布局优化完善，城市发展能级显著增强，城市功能品质持续提升，城市总体构建日渐清晰，城市品牌形象整体重塑，老百姓的获得感、幸福感、安全感不断增强。

一、岳阳建设省域副中心城市存在的主要问题

省域副中心城市必须具备较强的综合服务、产业集群、物流枢纽、开放高地和人文凝聚等功能。岳阳市建设省域副中心城市虽然取得了一些成绩，但是也存在一定差距和问题。

1.城市人口规模较小、人口素质有待提高、人口分布不合理。一是岳阳市中心城区人口较少，2021年中心城区六区常住人口才133万。二是人口素质有待进一步提高，能吸纳高层次人才的就业岗位较少，城市吸引和集聚人才优势尚不明显。全市具备博士学位人才数量在湖南省各地市中排名较低，企业高层次人才积累不足，科技

创新能力不强。高校资源较少（全市仅有一所本科院校，毕业生大多外流），高层次创新型、领军型、国际化人才缺乏，与城市现代化要求相适应的人力资源引、留、育体系亟需健全完善。三是人口分布不合理，"产城人"融合程度不高，产业集聚与人口集聚不同步，新老城区功能难以互补融合。一方面老城区人口密度高，建筑拥挤、交通拥堵等系列负面效应明显，经济增长的动能下降；另一方面，云溪区、经济技术开发区等产业集中度高，但生活居住配套却不够成熟完善。

2.产业结构不优。一是三次产业结构不合理。规模化农业不高，附加值低。以原材料加工、制造为主的传统工业在全市工业中仍占很大比重，高能耗行业比重较大，而以现代电子信息、生物医药、高端制造等为代表的高精尖技术产业的比例偏低。2021年全市第三产业占GDP比重为47.84%，分别低于全国、全省平均水平5.46和3.46个百分点。尤其是金融、物流、信息、研发设计、商务服务等生产性服务业整体仍处于较低发展水平。全市经济总量、财政收入严重依赖"两厂"（中国石化长岭、巴陵公司）。二是产业链条短，层次低。从组织结构看，全市以大企业为核心、相关配套产业的小企业集聚其周围而形成的产业集群相对较少，大多是传统类型的产业集群；从技术结构看，拥有中低端技术居多，高端核心技术相对较少；从产品结构看，全市投资类产品比重高，消费类产品比重低，还有一些低水平重复建设产品，常年徘徊在加工、组装和制造环节，产业链条短，配套不完善，缺少高端产品。

3.新增长极建设后劲不强。一是随着宏观经济扩张步伐的减缓，以及区域间发展竞争趋向加剧，招商引资难度加大，缺乏大项目的有效带动，新增项目偏少。二是企业发展水平低。龙头骨干企业不多，优质民营企业数量少，民营经济投资不够活跃，开放型经济主体发展水平低。造纸、纺织等传统行业未能摆脱"低端效应"，部分传统支柱行业进入微利时代，而新兴产业虽然已成规模，但相对长沙、株洲等城市仍有较大差距。三是地方财力弱，县域经济不强。地方财政收入远远低于洛阳、宜昌、芜湖、赣州等地，与经济规模极度不相称。四是生态环境保护压力大。岳阳市地处长江沿岸，在中央"共抓大保护、不搞大开发"的要求下，产业发展、城市承载能力受到很大限制。《中共岳阳市委关于推动长江经济带生态优先绿色发展的决议》提出以壮士断腕的勇气和背水一战的决心，加快推动长江经济带生态优先绿色发展，岳阳市石油化工、电力能源、造纸印刷、纺织工业等传统优势产业面临转型发展的挑战。

4.岳阳基础设施建设还存在不少堵点难点。无论是交通高峰期的"堵心"，还是城区雨季的"看海"；无论是产业链的"短链""断链"，还是农村芥菜的土坑腌制，无不暴露出基础设施的短板和弱项。与现代化的要求相比，与省域副中心城市的定位相比，与人民群众的期待相比，岳阳基础设施建设远未达到饱和程度，还大有文章可做、大有潜力可挖。基础设施建设拉动有效投资，带动产业发展，对稳增长、稳市场、稳就业、稳预期具有最直接、最快捷、最关键的作用。在6方面33条稳经济一揽子政策中，明确在交通基础设施、能源、保障性安居工程等9大领域基础上，将新型基础设施纳入支持范围，提升统筹发展与安全的水平，满足人民群众对高品质生活的向往。

5.城市集聚辐射能力不强,与周边地区的协同发展不够。岳阳市南边的长沙市、北边的武汉市仍处于集聚、扩张阶段,岳阳地区所属的湘阴、汨罗等地的资源不断向长沙集聚。以岳阳市现在的商业资源集聚度、城市枢纽性等发展水平,集聚能力不强,对周边地区的辐射能力较弱。"1+4+2"城市组团是岳阳市建设省域副中心城市的核心发展战略,但它限于市属区域内合作,没有涉及岳阳与周边地区的协同发展。岳阳市不应仅是岳阳地区的中心城市,还应该是周边若干地区的中心城市。

二、岳阳市提高城市能级的对策建议

优化城市空间格局,扩大中心城区规模,建设"一湖两岸"宜居城市,加快人口集聚。

1.争取省委省政府更大支持。将岳阳省域副中心城市建设纳入全省经济社会发展规划统筹部署,从空间规划、产业布局、基础设施、项目安排、人才支持、资源要素、简政放权等方面,给予岳阳全方位的政策支持。

2.把建设省域副中心城市作为岳阳市发展的核心目标。建设省域副中心城市,是岳阳市当前最大的历史机遇、重大的使命担当,是引领工作的核心。尽快成立岳阳市建设省域副中心城市领导小组,制定各县市区与职能部门的联席会议制度,定期协调解决建设中的问题。对标省域副中心城市建设标准,着手制定《岳阳市建设省域副中心城市的行动纲要》《岳阳市建设省域副中心城市的实施方案》等政策文件。

3.提升中心城区首位度。围绕"1+4+2"岳阳大城市圈,科学编制国土空间规划，加快岳阳县、临湘市融城步伐，实施"一湖两岸"战略，支持君山区跨湖发展，着力做大城市体量，形成城市服务核心和城北制造业绿色转型发展组团、城东产城融合发展组团、西部江湖特色旅游组团、南部宜居康养组团的"一心四组团"空间格局。加快县城城镇化步伐，推进公共服务设施提标扩面、环境卫生设施提级扩能、市政公用设施提档升级、产业培育设施提质增效。加强特色镇建设，抓好全国重点镇建设，积极支持省际边界镇和毗邻长沙城镇建设。中心城区产业发展的基本方针应为"激活存量，扩张增量，促进融合"，即激活现代商贸业、房地产业、金融保险业、现代物流业等现有产业的发展动能，扩张数字经济、高新技术产业、现代服务业等新兴产业发展空间，通过引入新元素促进新旧产业融合发展，从而全面促进产业转型升级。

4.加快构建高效便捷的对外交通格局。在尽快完成"1+4+2"城市组团规划的对内交通道路建设基础上，加快岳阳市与周边地区的交通基础设施建设，构建起以岳阳市为中心的湘鄂赣边区1.5小时经济圈，提升岳阳市空间要素集聚力。推动形成"两纵（武广、荆岳长）两横（荆岳南、常岳九）"高铁通道；支持湘阴、汨罗、平江与长沙望城区、开福区、浏阳市交界处"断头路"建设，推动湘江虞公港合作开发、汨罗至杨桥公路、万家丽北路汨罗段、湘江北路北延至湘阴县城、岳望高速茶亭互通与长沙北部绕城高速互换连接线、S506湘阴至屈原公路（芙蓉北路北延）等项目建设；完善铁路东联西接，争取常岳九、长九铁路纳入国家铁路建设发展规划；推动京广铁路岳阳城区段东移；加快推动岳阳与周边区域的铁路、公路互联互通工程。争取国家支持将岳阳机场纳入专业性货运枢纽机场布局规划，建设国际航空口岸；推动建设常德—岳阳—九江、浏阳—平江—汨罗—湘阴—益阳、长沙—岳阳—咸宁—武汉三条城际铁路，远期谋划荆州—岳阳—南昌城际铁路；加快推进平益、监利至华容、城陵矶高速项目，积极谋划华容至平江至江西铜鼓高速。

5.加快推进新型城市基础设施建设。支持申报国家新城建试点城市。全面推进城市信息模型（CIM）平台建设，实施智能化市政基础设施建设和改造，协同发展智慧城市与智能网联汽车，推进智慧社区建设，推进智能建造与建筑工业化协同发展，推进城市运行管理服务平台建设。形成《基础设施建设项目清单》、《拟争取中央预算内项目清单》和《拟争取专项债券项目清单》三个项目库；瞄准争资争项目标，做实基础设施领域项目储备，扎实推进前期工作深度；抓紧抓实专项债券项目申报储备与实施管理，争好用好专项债券。

6.加快推进城市更新工作。从2021年起，坚持一年打基础，两年出形象，五年塑造城市新风貌。主要实现"六更"目标：一是全面拓展产业空间，打造就业创新载体，确保产业更旺；二是开展生态修复和城市修补，打造海绵城市示范区，城市功能和景观风貌明显改善，确保环境更优；三是推进城市疏解理念，降低城市密度，补齐垃圾站、公厕、消防站和农贸市场等公共设施短板，着力解决城市堵点、痛点和难点问题，确保设施更全；四是化解安全风险隐患，增强城市韧性和防灾减灾能力；完善城市信息化服务功能，推动信息化、工业化与城镇化深度融合，确保功能更强；五是坚定文化自信，通过公共艺术设计，挖掘本土文化元素，保护历史文化遗存，留住"岳阳记忆"，确保底蕴更深；六是充分引入城市设计理念，打造一批宜居区、历史文化风貌区和特色街区，确保标准更高。同时，积极引导城市居民参与城市更新建设与治理。

7.提升城市吸引力。一是促进就业创业环境要素集聚和人才集聚。设立岳阳市大学生科技创业基金，降低资助门槛、提高资助标准等。《巴陵人才工程实施方案》《加强高层次创新创业人才引进工作实施办法》等文件对人才引进、奖励的门槛偏高、待遇偏低，已经跟不上国内其他城市对人才竞争的形势需要。最重要的是通过产业兴城，集聚人才。做强石油化工、食品加工、现代装备制造、现代物流等优势产业集群；壮大生物医药、节能环保和信息技术产业等新兴产业规模；谋划航空航天、人工智能、生物技术、生命健康等未来产业发展。二是提高城市公共服务水平。按照"强配套、优功能、兴商机、聚人气"的要求，不断完善城市公共服务设施，以便捷的交通、优美的环境、完善的服务，形成吸引企业入驻、吸引人才入城、吸引资金入市的"磁石"效应。三是加快提升城市品位，提升城市品牌。大力推进创新城市、绿色城市、智慧城市和人文城市建设，加大城市"双修"力度，全面提升城市内在品质和城市品牌，进一步加大"洞庭天下水，岳阳天下楼"的宣传和建设，提升城市品牌。

第四节 做大做强县域经济

坚持把发展壮大县域经济作为重要支撑，按照因地制宜、分类施策、突出特色的原则，引导推动资源向县域集中、要素向县域倾斜、项目向县域布局，着力打造一批具有影响力和知名度的特色产业集群和地域品牌，加快形成特色鲜明、竞相发展、多点支撑的县域经济发展格局，力争汨罗市挺进全国县域百强，华容县、湘阴县、平江县进入全省县域经济前20强。

一、引导县域错位发展

坚持分类指导、突出特色的原则，以强县富民为主线，优化各县（市）功能分工，努力走出一条产城融合、各具特色、竞相发展的县域经济发展新道路，为建设省域副中心城市提供坚实支撑。推动临湘市、岳阳县、华容县对接中心城区发展，联动打造新材料、食品加工、现代物流、电力能源、生物医药等优势产业集群；引导平江县、汨罗市、湘阴县加强与省会长沙的区域合作，提高工程机械、装备制造、现代物流、电子信息等优势产业配套协作能力。力争到2025年，汨罗市GDP达到700亿元，华容县、岳阳县、平江县GDP达到600亿元，湘阴县、临湘市GDP均突破500亿元，县域经济占全市GDP比重达60%；汨罗市、平江县、湘阴县一般公共预算收入达到30亿元，岳阳县、临湘市、华容县一般公共预算收入达到20亿元；汨罗市挺进全国县域百强，华容县、湘阴县、平江县进入全省县域经济前20强。

岳阳县。强化联结岳阳中心城区与长株潭城市群的重要节点功能，提质发展生物医药、新型建材、机械制造等优势产业，培育发展临港物流、城市配送物流产业，加强与中心城区的联动协同，实现融城一体发展。

临湘市。强化"湘北门户"功能，着力构建内通外畅的交通网络，加快融城发展步伐，优化沿江产业布局，加强与城陵矶新港区抱团发展，推动临港新兴产业园建设，打造岳阳临港经济发展新片区、新引擎。

华容县。对接融入长江经济带和洞庭湖生态经济区战略，加强区域交通联系，完善物流枢纽功能，加快发展纺织服装、食品加工、电力能源、医药卫材等优势产业，打造湘北地区中心县。

汨罗市。发挥交通区位优势，积极承接产业转移，加快循环经济产业园和湖南工程机械配套产业园建设，推进有色金属深加工、高分子材料、电子信息等优势产业延链、补链、强链，奋力挺进全国百强县。

平江县。对接融入湘赣边区域合作示范区建设，做大做强食品、云母制品、石膏建材、军民融合等特色优势产业，加快发展全域旅游，创建与乡村振兴的全国样板，实现向经济强县的跨越。

湘阴县。发挥邻近长沙优势和湘江航运优势，抢抓纳入湘江新区新片区和长株潭区域一体化发展范围的政策机遇，加快构建便捷交通网络，着力提高产业配套协作能力，打造南部区域合作先行示范区。

岳阳县加快建设省域副中心城市融合区、高新技术产业集聚区、全域旅游发展示范区、沿湖开放经济崛起区，陆续建成全国石木塑产业之都、中南地区示范性生物医药生产基地、全省高端智能制造产业基地，园区税收突破10亿元；"岳阳王鸽"产值突破50亿元；成功创建了国家全域旅游示范区、国家级电子商务进农村综合示范县、全省先进园区。

临湘市全力打造"三区四市五个新格局"。其中，"三区"为湖南通江达海开放前沿区、岳阳长江百里绿色经济发展走廊示范区和省域副中心城市拓展区，是临湘在湖南"三高四新"战略、岳阳"三区一中心"建设中的角色定位，是临湘建设发展的品牌形象。"四市"为生态立市、开放活市、产业强市、港口兴市，是临湘市贯彻新发展理念，推动融城融产融港发展，打造"三区"的核心要义和基本内涵。"五个新格局"为产业集聚新格局、滨江开发新格局、融城发展新格局、乡村振兴新格局、品质生活新格局，是临湘市打造"三区"、加快"四市"建设步伐的预期目标和具体行动。

华容县在长江经济带、洞庭湖生态经济区和省际边界区域的开放协同发展中迈出新步伐，形成"一廊二中心"发展新格局，即主动融入岳阳长江百里绿色经济发展走廊，打造环洞庭湖能源消费中心、湘鄂边商贸消费中心。具体打造富美"五县"。华容县发展和改革局局长陈明介绍，富美华容"五县"指现代化强县、生态美县、开放大县、产业强县、品质名县。

汨罗市坚定经济上全面融入长沙不动摇，以"优工强市、生态美市、三产活市、开放旺市、和谐立市"为路径，坚持改革创新、融合发展、信息化赋能，打造"国家重要先进制造业配套基地""世界端午龙舟诗歌名城""省域副中心城市县域现代化发展引领区"，打造"三园一区"升级版，谱写更高品质的生态文化活力新篇章，重返全省县域经济十强县，全力冲刺全国百强县，在岳阳打造"长江经济带绿色发展示范区、建设省域副中心城市"进程中走在前列，多做贡献。

平江县紧盯"挺进全省县域经济十强"目标，坚定不移实施"生态优先、产业引领、城乡统筹、开放崛起"四大战略，奋力建设"一城四区"，建设湘鄂赣边产城融合新城、全国生态文明示范区、全国乡村振兴样板区、全国全域旅游引领区、全国特色产业聚集区，在岳阳建设名副其实的省域副中心城市进程中彰显平江作为。

湘阴市将全面助力省委省政府"强省会"战略，着力将湘阴片区建设成为长岳协同先行区、先进制造集聚区、开放经济试验区、自主创新引领区、绿色发展示范区、县域经济支撑区，打造成为"强省会"战略的新增长点、岳阳建设省域副中心城市的重要阵地、湘江新区开放创新领跑的新增长极。坚持规划协同为先导、交通协同为基础、产业协同为主导、政策协同为内驱、要素协同为保障，主攻"一园一城一港区"三大主阵地及"十大标志性工程"建设，在建设湖南先进装备制造（新能源）特色产业园、天鹅山大学科创城、虞公港及港产融合区等项目上绘就热火朝天施工图，铺就高质量发展好底色，在长岳协同发展上闯出新天地。

二、提高县域产业支撑能力

坚持产业强县、特色兴县，以产业园区为载体，着力打造具有影响力和知名度的特色产业集群和地域品牌。加快发展县域特色制造业，重点支持岳阳县生物医药、新型建材、机械制造，临湘市新材料、浮标钓具、竹木制品，华容县纺织服装、通用设备制造、医药卫材，汨罗市再生资源利用、有色金属加工、工程机械配套，平江县休闲食品、云母制品、石膏建材，湘阴县装备制造、建筑建材、食品加工等优势产业做大做强，加强产业园区基础设施建设，完善园区产业配套和服务体系，支持符合条件的园区调区扩区，增强园区承载能力。到2025年，汨罗高新区技工贸总收入突破千亿元，其他县（市）园区技工贸总收入均突破500亿元。加快发展县域特色服务业，重点支持平江县、华容县打造区域性物流枢纽，支持有条件的县（市）创建全域旅游示范区、开展电子商务进农村综合示范。加快发展县域特色农业，按照"一县一特"的原则，重点壮大岳阳黄茶、岳阳肉鸽、华容芥菜、屈原粽子、小龙虾等农业主导特色产业，支持有条件的县（市）创建农村一二三产业融合发展示范县、农村产业融合发展示范园。

加强企业梯次培育。坚持把培育壮大优势企业作为发展县域经济的重要途径，以个转企、小升规、规转股、股上市为重点，不断做强存量、做优增量，实现阶梯式发展。注重扶持龙头企业做大做强，着力打造一批营业收入10亿级、50亿级和100亿级企业集团，积极推动符合条件的龙头企业上市，努力实现上市企业县（市）全覆盖。加快发展中小微企业，大力支持县域范围内科技企业孵化器、创新创业平台建设，重点打造一批"专精特新"小巨人企业。到2025年，六县（市）规模工业企业达到1500家，新增高新技术企业300家以上，新培育主营业务收入10亿元以上龙头企业20家以上。

岳阳高质量发展的基础在县域，短板在县域，潜力也在县域。在发力建设副中心、打造增长极的历史节点上，推进县域经济高质量发展既正当其时又至关重要更大有可为。推进县域经济高质量发展，我们肩负重要使命、具备较好基础、迎来重大机遇、拥有显著优势，但也面临压力挑战。各级各部门要自觉扛牢推进县域经济高质量发展的时代重任，进一步提升站位、理清思路、强化实干，推动县域经济发展进入快车道、迈向高质量，为加快建设副中心、致力打造增长极提供坚实支撑。以县城为中心的县域经济快速发展使越来越多的中小微企业繁荣发展，大力发展民间经济增强县域发展实力。同时依据各县资源禀赋和产业基础，制定县域内企业重点发展计划，利用粮食、油料、蔬菜、水产、畜禽、茶叶、竹木等七大资源优势，宜农则农、宜工则工、宜商则商、宜游则游，加强主导产业的培育，制定"一县一策"实施方案。

（一）岳阳县

构建"一园三区"的工业布局。"一园"即高新技术产业园，"三区"即生物医药产业片区、建材产业片区和鹿角临港产业片区。生物医药产业片区作为高新园区发展主阵地，重点发展生物医药、智能制造与电子信息产业；建材产业片区重点发展新型建材与新材料产业；鹿角临港产业片区积极对接岳阳自贸片区，力争设立物流保税中心，依托铁水联运优势，加快推进铁路专用线建设，打造铁路公路航运枢纽型物流基地，发展港口经济。

推进粮食生产基地和农产品加工基地建设，促进农业产业化，培育特色农业生产基地。重点打造"四区"：筻口、杨林、新墙、柏祥、长湖等G107沿线优质水稻主产区；麻塘、新开、新墙等都市休闲农业示范区；柏祥、杨林街、中洲等健康养殖集中区；铁山库区乡镇绿色种植和生态旅游区。

（二）临湘市

巩固传统产业，壮大特色消费产业，大力发展战略性新兴产业，积极培育新材料、电子信息、建材、绿色化工、钓具（浮标）、竹木家居、农产品加工等七大产业链条，形成科学合理、梯次演进的产业格局，打造长江绿色发展长廊示范区。

坚持绿色发展理念，推动传统机械产业向高端装备制造、智能制造方向升级。巩固矿产、建材、机械等传统产业发展基础，引导沿江一公里传统化工产业加快退出，不断提升浮标（钓具）、竹、茶等独具临湘特色的消费产业规模和影响力，重点引进和培育电子信息、新材料和港航物流，实现战略性新兴产业的集聚性发展。按照区域合作创新、区域产业同构导入两条路径建设临港战略性新兴产业集群，实现战略性新兴产业集聚性发展。

（三）华容县

大力推进农业现代化。实施"五园五区五镇"建设行动，大力推进农业绿色化、规模化、品牌化，大力发展"二品一标"产品，扎实提高农业生产效率和农产品质量。以水稻为主导，大力发展粮食、棉花产业；以芥菜为核心，大力发展蔬菜产业；以生猪养殖为主打，大力发展畜牧业；以小龙虾、胖头鱼为龙头，大力发展水产产业；以油料深加工为重点，大力发展油菜产业；以药材和茶叶为基础，大力发展特色产业。

大力推进新型工业化。做大做强"4+1"产业集群。以高端技术为引领，做优纺织服装产业；以芥菜加工为龙头，做强食品加工业；以智能制造为方向，做精通用设备制造产业；以领军企业为主体，做实医药制造产业；以电厂基地为重点，做大绿色能源产业。增强园区发展活力。增强创新研发能力，加快承接产业转移，促进产城融合发展，提升绿色发展水平。

（四）汨罗市

争创国家级循环经济绿色发展示范区，聚焦有色金属新材料深加工产业链、高分子材料产业链、电子信息产业链三大产业链，统筹推进产业基础高级化、产业链现代化，打造国家级"一基地，两中心"，即国家重要的有色金属、非金属资源集聚地，新型基础材料供应基地再制造中心，制造业配套服务中心。

突出"工程机械智能化技术聚焦、产业项目聚焦、产业链高端聚焦、长岳主配协调发展"的发展思路，以湖南工程机械配套产业园（长沙经开区汨罗产业园）为中心，重点推进工程机械及配套产业为核心的智能制造装备产业、新材料产业、电子信息及人工智能产业，重点打造工程机械及汽车零部件、有色金属、高分子材料、电子信息四大产业链，转型提升安防、石材建材等传统产业，积极培育装配式建筑产业。

着力夯实"五园、十基地"农业产业化基础，规划建设环洞庭湖生态种养观光区、生态农业观光休闲园区、长乐古镇农耕文化休闲体验区、汨罗江端午习俗农业观光休闲旅游区、弼时红色文化农业产业园五个省级以上特色产业园，高档优质稻、特色糯稻、虾稻综合种养基地，绿色蔬菜基地、生态旱杂粮基地、高档绿色生态茶叶基地、大荆特色瓜果基地、特色经济作物基地、油茶基地、油菜基地等各万亩以上。

（五）平江县

重点培育"一园两区"发展格局，一园即平江高新技术产业园，两区即伍市工业区、天岳新区，规划布局华电平江电厂配套产业园。科学确定园区产业定位，推动园区向专业化、特色化发展，按照政策引导、市场主导的原则，积极稳妥引导符合主导产业发展要求的企业向园区转移，提高产业企业集聚度，发展壮大园区主导产业集群。伍市工业园区重点发展休闲食品加工、云母制品、石膏建材产业，天岳新区重点发展电子信息、医疗器械产业，华电平江电厂配套产业园着力打造煤电工业固废物就近利用的煤电综合循环利用示范区，支持新型建材企业入园发展。

坚持农业农村优先发展，重点发展油茶、茶叶两大产业，夯实粮食生产基础地位，壮大中药材、果蔬、养殖等特色农业产业。坚持"强工兴旅"双驱动产业发展战略，推进"文旅+"融合发展，以文化旅游景区培育为抓手，着力构建以幕阜山、石牛寨、福寿山为核心的"旅游发展"新格局，打造区域性文旅中心。

（六）湘阴县

重点发展湖南省先进装备制造（新能源）产业园、虞公港区和大学科技城。将县城建设为生态人文之城、美食康养之城、创新创业之城;将湖南省先进装备制造（新能源）产业园打造为湘江新区先进制造业集聚区;将虞公港区打造为大型高端装备制造产业承载湖南通江达海开放发展的新高地;将大学科技城打造为长沙北部地区科教创新培育区，逐步发展为湖南科技创新高地。做强四大支柱产业:绿色装备制造、绿色建筑建材、绿色食品、文旅康养。

第五节 推动乡村全面振兴

实施乡村振兴战略，是党的十九大作出的重大决策部署，是新时代"三农"工作的总抓手。岳阳地处长江与洞庭湖交汇处，地理优越、物产富饶，是传统鱼米之乡、农业大市。近年来，岳阳市坚持以习近平新时代中国特色社会主义思想为指引，认真贯彻中央和湖南省委省政府决策部署，以坚持农业农村优先发展、坚持农民主体地位、坚持全面振兴、坚持强基固本为原则，扎实推进乡村振兴战略，着眼于发挥优势、补齐短板，结合实际创造性开展工作，积极探索一条具有岳阳特色的乡村振兴之路，有力推动了农村"外在形象"和"内在实力"的同步提升。

一、凝聚合力，乡村振兴全面推进的基础不断夯实

（一）坚持党管农村，强化乡村振兴基础保障

1.完善机制，强化组织保障

加强和改善党对"三农"工作的领导，提高新时代党领导农村工作能力和水平。岳阳市成立了以市委书记任第一组长，市委副书记、市长和市委专职副书记任组长的中共岳阳市委实施乡村振兴战略领导小组，高位推动乡村振兴工作。领导小组制定了《岳阳市

贯彻落实〈中国共产党农村工作条例〉实施办法》，压紧压实了五级书记抓乡村振兴的主体责任。稳步推进乡村振兴战略绩效考核工作，成立了市委副书记任组长，市纪委监委、农业农村、水利等部门单位负责人为成员的乡村振兴战略实绩考核领导小组，印发了《2020年岳阳市实施乡村振兴战略实绩考核方案》和《2020年岳阳市实施乡村振兴战略实绩考核评分细则》，力求目标任务落细落地落实。

2.强化人才、资金保障

岳阳市每两年开展一次乡村振兴带头人、扎根基层优秀人才的评选工作，2020年培训新型职业农民2100人（经营管理型主要培育新型农业经营主体带头人1750人，农业经理人50人；专业生产型和技能服务型300人）。统筹涉农资金，2020年市本级统筹整合了7100万元用于乡村振兴工作，其中960万元用于支持岳阳茶叶产业发展和农业产业优势企业扶持，1770万元用于精准扶贫，2000万元用于规范集中建房和分散按图建房奖励补助，2190万元用于禁捕退捕工作。

（二）着力产业先行，培育乡村振兴发展动能

乡村振兴，产业先行。市委市政府把产业发展作为全市重要工作，全力开展新兴优势产业链建设，着力发展粮食、油料、蔬菜、水产、畜禽、茶叶、竹木七大农业百亿产业，岳阳市委农村工作领导小组出台关于《岳阳市深入实施"六大强农"行动、打造七大优势特色百亿产业工作方案》，以产业发展推动乡村振兴。

1.以龙头企业为主导，加快品牌建设

大力培育龙头企业，截至目前，岳阳市级以上农业产业化龙头企业285家，其中，国家农业产业化重点龙头企业6家，省级龙头企

业61家，市级龙头企业218家。农业产业化龙头企业中产值过50亿元的企业1家、产值过20亿元的企业2家、产值过10亿元的企业4家、千亿产业标杆龙头企业4家，全省农业特色产业30强岳阳5家。以龙头企业为主导，加快品牌建设，全市用于农业品牌建设资金达1.7亿元、引进工商资本9.6亿元、市本级投入专项资金2400万元，用于岳阳黄茶品牌打造、农产品品牌营销促销、帮扶重点品牌企业举办节会和推介会。

2.以融合发展为举措，做强特色产业

立足生态优先、绿色发展，根据资源优势和生态禀赋，市场导向，奖补激励，以一二三产业融合发展为方式，建设一批产业强、环境美、品牌响，生产生活生态融合的特色小镇，打造乡村振兴产业引擎，激发乡村振兴内生动力。截至2020年年底，岳阳成功授牌10个以上农业产业化特色小镇，其中平江县加义康养小镇获评全国农业产业强镇，临湘市羊楼司竹器小镇获评农业农村部2020年度全国乡村特色产业10亿元镇，湘阴县鹤龙湖蟹虾小镇获评2020年省级特色农业小镇。全力开展市级农业特色产业园认定创建工作，两年累计认定市级农业特色产业园75个，超省定任务10个。市级财政安排600万元，按100万元的标准，支持岳阳市田园牧歌有限公司等6个特色产业园开展市级农业园区创建活动。全面完成2019年9个省级特色产业园、3个示范片、1个集聚区创建任务，并通过了市级组织的验收。

（三）突出生态宜居，擦亮乡村振兴亮丽底色

正确处理农业农村发展与生态环境保护的关系，持续推动构建人与自然和谐共生新格局。近几年，在市委市政府组织的"我看岳阳新变化"活动中，市民纷纷为全市人居环境整治工作点赞。

1.升级整治人居环境

2020年,以干干净净迎小康为目标,制定出台《岳阳市2020年打造农村人居环境整治升级版工作方案》,重点推进"厕所改造"向"厕所革命"升级、"垃圾治理"向"垃圾分类"升级、"治理污水"向"守护碧水"升级、"规范拆建"向"美丽乡村"升级、"人居环境"向"人民健康"升级五大提质升级行动,取得了显著成果。

2.全面落实禁捕退捕

禁捕退捕启动以来,全市共出动执法人员80933人次,出动执法车辆14143辆次,出动执法船艇9874艘次,清理违规网具14882张顶,查办违法违规案件138件,查获涉案人员153人,司法移送案件数量48件,司法移送人员74人。截至目前,岳阳市长江、洞庭湖、黄盖湖、湘江、资江、沅江、汨罗江、华容河、藕池河、新墙河共2200平方公里水域已全面禁捕,禁捕水域涉及9个水生生物保护区,禁捕退捕工作任务涉及12个县市区。

3.持续强化污染防治

以农用有机肥和农村能源为主攻方向,开展畜禽粪污和农作物秸秆资源化利用,促进农业绿色生态发展。全市规模养殖场畜禽粪污全部经雨污分离沟进入粪水收集池干湿分离,粪污资源化利用率达85%。其中岳阳县粪污利用和病死畜禽处理模式得到农业农村部的充分肯定,作为"岳阳模式"在全国推广;平江县规模养殖场粪污处理设备装备配套率达100%,畜禽粪污综合利用率达90%以上。

(四)做好有机衔接,提升乡村振兴实施水平

1.乡村振兴与脱贫攻坚有机衔接

岳阳市脱贫攻坚任务已经全面完成,同时将其作为乡村振兴的

起点，实现脱贫攻坚与乡村振兴有机衔接。一是搞好规划编制。积极配合省扶贫开发办公室开展湖南省"十四五"巩固脱贫成果规划编制调研，全面梳理省办要求的"1个规划2项改革"事项。二是稳定干部队伍。全面建成小康社会前，扎实推进党建促脱贫攻坚，强化贫困村党支部政治功能，提升组织力，推动脱贫攻坚力量向乡村振兴力量转化，打造一支永不走的工作队。目前，全市共派出驻村工作队1141支、工作队员2549人，其中市派驻村工作队76支、队员236人。三是强化基础设施。累计发放扶贫小额信贷15.76亿元，惠及3.83万户建档立卡贫困户；贫困村电网改造和水泥（沥青）路通达率100%，4G和光纤通达率100%。

2.文明提升与乡村治理有机衔接

乡风文明是乡村治理的成效体现，乡村治理是乡风文明的实现途径，岳阳市通过充分发挥群众理事会的作用、开展文明创建活动、提升乡村教育水平，将文明提升与乡村治理有效衔接，成效显著。2020年新创建全国文明村镇4个，新申报省级文明村镇19个，拟创建市级文明村镇111个，预计年底验收工作完成后全市县级以上文明村可达813个，占比59.17%，县级以上文明乡镇可达79个，占比74.53%，实现了全国"十三五"规划要求的双50%目标。

岳阳市强力推进乡村振兴战略，取得了突出成效，但与中央要求相比、与沿海先进省市相比仍有较大差距。要促进"三农"发展，推进全面乡村振兴，关键在于利用市场配置现代农业生产要素，有效推动资金、科技、人才、政策等要素向乡村流动。岳阳市乡村振兴的要素仍然存在以下短板：农业人才引进难和专业人才留住难并存；土地细碎化经营突出，土地流转形式单一，多以土地出租为主，土地互换、转包、入股、合作等形式较少，土地产出效益不高；涉农资金种类多额度小，涉农项目"资"出多门，社会资本下乡道阻且长。

二、强化支撑，多措并举推进乡村振兴新征程

（一）突出关键要素，加大育才引进

1.围绕重点对象，注重本土人才培养

人才是乡村振兴的第一资源。人兴则业兴，乡村振兴能否顺利推进，人是关键因素。重点围绕家庭农场主、合作社负责人，及有创业计划的外出务工者、大学毕业生、退伍返乡军人等分类开展培训。持续逐步提高村干部基本报酬，建立健全与绩效考核相挂钩的报酬兑现机制；允许在村集体经济组织兼职的村干部，根据生产经营情况经集体研究同意后领取绩效和创收奖励。有目的地把表现好、有头脑、会经营的农民培养成农村实用人才，把有发展前途的人才培养成技术骨干，把有组织才能的人才培养成村支"两委"干部。

2.完善培训制度，培育新型职业农民

实施新型职业农民培育工程，支持新型职业农民通过弹性学制参加中高等农业职业教育。完善公益性农民培训制度，实施新型农业经营主体带头人轮训、现代青年农场主培养、农村实用人才带头人培训和农村青年创业致富"领头雁"培育计划。构建以湖南理工学院、岳阳职业技术学院、岳阳广播电视大学等市内涉农高等院校或专业为主体，市农科院、农民专业合作社、专业技术协会、龙头企业提供实训基地的教育培训体系，建立"分阶段、重实作、共参

与"的培训模式。尽快制定农技人员通过提供增值服务取得合理报酬的指导性文件，为基层农技人员能够全身心投入农技推广提供政策支持。提高对本乡本土大学毕业生返乡创业、返乡就业的财政支持力度，激发他们投身乡村振兴的热情。

（二）抓住改革契机，发挥土地溢出效应

1.推广"四证"成果，加大土地流转力度

全面推广屈原管理区土地"四证"管理改革成果，破除土地流转壁垒，推动农村土地升值。通过确权赋能，使土地及土地上各种要素的权属清晰，以保障农民的核心利益。进一步发挥镇村组织优势，引导农民依法、自愿、有偿、有序将土地向家庭农场、合作社、农业产业化经营组织等流转集中，促进农业生产区域化、规模化和集约化。

2.鼓励深度交叉融合，提高土地产出效益

以建设大美湖区优质农产品基地为目标，依托华容、君山蔬菜现有规模，推动蔬菜精深种植、加工、仓储、营销、物流体系建设，打造30万亩蔬菜基地，努力成为粤港澳大湾区"菜篮子"的有力供给地。要合理调整生产布局和种养结构，抓好食品加工产业链条建设，发展"粮变粉、豆变芽、菜变肴、果变汁"等加工产品，提升农产品品质，把产业链增值收益更多留给农民。鼓励县乡跨界配置农业与现代产业要素深度交叉融合，形成"农业+"多业态发展态势，比如以加工流通带动业态融合，引导发展中央厨房、直供直销、会员农业等业态；以功能拓展带动业态融合，促进农业与文化、旅游、教育、康养、服务等现代产业高位嫁接、交叉重组、渗透融合，积极发展创意农业、亲子体验、功能农业等业态。

3.落实为先，利用好最新土地政策

坚决落实2020年中央一号文件"将农业种植养殖配建的各类辅助设施用地纳入农用地管理，合理确定辅助设施用地规模上限，允许农业设施用地使用耕地"政策。在符合国土空间规划前提下，通过村庄整治、土地整理等方式节余的农村集体建设用地优先用于发展乡村产业项目。推动集体经营性建设用地进入市场交易，拓宽农民资产增收有效渠道。"空心房"整治复垦复绿后，减少集体建设用地指标出让总量，为乡村持续发展留足建设用地资源。对政策允许的农业生产经营配套设施用地，严格按照农用地管理，简化手续，不占或少占集体建设用地资源。

（三）着力市场运作，强化资金资本支持

1.撬动市场力量，充分发挥头部企业作用

支持农业龙头企业引进股权投资，鼓励企业改制、挂牌、上市，协调加快九鼎科技、长康实业等企业上市进程。建立涉农企业直接债务融资项目库，支持符合条件的农业龙头企业通过债务融资工具融资。要全面发挥岳阳市农业农村发展集团有限责任公司在"三农"发展中的主力军、生力军、先行军作用，完善现代企业管理制度，开发农业农村资源，建设农业农村基础设施，实施重大建设项目，推动全市农业与第二、三产业融合发展，促进岳阳全面乡村振兴。

2.优化管理模式，大力推进涉农资金整合

政府财政对行业内涉农资金，在打消其他部门顾虑的同时，通过优化管理模式，确保行业内资金"放得下"。比如继续在农业领域强力推进"大专项+任务清单"改革，开展涉农资金绩效考评将

"用钱必问效、无效必问责"理念融入每一项涉农资金的分配、使用、管理环节。总结搭建脱贫攻坚和高标准农田建设两大平台资金整合经验，着力开展行业间涉农资金统筹，确保资金"聚得拢"。引导和鼓励县区围绕乡村振兴战略，因地制宜开展多形式的涉农资金整合改革，提升涉农资金集中投放的规模效益，确保整合资金"用得好"。

3.实施激励政策，加大金融创新

依托市人民银行企业征信系统，建立规范运作的新型农业经营主体信用评价信息数据库，为新型农业经营主体信用评价成果的转化提供权威的信息共享平台。由市政府金融工作办牵头，实施激励政策，推动金融机构应用新型农业经营主体信用评价机制，激励银行等金融机构不断探索和加大金融创新力度。

第十一章
省域副中心城市建设的文化惠民

　　文化是一个国家、一个民族的精神家园，体现着一个国家、一个民族的价值取向、道德规范、思想风貌及行为特征。不断提升文化惠民质量和水平，是实现人民群众精神文化需求的重要保障，也是实现精神文化生活共同富裕的核心领域。建设"产业强劲、开放领跑、绿色示范、人民共富"名副其实的省域副中心城市，必须将文化建设和文化惠民摆在更加突出的位置，让人民群众真正成为文化建设的参与者、推动者、受益者，有效提升群众文化满意度、获得感。

第一节　文化是省域副中心城市建设的重要支点

习近平总书记指出，"推动高质量发展，文化是重要支点"。在经济社会发展中，文化是一座城市的灵魂，是决定一个地方活力、潜力和创新能力的重要因素。大力实施文化惠民工程，深入挖掘利用岳阳文化资源禀赋，推动岳阳文化事业和文化产业高质量发展，是建设名副其实的省域副中心城市的重要支点和内在需要。

一、提升岳阳文化"软实力"，是建设省域副中心城市的必然要求

一座城市的繁荣发展，总是以文化兴盛为支撑的。建设省域副中心城市，需要以建设文化强市，提升岳阳文化"软实力"为前提条件。

习近平新时代中国特色社会主义思想是中华文化和中国精神的时代精华。党的十八大以来，以习近平同志为核心的党中央将文化建设纳入"五位一体"总体布局和"四个全面"战略布局重要内容，对文化建设问题作出了一系列精辟论述，充分彰显强烈的文化自信、文化自觉和文化担当。其中，十九届六中全会又进一步指出"习近平新时代中国特色社会主义思想是当代中国马克思主义、二十一世纪马克思主义，是中华文化和中国精神的时代精华"，表

明了习近平新时代中国特色社会主义思想在中华文明发展史上的重要地位，揭示了这一思想与中华优秀传统文化的深厚联系，彰显了这一思想对中华优秀传统文化传承发展的突出贡献。建设名副其实的省域副中心城市，必须坚持以习近平新时代中国特色社会主义思想为指导，全面贯彻落实习近平同志关于社会主义文化建设系列重要论述，始终坚定文化自信，坚持走中国特色社会主义文化发展道路，将文化发展摆在突出位置，结合新的时代条件传承好、弘扬好中华优秀传统文化，在建设富裕物质生活的基础上，进一步建设更丰富的精神文化生活，提高市民素质和社会文明程度。

文化自信是更基础、更广泛、更深厚的自信，是更基本、更深沉、更持久的力量。中华文明有着五千多年源远流长的历史，是世界上唯一没有中断而延续至今的文明，中华民族在这一过程中开展的精神活动、形成的理性思维、积淀的文化成果，是中华民族最根本的精神基因和独特的精神标识，是我们在世界文化激荡中卓然屹立的坚实根基。同时，在中国革命和建设过程中，我们形成了革命文化和社会主义先进文化，是中华民族立足当代、走向未来的永恒精神力量和永久精神财富。当代中国的文化自信，底气和骨气在于我们有博大精深的优秀传统文化，有奋发向上的革命文化，有承前启后、继往开来的社会主义先进文化。在新时代新征程上，建设名副其实的省域副中心城市，没有文明的继承和发展，没有文化的弘扬和繁荣，就很难实现高质量发展。我们只有深入挖掘中华优秀传统文化蕴含的思想观念、人文精神、道德规范，结合时代要求继承创新，坚持文化为人民服务、为社会主义服务，培育和发展中华优秀传统文化、红色革命文化和社会主义先进文化，才能为名副其实省域副中心城市建设提供强大精神支撑和丰厚文化滋养。

提升人民群众文化获得感、幸福感，是建设名副其实省域副中心城市的重要内容。新时代人民日益增长的美好生活需要，不仅表现为经济、政治、社会、生态等方面更高的要求，也体现为文化需要的日益增长。但与快速的经济发展相比，与人民群众日益增长的文化需求相比，文化供给还没有很好地跟上来，"缺不缺、够不够"的问题总体上得到解决，"好不好、精不精"的问题又摆在了我们面前，结构性矛盾比较突出。与此同时，文化发展城乡区域不平衡仍然十分突出，特别是广大农村文化供给数量不足、质量不高、结构不优问题还不同程度地存在。建设名副其实省域副中心城市，我们追求的富裕是全体人民的共同富裕，是人民群众物质生活和精神生活都富裕。这要求我们必须实施好高品质文化供给工程，着眼为人民群众提供更丰富、更有营养的精神食粮，推动社会主义物质文明和精神文明协调发展，以健康良好的文化引导人们追求积极向上的生活方式，以努力进取的精神引领社会新风尚，以文化之美推动精神之富足，全面提升人民群众文化获得感、幸福感。

二、岳阳文化资源富集，为省域副中心城市建设提供了强大的精神动力和有力的文化条件

一个城市的精气神，离不开文化的滋养。岳阳有着2500多年的建城史，是国家历史文化名城，屈原殉国汨罗江，杜甫归葬平江小田，《岳阳楼记》传诵千古，被誉为"文化人的圣地"。特别是近年来，我市立足文化资源禀赋，在文化建设中取得了较好的成果。在新时代新征程中，这些都已沉淀为岳阳的精神符号，为省域副中

心城市建设提供了强力支撑。

文化底蕴与资源丰厚。岳阳古色文化底蕴深厚，春秋时期就已筑城设治，是湖湘文化的发源地，屈子行吟，子美泛舟，希文感怀，季高自许，渲染了厚重的传统文化底色。同时，红色文化丰富，任弼时同志被誉为"党和人民的骆驼"，彭德怀等老一辈无产阶级革命家在岳阳平江领导和发动了平江起义。新时代的岳阳经由优秀传统文化、红色革命文化、社会主义先进文化滋养，文化发展呈现出传统与现代相融、古色和红色相映的良好态势，蔚为大观、令人神往。在省域副中心城市建设中，岳阳拥有的丰厚文化资源，将进一步擦亮岳阳文化名片，提升城市内涵，加强文化元素注入，彰显城市底蕴，提升城市文化的"软实力"。

"文艺岳家军"品牌响亮。文艺岳家军在文艺"湘军"乃至全国文艺界都占有一席之地。张步真、罗石贤、李自由人称文坛"三驾马车"，彭见明的小说《那山　那人　那狗》获得中宣部"五个一"工程奖和全国优秀小说奖，小说改编成电影后，获多项国际电影奖；陈亚先的戏剧《曹操与杨修》几乎囊括国内文艺界各项大奖，并被中央戏剧学院列入教科书；2020年曹宪成的《桃花烟雨》、2021年吴傲军的《蔡坤山耕田》连续获得第23、24届曹禺剧本奖。同时，段华、艾湘涛、梅实、甘征文、吴牧林等知名文艺家在全省文艺界也是闻名遐迩、耳熟能详。在省域副中心城市建设中，文艺创作必将拥有更加广阔的空间，也为文艺岳家军提供了更宽敞的舞台，岳阳的文艺工作者把艺术理想融入中心大局中，高擎精神火炬，吹响时代号角，将以扎实之功、出彩之笔，全面展示新时代岳阳的新发展新成就新气象。

群众文化活动影响广泛。常态举办"三下乡"、"社区万家乐"、广场电影、"周末一元剧场"、"书香岳阳"、高雅艺术演出等惠民活动，组织开展群众性美术、书法、摄影作品展。特别是2013年开始举办的"欢乐潇湘·幸福岳阳"大型群众文艺会演，通过村村出节目、镇镇有演出、县城大会演、市区集中赛，身边人演身边事，喜闻乐见、参与广泛；2021年组织开展的"百年颂歌献给党"歌会，整个活动参与和观看群众超过124万人次，积极汇聚爱党爱国良好氛围。在省域副中心城市建设中，更好地满足人民群众精神文化生活需求，要勇于实践创新，积极开展时代特征鲜明、社会喜闻乐见、群众积极参与的惠民活动，让更多群众在活动中共享经济社会和文化发展的成果。

公共文化服务体系不断健全。大力推进公共文化设施建设，全市共建成村级综合文化服务中心1785个，率先在全省实现全覆盖，岳阳获评国家公共文化服务体系示范区；市群众艺术馆数字文化馆作为全国首批试点正式运行，市图书馆入选首批全国家庭亲子阅读体验基地；全市已健全"县有三馆（博物馆、文化馆、图书馆）、乡有一站（综合文化站）、村有一屋（农家书屋）"的基层公共文化服务体系；市图书馆新馆、市美术馆新馆、洞庭湖博物馆正式开放，成为全市文化新地标。在省域副中心城市建设中，日趋完善的公共文化服务体系，犹如阳光雨露，赋予城市活力，滋润市民心灵。越来越多的人也将从文化场馆中邂逅温暖、陶冶情操，在感知文化脉动中提升个人的文化素养。

文化旅游融合创新发展。将文化旅游产业纳入市委市政府七大千亿产业和"12+1"优势产业链重点推进，按照"一链一策"要求，精准策划项目跟踪推进。成立湖南岳阳楼·洞庭湖文化旅游度假区，由市委常委、市委宣传部部长兼任文旅区党工委第一书记，市委市政府制定下发《支持湖南岳阳楼·洞庭湖文化旅游度假区建设发展的意见（试行）》。精心举办纪念《岳阳楼记》诞生975周年、岳阳国际旅游节、天下洞庭·国际湿地生态文化旅游节、中国（湖南）红色旅游文化节等活动，文化旅游深度融合、快速推进。在建设省域副中心城市的过程中，通过文旅深度融合实现文化企业、文化业态、文化消费模式转型升级，建设一批文旅创意创业基地，打造全链条文旅产业，全力提升岳阳知名度、美誉度，是必然之举。

三、发挥文化在省域副中心城市建设中的重要支点作用，需要明确发展的重点领域和主攻方向

大力推进文化强市建设，为省域副中心城市提供强大的精神动力和有力的文化条件，应重点抓好"一个根本""两个关键""三个一批"。

"一个根本"：坚持党的领导。"党政军民学，东西南北中，党是领导一切的"。始终坚持党管意识形态、党管文化不动摇，是发展岳阳文化事业和文化产业的根本保证。坚持党的领导，必须把社会效益放在首位，实现社会效益和经济效益的统一，把培育和弘扬社会主义核心价值观作为根本任务贯穿到精神文化产品创作生产传播全过程；必须坚持人民性，把满足人民群众日益增长的美好文化生活需要，作为文化事业和文化产业发展的落脚点和出发点；必须加强文化事企单位的党组织建设，充分发挥其思想引领和政治核

心作用。在岳阳文化强市建设中，通过抓牢"坚持党的领导"这个根本，确保了文化责任不缺位、文化阵地不丢失、文化产品导向不偏离。

"两个关键"：一是深化改革。"苟利于民，不必法古；苟周于事，不必循俗"。实现岳阳文化事业和文化产业发展，深化改革是关键。要改变岳阳日报、岳阳广电事企不分的现状，进一步改革内部管理运行机制和经营管理模式；进一步理顺国有文化资产监管机制，达到管人、管事、管资产、管导向相统一，社会效益和经济效益相统一；加大文化领域开放力度，进一步放宽文化产业准入门槛，吸收社会资本进入政策允许的文化产业领域。二是传承创新。"新故相推，日生不滞"。岳阳是楚越文化的交会点，是湖湘文化的摇篮之一。"先忧后乐""求索爱国"精神千古传颂，境内拥有世界非物质文化遗产1项（汨罗江畔端午习俗），拥有巴陵戏、岳阳花鼓戏、平江九龙舞、临湘花鼓戏、长乐抬阁故事会、洞庭渔歌等国家级非物质文化遗产8项。要全面保护、传承这些"天然铀矿"和"土特产"，不断拓展新内涵、形成新品格、开辟新境界，推动优秀传统文化创造性转化、创新性发展。

"三个一批"：做强一批文化企业。制定完善促进岳阳文化产业发展的政策机制，加大对文化企业发展的扶持力度；调整优化传统文化产业结构，积极发展新兴文化产业，着力推进文化+融合发展；积极争取国家、省、市对重点文化企业的项目支持，扩大重点项目带动效应和扶持资金的引领作用；加大对岳州瓷等岳阳品牌文化企业的帮扶力度，积极培育文化产业新的增长点。打造一批专业人才。建立健全文化人才信息库，对文化产业领军人才、文艺人才等进行跟踪服务管理；用好政策扶持措施，培育并引导文艺工作者创作精品力作；创新用人机制，制定文化人才引进、培训、激励机制，逐步建立一支结构合理、梯次有序的文化队伍。推出一批精品力作。近年来，"文艺岳家军"精心创作了一批艺术精品，获省"五个一"工程奖，社会反响良好。在这基础上，要进一步加大对文化品牌和精品力作的培育和宣传，推出一批"思想精深、艺术精湛、制作精良"，体现岳阳特色、岳阳风格、岳阳气派的精品力作。

第二节　加快长江国家文化公园建设

　　建好长江国家文化公园，是深入贯彻落实习近平总书记重要讲话精神，保护好长江文物和文化遗产，大力传承弘扬长江文化，推动优秀传统文化创造性转化、创新性发展的重要举措。岳阳要立足资源禀赋，着力在长江国家文化公园建设中创造经验、走在前列，推动文化遗产保护与文旅融合发展"双提升"。

一、切实担当好长江国家文化公园建设的历史使命

　　这是国家政治任务，岳阳必须坚决落实。国家文化公园建设关乎国家长远发展、关乎人民福祉、关乎民族未来。岳阳是湖南唯一临江口岸城市，独拥163公里长江湖南段岸线与洞庭湖60%以上水域面积，是湖南长江国家文化公园建设当之无愧的"主力军""主阵地""主平台"。建设好长江国家文化公园，使命在肩、责无旁贷。

　　这是文化振兴工程，岳阳必须乘势而上。建设长江国家文化公园必将极大促进岳阳优秀历史文化的传承、保护和弘扬，既能为国家文化软实力构筑坚强支撑，也能为我们延续历史文脉、提升文化自信提供有效抓手，必将进一步提升岳阳优秀文化传播力和影响力。

这是重大发展机遇，岳阳必须奋勇争先。建设长江国家文化公园，有助于营造丰富的长江文化场景生态体系，促进文旅产业进入精细化和集约化发展阶段，推动打造"文化—产业—城市"融合创新发展闭环，进一步拓展高质量发展新空间，构筑生产力转化新体系。

这是民生事业，岳阳必须主动作为。文化既是凝聚人心的精神纽带，又是关系民生的幸福工程。建设长江国家文化公园，能够深度挖掘文化意蕴、整合文化资源、讲好文化故事，用新平台、新载体、新产品、新消费满足人们的文化需求，更好地丰富人们的精神世界。

二、以宏观视野和战略思维处理好长江国家文化公园建设的"四对关系"

建设长江国家文化公园，必须树立宏观视野和战略思维，就目前而言，重点是要处理好四对关系：

"总体布局"与"分区定位"的关系。长江国家文化公园是以文化建设为引领，带动经济、社会、生态等各领域发展的国家文化工程，涉及沿江13个省区市。我们要以更广阔的视野，树牢全流域"一盘棋"意识，把岳阳置身于整个长江国家文化公园中去思考谋划，深刻把握长江文化岳阳段的内涵与特质、历史与现实，明确在整个长江线建设中的定位。岳阳段自身范围内各板块也要整体统筹，避免随意性、碎片化，做到有统有分、有主有次，着力形成布局合理、特色鲜明、功能衔接、开放共享的建设格局。

"传承保护"与"促进发展"的关系。保护好、传承好、利用好文物和文化资源、文化遗产，是国家文化公园建设的关键核心任务。建设过程我们不能一味追求经济利益，导致文化遗产过度商业化；也不能一味守成不变，完全局限于文化遗产自身，造成与现代经济文化发展脱节。要致力于传统文化资源的创新性利用和创造性转化，将文物和文化资源遗产保护与利用之间的矛盾转化为共生共赢关系，进一步放大优秀文化的溢出效应。同时，要合理划定管控保护区、主题展示区、文旅融合区和传统利用区，实现与国土空间规划、产业发展规划的高度融合，因地制宜地开展规划建设，确保更有利于国家文化公园全方位展示和阐释其所代表的文化价值。

"相对集中"与"均衡布局"的关系。岳阳历史悠久、文化底蕴深厚，各县市区都有自己的特色，但这并不代表着建设长江国家文化公园岳阳段要面面俱到、处处开花，保护区、展示区等功能区的划定和建设应充分考虑文化内涵的代表性和区域发展的平衡性，既能集中凸显岳阳区域文化特色，又能协调带动岳阳全域发展，因此必须避免过度集中或过度分散的倾向。要按照以点串线、以线带面的原则，选取最集中、最生动、最深刻、最震撼的表达内容和展示方式，形成核心展示园、集中展示带和特色展示点互补互促的良性格局。

"社会效益"与"经济效益"的关系。长江国家文化公园是具有特定开放空间的公共文化载体，也是全民共享的精神文化生活空间，应把社会效益第一、社会价值优先的理念贯穿建设全过程。要坚持尽力而为、量力而行，用好用足现有文旅项目、展示场馆等，加大点线面的聚焦与联动力度，避免大拆大建、贪大求洋，努力争取更多项目、资金和政策等纳入国家文化公园建设范畴。要加快文旅融合、推动发展，以国家文化公园建设为契机，统筹抓好城市双修、乡村振兴等工作，着力提升市民群众的幸福感和获得感，为公园建设提供更为充足的后劲。

三、高位规划长江国家文化公园的空间布局

遵循"管控保护、主题展示、文旅融合、传统利用"的主体功能区空间区划导向，立足岳阳实际，依托岳阳拥有的长江岸线和洞庭湖水域面积，形成"一点一线一片"的互补互促总体布局，因地制宜打造绿色生态带、璀璨文化带和缤纷旅游带。

"一点"（核心展示园）：岳阳楼忧乐文化园。依托岳阳楼湖湘文化地标、大美洞庭湖生态景观资源，发挥好岳阳楼国家5A景区与洞庭南路历史文化街区的融合引领功能，整合沿湖沿江岳阳楼、岳阳教会学校、慈氏塔、岳州文庙、岳州关等国家和省级文物保护单位，构建岳阳楼忧乐文化园，打造岳阳段的核心文化展示空间。

"一线"（集中展示带）：长江沿岸集中展示带。以163公里长江岸线为纽带，依托华容县、君山区、岳阳楼区、云溪区、临湘市等沿江区县的文化遗存，串联新石器文化、楚文化、三国文化、忧乐文化、红色文化、生态文化、水利文化、码头文化等，以"守护好一江碧水"生态文化公园为中心，构建地域文化突出、主题层次鲜明的长江沿岸璀璨文化集中展示带。

"一片"（特色展示片）：环洞庭湖特色展示片。重点依托东洞庭湖和南洞庭湖，以及湘江、资水、汨罗江等知名江河，围绕"天下洞庭"IP的打造，各扬己特，各挥所长，打造集名山、名水、名楼、名园、名人、名文于一体，内容多元、文化多彩、体验多样的特色展示片。

四、不断夯实长江国家文化公园岳阳段建设的基础

统筹段落建设规划设计。坚持规划先行，全面摸清文化旅游资源家底，从严做好与上位区域规划、国土空间规划等的衔接，科学做好长江国家文化公园岳阳段的规划设计，对核心价值、代表文化进行提炼概括，对主体功能、空间布局、文旅游线进行科学安排，对标志性项目、标志标识系统进行统一明确。充分发挥规划设计的整体统揽作用，推动国家文化公园岳阳段形成整体效应。

推动文物文化保护传承。加强修缮保护，对濒危损毁文物进行抢救性保护，对七星墩古文化遗址、铜鼓山殷商文化遗址等重点文物进行预防性保护，并加强对端午节、巴陵戏、长乐抬阁故事会、洞庭渔歌等代表性非遗项目的保护和传承；完善集中连片保护措施，严格执行文物保护督察制度，严防破坏性开发与过度商业化。提高传承活力，分级分类建设完善洞庭湖博物馆、岳阳市博物馆、"守护好一江碧水"首倡地展示馆、任弼时纪念馆、平江起义纪念馆等教育基地，引入高科技手段，建设现代化展示体系。利用汨罗江畔端午习俗、君山爱情文化节、岳阳楼日、洞庭观鸟节、洞庭渔火节等形式多样的主题活动，推动本地教育特色资源开发，鼓励有条件的地方打造实景演出，让长江文化融入群众生活。开展宣传教育，采取建设文保单位研学基地、开展非物质文化遗产保护日、非遗进校园进景区活动等，加强对文物文化保护传承的教育力度。

加快重大项目建设。岳阳楼忧乐文化园重点抓好岳阳楼景区北扩、洞庭南路历史文化街区、岳阳教会学校、岳州关、岳州文庙、洞庭湖旅游母港、岳阳市沿江环湖生态旅游廊道等七大示范项目建设。长江沿岸集中展示带重点推动华容县七星墩新石器文化展

示区、湘鄂红色文化展示区、君山区"守护好一江碧水"生态文化展示区、岳阳楼忧乐文化展示区、云溪区陆城三国文化展示区等五大展示区重点项目建设。环洞庭湖各特色展示片统筹推进汨罗江端午与屈原文化展示片、新墙河抗战文化展示片、平江红色文旅展示片、君山岛爱情文化展示园、左宗棠湖湘文化展示园、张谷英古建筑展示园等特色项目建设。

深化文旅高质量融合。围绕强链、延链、补链，以文化旅游产业为核心，着力打造一批吸引力强、设施较好的文旅融合发展示范区，构建长江国家文化公园的文旅产业体系。具体包括：长江生态文旅产业片区，以长江两岸和东洞庭湖国家湿地公园为核心，整合长江两岸、环洞庭湖生态、文化等旅游资源，注重培育湿地观光体验型文旅产品，重点打造"守护好一江碧水"生态文化公园、东洞庭湖国家级自然保护区等吸引力产品，和集生态观光、文化体验、乡村旅游、科考研学于一体的长江生态文旅产业体系。湖湘文化文旅产业片区，集中凸显岳阳"先忧后乐""经世致用""兼收并蓄""敢为人先"等文化特征和精神风貌，重点加强岳阳楼忧乐文化园、汨罗屈子文化园、左宗棠湖湘文化园、君山岛爱情文化园、任弼时骆驼精神文化园等的核心吸引力，打造文化、遗址、生态、体验相融合的湖湘文化文旅产业体系。龙舟文化文旅产业片区，整合汨罗江流域旅游资源，深入挖掘汨罗江畔端午习俗文化内涵，融合风情小镇、美丽乡村等元素，讲好端午文化、屈原文化、龙舟文化故事，打造集保护传承利用、文化教育、公共服务、旅游观光、休闲娱乐、科学研究功能于一体的龙舟文化文旅产业体系。平江红色文旅产业片区，整合任弼时纪念馆、平江起义纪念馆及平江境内大量红色文旅资源，推行"红色+"模式，将红色文化与绿色文化、历史文化深度融合，打造红色旅游复合型产业体系。

完善综合环境配套设施。大力推进生态系统保护修复、水土流失治理、水污染防治等项目，加强城乡环境综合整治，系统维护人文自然风貌。打通断头路、改善旅游路，贯通重要节点，强化与机场、车站、码头等交通枢纽的联通衔接。推进步道、自行车道与风景道建设，打造集交通、文化、体验、游憩于一体的复合廊道。健全标准化服务体系，依托重要的展示节点，完善游客集散、导览导游、休憩健身、旅游厕所等公共设施，配齐安全、消防、医疗、救援等应急设施。

创新文物文化资源数字利用。统筹做好全市文物文化的数字化基础工作，加强数字基础设施建设，逐步实现文化展示区无线网络与5G网络全覆盖。以洞庭湖博物馆、"守护好一江碧水"首倡地展示馆、岳阳市博物馆以及新建的场馆等为主体，通过数字化、场景化、体验化的方式，融合AR、VR、MR等元宇宙体验手段，打造文旅体验新场景。建设国家文化公园官方网站与数字云平台，对历史名人、诗词歌赋、典籍文献等关联信息进行实时展示，实现线上线下良性互动，全面提升文化展示主题化、品质化、智慧化水平。

培育国家文化公园产业主体。结合全市文化旅游产业链布局，积极培育文化旅游景区、文化体验消费、文创设计制作、文旅装备制造、新媒体传播、节会赛事活动等市场主体，加强引导扶持，不断壮大市场主体。

加快高层次人才引进培养。把握长江国家文化公园作为政府主导的文化工程、民生工程的事业、产业双重属性，立足公共价值创新，加快引进培育政府和公共管理人才；立足产业价值创新，大力引进培育经营管理人才；立足文化价值创新，重点引进培育创意创造和设计人才。制定有效措施培养引进人才，为建设长江国家文化公园标杆提供强有力的人才支撑。

五、切实加强长江国家文化公园建设的措施保障

加强领导，强力推进。成立市级层面的专班领导机构，市委市政府主要领导牵头，市委常委会、市政府常务会议定期研究长江文化保护传承弘扬工作。建立重大项目指挥协调机构，每一个重大项目要有市级领导任组长，做到一个项目一套指挥班子、一套工作时序、一套管理体系、一套落实机制。

创新机制，协同发力。加强对文物保护、遗址开发、古迹利用、文化创新、非遗传承、旅游发展等方面的立法工作，确保各项工作有法可依、依法行政。建立健全促进长江文化保护传承弘扬的部门协同机制，形成高效运转、快速反应、落实有力的工作体系。培育文化和旅游行业组织，发挥其连接政府、群众和市场主体的纽带作用。积极探索运营管理模式，出台激励措施，鼓励市场主体参与岳阳长江文化旅游规划、设计、建设、招商、运营等工作。

政策倾斜，加大支持。出台长江国家文化公园岳阳段建设配套政策，明确主攻点、找准发力点。以项目为王，在配套资金、专项债、用地指标、贷款贴息等上给予倾斜。对文旅融合示范效应好的县市区，在旅游发展大会承办、文化旅游品牌争创、文旅体农活动举办、省内外专题推介等上予以优先支持。

强化考核，督导落实。发挥考核指挥棒的功效，围绕长江国家

文化公园建设任务，编制时间表和任务书，加强日常统计、运行监测和综合评价，形成市县联动、部门协同的工作合力。进一步强化目标责任考核及动态跟踪督查，将重点任务落实情况纳入年度绩效目标考核内容。

宣传引导，营造氛围。积极通过各种宣传媒体和媒介加强宣传引导，营造良好舆论氛围，充分展示岳阳段建设的新成果。及时总结推广成功经验和典型案例，调动全社会的积极性，形成"政府推动、市民联动、主体主动、媒体互动"的良好氛围。

第三节　大力传承弘扬岳阳"四种精神"

巴陵大地，自古以来就是一方有历史厚度、文化深度、情怀温度的土地。忧乐精神、求索精神、骆驼精神、平江起义革命精神，这四种精神是岳阳这片热土的文化之根、精神之脉。全面落实"三高四新"战略定位和使命任务，加快建设"产业强劲、开放领跑、绿色示范、人民共富"的名副其实省域副中心城市，需要我们大力传承弘扬岳阳"四种精神"，赋能经济社会发展。

一、大力传承弘扬"忧乐精神"

公元1046年10月，北宋文学家范仲淹挥毫写下惊世名篇《岳阳楼记》，蕴含其中的先忧后乐思想，不仅奠定了湖湘文化的基石，更成为中华文明的璀璨瑰宝。《岳阳楼记》之美，美在"忧乐"二字，习近平总书记曾多次提到忧乐精神，这种精神力量激励了一代又一代人，更是当代岳阳的精神高地。

传承弘扬忧乐精神，必须坚持绝对忠诚。《岳阳楼记》中"处江湖之远则忧其君"，体现的正是以范仲淹为代表的士大夫"以天下为己任""忧国忧民"的忠诚品格。作为新时期的党员和领导干部，忠诚是最起码的政治底色、最基本的政治担当。我们传承弘扬忧乐精神，首先就是要锤炼绝对忠诚的政治品格。要忠诚于信仰，学懂、弄通、做实习近平新时代中国特色社会主义思想，筑牢信仰之基、把稳思想之舵、补足精神之钙，自觉增强"四个意识"、坚定"四个自信"、做到"两个维护"，坚决捍卫"两个确立"。要忠诚于组织和人民，不断对标对表、校正紧跟，始终同党中央、省委、市委保持高度一致，不做"两面人"、不当"两面派"。要忠诚于事业，把忠诚书写到岗位职责上，体现到事业追求上，毫不保留地把自己的全部忠诚、智慧和力量用在岳阳加快推进省域副中心城市建设上，真正做到"功成不必在我、建功必须有我"。

传承弘扬忧乐精神，必须坚持民生优先。"居庙堂之高则忧其民"。忧乐精神之所以穿越千年仍能熠熠生辉，就是因为它折射着深厚的忧民为民情怀。今天，我们传承弘扬忧乐精神，就是要始终牢记全心全意为人民服务的根本宗旨，坚持人民至上、民生优先。要站稳人民立场，始终把群众放在最高位置，涵养为民情怀，做到民之所忧、我必念之，民之所盼、我必行之。要坚持眼睛向下看、身子向下沉，常去群众家里走一走、看一看，多与群众交朋友、拉家常，既走进群众的门槛，又走进群众的心坎。要办好民生实事，健全"我为群众办实事"常态长效机制，在群众关心的就业、教育、医疗、养老等领域下更大气力，着力解决群众"急难愁盼"问题，不断增强最广大人民群众的获得感、幸福感和满意度。

传承弘扬忧乐精神，必须坚持居安思危。忧患意识是忧乐精神的核心，正因为有了强烈的忧患意识，才涵养出"乐以天下、忧以天下"的博大情怀。面对新形势、新任务、新要求，我们一定要增强忧患意识，未雨绸缪，勇于"归零"、从头开始，随时准备应对各种风险和挑战，做到居安思危。要忧发展短板，始终保持不进则退、慢进也是退的危机感，把岳阳放到全省乃至长江中游城市群发展大格局中找坐标、争座次、比高低，牢牢把握发展主动权。要忧改革瓶颈，敢于向问题开刀，向顽疾发力，加大各项改革任务推进力度，以改革破难题促发展。要忧稳定隐患，强化问题导向和底线思维，时刻绷紧安全稳定这根弦，集中排查整治突出问题，努力消除各类隐患，营造和谐稳定、国泰民安的社会环境。

传承弘扬忧乐精神，必须坚持勇于担当。先忧后乐，折射的是一种沉甸甸的责任与担当。新时期的党员干部更要把担当作为一种能力、一种品格来修炼，从担当看作风，凭担当出实绩，以担当求作为。当前，岳阳正处在加快建设省域副中心城市的关键时期，尤其需要一大批愿担当、敢担当、善担当的干部。要敢于站立时代潮头，肩负时代使命，知责于心、担责于身、履责于行，用扛事的宽肩膀、硬肩膀，在推动岳阳高质量跨越发展中较真碰硬、担当作为，在复杂矛盾面前有办法、急难险重任务面前有毅力，在吃劲岗位顶得住、关键时刻扛得住，以务实的作风推动省域副中心城市建设落实落地落细。

二、大力传承弘扬"求索精神"

"路漫漫其修远兮，吾将上下而求索。"伟大爱国诗人、政治家屈原的"上下求索、九死不悔"精神是中华民族永恒的精神坐标，更是古城岳阳的文化之脉。

传承弘扬"求索精神"，必须坚定无畏。屈原为了追求心中的"美政"理想，不惜惊天一跃，其探索真理的无畏坚定，超越了时空，超越了生命。求索很多时候是孤独的，需要独自战斗；在干事创业、在服务群众的过程中，很多时候是煎熬的，需要承受误解，但只要方向是正确的，求索就是有价值、有意义的。比如，在经济增长上，要坚持做实、挤干水分，追求高质量发展；在民生实事上，要坚持量力而行、尽力而为，以市场化手段推进大事实事落地；在招商引资上，要坚持放宽眼界，看到好项目的潜力前景和集聚效应，该让利的大胆让利。总之，党委政府决策部署的事、群众期盼的事，我们必须"咬定青山不放松"，不为杂音所扰，不为闲谈所误，保持发展定力，心无旁骛，坚定不移向前推进。

传承弘扬"求索精神"，必须改革创新。求索的过程，也就是不断改革创新的过程。要进一步解放思想，培育创新思维，坚定不移改革创新。要全面深化改革，不断拓展改革的宽度和深度，逢山开路、遇水架桥，勇于破除局部和部门利益藩篱，加快政府职能转变，促进各项改革融会贯通、系统集成，让企业得实惠、群众增福祉。要大力推进创新，把创新作为引领发展的第一动力，持续深化商品、服务、资金、人才等要素流动型开放，推动产业转型升级，不断增强我市在全国、全省产业链、供应链、创新链中的影响力，提升我市产业发展质量和水平。

传承弘扬"求索精神"，必须开放包容。海纳百川，有容乃大。屈原为了探求世间奥秘，在《天问》中提出了173个问题，体现了其对未知事物开放包容的胸怀。岳阳依偎一江一湖，连接四水，毗邻鄂赣，通江达海，坐拥"三区一港四口岸"八大国家级开放平台，是港口型国家物流枢纽、长江经济带节点城市、长江中游城市群重要城市等，多重优势叠加。要深入贯彻新发展理念，以开放的眼光、包容的胸怀，主动融入区域发展格局，充分发挥岳阳通江达海的区位优势，大力发展"资源配置型"临港产业和枢纽经济，精心培育新业态、新产业，更好地推动高质量发展。

三、大力传承弘扬"骆驼精神"

从岳阳走出去的老一辈革命家任弼时，他一生有三怕——"一怕工作少、二怕花钱多、三怕麻烦人"，生动诠释了共产党人的品格修养、道德风范和精神境界，被誉为"党和人民的骆驼"。"骆驼精神"是我们党对任弼时道德品质和光辉人格的形象比喻，是共产党人的"初心教科书"，是党员干部砥砺前行的不竭动力。

传承弘扬"骆驼精神"，必须紧盯目标。在沙漠中行走的骆驼，并非满眼都是沙漠，而是心中有绿洲。任弼时同志为了共产主义理想，选择为之奋斗一生。无论是骆驼本身还是"骆驼精神"的化身，都是心中有目标，脚下有方向。目标就是方向、目标就是动力。市委提出建设"产业强劲、开放领跑、绿色示范、人民共富"的名副其实省域副中心城市，这就是我们当前和今后一个时期的最高目标。传承弘扬"骆驼精神"，就要始终紧盯这个目标，将之细化为一个个支撑高质量发展的重大项目、重点工程、重要举措，将时间节点分解到年、月、日，将工作责任压实到领导、部门、个人，紧扣不放、紧盯跟进、紧抓在手，通过做好一件件具体事、达成一个个小目标，积跬步至千里，积小胜为大胜，始终朝着目标不断前进。

传承弘扬"骆驼精神"，必须勤奋务实。"他是我们党的骆驼，中国人民的骆驼，担负着沉重的担子，走着漫长的艰苦的道路，没有休息，没有享受，没有个人的任何计较。"这是叶剑英对任弼时的评价。为党和人民勤劳工作，是任弼时一生的追求。当前，岳阳正处在加快建设名副其实省域副中心城市的关键时期，迫切需要我们吃苦耐劳、艰苦奋斗，干在实处、走在前列。要全力争优，树牢"不争先进就是落后、不在上游就是下游"的理念，在全省"一核两副三带四区"发展格局中，校准定位、争先进位。要对标提质，聚焦省域副中心城市建设、绿色示范区建设等重点工作，拿出超常举措，精准施策发力，加快实现突破。要务求实效，坚持一切从实际出发，察实情、出实招、办实事、求实效，一锤一锤敲，一件一件办，确保各项工作经得起检验。

传承弘扬"骆驼精神"，必须坚韧不拔。任弼时对党和人民事业的坚定和执着从未改变，"能坚持走一百步，就不该走九十九步"。当前，在高质量发展的路上，我们面临着各种严峻挑战和不可预知的风险困难，过程漫长、负担很重，关隘重重，必须保持百折不挠、永不屈服的韧劲，拿出"争"的精神、"拼"的勇气、"抢"的劲头，做到感动自己、震撼他人。特别是在疫情防控形势依然严峻复杂、经济下行的情况下，我们要做好打持久战的准备，时刻保持应急状态，统筹抓好疫情防控和经济社会发展，实现"两手抓""两手赢"，推动全市经济社会发展行稳致远。

传承弘扬"骆驼精神"，必须清廉为本。任弼时同志身居高位，功勋卓著，但从来不以功臣自居，事事严于律己，处处以身作则。传承弘扬"骆驼精神"，就是要更加自觉以革命先烈先辈为榜样，始终坚守初心，永葆共产党人政治本色。要锤炼党性修养，坚持把加强党性修养作为终生课题，把革命先辈的清廉作风、道德风范、精神财富融入血脉，自觉传承和弘扬先辈们坚如磐石信仰、崇高为民情怀、艰苦奋斗本色，始终明大德、守公德、严私德，重品行、作表率、树形象。

四、大力传承弘扬"平江起义革命精神"

1928年7月22日，彭德怀、滕代远等人发动了威震全国的平江起义。这是中国共产党人在中国革命低潮时期发动和领导的又一成功壮举，它极大地振奋了革命者斗志，打击了反动派的嚣张气焰。追忆光辉历史，缅怀革命先辈，就是要传承弘扬平江起义革命精神，牢记使命担当，凝聚各方力量，加快岳阳省域副中心城市建设步伐，把革命先辈开创的伟大事业不断推向前进。

传承弘扬"平江起义革命精神"，必须坚持党的领导。平江起义前后，以彭德怀为书记的党委，在中共湖南省委派遣的湘鄂赣边特委书记滕代远指导和协助下，先后召开六次重要会议，对平江起义进行全过程动态式领导。平江起义的成功昭示我们，党的领导是我们各项事业取得胜利的根本保证。传承弘扬"平江起义革命精神"，建设省域副中心城市，就要始终坚持和加强党的全面领导。要坚定不移地坚持党的领导，坚决维护以习近平同志为核心的党中央权威和集中统一领导，坚定不移地听党话，跟党走。要把党的领导贯穿于创新引领、开放崛起各个环节，落实到推动岳阳经济、政治、文化、社会、生态文明建设和党的建设等各项工作之中。

传承弘扬"平江起义革命精神"，必须坚定理想信念。平江起义前夕，彭德怀身居高位。然而，由于心中有崇高理想信念，在革命低潮期，他毅然弃高官，发动起义，投身险恶的革命斗争。传承弘扬"平江起义革命精神",建设省域副中心城市,我们要始终坚定"革命理想高于天"的信念,切实以习近平新时代中国特色社会主义思想武装头脑、立根固本、补钙壮骨,坚定对中国特色社会主义的道路自信、理论自信、制度自信、文化自信,自觉做共产主义远大理想和中国特色社会主义共同理想的坚定信仰者、忠实实践者,甘于奉献牺牲,做到用理想之光照亮奋斗之路,用信仰之力开创美好未来。

传承弘扬"平江起义革命精神",必须赓续红色血脉。把"平江起义革命精神"等红色传统资源作为宝贵教材,教育广大党员干部满怀信心走好新时代长征路。要持续抓教育铸魂,深入开展以党史为重点的"四史"教育,将其融入党的组织生活、融入干部培训体系、融入各类学校教育、融入社会宣传教育,让正确党史观更深入广泛地树起来。要持续抓资源利用,进一步加强平江起义旧址等红色资源保护和挖掘利用,利用新技术、新手段讲好红色故事,推动红色资源火起来、红色精神扬起来、红色基因传下来。要持续抓研究阐释,提炼好、诠释好、展示好平江起义等革命精神,引导干部群众切实增强建功新时代、奋进新征程的精气神。要持续抓发展第一要务,从严管党治党,大力转变机关作风,时刻绷紧责任这根弦,以"时时放心不下"的状态,用心、用情、用力办好经济高质量发展这件最大的事,进一步形成聚精会神搞建设、凝心聚力谋发展、众志成城促跨越的磅礴力量。

第四节 丰富人民群众精神文化生活

党的十九大报告强调，"满足人民过上美好生活的新期待，必须提供丰富的精神食粮"。做好省域副中心建设的文化惠民工作，必须加强精神文明建设、繁荣公共文化事业、加快文化产业发展，打造省域副中心城市文化高地。

一、加强精神文明建设

习近平总书记强调："只有物质文明建设和精神文明建设都搞好，国家物质力量和精神力量都增强，全国各族人民物质生活和精神生活都改善，中国特色社会主义事业才能顺利向前推进。"党的十九大报告指出："人民有信仰，国家有力量，民族有希望。要提高人民思想觉悟、道德水准、文明素养，提高全社会文明程度。"要通过加强精神文明建设，着力提高市民素质和社会文明程度，为加快省域副中心城市建设提供强大的精神力量。

深化党的创新理论学习宣传。加强习近平新时代中国特色社会主义思想宣传阐释，面向基层、面向群众开展对象化、分众化、互动化理论宣讲和"微宣讲"，持续推动"千名书记讲党课"。探索编写党的创新理论乡土教材、《习近平新时代中国特色社会主义思想金句100句》。用好新时代文明实践中心、县级融媒体中心、"学习强国"等载体，推动党的创新理论"飞入寻常百姓家"。一体推进全市大中小学思政课建设。在党政机关、群团组织、企事业单位和在岳高校推动组建青年理论学习小组，建好用好青年讲师团，持续推进网上青年大学习行动。

持续深化全国文明城市建设。贯彻落实《岳阳市全面推进新时代全域化更高水平文明城市建设的实施意见（2021—2023）》，全面巩固提升创建成果，实现全国文明城市"四连冠"。坚持全域创建。指导平江县、岳阳县、华容县、汨罗市不断提升全国文明城市（县级）提名城市创建工作水平，力争进入全国文明城市行列；推动湘阴县、临湘市不断深化省级文明城市建设，争取进入全国文明城市提名城市行列。坚持全员创建。建立健全市民巡访制度，重大事项听证、座谈制度等群众参与机制，充分发挥群众主体作用。坚持全程创建。实施"每月一主题"专项整治行动，切实解决市民反映强烈的突出问题。持续加大巡查督办力度。坚持全面创建。将文明创建设施和项目建设融入乡村振兴、全域旅游、市政建设、老旧小区改造等经济社会发展重大战略和重要民生项目。

加强新时代公民道德建设，大力培育和弘扬社会主义核心价值观。持续开展时代楷模、道德模范、最美人物、身边好人、忧乐精神典型人物评选推选和学习宣传，制定《岳阳市先进典型帮扶礼遇实施办法》。深入开展爱国卫生运动，全面推行垃圾分类，持续推进无烟党政机关建设，大力普及健康知识。开展全民节约教育实践，深入推进制止餐饮浪费，弘扬勤俭节约的优良传统。广泛开展文明餐桌、文明旅游、文明交通、文明观赛行动。推动各地建立健全公益广告制作、发布、管理机制。深入开展新时代网络文明建设。统筹推进文明办网、文明用网、文明上网，广泛宣传《岳阳市网络文明公约》，开展以社会主义核心价值观为主题的网络传播、以"指尖上文明"为主题的网络实践和以"守网巴陵"为主题的网络治理三大活动。

全面推进新时代文明实践向纵深发展。推动新时代文明实践中心建设全面展开。贯彻落实《中共中央办公厅关于拓展新时代文明实践中心建设的意见》，实现12个县市区文明实践中心（所、站）100%覆盖。深入开展新时代文明实践志愿服务。做实"雷锋家乡学雷锋"活动，着眼群众不同层次不同领域需求，推动志愿服务广覆盖。开展志愿服务引领行动。由市委常委挂帅，组建12支市级党员志愿服务队伍，深入开展新时代文明实践"党员志愿服务先锋行动"。加强对党员领导干部参与志愿服务活动的约束督导考核激励。开展志愿服务品牌培育行动。发挥党政机关和行业协会作用，加强对社会志愿服务的引领引导和扶持支持，打造更多"蓝天救援队""河小青"式有特色有影响的志愿服务品牌。

巩固提升群众性精神文明创建工作质量水平。文明村镇创建注重深化移风易俗。坚持自治法治德治相结合，持续推进移风易俗，遏制大操大办、厚葬薄养等陈规陋习，开展"活人墓""豪华墓"整治行动，培育淳朴民风、文明乡风。文明单位创建注重涵育单位文化。加强单位宣传思想文化阵地建设，培育职工文化骨干队伍，广泛开展文艺演出、职工运动会等形式多样、健康有益的文体活动，打造健康文明、昂扬向上、全员参与的职工文化。文明家庭创建注重弘扬优良家风。开展"五好家庭""最美家庭""星级文明户"和好媳妇、好儿女、好公婆等推选活动。文明校园创建注重思想道德建设。深化"扣好人生第一粒扣子"主题教育实践活动和"新时代好少年"学习宣传。开展校园文明实践"牵手"行动，形成家庭（小学）、社区（中学）、社会（大学）与校园牵手开展文明实践的浓厚氛围。扎实推进乡村"复兴少年宫"试点工作，逐步扩大覆盖面，不断丰富未成年人精神文化生活。

二、繁荣公共文化事业

习近平总书记强调："发展文化事业是满足人民精神文化需求、保障人民文化权益的基本途径。要坚持为人民服务、为社会主义服务的方向，坚持百花齐放、百家争鸣的方针，全面繁荣新闻出版、广播影视、文学艺术、哲学社会科学事业，着力提升公共文化服务水平，让人民享有更加充实、更为丰富、更高质量的精神文化生活。"要着力繁荣公共文化事业，为加快省域副中心城市建设提供良好的文化条件。

大力优化公共文化服务，不断提升文化惠民水平。加强公共文化服务设施建设，巩固公共文化服务体系示范区创建成果，以深化拓展新时代文明实践中心建设为依托，探索建管用高效运行的公共文化服务阵地体系。丰富公共文化服务产品供给，持续开展"欢乐潇湘·幸福岳阳""一元惠民剧场""高雅艺术剧场"等群众喜爱的文化惠民活动。推进农家书屋提质增效，推动全民阅读，进一步擦亮"书香岳阳"品牌，大力建设书香家庭、书香机关、书香校园、书香社区、书香城市。提升公共文化服务效能，建立公共文化服务需求反馈机制，积极开展流动博物馆、图书馆、文化馆等"流动文化"服务。

系统整理岳阳红色文化资源，传承弘扬红色文化。绘制发布岳阳红色资源地图，建设红色基因数据库，开展革命文物保护修缮。按照科学适度原则，每年提质修缮革命旧址30个左右，推动全市128处红色纪念地5年内全面提质升级。开展红色基因传承行动。挖掘红色文化内涵，提炼红色精神价值，讲好红色历史故事，深化拓展党史学习教育。研究阐释"骆驼精神""平江起义""无字家书"等红色故事的精神内涵、时代价值，推动打造30个本土红色教育基地，10条红色教育精品培训线路，50个红色美丽村庄。

深入挖掘岳阳优秀传统文化蕴含的精神特质和时代价值，传承弘扬中华优秀传统文化。围绕屈原、杜甫、范仲淹、左宗棠等历史文化名人，开展集中研究攻关，力争在文化价值呈现的大众化、文化为旅游赋能等方面推出精品力作。不断提升文化遗产保护和利用水平，健全完善非物质文化遗产四级名录管理体系和数据库，加大岳州窑、岳州扇等非物质文化遗产生产性保护力度，推动岳州窑青瓷艺术等非遗传统手工艺复兴。开展历史文化"四进"行动。推动岳阳优秀历史文化进校园、进社区、进企业、进农村，不断增强岳阳人民的文化自豪感和传承弘扬优秀历史文化的使命感。

加大文艺创作扶持力度，不断推动文艺繁荣发展。用好岳阳人才新政45条和文艺繁荣10条措施，建立健全文艺人才数据库，组织第六届岳阳文学艺术奖评奖和第二批、第三批作家签约，引导广大文艺工作者全方位全景式展现新时代的精神气象。开展文艺创作"揭榜"行动。结合迎接宣传贯彻党的二十大等重大时代主题，岳阳楼、洞庭湖等重要历史文化地理资源，全市经济社会发展重大部署重大成就，开展市委市政府策划选题，面向全社会征集文艺作品的"挂牌揭榜"活动。

大力培养青年文艺领军人才，持续擦亮"文艺岳家军"品牌。把发现、培养青年文艺领军人才作为文艺事业繁荣发展的重中之重，实现"文艺岳家军"后继有人，绵绵不绝，青出于蓝而胜于蓝。开展文艺文化人才"壮苗"行动。出台培育、扶持文艺新人的政策措施，营造识才、爱才、敬才、用才的良好氛围，引导青年文艺工作者守正道、走大道，坚守艺术理想追求德艺双馨，鼓励青年文艺工作者多创新、出精品，支持他们挑大梁、当主角，形成文艺人才持续涌流、文艺精品不断迸发的局面。

加快市属媒体单位改革步伐，推动县级融媒体提质增效。进一步健全完善岳阳日报社、市广播电视台内部管理机制，探索建立适合现代媒体融合发展的运行模式。抓住县级融媒体新闻生产主责主业，突出融媒创新，制作接地气、有温度、好传播的新闻作品，综合运用多个终端，打通多个平台，构建分众传播、分类覆盖的格局，提升县级融媒体的影响力和传播力。坚持以人民为中心的工作导向，充分发挥广电媒体作为党和政府联系群众的桥梁纽带作用，深入生活、扎根人民，生产和传播群众喜闻乐见的精品内容。

三、加快文化产业发展

习近平总书记强调："要坚持把社会效益放在首位，牢牢把握正确导向，守正创新，大力弘扬和培育社会主义核心价值观，努力实现社会效益和经济效益有机统一，确保文化产业持续健康发展。"加快省域副中心城市建设，要坚持把社会效益放在首位、社会效益和经济效益相统一，构建具有岳阳特色的现代文化产业体系，不断提升群众精神文化生活获得感。

强化价值引领，建设岳阳文化新地标。开展城市文化"精美展陈"行动。对全市重要博物馆、展览馆、纪念馆和爱国主义教育基地等纪念设施的展陈进行全面审读，提升展陈质量。重点做好洞庭湖博物馆、"守护好一江碧水"首倡地教育展示中心、屈子文化园、任弼时纪念馆展陈方案设计和布展工作，做好岳阳楼、君山岛等重点景区和重要红色文化资源的展陈工作，做好各级文物保护单位的保护陈列工作。启动"留住城市记忆"工作。结合城市改造和建设，对老旧街区、标志性建筑、岳州关等的文化特质、影像资料进行抢救性保护、整理、展示。

建立健全湖南岳阳楼·洞庭湖文化旅游度假区体制机制。加快建立健全文化旅游度假区体制机制，积极创建国家级文化旅游度假区。整合文旅资源，发挥"统"的功能，使文旅度假区真正成为全市文旅发展的主引擎、主动力。加快文体旅游产业链建设，不断强链、延链、补链，实现文体旅游产业高质量发展目标。

开展文旅项目"招大引强"行动。围绕做活文旅"水"文章，积极开展招商活动，力争在引进带动能力强的文旅项目上尽快实现新进展。加大旅游实景剧、文创产品及夜经济开发力度。启动南湖"筑堤布景"工作，力争将其打造成高质量的文化堤、景观堤、岳阳文旅打卡地。做好洞庭南路历史文化街区、洞庭湖小镇、熊猫苑、麋鹿苑等文旅项目宣传推广工作。通过"招大引强"，打造一批4A级以上文化旅游景区、文化旅游产业园、文旅融合发展重点县、文化旅游名镇名村。

　　精心谋划文化旅游业态跨越发展。修订完善全市文旅产业发展规划。加快编制《岳阳市"一湖两岸"文旅开发策划方案》，推进岳阳楼历史文化片区、"一湖两岸"城市景观和沿江环湖百里生态走廊建设，高质量打造"一湖两岸"核心文旅产业聚集区；启动《洞庭湖文化生态圈建设概念规划》，加大全市重大文旅IP整合力度，推进"楼岛湖馆园"（岳阳楼、君山岛、洞庭湖、洞庭湖博物馆、屈子文化园）洞庭湖文化生态圈建设和文旅产业发展。开展文旅规划"聚智"行动。办好湖南岳阳楼·洞庭湖文化旅游度假区概念策划及产品发展规划国际竞赛活动，通过面向全球开展策划规划竞赛，全面提升文旅度假区的策划规划水平。

　　积极探索岳阳历史文化资源的价值实现机制和途径。坚持文化为旅游赋能，全面梳理全市在办文旅节会，进行整合归并，着力打造有影响力的文旅品牌。坚持高位推动，引入竞争机制，打造重点项目，办好每年一届的全市旅游发展大会。精心做好省第十四届运动会的大型活动、新闻宣传和志愿服务等工作，使省运会成为展示岳阳魅力和风采的窗口。开展文旅节会"提质晋档"行动。办好"天下洞庭·岳马长江"最美长江岸线马拉松赛，力争打造精品赛会。办好每年"岳阳楼日"系列纪念活动，持续塑造忧乐文化品牌。以"端午源头、龙舟故里、诗歌原乡"为主体，打造全球华人精神家园。举全市之力做好纪念屈原殉国2300周年系列活动，努力打造告慰先贤、启迪来者的精品盛会。做好纪念左宗棠诞辰210周年、平江起义95周年、任弼时诞辰120周年等活动。提升国际观鸟节、芦苇艺术节等节会的举办层次，增强国际元素，提升国际影响。

第十二章
省域副中心城市建设的安全稳定

安全是发展的前提；安全强调事物的稳定与平衡，发展强调事物的更新与进步。岳阳市作为湖南省域副中心城市，如何在安全稳定与发展进步之间建立起相互促进的关系，是岳阳市委需要高度关注的重大理论与现实问题。岳阳市在建设省域副中心城市的过程中，要成对复杂的国内外发展环境，历史机遇与风险挑战并存。因此，要深刻领会、准确把握安全稳定的重大意义，坚持把安全稳定工作作为省域副中心城市建设的基本前提，进一步提高政治站位、扛起责任担当，从严、从实、从细抓好安全稳定各项工作，全面加强"法治岳阳"建设，持续深化"平安岳阳"建设，大力推进"健康岳阳"建设，全力防范化解各领域风险，为"十四五"时期省域副中心城市建设创造安全稳定的社会环境。

第一节 安全稳定是省域副中心城市建设的基本前提

习近平总书记强调："保证国家安全是头等大事。"党的十八大以来，以习近平同志为核心的党中央提出总体国家安全观，岳阳作为湖南省域副中心城市，要以总体国家安全观为根本遵循，时刻绷紧安全这根弦，突出稳定的重点环节，努力营造和谐的发展环境。

一、政治安全是建设省域副中心城市的政治前提

政治安全的核心是政权安全和制度安全；政治安全是人民安居乐业的根本保障，维护政治安全是全国各族人民根本利益所在。只有坚定不移地维护政治安全，才能更好地保障国家利益，实现党长期执政、国家长治久安和人民安居乐业。政治安全是一个国家最根本的需求，是一切国家生存和发展的基础条件。我国是中国共产党领导的社会主义国家，维护政治安全最根本的就是维护中国共产党的领导和执政地位、维护中国特色社会主义制度。建设省域副中心城市，就是要坚持党对一切工作的领导，更好地发挥统揽全局、协调各方的领导核心作用。深入学习贯彻习近平新时代中国特色社会

主义思想，增强"四个意识"、坚定"四个自信"、做到"两个维护"，确保党中央决策部署有效落实。

建设省域副中心城市各项工作的推进，都要建立在政治安全的基础之上，把维护政治安全作为建设省域副中心城市的前提。要加强理想信念教育，引导广大党员、干部坚持共产主义远大理想和中国特色社会主义共同理想，不忘初心、牢记使命，为党和人民事业不懈奋斗。锲而不舍地落实中央八项规定精神，持续纠治形式主义、官僚主义，切实为基层减负。坚持无禁区、全覆盖、零容忍，持续推进正风肃纪惩贪反腐，营造风清气正的良好政治生态。全面贯彻新时代党的组织路线，加强干部队伍建设，落实好干部标准，提高各级领导班子和干部适应新时代新要求抓改革、促发展、保稳定水平和专业化能力，加强对敢担当善作为干部的激励保护，以正确用人导向引领干事创业导向。

当前，我国面临复杂多变的发展环境，各种可以预见和难以预见的风险因素明显增多，各方面风险可能不断累积，甚至集中显露。当前世界处于百年未有之大变局，新冠肺炎疫情肆虐全球，触动国际政治、经济、安全格局深刻调整，世界经济深度衰退，经济全球化遭遇逆流，单边主义、保护主义思潮盛行。国际环境日趋复杂，世界进入了一个动荡变革的时期，不稳定性不确定性明显增加。与此同时，人类已经进入互联互通的新时代，和平与发展仍然是时代主题，经济全球化仍是历史潮流。科学技术加速迭代，新产业、新业态、新模式不断涌现，为经济社会发展提供了新动能。我国当前社会政治大局总体稳定，但政治安全面临的形势十分复杂，维护政治安全的任务十分艰巨。岳阳市建设省域副中心城市，要坚决扛牢政治责任，牢固树立底线思维和危机意识，始终保持对各类风险隐患的高度警惕。切实筑牢国家安全的群众基础，着力防范化解重大风险，为全市经济社会高质量发展提供坚强安全保障和稳定环境，为加快建设名副其实的省域副中心城市筑就坚不可摧的安全屏障。

二、社会安全是省域副中心城市的社会保障

社会安全，其核心是认同安全，是社会全体成员对国家社会的认同而产生的整个社会的安全。如果分裂主义、分裂势力盛行，那么社会安全就会面临严峻挑战。社会安全是习近平总书记总体国家安全观的重要组成部分，走中国特色的国家安全道路，就要以社会安全为保障。

当前，我国正处于新旧矛盾叠加的时期，如果社会冲突在适度的范围之内，那么适度的社会冲突是有利益于社会发展的；如果社会冲突超出了一定的范围，那么社会冲突将会为经济社会发展带来很大的负面影响。在新时代，我国社会主要矛盾转化为人民群众日益增长的物质文化需要与发展不平衡不充分之间的矛盾。在建设省域副中心城市的过程中，有效应对社会主要矛盾，既是缓解社会矛盾的必要考量，也是实现高质量发展的基本保障。实现社会安全的关键在于化解社会矛盾，科学决策、公正司法、社区和谐是实现社会安全是具体举措，也是为建设省域副中心城市提供社会保障的有力抓手。

科学决策是指在省域副中心城市建设的过程中，各项决策应坚持以人民为中心、符合经济社会发展规律，决策目标、决策过程、决策方案都应具有高效实现省域副中心城市建设目标的作用。科学

决策所带来的高质量发展既能够为解决矛盾存量提供物质基础，也能够避免或者减少新矛盾的产生，使省域副中心城市建设成为不遗留社会安全隐患的发展。

公正司法要求重系统观念、法治思维、强基导向，防范化解安全稳定风险。推进以审判为中心的诉讼制度改革，防范冤假错案，强化人权司法保障。落实终审和诉讼终结制度，实行诉访分离，强化人权司法保障。构建开放、透明、便民的阳光司法机制，加强对司法机关具体执法活动流程监督，健全司法机关内部监督约束机制。完善司法责任制改革，健全司法工作规范和司法违法行为的责任追究制度。加强司法队伍建设，提高司法干警的政治业务素质和公正执法能力。大力弘扬社会主义法治理念和精神，强化法律在维护群众权益、化解社会矛盾中的权威地位，推进全社会多层次多领域依法治理。

社区和谐是指将社区打造成化解社会矛盾、消除治安风险，群众安身立命的港湾。社区是人们生活的重要场域，普通百姓的衣食住行休闲等生活内容都发生在社区。群众矛盾也萌芽于社区，应当将矛盾化解于社区，争取矛盾不出社区。要积极引导人民群众在社区范围化解矛盾纠纷，总结和凝练岳阳市基层矛盾纠纷化解的机制和方法，岳阳市社区创造的"群英断是非""和谐宣讲团"等社区群众矛盾化解方式，在现实生活中为社区稳定和社会稳定做出了一定的贡献，应充分总结各社区的创造，取长补短，形成高效的基层矛盾化解方式。社区和谐将成为省域副中心城市建设社会安全的最坚实保障。

三、安全生产是省域副中心城市的发展前提

安全生产事关人民福祉，事关经济社会发展大局。随着人类社会经济和科学技术的发展，在人们获得了生产力的极大提高、财富日益增长的同时，来自人为和自然的事故与灾害却向人类的生产、生存和生活提出了严峻的挑战，生产安全问题引起了社会、政府以及学术界的极大关注。国家经济的发展、人民生活质量的保障、社会的繁荣稳定，是靠什么得以实现的呢？靠科学、靠技术、靠经济、靠发明、靠创造，同时还要靠安全！安全能控制来自人为和自然的风险，预防和避免重大事故及灾害的发生，保护人民生命财产安全，减少社会危害和经济损失。安全是一项充分体现"以人为本"和人民利益高于一切的事业，是保护和发展社会生产力、促进社会经济持续健康发展的基本条件，是中国社会主义国家性质的要求和宪法的明确规定。做好安全生产工作，提高社会公共安全和生存安全水平，是社会稳定的需要，是党和政府"执政为民"的要求，是"以人为本"的内涵，是人民生活质量的体现，更是社会文明与进步的重要标志。

要深化对安全生产规律的认识。突出抓好重点区域的生产安全。城乡接合部、城中村、乡镇集镇、校园周边、交通道路两侧、地质灾害隐患点、市场群等属于生产安全的重点区域。要从房屋建筑安全、消防安全等方面加强安全风险防范。解决安全生产领域历史遗留问题，以杜绝重特大事故发生，要切实增强"四个意识"，以高度的政治敏锐性和政治责任感来解决安全生产领域历史遗留问题。严格落实安全风险分级管控和隐患排查治理双重预防工作机制。建立重点区域、重点园区、重大工程、重点项目安全风险评估

制度，完善高危行业领域安全准入制度，加强重点工程建设项目安全条件审查论证，建立健全安全生产法规制度，有效落实安全标准、防护设施和防控措施，建立重大事故隐患清单，实行风险监测预警控制。加强对新经济、新业态分析研究，提高对新型风险的识别、监测、预警、防控能力。

安全生产要贯彻《安全生产法》《国务院关于进一步加强安全生产工作的决定》等法律法规，将安全生产方针政策落实到生产经营全过程。贯彻"以人为本，安康至上，预防为主，持续改进"的安全工作方针，实行安全生产主要领导亲自抓、主管领导重点抓、专业领导具体抓、职工安全自主抓，形成各负其责、分工协作、综合治理、齐抓共管的安全生产长效机制。

第二节 全面加强"法治岳阳"建设

岳阳要以创建"全国法治政府建设示范市"为契机，有效利用"全国市域社会治理现代化试点合格城市"的经验和教训，深入推进科学立法、严格执法、公正司法、全民守法，积极推动社会信用体系建设，全面提高岳阳的市域治理的法治化水平，为岳阳市的社会治理现代化提供法治支撑。

一、深化法治政府建设

岳阳市法治政府建设，必须坚持依法行政，恪守"法定职责必须为、法无授权不可为"，把政府活动全面纳入法治轨道。依法全面履行政府职能，着力厘清政府和市场、政府和社会的关系，深入推进简政放权，持续整治行政许可事项的违法违规行为。严格落实重大行政决策程序制度，切实防止违法决策、不当决策、拖延决策。探索建立健全重大行政决策跟踪反馈和评估制度。全面推行行政规范性文件合法性审核机制，凡涉及公民、法人或其他组织权利和义务的行政规范性文件均应经过合法性审核。

首先，法治政府建设应继续坚持守正创新，落实习近平法治思想，不断完善"党委领导、人大主导、政府依托、公众参与"

的中国特色社会主义立法工作格局，努力做到与时代同行、与发展共鸣、与民意呼应。充分发挥地方立法在岳阳依法治理中的积极作用，立有效管用和特色鲜明的地方性法规，发挥立法的引领和推动作用，完善岳阳市的地方治理能力和治理体系。坚持立改废释并举，推进市域立法精准化精细化，针对城市建设、生态环保、历史文化等重点领域，在当前已经制定实施的《岳阳历史文化名城保护条例》《洞庭南路历史文化街区保护规划》《陆城南北正街历史文化街区保护规划》《岳阳市城市规划区山体水体保护条例》《岳阳市东洞庭湖国家级自然保护区条例》《岳阳市扬尘污染防治条例》《岳阳市机动车停车条例》《岳阳市农村村民住房建设管理条例》《岳阳市文明行为促进条例》《岳阳市政府投资建设领域反铺张浪费规定》《岳阳市市级财政专项资金管理暂行办法》《岳阳市普惠金融发展风险补偿基金管理暂行办法》等规范的基础上，进一步制定接地气、真管用的地方性法规，同时对现行的《岳阳市城市环境卫生设施管理办法》《岳阳市生活垃圾分类管理办法》《岳阳市中心城区城市照明管理办法》《岳阳市环境卫生设施管理办法》《岳阳市城市园林绿化管理办法》《岳阳市园林绿化工程管理规定》等行政执法规范进行修订和完善，并逐步形成完备的地方政府治理规范体系和实施、监督、保障体系，夯实市域社会治理的法治基础。

其次，健全依法决策机制，完善政府法律顾问、法治建设第一责任人等制度，健全重大行政决策终身责任追究制度和责任倒查机制。深化行政执法体制改革，健全行政执法"综合体"，并逐渐将城市建设数据导入和应用到住建部城乡建设统计信息管理系统、湖南省住建系统统计信息平台、住建部城市建设投资项目管理系统、市智慧城管系统、市"一网统管"系统平台等信息管理平台中,为提高城市规划、设计、建设、管理水平提供有力指导,为法治政府的建设提供准确的数据支撑和验证结果。

再次,健全行政执法与刑事司法"两法"衔接平台,积极配合检察公益诉讼工作,加大民生、环保等重点领域的执法力度,严格规范公正文明执法。建立重大执法决定事前听证制度、法制审核制度和重大处罚备案制度。强化对行政权力的制约和监督,全面推进政务公开,坚决纠正滥用行政权力排除、限制竞争行为。

二、切实保障司法公正

深化司法体制综合配套改革,全面落实司法责任制。大力弘扬全国模范司法干部等英模精神,做对党忠诚、服务人民的新时代司法工作人员。强力推进扫黑除恶,坚持"是黑恶犯罪一个不放过、不是黑恶犯罪一个不凑数";致力防范化解重大政治风险、金融风险、社会风险,依法办理岳阳域内、省内或国内具有重大影响的案件;大力营造法治化营商环境,突出稳企业保就业,坚决避免"案子办了、企业垮了";有力推进反腐败斗争,在"反贪局、反渎局"转隶过程中"不踩刹车踩油门",立案查办和审理各类职务犯罪多人;以最严标准守护舌尖安全,盯紧问题奶粉、病死猪肉等人民群众反映强烈的突出问题,开展"四个最严"专项行动,办理湖南省消费者权益保护委员会首例消费民事公益诉讼案等多起群众关切的公益诉讼案件。

深化司法体制改革,完善依法独立公正行使审判权和检察权的制度。落实重大、疑难、复杂案件由院庭长直接审理机制。坚持

"谁办案谁负责、谁决定谁负责"，落实检察官办案主体地位。落实担任领导职务的检察官直接办案制度。加强办案团队建设，推动司法人员专业化分工、类案专业化办理。落实专业法官会议、检察官联席会议制度，切实发挥为办案组织提供法律咨询的功能。积极推动法院、检察院领导带头办案，推进质效评价标准改革，以最少的诉讼环节和最短的办案时限服务人民群众。推进以审判为中心的诉讼制度改革，不断提升队伍素能，防范冤假错案，自觉接受人民监督，强化人权司法保障。落实终审和诉讼终结制度，实行诉访分离，强化人权司法保障。构建开放、透明、便民的阳光司法机制，加强对司法机关具体执法活动流程监督，健全司法机关内部监督约束机制。

完善司法责任制改革，健全司法工作规范和司法违法行为的责任追究制度。加强司法队伍建设，提高司法干警的政治业务素质和公正执法能力，自觉把"两个确立""两个维护"作为坚定的政治信念入脑入心，不断提高政治判断力、政治领悟力、政治执行力；以高质量的法律监督、诉讼审判服务保障经济社会高质量发展。从严惩治滥采滥伐、滥捕滥猎、非法排污等犯罪，主动投入长江十年禁渔、"洞庭清波"等工作，落实"河（湖、林）长"工作机制，打好蓝天碧水净土保卫战；持续更新司法服务理念，坚持能动司法，着力提升司法为民的底色和质效。

三、加强法治社会建设

大力弘扬社会主义法治理念和精神，强化法律在维护群众权益、化解社会矛盾中的权威地位，推进全社会多层次多领域依法治理。深化市域普法学法，健全"谁执法谁普法"普法工作责任制，深入学习宣传以宪法为核心的各项法律法规，增强全民法治观念。推进市域法律服务，加快建设覆盖全业务、全时空的法律服务网络，完善法律援助制度，健全司法救助体系，发展壮大公共法律服务志愿者队伍，更好满足人民群众基本法律服务需求。积极发展律师、公证等法律服务业，探索建立涉外律师、公司律师、公职律师队伍。鼓励规模以上企业完善法律顾问制度，推行企业依法诚信经营。加强未成年人保护，构建家庭、学校、社会、政府、司法共同着力的未成年人保护体系。

首先，广泛推动人民群众参与社会治理，打造共建共治共享的社会治理格局。完善群众参与岳阳市基层社会治理的制度化渠道。加快推进岳阳的市域社会治理现代化。健全岳阳市社会治理规范体系。发挥工会、共青团、妇联等群团组织引领联系群众参与社会治理的作用。积极引导岳阳市人民群众依法维权和依法化解矛盾纠纷，坚持和发展新时代"枫桥经验"化解群众身边的矛盾。充分发挥人民调解是解决群众内部矛盾的第一道防线作用，完善人民调解制度、行政调解规范、司法调解方式构成的联动工作体系。全面落实律师参与岳阳全域调解工作。完善调解制度、信访制度、仲裁制度、行政裁决制度、行政复议制度、诉讼程序等构成的社会矛盾纠纷多元、预防、调处的综合化解体系，整合调配基层矛盾纠纷化解资源和力量，充分发挥非诉讼方式在岳阳市纠纷解决机制中的作用。

其次，注重把社会主义核心价值观、社会公德、职业道德、家庭美德、个人品德等基本道德规范，融入岳阳市地方立法。政府在制定规范性文件、市民行为规范时，要充分体现社会主义核心价值观的基本内容和必然要求。同时，加强对岳阳市道德规范制定和实施的审查、监督，将实践检验成熟的、符合法治精神的道德行为规范，逐步上升为岳阳市的地方性规章制度。

最后，结合岳阳人文地理、红色革命历史等特点，加强岳阳传统法治文化研究，不断挖掘、传承、引进、创新优秀的法治文化、法治理念。加强岳阳市法治文化阵地建设，在全市领域内推动更多的公共空间展现法治文化的元素，充分利用政务服务中心、机关单位、市内旅游景区、市展览馆、市图书馆、所有公共交通站点等场所，巩固和推广法治文化宣传。推进岳阳市法治文化公园、广场、长廊等地升级改进，建立法治文化宣传阵地的长效维护机制，实现法治文化宣传栏（长廊）村屯的全覆盖。深入挖掘岳阳法治文化，依托岳阳楼、汴河街等历史文化街区、名人故居、革命教育基地等，推出一批体现新时代习近平法治思想、富有岳阳特色的法治文化标志，促进社会主义法治文化与岳阳的传统文化、红色文化、行业文化、企业文化融汇发展。

四、健全社会信用体系

高质量的社会信用体系，既是完善社会主义市场经济、加强和创新社会治理的重要手段，也是金融供给侧改革的重要抓手。岳阳市要加强政务诚信建设，探索构建广泛有效的政务诚信监督体系，提升公务员诚信履职意识和政府诚信行政水平。同时，加强在岳企业的诚信建设，鼓励企业把诚信经营纳入长远发展战略，引导在岳企业自觉履行社会责任。加强岳阳市市民的个人诚信建设，倡导社会公民的诚信做人做事。加强岳阳市内社会组织诚信的建设，增强社会组织依法自治的能力和行业的自律意识。完善岳阳市企业和个人的信用服务体系，大力培育发展岳阳的信用市场。健全覆盖全市的信用信息应用系统，强化信用的分类、分级和联动监管。

首先，需要健全完善岳阳市信用体系。健全信用管理长效机制，夯实信用法治的基础，提升信用监管的质效，加强食品药品、教育培训、文化旅游体育、交通运输等重点领域或行业的信用监管和应用。聚焦岳阳市发展的重点领域和关键环节，健全企业、个人信用修复、惩戒制度，建立鼓励自我纠错、自我完善的信用修复机制。规范完善岳阳市失信惩处措施，准确界定市内公共信用信息的采纳范围，慎重选定严重失信主体名单，提升信用管理的规范化和法治化水平。从严把握失信行为的认定，以行政处罚决定书等具有法律效力的法律文书为具体依据，严格依法依规惩治失信行为，加大对严重失信主体的监管和惩戒力度。积极构建跨行业、跨领域的协作信用监管机制，推动失信行为信息的互通、处理结果的互认，提升信用的联动监管效能。

其次，积极推进信用体系的数字化发展。打造岳阳的智慧枢纽，推动岳阳市全域的信用平台数字化、智慧化。坚持以需求为导向，结合最新发展的人工智能、区块链等新技术，优化完善在岳企业和个人的信用承诺、信用分级的分类监管、奖惩、修复、异议处理、权益保护、舆情监测等系统化的管理功能，加快提升以平台基础支撑的保障能力和数字化的信用应用水平。健全岳阳市内的信用数据共享机制，畅通数据共享的渠道和途径，实现信用数据在部门、领域、区域间的按需共享、按需流动。持续提升岳阳市内政务服务、社会治理等公共服务的数字化、智能化水平，加快建立体现多元化、个性化的"岳阳信用"应用体系。推动岳阳市民的个人信用积分在"岳办岳好"和政务服务网等线上系统的全面应用，聚焦医疗、教育、交通、文旅等与老百姓日常生活息息相关的领域，推进个人事项和高频企业事项的系统接入，打造高效、便捷的信用服务体系和端口。

最后，推动岳阳市信用市场的全面发展。激发在岳企业个人的创新活力，加强推动信用服务产品的创新和迭代，大力发展岳阳市信用服务市场，强化对信用服务机构的监管和保障。将最新数字技术融合运用于岳阳市信用发展体系，引导全市信用服务机构、大数据开发企业等运用区块链、人工智能等新技术，开发具有完全知识产权的信用服务产品和应用程序，积极参与岳阳政府、企业和市民的信用体系建设。引进信用服务领域内的头部企业和具有影响力、竞争力的信用服务机构落户岳阳，提供高水平的信用服务供给。培育信用服务的岳阳本土品牌，支持岳阳本地有综合实力、发展潜能的信用服务机构，进行资源整合，推动大数据、云计算、互联网等高科技领域的优质企业开展信用服务与开发。逐步形成现代信用服务产业特色化培育模式，形成一批具有影响力的信用服务机构。

第三节　持续深化"平安岳阳"建设

"民惟邦本，本固邦宁"。平安，既是治国者的宏大理想，也是老百姓的朴素追求。持续深化"平安岳阳"建设，需要对"平安岳阳"建设拥有更深入的认识，夯实社会治理基础，并进一步完善社会治安防控体系和安全事故风险防控体系。

一、"平安岳阳"建设的内涵和核心

党的十九届四中全会、五中全会提出"建设更高水平的平安中国"的要求。我们提出的"平安"，不是仅指社会治安或安全生产的狭义的"平安"，而是涵盖了经济、政治、文化和社会各方面宽领域、大范围、多层面的广义"平安"。"平安岳阳"是平安中国的有机组成部分，"平安岳阳"建设必须充分理解吸收平安中国建设的内涵，并结合自身具体情况进行落实。因此，"平安岳阳"不能仅满足于保障良好的社会治安和有序的安全生产，还应该涵盖国家政治安全、经济安全、文化安全、社会安全、生态安全等各个领域。

平安建设作为新形势下加强社会治安综合治理工作的新举措，是构建社会主义和谐社会、促进经济社会协调发展的保障工程，是维护广大人民群众根本利益、为人民群众所期盼的民心工程，是提高党的执政能力、巩固党的执政地位的基础工程。要将"平安岳阳"建设纳入平安中国这一更大的统一战略中来，与平安中国建设形成联动和补充。要结合岳阳地域特点，开展重点领域"平安岳阳"建设。除做好社会治安防控和安全事故风险防控外，还要特别注重开展"一江一湖四水"系统联治，强化水环境治理，提升灾害防治能力，健全应急管理机制等。岳阳市第九届人民代表大会第一次会议要求严格抓好风险处置，筑牢安全发展屏障。严控财政金融风险。加强经济安全风险预警、防控机制和能力建设，强力推进平台公司市场化转型、高息债务清偿置换、债务风险缓释等工作。守住安全生产底线。维护社会大局稳定。强化食品药品安全监管，守护人民群众生命健康。这些要求表明，岳阳市已经充分认识到平安中国建设与"平安岳阳"建设工作之间的关联，岳阳的平安建设工作是涵盖了经济、政治、文化和社会各方面的"大平安"。

稳定的生活环境只是"平安岳阳"的外在表现，为人民对幸福美好生活的向往提供保障才是"平安岳阳"的内在核心。"平安岳阳"应该注重对人民安全感和幸福感的维护，这要进一步转变平安治理的治理方式和治理理念。首先，"平安岳阳"的治理方式应该由治事转向治制。传统的社区平安治理主要聚焦于那些可能对安全稳定产生影响的具体事物上。然而，那些可能影响到居民安全感的问题往往层出不穷，仅停留在解决具体的、琐碎的、已经出现的问题上并不能有效增加居民安全感。但是如果将解决这些具体问题的治理经验有效转化为真正可复制、可推广、可规范运行的制度供给，让居民能够真正了解解决问题的方式和途径，便可以在源头上化解影响居民安全感的问题。正所谓"小智治事，大智治制"，解决琐碎的具体的问题可以体现治理者的能力，能真正将经验转化为制度，并使其稳定运行，才能凸显出治理者的智慧。而制度治理，也是提升治理能力，完善治理体系的基础和关键。其次，平安治理的理念应该由保障生命财产安全转向追求生活幸福。生命财产安全当然永远是平安治理的基础和底线。在新中国成立初期，国家面临敌对势力威胁，人民生活资源匮乏，生命财产安全在相当长时间内成为国家安全、社会安全与个人安全的最高追求。然而，随着时代的发展，人民对安全的认知也逐渐发生了变化，"安居乐业"包含着更广泛的内容：秩序安定、友邻安宁、身体安康、物质富足、精神安乐的平安幸福生活。因此，若平安治理仍仅仅局限于生命财产安全，显然不能满足人民的期望。

二、"平安岳阳"建设的社会治理基础

平安是民生之首，稳定是发展之基，"平安岳阳"建设无法脱离社会治理背景而单独存在。以党建引领为主轴，协同社会多元力量建设横向到边、纵向到底的基层社会治理格局，是"平安岳阳"建设的社会基础和有效保障。

充分发挥以法治维护社会稳定的制度优势。法治能够有效维护社会稳定，主要体现为法治拥有三种能量。一是法治的震慑能量。法治的震慑能量源自其合法的强大的惩处威力。那些挑战社会和谐稳定的违法犯罪者，都不敢明目张胆和恣意妄为。这在一定程度上可以减少危害行为的发生或减轻危害行为的危害程度，从而在整体上实现稳固的国家安全、社会安定、人民安宁。二是法治的化解能量。法律最重要的功能之一就是化解矛盾，这在诉前调解上体现得

更为明显。双方通过调解或者判决，得出解决问题的途径，并最终化解矛盾解决问题。即使一方或双方不服判决，法律也规定了救济的途径。如此一来，许许多多社会矛盾得以及时化解，避免了矛盾升级而带来更大的社会隐患。三是法治的矫正能量。法治令人敬畏不仅在于其惩处功能，也在于其教化功能。无论是社区矫正还是监禁，都可以帮助罪犯去除罪错心理和行为恶习，从而将社会消极因素转变为积极因素，促进社会安全。因此，"平安岳阳"建设首先要全面加强"法治岳阳"建设，充分发挥"法治"与"平安"之间的协调推动作用，运用法治思维和法治方式维护政治安全、社会安定、人民安宁。

协同创建社会治理体系助力"平安岳阳"建设。构建协同联动社会各个层面的社会治理体系，有利于推进"平安岳阳"建设。首先，各领域各层面的社会治理可以成为"平安岳阳"建设的社会基础。平安建设是社会治理的一部分，但社会治理不能仅限于平安建设。若各领域各层面的社会治理不能得到很好的改善，自然会分散平安治理的资源和能量。相反，若社会治理整体良好，就会形成一种的"溢出效应"，从而为平安治理创造更好的条件。其次，各领域各层面的社会治理可以联合多方力量共同推进"平安岳阳"建设。协同推进各领域各层面的社会治理使之整体提升，可以节省治理成本并提升治理的效率。协同推进也意味着各方可以联合起来，集中力量进行"平安岳阳"建设攻坚，从而大大提升平安建设水平。再次，其他领域和层面的社会治理可以成为"平安岳阳"建设的工具和手段。如社区治理网格化、政务服务热线与110的联动融合，就可以提升问题解决效率和民众安全感，从而成为平安建设的有效手段。

协同创建社会治理体系需要各方共同努力推进，主要可以从两个方面着力。一方面，要强化政党组织的积极引领作用。首先，建立纪律作风督查巡查机制。岳阳市委政法委深刻领会中央文件精神，在全国范围内就"建立党委政法委纪律作风督查巡查机制"开展先行先试工作。对巡查出领导班子自身和管理队伍方面存在的挺纪在前情况、持续整改作风情况、权力约束监督情况、惩治执法司法腐败情况等问题，明确整改责任和目标，限期整改到位。其次，坚持把基层治理同基层党建结合起来，构建条块协同、上下联动、共建共享的基层党建新格局。基层治理同基层党建相结合，在制度设计上可以便利二者的协调推进。将基层治理纳入党建工作，不仅可以提升相关人员推进基层治理的积极性和紧迫性，而且也可以丰富基层治理机制模式。

另一方面，要进一步丰富基层社会治理模式。基层是社会治理的终端和对象，基层治理模式往往直接适用于各个层面的社会治理，从而有效推动社会治理体系建设。例如，岳阳市打造"网格化+12345+110"三网融合联动社会治理新模式，使综治维稳延伸到公共服务，能快速受理并解决老百姓的各类诉求和问题，有效保障了老百姓的生活稳定。又如，岳阳坚持人民主体地位，把群众自治作为广大群众广泛参与平安建设的重要路径，创建了"群英断是非"基层治理模式，充分发动群众参与，真正保障了群众参与权、受益权、监督权，彰显了群众自治的生命力。再如，岳阳开展以新时代"枫桥经验"引领"四无"（无非正常上访+无治安刑事案件+无公共安全事故+无诉讼）村（社区）创建活动，推动基层平安创建落到实处，探索打造共建共治共享社会治理格局的新路径。

三、"平安岳阳"建设的社会治安防控体系

社会治安是"平安岳阳"建设的重点和底线。为有效应对影响社会安全稳定的突出问题，创新立体化社会治安防控体系，依法严密防范和惩治各类违法犯罪活动，全面推进平安中国建设，必须创新完善"平安岳阳"建设的社会治安防控体系。

一是要注重系统性推进，不留社会治安防控的死角。以整体性推进为主线，着力解决区域防控力量不均、乡镇农村防控力量薄弱问题。加强社会面治安防控网建设，根据人口密度、治安状况和地理位置等因素，科学划分巡逻区域，优化防控力量布局。加强机关、企事业单位内部安全防控网建设，严格落实单位主要负责人治安保卫责任制，完善巡逻检查、守卫防护、要害保卫、治安隐患和问题排查处理等各项治安保卫制度。加强乡镇（街道）和村（社区）治安防控网建设。以网格化管理、社会化服务为方向，健全基层综合服务管理平台，推动社会治安防控力量下沉。因地制宜确定网格管理职责，纳入社区服务工作或群防群治管理。进一步推动"雪亮工程"建设，补足乡镇农村社会治安防控力量。

二是要聚焦重难点，加强对重点场所和重点行业的综合治理。加强对公交车站、地铁站、机场、火车站、码头、口岸、高铁沿线等重点场所的安全保卫。完善幼儿园、学校、金融机构、商业场所、医院等重点场所安全防范机制，强化重点场所及周边治安综合治理，确保秩序良好。切实加强对娱乐服务业、酒店旅馆业、机动车改装业、废品收购业等重点行业的治安管理工作。持续开展治爆缉枪、管制刀具治理等整治行动，对危爆物品采取源头控制、定点

销售、流向管控、实名登记等全过程管理措施，严防危爆物品非法流散社会。加强对社区服刑人员、扬言报复社会人员、刑满释放人员、吸毒人员等特殊人群的服务管理工作。

三是要注重协同性，提升社会治安防控体系的效率。具体措施包括坚持以警务实战化为牵引，强化各部门、警种和各种资源、手段之间的统筹整合，着力构建高度协同、高效运转的警务运行机制；科学部署街面警力、强化视频巡控和广泛开展平安守护，要以完善固化巡逻防控"四个机制"为抓手，大力推进巡逻勤务机制规范化，着力构建情指巡一体化工作机制，全面提升社会面整体防控能力；完善区域警务合作机制，推行跨警种合成作战模式和深化国际警务合作，推进警务合作常态化等。

四是要注重从源头防控，从根本上减少治安事件发生。例如，以准确唯一的公民身份信息促进社会信用代码制度建设。探索建立违法犯罪记录与社会信用挂钩制度。健全完善各项安全管理制度。加强人口服务管理质量建设。加强和改进流动人口服务管理、特殊人群关爱帮扶。继续深入推进网格化建设等。

近年来，岳阳市持续开展扫黑除恶专项斗争，深入推进大要案攻坚、"打伞破网"、"打财断血"，各级纪检监察机关、政法机关与行业监管单位协同配合、精准发力，以雷霆之势向黑恶势力发起强攻，打掉了一大批涉黑涉恶犯罪团伙，处理了一批涉黑涉恶腐败和"保护伞"。同时，岳阳突出"问题导向"，针对损害群众安全感的突出问题，整合汇聚各方力量，亮利剑、出重拳，雷厉风行推进专项整治，筑牢岳阳平安基石。

四、"平安岳阳"的安全事故风险防控体系

安全事故防控是保护劳动者安全，保障社会发展的基本保证。安全事故防控在平安建设中具有重要地位，重大安全事故往往会造成对平安建设工作的"一票否决"。因此，在"平安岳阳"建设中，构建安全事故风险防控体系成为重中之重。

一是要建立健全督导考核和责任追究制度。首先是要加强各级党委、政府对安全事故风险防控工作的领导，明确各部门在安全事故风险防控工作中的监督管理职责、边界和范围。其次是要压实责任，加大安全生产在社会管理综合治理考评体系中的权重，严格执行"一票否决"制度。再次是加大惩处力度，强化安全事故与刑事司法衔接，健全通报、移送、受理、立案、办案和评价等制度，依法惩治安全生产领域的违法行为。最后是加大宣传力度，使相关人员熟悉事故防控要求，确保人人遵守，身体力行。

二是要排查管控社会稳定风险隐患。针对不同行业领域，健全隐患排查治理标准和隐患分类分级标准。建立安全事故常态化监督检查机制，加强对矿山、危险化学品、道路交通、天然气管道、居民自建房等重点行业领域隐患综合治理。强化对高危粉尘和高毒物质危害预防和控制，控制尘肺病和职业中毒高发势头。

三是要统一集中监管，推动区域安全稳定发展。设立统一集中监管区域，如化工园区、工业园，将一些隐患较大的重点行业进行集中监管。实施城市安全风险源普查，加速城区内人口密集区危险化学品和化工企业搬迁。严格审批管控人员集中的大型经营性活动。建设安全生产应急救援综合预警及指挥系统，强化各级应急救援机构与事故现场的远程通信指挥保障等。

第四节　大力推进"健康岳阳"建设

习近平总书记指出："现代化最重要的指标还是人民健康，这是人民幸福生活的基础。"人民健康是社会文明进步的基础，是民族昌盛和国家富强的重要标志，也是广大人民群众的共同追求。党和国家历来高度重视人民健康，新中国成立以来特别是改革开放以来，我市健康领域改革发展取得显著成就，城乡环境面貌明显改善，全民健身运动蓬勃发展，医疗卫生服务体系日益健全，人民健康水平和身体素质持续提高。同时，工业化、城镇化、人口老龄化、疾病谱变化、生态环境及生活方式变化等，也给维护和促进健康带来一系列新的挑战，健康服务供给总体不足与需求不断增长之间的矛盾依然突出，健康领域发展与经济社会发展的协调性有待增强。因此，大力推进"健康岳阳"建设，是加快建成省域副中心城市的重要基础，是全面提升岳阳人民健康素质、实现人民健康与经济社会协调发展的基础性战略。

健康岳阳建设应当秉持"大卫生、大健康"的理念，实施"把健康融入所有政策"的策略，坚持"共建共享"，发挥政府、部门、社会和个人的责任，共同应对我市经济社会发展中的健康问题。强调预防为主，全方位全周期保障群众健康。"健康岳阳"建设必须致力于使人们拥有清新的空气、洁净的用水、安全丰富的食物供应、整洁的卫生环境、充足的绿地、足量的健身活动设施、有利于身心健康的工作学习和生活环境，使群众能够享受高效的社会保障、全方位的健康服务和温馨的养老服务，营造健康文化氛围，努力提升人们的健康意识和健康素养，促使人们养成健康的生活方式和行为。

一、普及健康教育，塑造健康生活方式

个人是自己健康的第一责任人，个人对自己的健康负责，也是对家庭和社会负责。普及健康知识，提高全民健康素养水平，是提高全民健康水平最根本、最经济、最有效的措施。当前，我市城乡居民关于预防疾病、紧急救援、及时就医、合理用药、合理膳食等维护健康的知识和技能比较缺乏，不健康生活行为方式比较普遍。

首先，要做好健康教育。在市级层面建立并完善健康科普专家库和资源库，开展健康科普活动。加强对健康教育内容的指导和监管，依托专业力量，加强电视、报刊健康栏目和健康医疗广告的审核和监管。由政府与医疗机构共同建立激励机制，鼓励医务人员在诊疗过程中主动提供健康指导，定期面向患者举办针对性强的健康知识讲座。鼓励卫生健康行业学会、协会组织专家开展多种形式的、面向公众的健康科普活动，以及面向机构的培训工作，帮助社区和单位结合居民和职工的主要健康问题，开展健康讲座等健康宣讲活动。深入实施中医治未病健康工程，推广普及中医养生保健知识和易于掌握的中医养生保健技术和方法。

其次，推广合理膳食，改变不健康的饮食习惯。当前，我市居民每日食盐、食用油、蔗糖等指标均超过世卫组织或者《中国居民膳食指南（2022）》的推荐量。特别是儿童、青少年蔗糖摄入量超标问题值得高度关注。高盐、高糖、高脂等不健康饮食是引起肥胖、心脑血管疾病、糖尿病及其他代谢性疾病和肿瘤的重要因素，已成为影响人群健康的重大风险。合理膳食以及减少每日食用油、盐、糖的摄入量，有助于降低肥胖、糖尿病、高血压、脑卒中、冠心病等疾病的患病风险。这就需要我们加强营养和膳食规范的研制与推广，指导居民形成科学合理的膳食习惯。鼓励有条件的餐馆、食堂标注菜品营养成分含量，推出低油低盐套餐。加大宣传力度，鼓励低糖或无糖食品的生产与消费，低糖或者无糖的标识，引导全社会参与减盐、减油、减糖行动。

再次，大力实施全民健身行动。我市城乡居民经常参加体育锻炼的比例还较小。定期适量进行健身活动有助于预防和改善慢性病，并能促进精神健康，提高生活质量和幸福感，促进社会和谐。统筹建设全民健身公共设施，加强健身步道、骑行道、全民健身中心、体育公园、社区多功能运动场等场地设施建设，落实新建居住小区按照有关要求和规定配建社区健身设施的政策，鼓励新建工作场所建设适当的健身活动场地，努力打造居民身边的健身组织。推进公共体育场地、设施免费或低收费向公众开放。鼓励机关、企事业单位、社会团体、行业协会组织群众喜闻乐见的运动项目。加强高校体育专业人才培养力度，通过制定政策引导体育专业人才向街道、社区流入，以更好地组织社会体育活动。中小学生处于成长发育的关键阶段，要动员家庭、学校和社会共同引导学生从小养成健康生活习惯，锻炼健康体魄，预防近视、肥胖等。中小学校按规定开齐、开足体育与健康课程。把学生体质健康状况纳入对学校的绩效考核，结合学生年龄特点，以多种方式对学生健康知识水平进行测试。

二、优化健康服务，完善健康保障体系

优化健康服务是建设健康岳阳的重要内容，医疗服务体系则是建设"健康岳阳"的保障性工程。

首先，积极构建智慧医疗平台，促进"互联网+医疗健康"发展，创新服务模式，持续推进医疗机构信息化建设。建设一体化数据资源中心，实现区域健康医疗数据的采集与整合，构建电子健康档案库、电子病历库、全员人口库、基础资源库，为群众健康信息的实时动态管理及医疗诊断提供数据支撑。建设医疗健康云平台，实现医疗核心数据在平台上实时、动态、真实和高效运行。依托平台统一部署智能辅助诊疗，提升基层医疗机构的诊疗能力，使基层普遍具备居民健康守门人的能力。在县和市域内按常住人口和服务半径合理布局基本医疗卫生资源，实现人人享有均等化的基本医疗卫生服务。大力支持我市高等院校加强全科医生人才培养，稳步提升全市全科医生拥有率。建立健全基层全科医生培养、使用、考核和经费保障机制，激发全科医生内生动力，确保其在基层留得下、稳得住、发展得好。

其次，稳步推进分级诊疗制度落地。发挥医保调节作用，建立完善双向转诊机制，打通双向转诊通道。加大医疗资源联合体建设力度，完善医联体内部分工协作机制，制定医联体章程，明确工

作责任。在医联体内部签订双向转诊协议,简化转诊流程,形成基层首诊、双向转诊、急慢分治、上下联动和高效运行的分级诊疗模式。以资源共享和人才下沉为导向,推行医生"多点执业"制度,鼓励医务工作者退休后下基层医疗卫生机构二次就业。推进市县两级疾病预防控制体系建设。提升疾控机构预警监测、流行病学调查和防控处置能力。建立疾病预防控制中心与医疗机构人员、信息和资源交流共享机制,建设疾控机构和医疗单位多元共享平台。在此基础上建立疾控专员制度,安排疾控专员负责督促、协同医疗机构开展疾病监测与报告工作。立足防治协同,强化公共卫生体系与医疗救治体系、应急防控体系间的高效协同、有机衔接,充分发挥中医药在重大疫情防控防治中的作用。

再次,积极防控重大慢性病。心脑血管疾病、癌症、职业病等重大慢性疾病是我市居民首要的死亡原因。高血压、血脂异常、糖尿病,以及肥胖、吸烟、缺乏体力活动、不健康饮食习惯等是心脑血管疾病主要的且可以改变的危险因素。对这些危险因素采取干预措施不仅能够预防或推迟心脑血管疾病的发生,而且能够和药物治疗协同作用预防心脑血管疾病的复发。建立专业公共卫生机构、综合和专科医院、基层医疗卫生机构"三位一体"的重大疾病防控机制,信息共享、互联互通,推进慢性病防、治、管整体融合发展,实现医防结合。加强高血压、高血糖、血脂异常的规范管理,对高危人群和患者开展生活方式指导。倡导积极预防癌症,提高基层医疗机构癌症筛查和诊疗能力,推进早筛查、早诊断、早治疗,降低癌症发病率和死亡率,提高患者生存质量。提示居民关注血糖水平,引导糖尿病前期人群科学降低发病风险,指导糖尿病患者加强健康管理，延迟或预防糖尿病的发生发展。加强对糖尿病患者和高危人群的健康管理，促进基层糖尿病及并发症筛查标准化和诊疗规范化。针对不同职业人群，倡导健康工作方式，落实用人单位主体责任和政府监管责任，预防和控制职业病危害。鼓励用人单位开展职工健康管理，为劳动者提供健康支持性环境，加强职业病的早期筛查与救治保障。

三、建设健康环境，促进健康产业发展

良好的环境是健康的保障。影响健康的环境因素既包括物理、化学和生物等自然环境因素，也包括社会环境因素。需要深入开展爱国卫生运动，宣传"人与自然和谐共生""人人享有健康环境"的理念，倡导文明健康、绿色生态的生活方式，普及环境与健康相关的防护和应对知识，营造全社会关心、参与健康环境建设的良好氛围。

首先，要加强环境健康的监测与评价。加强与群众健康密切相关的饮用水、空气、土壤等环境健康影响监测与评价，开展环境污染与疾病关系、健康风险预警以及防护干预。开展城乡环境卫生整洁行动，深入城乡接合部、乡村开展大气、水、土壤污染防治，改善城乡人居环境。加大城乡垃圾污水、卫生厕所和市容市貌、村容村貌治理力度，积极开展卫生城镇创建及健康城市、健康村镇建设活动。尽快出台《岳阳市生活垃圾分类管理办法》，积极实施垃圾分类并及时清理，加大固体废弃物回收设施的投入，推动生活垃圾减量化、无害化、资源化处理。推动建筑垃圾治理地方立法，减少建筑垃圾对环境健康的影响，鼓励和支持建筑垃圾资源化利用。建

立环境与健康的调查、监测和风险评估制度。采取有效措施预防控制环境污染相关疾病、道路交通伤害、消费品质量安全事故等。

其次，建立和完善戒烟服务体系。烟草对健康的危害已经成为当今世界严重的公共卫生问题之一。烟草烟雾中含有多种已知的致癌物，有充分证据表明吸烟可以导致多种恶性肿瘤，还会导致呼吸系统和心脑血管系统等多个系统疾病。积极利用世界无烟日、世界心脏日、国际肺癌日等卫生健康主题日开展控烟宣传，让个人和家庭充分了解吸烟和二手烟暴露的严重危害。鼓励领导干部、医务人员和教师发挥控烟引领作用。启动公共场所禁烟地方立法，制定《岳阳市公共场所禁止吸烟条例》，把各级党政机关、事业单位、人民团体建设成无烟单位，逐步实现室内公共场所全面禁烟。加大公共场所禁烟监督执法力度，特别是向未成年人出售烟草制品的查处力度，将违法向未成年人出售烟草的商家纳入社会诚信体系"黑名单"，依法依规实施联合惩戒。主动利用税收、价格调节等综合手段，减少烟草产品消费，提高控烟成效。逐步建立和完善戒烟服务体系，加强对戒烟服务的宣传和推广，使更多吸烟者获得戒烟帮助。

再次，促进生命健康产业的发展。生命健康产业是未来新兴产业发展的重要增长点。当前我市健康产业结构有待优化，企业梯队建设与产业集群发展有待完善，支持政策配套不足。要进一步释放政策红利，促进大健康产业蓬勃发展。我市应牢固树立大健康理念，将生命健康产业作为未来支柱产业之一，努力在生物医药、医疗器械、健康食品和健康旅游等领域取得突破性发展成果。进一步做大做强中医药产业，涵盖中药材种植养殖业、中药药品和衍生产品加工业、中医药贸易和服务业等领域。发挥中医药在治未病、重大疾病治疗、疾病康复中的重要作用。大力发展养老、康复产业，加强医疗卫生机构和养老、康复等机构的协同合作，努力实现全人群、全生命周期的健康管理。鼓励社会资本以多种形式投资医疗服务业，引导非公立医疗机构向老年护理、康复等薄弱领域发展。促进医疗与养老、文旅、食品产业等相互融合，不断扩大产业生态圈。

四、凝聚社会共识，形成共建共享合力

共建共享是建设"健康岳阳"的基本路径。推进"健康岳阳"建设，既需要政府的政策引导，还需要全社会共同努力，在加强环境治理、保障食品药品安全、预防和减少伤害、有效控制影响健康的生态和社会环境危险因素等多个方面整体联动，形成多层次、多元化的社会共治格局。实现政府牵头负责、社会积极参与、个人体现健康责任，形成维护和促进健康的强大合力。

首先，共建共享"健康岳阳"需要各级党委政府形成政策合力。各级党委政府要把人民健康放在优先发展的战略地位，把健康融入所有政策。坚持健康优先的核心是摒弃过去以物为中心、片面追求GDP增长、将卫生与健康视为纯消耗性行业的发展观，而要把增进人民健康福祉作为经济社会发展的出发点和落脚点。健康优先不仅要求经济社会发展规划优先安排健康发展，财政资金优先保障健康投入，公共资源优先满足健康及人力资源开发需要，同时也要求健康问题监督与问责优先。要建立健康影响评估评价制度，确保将对健康的考虑纳入公共政策制定和实施的全过程。

其次，共建共享"健康岳阳"需要从供给侧和需求侧两端发力。引导和推动全社会采取和形成有利于健康的生产方式、生活方

式和消费方式，在维护和保障人民健康的同时带动产业体系转型升级，培育新的经济增长点，打造"健康红利"。构建覆盖全生命周期、内涵丰富、结构合理的健康服务业体系，鼓励和支持企业研发生产符合健康需求的产品，增加健康产品供给。企业在推动健康产业转型升级，满足人民群众不断增长的健康需求的同时，还要更加充分履行社会责任，引导消费者改变不健康的消费习惯，通过产品标识、广告宣传等手段帮助消费者做出更加健康的消费选择。

再次，共建共享"健康岳阳"需要全社会广泛参与。要强化个人健康责任意识，提高全民健康素养，引导形成自主自律、符合自身特点的健康生活方式，有效控制影响健康的生活行为因素。鼓励个人和家庭积极参与健康城市行动，落实个人健康责任，养成健康生活方式，形成热爱健康、追求健康、崇尚健康的社会氛围。同时调动社会力量的积极性和创造性，鼓励社会捐资，依托社会力量依法成立健康岳阳行动基金会，形成资金来源多元化的保障机制。各单位、各社区（村）要充分挖掘和利用自身资源，积极开展健康细胞工程建设，创造健康支持性环境。卫生健康相关行业学会、协会和群团组织，以及其他社会组织要充分发挥作用，指导、组织健康促进和健康科普工作。

只有全社会凝聚共识，形成合力，着力推动健康事业从"以治病为中心"向"以健康为中心"转变，从注重"治已病"向注重"治未病"转变，从依靠卫生健康系统向社会整体联动转变，从宣传倡导向全民参与、人人行动转变，才能加快推进"健康岳阳"建设，保证省域副中心城市建设的安全稳定。

第十三章
筑牢建设名副其实省域副中心城市的坚强保障

　　加快建设名副其实的省域副中心城市，是实现新时代的历史使命，建设社会主义现代化国家的岳阳担当，是全面落实湖南"三高四新"战略定位和使命任务的岳阳篇章，对岳阳未来15年，乃至30年的发展至关重要。实现这一目标使命光荣、责任重大、任务艰巨，筑牢坚强保障不可或缺。必须加强党的建设，实现党建赋能引领；必须创新体制机制，推进改革助力；必须优化政务服务，营造优良环境；必须夯实人才支撑，激活第一资源；必须严格纪律约束，忠诚实干担当。

第一节　加强党的建设

建设名副其实的省域副中心城市，关键在党、关键在人。必须坚持党的全面领导不动摇，坚决维护党的核心和党中央权威，充分发挥党的领导政治优势，把党的领导落实到党和国家事业各领域各方面各环节，把全面从严治党贯穿于省域副中心城市建设的全过程，落实到党的建设各方面，党建赋能助力，省域副中心城市建设一定能高标准完成。

一、把党建引领作为贯穿省域副中心城市建设的鲜明红线

改革开放以来，岳阳的发展历程中，最突出的一条经验就是要始终牢牢把握中国特色社会主义这个主题，坚持围绕发展抓党建、抓好党建促发展。我们要树立"围绕发展抓党建、抓好党建促发展"的鲜明导向，把组织优势转化为发展优势，把组织资源转化为发展资源，把组织活力转化为发展活力。主要做好以下三个方面：

坚持党的全面领导这个原则。必须增强政治意识、大局意识、核心意识、看齐意识。切实把学习习近平新时代中国特色社会主义思想及党的十九大和十九届历次全会精神作为最大政治任务，越学

越忠诚，越学越担当，越学越实干。自觉提高政治判断力、政治领悟力、政治执行力，自觉同党的路线方针政策对标对表，及时校正偏差，要与上级党委时刻保持"同频共振"，全力执行好市委的工作部署，不谈条件，不打折扣，全面完成。必须强化各级党组织的领导功能。党委书记、党组书记、党支部书记不仅要敢于领导，更要善于领导。乡镇长、村社主任和班子成员，要服从党委、党组、党支部的领导和安排，重大问题、重大事项必须由党委进行决策。当然，党组织书记们也要科学决策、民主决策，贯彻落实好民主集中制。必须加强各领域党建。在农村，健全党领导下的村级治理体系，带领和发动广大党员群众共同参与美丽乡村建设和乡村振兴战略实施；在社区，发挥党员志愿服务的带动作用，主动亮身份、树形象，积极投身文明城市创建工作的最前沿；在机关，要推进党建工作项目化、品牌化、实效化，有效服务中心，建强队伍；在两新组织，要突出党组织政治核心作用，服务保障好企业发展。

扭住发展这个"牛鼻子"。党建工作，要紧紧围绕发展这一主题展开。实现高质量发展，要牢固树立"创新、协调、绿色、开放、共享"的发展理念。坚持生态立市，加快建设长江经济带绿色发展示范区。要深学笃行习近平生态文明思想，把生态作为立市之本，以建设长江经济带绿色发展示范区为统揽，按照"不仅要在全省还要在长江流域做示范"的要求，聚焦三大示范方向，扎实推进六项重点任务，建设人与自然和谐共生的美丽岳阳。坚持产业强市，加快建设中部地区先进制造业聚集区。坚持把做大做强做优产业作为强市之基，聚焦企业、产业、产业链、产业生态，全力以赴抓项目、兴实体、强产业，着力打造七大千亿产业和"12+1"

优势产业链，为高质量发展夯基垒台。坚持港口兴市，加快建设湖南通江达海开放引领区。岳阳过去伴港而生、依港而兴，未来也将凭港而立、因港而强。港口不仅是岳阳的最大优势，也是全省的战略资源。要把港口放到全省发展大格局中去规划、建设、运营，实施"双港驱动"，用好独特优势，推动开放发展全面领跑。党组织是否坚强有力，最终要以发展成效作为检验依据。我们要紧扣建设名副其实的省域副中心城市这一目标定位、工作主线，立足新发展阶段，贯彻新发展理念，构建新发展格局，坚持稳中求进工作总基调，坚持系统观念和底线思维，紧扣高质量发展主题，统筹发展和安全，大力实施"三高四新"战略，加快建设名副其实的省域副中心城市，努力实现高质量跨越发展，奋力谱写好建设现代化新湖南的岳阳篇章。

树好党员先锋这面旗帜。一个党员就是一面旗帜。党员是党的先锋队组织的成员，应该比普通群众觉悟性更高，更有奉献精神。每个党员特别是领导干部，要清醒认识自己的政治身份和组织身份，自觉加强党性锻炼，提高党性修养。每个党员做到自觉检查组织身份，做到在思想上认同、政治上依靠、工作上服从、感情上信赖，真正意志统一、行动统一、步调一致。每个党员要立足岗位比贡献，常常重回原点找一找，看看初心还在不在，重回原著学一学，看看底色还正不正，重回原理悟一悟，看看信念还牢不牢。

二、把服务人民群众作为强化党建工作的核心目标

牢牢把握人民群众对美好生活的向往是谋划和推进城市社会治理和基层党建的核心目标。"树牢正确政绩观、发展观，积极顺应

全省人民对美好生活的向往，走好线上线下群众路线，以'事不在小、关键在办'的态度解决好人民群众"急难愁盼"问题，加快补齐民生领域短板弱项，推进巩固拓展脱贫攻坚成果同乡村振兴有效衔接，扎实做好防风险、保安全、护稳定各项工作，使人民群众的获得感、幸福感、安全感更加充实、更有保障、更可持续。"

察民情办实事，时时叩问初心。充分发挥党统揽全局、协调各方领导核心作用的"大党建"理念，以打基础，筑牢基层党组织建设为工作重心，访民情、听民声，汇民智、解民忧。把为民服务的实际行动作为锤炼干部作风的"新契机"。市委八届四次全会上，市委书记曹普华同志强调，各级各部门要增强"时时放心不下"的责任感，对标省域副中心城市建设的坐标定位，"十问"初心、勇毅前行，达到开一次会、整一次队、进一次位的效果，不断开创省域副中心城市建设的新局面。一要叩问"入党誓词是否时时记得牢"。从"知"字上着力，做到知责、知理、知观，从"信"字上着力，做到真信、坚信、常信，从"行"字上着力，做到行之有方、行之有力、行之有效，做马克思主义的坚定信仰者和忠实践行者，以实干实绩检验初心使命。二要叩问"对标看齐是否坚定自觉"。在对标看齐中提高站位、找准方位、落实到位，确保执行不偏向、不变通、不走样。三要叩问"为官是否树牢了正确政绩观"。少唱高调、多办实事，少欠新账、多还旧账，少想领导注意、多想群众满意。四要叩问"争先创优的劲头是否足"。不达目标不罢休、不获全胜不收兵。五要叩问"担当作为的肩膀是否够硬"。六要叩问"与群众是否走得亲"。拉下面子向群众请教，放下架子与群众交友，扑下身子为群众办事。七要叩问"能力水平是否跟得上"。敢于"吃螃蟹"，学会"弹钢琴"，当好"操盘手"。八要叩问"工作落实是否有高招"。九要叩问"是否有如履薄冰、如临深渊的警醒"。十要叩问"我们都是岳阳人，我们是否能够代表岳阳形象"。在滚烫的生活实践中砥砺初心，活出自己想要的人生，干出人民期待的新岳阳。

以民为本、党群互动，架起联系"心桥"。坚持走群众路线，开展好"四创四亮"活动，发动党员"到社区报到、到家门口服务"，实现"八小时党员"向"全天候党员"转变，"主动亮明身份、自觉接受监督、积极参与服务，带头践行社会主义核心价值观"。促进这项工作常态化、长效化，此项工作纳入各级党组织书记履行基层党建工作责任制专项述职和基层服务型党组织建设考评的内容，并作为党员民主评议、年度评先评优的重要依据。通过党员面对面、实打实为群众办实事、做好事，架起党联系群众的"心桥"。

整合资源，集约载体，服务群众。要把流动党员群体、非公经济组织、农村和社区等党建工作薄弱领域作为推进基层组织服务化建设的突破口，整合资源，激活潜能，集约化服务基层和群众，提升各领域基层党建工作科学化水平，健全和完善党组织深入基层、联系服务群众的制度机制。打造公益实践项目平台。鼓励社会组织党员及骨干广泛调研，将资源优势、专业优势与社区居民需求相结合，精准设计服务内容，不断扩大服务领域，惠及更广民生。打造公益联盟服务平台。挖掘社区志愿商户、共建单位、爱心企业等社会资源，聚焦社区空巢老人、低保家庭、困境妇女、自闭症儿童等群体，开展结对帮扶及走访慰问，为帮扶对象实现微心愿，将服务送到居民家门口。

三、把创新体制机制作为激发党建活力的重要抓手

基层党建工作要与时俱进、改革创新，更加注重全面统筹，更加注重系统推进，更加注重开放融合，更加注重整体效应，切实把创新体制机制作为激发党建活力的重要抓手。

提高政治站位，扛实改革责任。党建工作要紧盯中央、省级改革动态，及时跟进配套出台具体改革举措，力求每一项改革制度成果都能落实落地，切实提升改革举措的实效性。党建工作要围绕省域副中心城市建设的改革需求和改革重点，研究制定党建设工作要点及任务台账。

注重探索创新，突出实践特色。全市组织系统要继续坚持"大规划、大党建、大人才、大考核"一体推进，推动组织工作在向中心聚焦、为大局助力中迈上新台阶、取得新成效。亮身份、亮承诺、亮标准、亮作为，全面激活党员先锋能量，打造先锋党建品牌。扛起责任担当，竭尽忠诚、恪尽职守、竭尽所能，以高质量组织工作服务省域副中心城市建设。

坚持实效导向，找痛点解难题。狠抓全面从严治党主体责任落实，切实增强管党治党意识。明确工作目标、细化责任分工，确保全面从严治党主体责任压力层层传导、压紧压实，实现党建和党风廉政建设一年一个新台阶。持续完善全面从严治党主体责任"百分制"考核体系，统一考核党建、安全和经营指标，以全面从严治党的责任层层分解推动管党治党的能力逐级提升；强化考核结果应用，将责任考核与干部晋升、评先评优、绩效考核挂钩，确保全面从严治党主体责任落实到位。

四、把夯实基层基础作为推动省域副中心城市建设的关键力量

基层是党的执政之基、力量之源，基层稳则事业稳，基层强则事业强。十九大报告明确提出："要以提升组织力为重点，突出政治功能，把企业、农村、机关、学校、科研院所、街道社区、社会组织等基层党组织建设成为宣传党的主张、贯彻党的决定、领导基层治理、团结动员群众、推动改革发展的坚强战斗堡垒。"市委要坚持围绕做实基层、夯实基础，以落实党建工作责任制为牵引，抓覆盖、抓主体、抓活力，加大阵地建设、经费保障、人员配备等向基层的倾斜力度，推动党建工作重心下沉、党建资源下沉、党建人才下沉。

筑牢硬堡垒，必须选好带头人。火车跑得快，全靠车头带。加强基层党组织建设，核心是要抓好基层党组织带头人队伍建设。我们必须认真做好党员规范发展和教育管理工作，持续推进"选青推优"计划，积极选派优秀年轻干部到基层薄弱党支部任职，加强对后备干部的培养选拔使用，真正让党性强、能力强、改革意识强、服务意识强、廉政意识强的党员干部担任基层党组织"领头雁"。

筑牢硬堡垒，必须建强党支部。党支部是党最基本的组织，是党全部工作和战斗力的基础。我们必须深入开展党支部建设提升行动，持续加强党组织"五化"建设，推深做实农村党建"一抓双促"、城市党建"三抓一增强"、机关企事业单位"强基领航"、非公企业和社会组织"双创两提升"四大工程，推动基层党的组织和党的工作全覆盖，不断提升基层组织力和战斗力。

筑牢硬堡垒，必须狠抓微治理。基层党组织的组织力强弱直接

关系到党的创造力、凝聚力、战斗力和领导力、号召力。我们必须深化"五结合五整治"行动，采取组织部门联"软"村，政法部门联"乱"村，经济部门联"弱"村方式，持续整顿软弱涣散基层党组织。优化乡镇纪委和派出监察办公室工作室职能，完善小微权力"监管一点通"服务平台建管用机制。坚持村级"三资"管理提级监督，持续整顿软弱涣散党组织，推动全面从严治党向基层延伸、向纵深发展，让党旗在基层一线高高飘扬。

第二节　创新机制体制

　　建立完善科学高效的体制机制是顺利推进工作的重要保障。当前，岳阳在发展中面临的诸如资源要素配置不合理、市县区统筹整合不足、项目招引推进还不够有力、生态环境治理与发展需求纠结时常发生等问题，都必须通过改革的办法、创新的举措切实加以解决。建设省域副中心城市、国家区域性中心城市、湖南省大城市，必须找准当前难点、堵点、痛点、焦点问题，坚决破除阻碍创新的体制机制障碍，激发市场主体活力，调动基层积极性，加快推进体制机制改革创新，紧紧抓住重大战略机遇，推动形成高质量发展的不竭动力。

一、消除要素保障的难点

　　当前，土地资源、环境容量、资金压力、人才瓶颈等各类要素不断收紧，产业发展面临的约束日益突出，成为发展的难点。2019年11月26日，中央全面深化改革委员会第十一次会议审议通过了《关于构建更加完善的要素市场化配置体制机制的意见》，为我们指明了消除要素保障难点的方向。岳阳建设省域副中心城市最直观的好处，当属发展战略定位和管理权限的提升，在向上争取项目或是延揽更多产业方面将带来一些好处。我们要紧紧抓住各种政策窗口，争取国家和省对岳阳有更多的关心和支持，一方面要争取政策支持，另一方面必须走要素集约集聚集群之路。依据这一思路，我们要在以下几个方面发力：

土地要素改革方面。建立健全市城乡统一的建设用地市场。推进放权赋能，在用地审批等方面积极争取省域副中心城市省级事项管理权限，鼓励"点状供地"先行先试，在产业园区探索创新土地出让和开发建设模式。完善周转地、标准地、弹性地政策，健全工业用地市场应用体系。推行弹性年期出让、先租后让、租让结合、长期租赁等灵活供地方式，降低企业用地成本。探索新型产业项目用地政策，支持项目融合发展。建立低效用地盘活机制，开展低效工业用地"综合整治"。多措并举盘活存量建设用地，加快土地二级市场建设，推动土地要素自由流动。全面推行"标准地"出让方式，实现审批流程再造，提高项目用地审批、服务、监管效能。

资本要素改革方面。要大力发展多层次资本市场。制定出台《支持企业上市挂牌若干措施》，建立完善分层次、分行业、分梯队的上市后备企业资源库，落实资本市场奖补政策，积极推动企业上市挂牌。在财政体制倾斜方面，在缓解县乡财政困难方面，在支持乡村振兴方面，在重点民生事业方面，在重点支持教育、交通运输、生态环境保护、城镇保障性安居工程及美丽乡村建设方面，在教育、社保、医疗等重大民生政策补助方面，都要瞄准窗口，加大工作力度，争取更多的项目和资金。支持发行园区基础设施建设、现代物流、绿色生态等企业债。对于符合政府专项债券发行条件和管理要求的园区基础设施建设、现代物流、绿色生态项目，支持纳入政府专项债券发行范围。优化政府性融资担保机构增信服务，进一步降低小微企业综合融资成本，督促金融机构不盲目抽贷、断贷。岳阳要在省域副中心城市建设中崭露头角，迫切需要争取中央和省给予更多的关照和支持，如在转移支付上加大力度，请求减免过来借贷项目的地方配套资金，免交工业园区和企业新增税收的省级部分，增加地方债券发行数量，对岳阳一时难以偿付的贷款给予贴息，对我市高新技术企业增值税、企业所得税省级分项增量部分，给予全额返还。

技术要素市场改革方面。支持驻岳高校、院所、企业设立独立的专业化技术转移转化机构，积极培育综合类技术转移示范机构，推进技术转移和成果转化从业人员队伍建设。深化金融供给侧结构性改革，推进金融支持关键核心技术攻关、科技成果转化、科技型和创新型中小企业、高新技术企业等重点领域科技创新信贷服务。

数据要素市场建设方面。推进大数据中心和城市大脑（城市运营中心）建设，支撑跨部门跨领域底层数据共享、应用集成、业务协调，建设城市运营指挥平台，实现"一屏观、一网管"。近阶段，基本满足全市政务信息系统上云需求，完成主要中枢系统建设，实现全市共享共用。长远看，要完善提升平台能力，完成数据中台、集成中台、智能中台、物联中台等中枢平台建设，增强人工智能、视频图形处理等能力，构建政务、企业、群众全数字服务能力。要统筹推进电力、土地、碳中和、天然气、资本、数据等要素市场化改革，充分用好水电消纳试点等电力市场化交易政策，实施"亩均论英雄"改革，统筹各县（区）资源要素配置和产业布局，提高要素配置效率。

二、打通发展动力的堵点

深化放权赋能改革。厘清市级与县区事权，赋予县区和乡镇更多经济社会管理权限，扩大基层发展自主权。理顺市与区县财政管理体制，科学分配市与区财力，建立健全权责统一、事费匹配、精简高效的分级管理体制，推动事权、财权加快调整到位，推动财权与事权相匹配。

推动各级开发区（园区）整合、扩区、调规、改制。进一步明确各开发区重点发展的主导产业，培育重点新兴产业，将原有的产业集聚区优化调整为省级先进制造业开发区，深化"管委会+公司"模式改革，建立市场化建设和运营机制。围绕创建"五好"园区，以"断臂之勇"推动旧动能出清、提升，以"接骨之能"推动新动能引入、激活，持续抓好土地利用清理、提升"亩均效益"、发展主导产业等重点工作，加快12家"僵尸企业"处置清零，力争今年园区亩均税收达到每亩20万元。

通过创新市县联动机制，探索实施制造业全域飞地发展新模式，通过优化项目管理机制，切实发挥项目投资带动的主引擎作用。

加快筹谋市域规划调整。2016年底，国务院批复《促进中部地区崛起"十三五"规划》中提出，支持岳阳建设国家区域中心城市。岳阳市委经济工作会议明确，围绕打造200万人以上大城市圈目标，积极拓展城市发展空间，加快推进以中心城区为核心圈，以经开区、南湖新区、云溪区、君山区为内圈，以临湘市、岳阳县为外圈的"1+4+2"城市组团，实现规划无缝对接、产业错位发展、交通快速便捷、管理高度融合，把岳阳建成长株潭城市群和武汉城市圈间的区域中心城市。中国共产党岳阳市第八次代表大会上，时任市委书记王一鸥提出，要提升岳阳中心城区首位度。坚持做大城市规模、做强城市实力、做优城市品质，统筹生产、生活、生态三大空间布局，加强区域整体联动，适时推动行政区划调整，推进岳阳县、临湘市融城发展，推动交通、教育、医疗、社保等公共服务同城化一体化，着力构建"1+4+2"大城市圈。这一规划基本上是原有格局和体系的平面拓展，与临港新区发展的现实有比较大的落差。我市著名经济学家钟光荣教授提出的观点可做借鉴：岳阳应彰显以洞庭湖为背景的楼、岛、港、湖的互联价值，并以点带面，用大手笔规划出内外"三区"和一个"拓展区"。平江、湘阴、汨罗、屈原管理区可作为岳阳联结长沙的前沿地带，接受长沙辐射，服务长沙产业转移，将沿洞庭湖和湘江的湖湘公路全线接通升级，打通平江浏阳的多层次通道。最终，实现长沙、岳阳经济和社会一体化。

规划优良的大交通。我们应当抢抓机遇，努力争取国家和省政府支持，举全市之力，建设森林走廊两条通道，建成江湖水域大片区水上快速交通体系、长岳江湖沿岸公路，将为岳阳建设省域副中心城市，起到以中心城区为支点、以外围城区和拓展区为杠杆，形成无与伦比的撬动效应和烘托效应，从而使岳阳成为内陆城市之林中的"高地城市"，实现真正意义上的"省域副中心城市"。一方面，要完善岳阳区域综合立体交通体系，打造全国性交通枢纽；另一方面，制定大城市中长期立体交通规划。同时，谋划建设枢纽机场，加快推进支线新机场选址研究等工作，打造湖南航空"新枢纽"。加快推进综合保障能力提升工程，增开国内外航线，打造国内重要的旅游干线机场。抓紧做好常岳九、长九铁路等一批重大工程前期工作。完善现代商贸物流体系，高水平建设生产服务型国家物流枢纽，谋划建设商贸服务型国家物流枢纽，打造现代物流强市。

建好用好湖南自贸区岳阳片区优势。在促进贸易便利化、扩大投资领域开放、中非双向投资等方面，先行先试、改革创新，累计形成创新案例。为国家试制度，为岳阳谋发展。推动综保区封关验收，以保税研发、保税加工为重点，打造以"跨境电商+保税新零售"为特色的区域保税物流分拨中心，以创新驱动、保税研发为特色的研发设计、检测中心，以服务先进装备制造为特色的保税加工基地，力争进入中部地区综保区年进出口额中上游行列。全面复制推广跨境电商综试区"两平台、六体系"发展模式，鼓励各类跨境电商经营主体设立海外仓和海外运营中心。

三、打通实施主体的痛点

实施市场主体倍增工程。国有企业是推动地方发展的主力军、顶梁柱。近年来，全市国有企业不断发展壮大，但企业规模仍然普遍较小、市场竞争力不强，县属国企"小散弱"特征更是明显。要进一步深化国资国企改革，支持市属企业及其子公司通过产权转让、合资新设、投资并购、首发上市、上市公司资产重组等方式实施混合所有制改革，指导混合所有制企业以深化劳动、人事、分配三项制度改革为突破口，建立灵活高效的市场化经营机制。进一步优化国资监管体制，建立和完善出资人监管权力和责任清单及动态调整机制，厘清职责边界；完善责任追究工作体系，建立国资监督问责联席会议制度；探索开展分类授权放权，针对国有资本投资

（运营）公司和其他国有企业集团公司不同特点授权放权。

支持民营企业改革创新发展。实施中小企业培育提升行动，引导民营企业推动组织创新、技术创新、市场创新，通过进名校、进名企、开讲堂、办沙龙等形式培训。加强政银企线上线下对接，支持产业龙头、就业大户、战略新兴行业等重点民营企业持续健康发展。建立常态化人才引进机制，举办全市民营企业招聘大会，将民营企业引进人才纳入市级"四海揽才"计划，享受同等待遇。

建设青年友好型城市。加快实施青年就业创业工程，建好大学生实训基地、青年众创空间、青年创业园等平台，实施"万名大学生留岳计划"，完善支持政策体系，配套更多资源要素，让青年人才竞相创新创业。加快实施青年安居提升工程，优化青年安居安家条件，构建租、售、补一体化青年安居体系，加大保障性租赁住房、青年人才公寓、产业社区公寓供给力度，为青年人提供多样化的安居支持。加快实施城市魅力提升工程，打造一批集青年休闲娱乐、文化感受、游览观光于一体的青年集聚新地标和青年活力社区，提升青年对岳阳的认同感。

四、坚守发展底线的焦点

牢固树立"人民至上、生命至上"理念，推动社会治理和服务重心向基层下移，完善健全田长制、河长制、林长制，健全完善群防群治、联防联治机制，保障大局持续稳定、人民群众安居乐业。

把维护经济安全作为重要任务。牢牢稳住粮食安全，严格落实田长制，坚守耕地红线，加强粮食生产、仓储、流通、管理，保障国家粮食安全。健全完善金融风险防控体系，加强政府性债务管理，打击非法金融活动，坚决守住不发生系统性风险底线。毫不放松抓牢安全生产。强化应急管理体系建设，加强自然灾害监测预警，持续增强防灾减灾救灾能力，切实守护好人民群众生命财产安全。全力建设更高水平的"平安岳阳"，让广大人民群众尽享和谐安宁。

作为"守护好一江碧水"的首倡地，要时刻牢记习近平总书记殷殷嘱托，深入学习贯彻习近平总书记关于生态文明理论的重要论述，以更强的担当、更实的举措，全面加强水生态保护与修复，推进生态环境突出问题整改，奋力书写共抓大保护的合格答卷。要严守纪律规矩，对党中央决策部署不做选择、不搞变通、不打折扣，任何时候都不触底线、不越红线、不踩高压线，特别要把中央、省生态环保督察作为"政治检阅"，推进"洞庭清波"专项行动，紧盯突出环境问题拉条挂账、从严整改，以问题整治为长远发展打扫战场、赢得空间。切实有所作为，构筑长江绿色生态屏障。

要深化生态文明体制改革，持续夯实绿色发展基础，完善生态环境治理制度，持续推行排污许可制，配合推进排污权、用能权、用水权、碳排放权市场化交易，建立健全风险管控机制，加强生态环境保护司法执法服务保障力度，为建设长江上游生态高地提供坚实保障。

推进生态富民，创新生态保护补偿和资源权益交易机制，大力推进生态产业化和产业生态化，培育发展生态农业、碳汇交易、亲水体验、森林康养等新模式、新业态，不断增强优质生态产品供给能力，点绿成金、以绿生金、添绿增金，推动人民群众稳定增收、共同富裕。

　　岳阳党员干部要始终坚持改革创新，发扬"闯创干"精神，担当"先行者"使命，以思想破冰引领行动突围，以制度开放倒逼工作突破，以动力变革实现高质量发展，打造一批数岳阳、看岳阳、唯岳阳的闪亮名片。

第三节　优化政务环境

水深则鱼悦，城强则贾兴。

政务环境是衡量一个地方营商环境的重要标志。营商环境是经济发展的生命之水、活力之源。当前宏观形势复杂多变，优良的营商环境是稳定市场预期、提振发展信心的关键所在。打造一流政务环境，上级有要求，发展有需求，群众有期盼。我们必须扛牢责任，主动作为，从提速、增质、创优方面下手，努力打造审批事项少、办事效率高、平台功能强、服务质量优的政务环境，把这项"永不竣工的工程"进行到底，让一流环境成为省域副中心城市建设的最好名片、最强"磁场"。

一、行政效率要大幅提速

时间对企业和群众而言，是成本，更被赋予了一个个主体对更好生活的热情和希望。行政审批用时长、速度慢，会造成辜负群众期待、浪费政务资源、损害政府公信力的不良后果。作为省域副中心城市，要在全省营商环境评价中综合排名继续保持全省先进，必须要有6个以上县市区排名全省先进行列，各项指标排名进入全省前列，全市园区综合排名保持全省前三。

一是深入推进政府简政放权，着力打造"服务最便利"城市。高度重视营商环境建设，始终紧抓"放管服"改革这个"牛鼻子"，聚焦破解企业和群众办事的堵点、痛点、难点，推动简政放权、实施流程再造、提升服务效能、优化创新环境、规范市场秩序，极大地激发市场活力和社会创造力。

要进一步强化政府职能部门服务理念。政府职能部门要积极对接国际先进理念和通行规则，持续推进"放管服"改革，该给县区的给县区，该给企业的给企业，该压缩的压缩，该简化的简化，真正给企业营造一个充满活力的宽松发展空间。要杜绝一宗案件多部门执法、重复执法情况。同时，要强化涉企工作人员的服务意识，切实改进服务质量，真正树立"企业发展我发展，我与企业共繁荣"的理念，让企业办事更便捷，让企业家做事更顺心。把"让群众办事不求人，企业办事更便捷"作为目标，在年度考核时邀请企业参与评价，倾听服务对象的心声。对企业检查指导要规范化、制度化，政府相关部门应制定检查指导等各项规章制度。各类检查必须有充分依据，也可借鉴发达国家和地区的经验，对企业的检查，应通过工商联或其他第三方机构进行，提高检查的透明度和精准度，提高检查效率，慎重使用罚款、停产、停业等强制措施，降低制度性交易成本，减少对企业的收费。以企业真实需求引领改革方向，牢固树立"企业有事马上办"的服务意识，窗口一线"不设路障设路标，不打回票打清单"。常态化开展企业家沙龙、政企早餐会、企业吐槽会，为市场主体提供全生命周期服务，真正做到政府服务无处不在，切实解决企业反映的各类堵点、痛点、难点问题。坚决杜绝服务企业大包大揽，最大限度减少政府对市场资源的直接配置，最大限度减少政府对市场活动的直接干预，切实降低制度性交易成本，更大激发市场活力和社会创造力。

全市持续深化"最多跑一次"改革，力推"一证通办"，加快"掌上可办"，全天"自助可办"，实现"就近可办"。尤其是深化"放管服效"改革，推动"岳办岳好"APP与全国各地、湖南省的"新湘事成"APP全面对接，推出"一次办"高频事项，抓好优化营商环境"七件事"，持续做好国家、省营商环境评价。

二是深化投资审批制度改革，着力打造"审批最简便"城市。参照沿海发达地区、中心城市全市工程建设项目审批事项精简49%，提交材料数量精简87%，办理环节减至22个，时长缩至7个工作日。要学习借鉴杭州，实施"系统化"改革，在全国首推"1+N+X"多证合一、证照联办改革，实现全市域企业开办全流程一日办结，企业开办、不动产登记、车驾管业务等多个事项实现全市通办。

三是率先开展商事登记改革，着力打造"市场主体最活跃"城市。逐步建成商事登记"一网通"，全市新设企业网上办照申报率要达99%以上，网上证照联办申报率要达90%以上，企业简易注销公告时间由45天（自然日）压缩为20天。

四是深耕创新创业生态，着力打造"创新氛围最活跃"城市。通过"四海揽才"吸引青年人才扎根岳阳，在人才净流入率、高端人才净流入率方面要有较大的进步，争取成为各类人才眼中"最具吸引力的中国城市"。

五是加强社会信用和法治建设，着力打造"公平有序市场最完善"城市。在改善城市营商环境过程中，要坚持"一件事"标准，按照"同城同标""同城同质"原则，形成"一件事"联办标准，优化"一件事"业务和数据流程，全力推进"一件事"联办工作。发挥"互联网+"优势，积极建设业务协同、全市共享的大数据资源中心，大力推进"掌上办事""掌上办公"，加快建设"城市大脑"，打造"移动办事之城""移动办公之城"。注重企业群众"获得感"，努力做到"民有所呼、我有所应""企业需求在哪、政府服务就跟到哪"。

各政务服务单位应坚持能减则减、能合则合，对前置申报材料进行简化，对行政审批流程进行优化再造，对审批时限实行极限压缩，推行"大承诺、大容缺、大模拟"超简审批改革，助力企业群众加速与时间赛跑，赢得更多发展先机。突出"全方位"优化，不仅注重优化投资环境、政务环境、法治环境，还将一系列改革创新举措延伸到公共服务、创新创业以至生态人文环境。

二、政务服务要不断增质

在信息技术飞速发展的新时代，人们对政务服务的优质便捷有了更多期待。但在我市，仍有一些信息化服务方式还未实现大面积覆盖。面对不足，我市应加快打造行政审批"六多合一"升级版，并以"城市大脑"为抓手，用好用足政务服务等平台，实现政务服务事项"一网通办"、城市运行"一网统管"，为各类市场主体提供"管家式"精准服务，打造优质便捷的服务环境。为此，要精细化落实好《优化营商环境条例》《湖南省优化营商环境三年行动计划（2022—2024年）》，中共岳阳市委办公室岳阳市人民政府办公室《关于创建一流营商环境的意见》等文件精神。坚持向环境要市场，向服务要效益，突出重点、精准发力，推动岳阳营商环境系统重塑、争先进位。坚定目标不动摇，着力构建"五个环境"。

构建公平有序的市场环境。坚持把市场主体需求作为工作第一信号，加快建设高标准市场体系，严格落实"全国一张清单"管理模式和公平竞争审查制度，深化"一照通"改革，排查清理各类显性和隐性壁垒，建立公平竞争政策与产业政策协调保障机制，进一步降低制度性交易成本，确保各类市场主体在稳定、透明、可预期的环境中茁壮成长。

构建优质高效的政务环境。持续"减材料、减环节、减时限、减费用、减跑动、优服务"。深入推进政务服务"一网、一门、一次"改革，推动更多"网上可办"政务服务事项实现"全程网办"。推进政务服务事项集成化办理，最大限度精简行政审批事项和环节。纵深推进"一件事一次办"改革，大力优化"专区"建设，扎实开展"无证明城市"创建，继续扩大"跨省通办"范围，全面提升"岳办岳好"运营能力和服务水平，推进事项线上线下无差别受理、同标准办理，着力提高"一网通办"效率，打造岳阳政务管理服务的"土特产""一招鲜"。持续巩固行政审批"三集中三到位"改革，确保窗口授权到位，杜绝"体外循环""多头跑办""层层审批"。打造"政务办事一公里服务圈"，加快建成便捷高效、公平普惠的政务服务体系。

构建公正透明的法治环境。坚决把严格规范公正文明执法落到实处，坚定保护各类市场主体产权和合法权益，牢固树立"少捕慎诉慎押"司法理念，深化府院联动，健全多渠道保护体系、多方位仲裁体系，加快推进一站式多元解纷和诉讼服务体系建设，做到以公正透明代替暗箱操作，以法治规则终结"丛林法则"。

构建畅通便捷的开放环境。着力构建现代流通网络，加快港口型国家物流枢纽建设，完善"铁公水空"无缝连接、多式联运集疏运体系，持续提高进出口通关效率，畅通发展"大动脉""生命线"。发挥岳阳自贸片区"火车头"牵引示范效应，优化完善外贸企业服务机制，打造更多"首提首批首创"创新案例，推动"开放基因"成长裂变为"发展密码"。

构建亲清新型的政商环境。树牢"亲商、爱商、重商"意识，恪守法治底线、诚信原则、公正标尺、双赢目标，坚持"有求必应、无事不扰"，把企业的事当成"家事"办，把企业家当亲人，全力当好"保姆"、干好"保安"、做好"保健"，做到干部清正、政府清廉、政治清明、社会清朗，让"雪中送炭的温暖、雨中打伞的贴心"成为岳阳营商环境的亮丽名片。

三、办事效能要争先创优

各级政务服务部门应以市场主体感受为第一感受，从企业群众诉求的前因后果方面多思考、多谋划、多作为，大刀阔斧打通优化营商环境"肠梗阻"，努力把企业的哭声、呼声、骂声变成掌声、笑声、喝彩声，推动高质量发展跑出"加速度"。创新发展、攻坚克难，让市民在评价办事效能时多按下几次"非常满意"键。聚焦短板不松劲，着力解决"四个问题"。

解决监管不精准的问题。加快建立健全贯穿市场主体全生命周期、衔接事前事中事后的新型监管机制，重点深入推进"双随机、一公开"监管、跨部门综合监管和"信用+智慧""互联网+监管"，推行包容审慎监管，探索开展沙盒监管、触发式监管和场景化综合监管，创新实施"一业一册""一业一查"等，逐步扩大轻微违法经营行为免罚清单范围。

解决数据不联通的问题。以"一网通办"为突破口，大力推动市级共享数据交换平台与国、省政务数据共享平台，省直部门系统互联互通，整合各类政务服务移动端应用，持续推进政务服务事项要素"五级60同"，实现政务服务事项、办事指南等在线上线下服务渠道同源发布、同步更新，提高网上办理占比80%以上，努力实现"办得快""办得好""办得全"。利用大数据技术为企业精准画像，实现政策推送精准匹配，确保政策惠及对象"一个都不能少"。完善"岳商通"平台建设，实现惠企政策直达直享和在线办理，逐步扩大"免申即享"覆盖面。坚决杜绝惠企政策执行打折扣、搞变通、搞截留、设障碍。

解决水平不够高的问题。将优化营商环境作为检验作风和能力水平的"试金石"，坚决杜绝开会发文等"纸上优化"现象，加大基层干部培训力度，加强对新政策、新动向的学习研究，着力提升综合素养，确保各级领导干部既能把握全局，又能开方治病，具体办事人员精通法规政策，熟练办理业务，当好"行家里手"。优化口岸布局，完善口岸功能，加快智慧港口建设，持续提高进出口通关效率。加快建设港口型国家物流枢纽，加快发展水、公、铁、空多式式联运，畅通国际物流通道。充分发挥岳阳自贸片区"火车头"牵引示范效应，形成一批"首提首批首创"创新案例。积极对接区域全面经济伙伴关系协定（RCEP），提升对RCEP有关政策和优惠措施理解和应用能力，对进出口企业开展"一企一策"指导和帮扶，培育AEO认证企业，支持进出口企业做大做强。

解决帮扶不到位的问题。深入开展"走流程、解难题、优服务"行动和"纾困增效"专项行动，坚决落实各级减税降费政策，建设企业专属网上服务空间，完善岳商通平台功能，建立惠企政策发布与兑现部门联动机制，学习借鉴外地"畅聊早餐会""企业家沙龙""全程式"服务等好机制。尽最大努力提供贴心暖心服务，切实降低用能、用工、融资、物流等成本，确保企业活下来、留得住、经营得好。

同时，营商及政务环境没有最好，只有更好，重在攻坚克难、久久为功。还应充分发挥纪委监委作用，强化监督检查力度，特别是对干部作风问题突出的地区和单位，对破坏环境、阻碍发展、影响恶劣的典型问题，严肃追究责任，通过以案促改、以案促治，倒逼作风转变和效能提升。紧盯结果不懈怠，着力完善"三个机制"。

完善实施机制。对照中央和省里相关政策文件，对标国家营商环境评价体系，制定出台《关于创建一流营商环境的实施意见》，细化明确50项重点工作任务和13个县市区"揭榜挂帅"改革攻坚目标，督促各级各部门以评促改、以评促优，确保市县两级同向、同频、同步。

完善推进机制。健全专班工作机制、"三位一体"督查机制、"四个一"政企沟通机制绩效考评机制和案件查处机制，引导各级各部门把优化营商环境作为稳增长、促发展的重要举措，加强重点改革任务的统筹衔接，推动部门与部门、部门与县市区整体联动，加快打通改革的"最后一公里"。

完善考核机制。坚持正向激励和反向倒逼相结合，将优化营商环境工作纳入市委巡察、市级经济责任审计的常规内容，持续开展优化营商环境"电视问政"，曝光反面典型，推荐经验做法，加大工作奖惩，以真督实考推动全市营商环境提档进位、优化成势。建立企业参与涉企政策制定和评价机制，实现从供给导向到市场主体需求导向的转变。

形成"岳阳标准"机制。我们要学习借鉴先进地区经验，在城乡治理、项目建设、环境优化、民生改善、社会稳定等各项工作上加快制定标准，严格遵守标准，创造新的标准，形成岳阳标准，不断强化"标到事、事到岗、岗到人、人有责、责有行、行有范"的标准化工作要求，努力形成"标准生产引领行业、标准生活成为习惯、标准管理全面覆盖"的新气象，以标准定规范、用标准抓落实、靠标准强实力。

任务紧迫，时不我待。全市上下要围绕全力营造高质高效的政务环境目标，迅速行动、从我做起，急群众之所需、思企业之所盼、谋项目之要素，持续提升企业和群众办事便利度、体验度和满意度，不断增强城市吸引力、创造力、竞争力。

第四节　夯实人才支撑

千秋基业，人才为本。

发展是第一要务，创新是第一资源。一个国家、一个地区、一个产业要创新发展、高质量发展，离不开各类高精尖人才的支撑和保障作用。建设名副其实的省域副中心城市，离不开一支规模宏大的高素质人才队伍。

一、强化政策支撑，努力在吸引人才上"快人一步"

当前为了高质量的发展，全国多地出台人才引进政策，加大人才抢夺力度，"人才大战"屡屡发生。人才是未来发展的战略资源。常规政策和手段，只能引进常规人才。在这方面，岳阳市几年前出台了人才新政，主要围绕高端的管理人才和创新人才，对其在人才引进、工作发展方面给予政策支持。当前，全国各地都在追求创新发展和高质量发展，对人才的抢夺越来越激烈，在吸引人才方面，大城市对中小城市的虹吸作用日益明显，特别是岳阳的发展已进入新时代、踏上新征程，在省域副中心城市建设等重大战略实施过程中，必须加大对高精尖人才的吸引力度和政策支持保障力度，才能在未来的城市发展当中占有一席之地。

高含金量的政策举措是集聚人才的重要因素。2015年，岳阳就出台了《巴陵人才工程实施方案》，启动了重点人才支持计划、市政府特殊津贴专家选拔计划、骨干人才培养计划、选派优秀干部和科技人员进企业计划、四海揽才计划等5个大项目，为我市人才引进工作初步破题。2020年，出台了"巴陵人才新政20条"。2021年11月1日，出台《岳阳市加快省域副中心城市人才高地建设的若干措施》（简称人才新政45条），这是岳阳历年来惠及面最广、支持力度最大、针对性最强的人才政策。作为湖南的省域副中心城市，要始终坚持人才引领发展的战略思维，深入实施巴陵人才行动计划，真心爱才、悉心育才、精心用才，聚天下英才而用之，打造湖湘人才高地。

中国人事科学研究院、北京林业大学经济管理学院郝玉明、张雅臻两位学者在《完善科技领军人才分类支持政策建议——基于7个发达省市22项政策的文本分析》论文中对江苏、浙江、广东、上海、北京、天津和重庆7个发达省市近十年来制定且正在实施的科技领军人才政策进行收集和甄选，共选取了22项有代表性的科技领军人才支持政策文本，按照质性研究进行文本分析的基本范式，对科技领军人才支持政策展开分类研究，构建了科技领军人才分类支持政策体系，并提出相关建议。可以作为岳阳引进人才的政策支撑借鉴。

科技领军人才支持政策可概括为生活保障、事业支持以及资金支持3大类10个子项政策；引入不同对象群体，可分为针对企业及个人事业支持政策、针对个人及团队生活保障政策，以及针对引才企业及中介机构引才渠道扶持政策。按不同支持对象划分支持政策如下表所示：

按不同支持对象的科技领军人才支持政策

支持对象	支持政策
引才企业及中介机构	引才补贴
	科研经费资助
	投融资支持
	身份认可
	持续培养
	税收补助
	团队支持
	联络沟通
人才个人及其团队	生活补助
	社会保障
	家属安置
	联络沟通

科技领军人才分类支持政策从框架体系上可分3类10项政策。

据测算，岳阳目前青年大学生人才缺口在10万人以上，技能人才缺口在15万人以上，高层次人才更是严重匮乏。岳阳几所重点职业（技工）院校的紧缺工种学生留在岳阳就业的不到10%。很多重点企业都表示人才招不到、引不进、留不住，明显制约了企业的创新发展。现在的岳阳，比历史上任何时期都更加需要人才、渴求人才，必须拿出更大魄力创新升级人才政策、更大决心推进人才工作重点任务落实、更大诚意优化人才服务保障，聚天下英才而用之。

"人才者，求之则愈出，置之则愈匮。"如何集聚更多优秀人才，如何激发人才创新创造活力，是当前亟待解决的发展问题。岳阳人才新政的实施及其成果要充分肯定，但更要与时俱进。

一是以更宽的视野集聚人才。围绕岳阳现代产业体系，聚焦战略性新兴产业、先进制造业和湖南自由贸易区岳阳片区建设，制定更加积极的人才引进计划，增强政策开放度，同时推出一系列柔性引才引智的政策措施，全方位拓宽我市人才智力引进的渠道。

二是以更优的政策吸引人才。在人才引进上，明确引进国际顶尖人才，国家级、省级、市级产业领军人才安家补贴。注重人才服务软环境的打造，在人才住房、医疗、家属就业、子女入学、金融支持、景点旅游和交通出行等方面也推出了一系列服务措施办法。

三是以更大的力度培养和留住人才。创新多渠道多层次的人才培养模式，全面推进高层次领军人才、高技能人才、企业经营管理人才、青年创新创业人才、乡村振兴人才的遴选和培育。另外，对企业经营管理、医疗、教育、文化等各类人才队伍也拿出了切实"有料"的激励培育措施。对现有高级人才，也尽量提供同等待遇，才能让他们安心安居，减少人才外流。

四是以更活的机制激励人才。充分发挥用人主体在人才培养、引进和使用中的主导作用，保障企业在人才评价中的话语权，同时赋予事业单位校园招聘采取面试或考核的方式引进急需紧缺人才的自主权。通过破除制度障碍，激发用人主体活力，畅通各类人才流动渠道。

五是以更好的舞台使用人才。聚焦产业发展，大力支持加强院士工作站、技术创新中心等创新创业平台建设，让人才集聚有平台，干事有舞台。同时，注重从基层一线发现、选拔优秀人才，以实际能力为衡量标准，不唯学历，不唯论文，不唯资历，为各类人才施展才华提供一片"海阔凭鱼跃、天高任鸟飞"的新天地。

二、强化产才融合，努力在用好人才上"棋高一着"

栽好梧桐树，引得凤来栖。搭建舞台、成就事业，是对人才最好的激励。坚持激发人才创新创业活力，要树立"产才融合"理念，坚持"以产聚才、以才兴产"，贯彻新理念，抢抓新机遇，让人才活力充分涌流，加快建设人才集聚洼地和创新高地。

聚焦产业发展谋求人才。围绕重要产业、重点项目和乡村振兴需求实际，优化政策，拓宽渠道，加速引进高层次急需紧缺人才，形成人才集聚洼地，走好"产才融合"之路，以产聚才、以才促产，实现产业发展与人才集聚的螺旋式上升。

同频"产业链条"精准引才。实施重点产业科技人才队伍建设计划，聚焦主导产业以及新兴产业、关键行业，以产业链带动人才引育链，突出精准施策、需求导向，引进重大项目、关键技术、"卡脖子"环节急需紧缺的高层次人才，推动产业发展与人才集聚同频共振。

系紧"乡情纽带"同步招才。健全"双招双引"协同推进机制，依托招商人才小分队、引才工作专班、商会等队伍，健全完善"乡贤智库"，建立"招才引智联络站"，加强人才工作对外联系，延伸人才工作前沿阵地，推进招商引资与招才引智同部署、同推进、同考核。同时充分发挥驻外商会协会及乡贤资源和信息等优势，以项目研发为依托，积极推行"项目+人才"的引才模式，让乡贤和客商招才引智。

激活"人才飞地"高效聚才。树立"不求所有、但求所用"的柔性引才理念，鼓励引导企业、产业园同科研院所、知名高校联合，在人才、技术、产业聚集地建立"研发飞地""人才飞地"，实现技术研发在异地、成果转化在本地，推动人才向产业龙头、高新集群、创新平台、重大项目集聚，以人才振兴助力产业振兴。聚焦"人才兴产业"，以筑巢之手"孵"才。完善人才培养体系，创新人才培养方式，打造多种形式层次的人才培养平台。

"一线蹲苗"锻炼人才。以经济社会发展需求为导向，以人才进企业、干部下基层、党员做示范为契机，有计划地组织引导各类科技人才、技能人才、专业技术人才积极投身到经济发展主战场、乡村振兴第一线、基层治理最前沿。

"揭榜挂帅"成就人才。充分发挥岳阳籍在各大高校院所高层次人才的专业和科研优势，牵线搭桥、举荐人才，向省内外高校院所"发榜"，组织重点企业，与高校院所开展平台共建、智力引进、技术交流、人才培养等合作，专项聘请技术顾问、科研团队，进行技术入股承包和技术指导，将技术成果转化落地。

"进修计划"升级人才。建立人才培训基地和培训制度，制定年度培训计划，鼓励人才走出去"闯一闯"，精心组织高层次人才论坛交流，推荐高层次人才参加各类研修班学习，把"潜力股"变成"实力派"。深入推进"实用人才培优"计划，大力推广"校企合作办班""专家+技术员+种养户""工匠大师+技能人员"等培育模式，补齐实用型人才短板。

人才不问出身，英雄不论出处。做好新时代人才工作，要更深层次推进高匹配度的人才供给，前瞻性布局创新平台，加快构建"如鱼得水、如鸟归林"的一流创新生态。

三、拓展"赛马场"，多样平台让优秀人才脱颖而出

千里马常有，伯乐不常有。

是不是千里马，伯乐有发言权，群众更有发言权。在实际工作中，我们应围绕建设高素质专业化人才队伍要求，对照"五个体系"的关键环节、关键步骤，拓展"赛马场"，加大"育"的力度、拓宽"选"的渠道、提高"用"的精度。

压担子，加快各类人才培养力度。培养高素质专业化人才需要建立一套有自定目标和组织要求、充分体现高素质专业化特点的"施压"目标体系，通过给予压力，促使其将压力转化为动力，促进其尽快成长和全面发展。同时，还要注意处理好经过必要的台阶与"唯台阶"两者之间的关系。另外，要针对高素质专业化人才成长所处的阶段特点进行培养和选拔。在"苗子"阶段，要坚持多把年轻党政干部放到基层一线的群众工作中锻炼，让其体味群众生活的疾苦，掌握群众工作的方式方法，积累深厚的群众情感；在发展阶段，在压担子交任务的过程中一方面要引导和教育高素质专业化人才努力提升自身素质，依靠自身力量，另一方面要加大培养力度，为高素质专业化人才快速成长创造发展条件；在相对成熟阶段，应引导各类人才眼界放得更远、步子迈得更实、根底扎得更深、肩膀磨得更硬，促使其加快成长速度以便能够更快地放到重点关键岗位上锻炼，考验其品性，考察其能力，让其在经验和教训中不断积累丰富的经验，成长为独当一面的行家里手，德才兼备的高

素质专业化人才。做到抓早、抓准、抓关键、抓出成效。

铺路子，历练全面提高各类人才能力。为高素质专业化人才成长铺路子，通过历练全面提高能力。培养高素质专业化人才要从实际出发，围绕整体培养目标，根据每个人自身的特点，因材施教，因人定"法"，为其提供多层次、多岗位、宽领域的实践锻炼，避免"一刀切"、一个模式、一种轨迹。对长期在机关单位工作的人才，应加强其基层锻炼；对从基层逐步成长的人才，应加强横向轮岗锻炼；对那些在顺境中成长起来的高素质专业化人才，要放在有较多矛盾或环境艰苦的地方锻炼；对有发展潜力、能力突出的高素质专业化人才，可放到更重要的岗位上进行锻炼；对阅历不足、缺乏实践经验、工作能力不强的人才，可通过基层锻炼、外出挂职、轮岗交流等途径开阔视野、增加实践经验，不断提高其能力和水平；对理论水平不高、思维僵化、对问题处理敏锐性不强的人才，要尽量让其去基层参与处理社会热点、难点问题；对德才兼备、群众认可、各方面能力突出、具备了复合型领导才能的党政人才，要放到多个"一把手"岗位上重点培养锻炼。锻炼培养干部要坚持适度的原则，既不能过于频繁轮岗交流，也不能搞短期行为，既要达到锻炼培养的目的，又要有利于改善班子结构。

搭梯子，用足各类人才干事创业"黄金期"。给高素质专业化人才搭建事业的梯子，让其在学习工作历练中找到出路和方向，在挥汗如雨中拾级而上。抓培训，强素质。要给高素质专业化人才搭好思想的梯子，让其多学习经典理论、最新要求，武装好自己的头脑，真正做到道路自信、理论自信和制度自信，早培养、早历练、早压担。对成熟的高素质专业化人才用当其时，用好用足干事创业

"黄金期"，保证质量优数量足；不断完善民主推荐、民主评议等制度。破除"论资排辈""唯学历""唯身份""唯年龄"等倾向，为高素质专业化人才的成长拓展空间，提升干部人才选任的民主程度和公信度。

搭台子，多给各类人才公平公开的机会展示自我。党政机关要带头倡导公开透明的选拔机制。"制度选人"才能让人心服口服，平息争议，形成能者上、庸者下的氛围，有利于人才的良性流动和健康成长；通过无领导面试的方式让高素质专业化人才进行自我评价，提供交流、学习的平台，让他们有公平、公开的机会去展示自我。

四、强化服务保障，努力在礼遇人才上"优待一分"

环境好，则人才聚。岳阳要坚持用心留才，用情留才，用事业留才，用环境留才，以优质服务真情留住人才。

政治上"高看一眼"，点对点联系。坚持教育引导与关心关爱并重，一对一联系服务优秀人才。把落实党委联系服务专家制度与加大对人才的保障力度结合起来，切实加强对各类专家人才的思想联系、感情交流和服务保障，激发人才的荣誉感、成就感和幸福感。全方位宣传典型人才事迹，在全社会推动形成识才爱才敬才用才的新风尚。积极组织好各类专家和优秀人才的常态联系、走访慰问、健康体检等服务。

经济上"扶上一把"，实打实激励。为创新型项目成果转化打通"绿色通道"，鼓励青年人才创新创业，协助做好申贷工作。

生活上"厚爱一分"，心贴心服务。百分百做好政策奖补兑现，及时拨付人才项目资助经费，发放人才生活补贴。当好人才管家，优化人才服务流程，解决好人才关心关注的"关键小事"，在住房保障、配偶安置、子女入学、医疗保健等方面提供全程"一对一""一卡式""一站式"贴心服务。

良好的环境是汇集人才的"聚宝盆"、拴心留人的"强磁场"。做好新时代人才工作，要更大力度营造有吸引力的人才服务环境，重才惜才、尊才爱才，才能让人才爱上岳阳、让岳阳成就人才。

第五节　严格纪律约束

加强纪律性，革命无不胜。

作风正则人心齐，人心齐则事业兴。要建设名副其实的省域副中心城市，严格纪律规矩约束对所有党员干部不是一句口号，而是应该付诸实际行动，从思想上、行动上、作风上牢牢树立纪律意识和规矩意识，严守党的纪律和规矩，内化于心、外化于行，将其融入到思想、工作、生活中。

一、立起旗帜引领，坚定看齐追随

旗帜鲜明讲政治是我们党作为马克思主义政党的根本要求，政治纪律是党内最重要的纪律。落实中央指示、按照人民意愿发展是基本的政治纪律。在十九届中央政治局第六次集中学习后，习近平总书记总结说：党的十八大以来，在全面从严治党实践中，我们把党的政治建设摆上突出位置，在坚定政治信仰、增强"四个意识"、坚定"四个自信"、做到"两个维护"、严明党的政治纪律和政治规矩、加强和规范新形势下党内政治生活、净化党内政治生态、正风肃纪、反腐惩恶等方面取得明显成效。实践使我们深刻认识到，党的政治建设决定党的建设方向和效果，不抓党的政治建设或背离党的政治建设指引的方向，党的其他建设就难以取得预期成效。全面贯彻习近平新时代中国特色社会主义思想，坚决维护习近平总书记党中央的核心、全党的核心地位，坚决维护党中央权威和集中统一领导。习近平总书记关心什么，党中央强调什么，工作中就聚焦什么、推进什么，坚决防止落差温差偏差，坚定不移沿着习近平总书记指引的方向前进，做到正确认识大局、自觉服从大局、坚决维护大局。立起旗帜引领，坚定看齐追随是岳阳建设省域副中心城市的政治要求和政治纪律。

做好岳阳各项工作，必须旗帜鲜明讲政治，严格政治纪律，做到政治自觉。坚持以习近平新时代中国特色社会主义思想为指导，坚定不移沿着习近平总书记指引的方向前进，牢记嘱托、不负使命。建设省域副中心城市是将岳阳在全国、在湖南的发展坐标系中进行精准定位，是始终以胸怀"两个大局"、心系"国之大者"气度谋划的"市之大计"，是把岳阳放在全省、长江经济带和全国大格局中谋划推进的具体体现。集结号已经吹响，关键在于谋定后动、谋定快动，坚定不移吃"改革饭"、走"开放路"、打"创新牌"、发"产业财"、办"暖心事"。广大党员干部要从国际大势中理解建设名副其实的省域副中心城市的重大意义，切实增强抓落实的紧迫感；从国家大局中找准岳阳位置与比较优势，切实增强抓落实的方位感；从岳阳大考中激活担当作为的基因和活力，切实增强抓落实的使命感。正如市委书记曹普华同志在岳阳市2022年上半年经济形势分析会中指出的：建设产业强劲、开放领跑、绿色示范、人民共富的省域副中心城市，绝不是轻轻松松、敲锣打鼓就能实现的，特别是面对当前复杂形势和繁重任务，全市上下必须有坐不住的急迫、睡不好的警觉，知责于心、担责于身、履责于行，用自己"时时放心不下、事事放心不下"的实际行动，让人民群众"放得下心"，让组织"放得下心"。"时时放心不下、事事放心不下"应该也必须成为岳阳市党员干部的政治任务、政治要求、政治自觉、政治纪律。

二、深化纪律约束，担责任践使命

作为省域副中心城市，省委省政府对岳阳寄予厚望、委以重任。立足新发展阶段，完整、准确、全面贯彻新发展理念，积极融入和服务新发展格局，聚焦高质量发展主题，观大势、把大局、谋大事、抓落实，勇于改革创新，坚持系统思维，发扬斗争精神和亮剑精神，团结一切可以团结的力量，以"闯"的精神、"创"的劲头、"干"的作风，进一步扛起责任、担当使命，把定位变地位，推动各项工作干在实处、走在前列，处处彰显省域副中心城市的使命担当。

各级干部要时刻绷紧自我纪律约束这根弦，始终保持"半夜惊醒、夜不能寐"的警觉，以"时时放心不下"的状态作风，推动工作出新出彩。"有权就有责，有责须担当"不是一句空洞的口号，只有将责任层层叫响、级级压实，推动各级党组织责任上肩、任务落实，才能防止出现"中空层"和"夹生饭"。

各级干部既要紧紧地牵住"两个责任"的"牛鼻子"，抓牢抓实责任分解、责任考核、责任报告、责任追究等关键环节，做到真管真严、敢管敢严、长管长严，又要抓牢"关键少数"不放松，确保"两个责任"落小落细、到底到边。把"关键作用"体现在以身示范、以上率下上，做慎独慎微的表率，始终保持共产党员的本色；体现在能干事敢担当者作为上，在"马上就办"中展示执行的高效率，在"善作善成"中交出执行的成绩单，在不断"钉钉子"中彰显执行的坚韧性，还要拧紧"失责必问"压力阀。

三、坚持挺纪在前，"凡腐必反，除恶务尽"

"蠹众而木折，隙大而墙坏。"党纪党规是党员干部不可逾越的底线，违纪的口子一旦打开，党员干部就可能滑向蜕化变质的深渊。因此，要把纪律和规矩挺在前面，使其成为管党治党的尺子和不可逾越的底线。

一是"四种形态"动真格。"四种形态"是挺纪在前的具体行动，应当正确把握好常态、大多数、少数和极少数的关系，把住第一道关口，防止小变大、一变多、违纪变违法，让纪律和规矩成为党员干部成长的"安全带"和"护身符"。

二是堵住廉政风险点。"治标须治本"，发挥案件查办的治本功能，找出廉政风险点，督促完善制度；加大对暗箱操作、"提篮子"、"白手套"等违纪违法行为的查处力度；紧盯土地出让、专项资金使用、政府采购等重点领域，加强监督检查。

三是坚持执纪"尺子"量到底，扎紧织牢纪律和规矩的笼子，做到有纪可依、有纪必依，防止出现"制度空白"；压实"纪在法前"，处理好"树木"和"森林"的关系，真正把纪律和规矩立起来、严起来，执行到位，让党员干部心怀戒惧、行有所止；解决执行纪律失之于宽松软的问题，对较严重违纪问题直查快办，对涉嫌违法的及时移送司法机关，做到一把尺子执纪到底。

四是常念"紧箍咒"。克服"事前不管不问,事后兴师问罪"的懒政怠政思维,加强党规党纪经常性教育,建立和完善党规党纪宣传教育机制,让党规党纪内化于心、外化于行,引导党员干部自觉安装思想上的"杀毒软件",实现从"不敢"到"不能""不想"的转变;严肃党内政治生活,筑牢纪律规矩的"防火墙";敲响"警示钟",加大典型案例曝光和剖析力度,"以案释纪",做到处理一个警示一片,从思想根源上消除党员干部的违纪苗头和侥幸心理。

四、保持韧劲毅力,不松不退不让

锲而不舍落实中央八项规定及其实施细则、"八条禁令",综合运用"突击式""交叉式""随机式"等手段高频率、全覆盖监督,对享乐主义和奢靡之风露头就打、反复敲打,持续严纪律、治顽疾、刹歪风、树新风,加大查处问责和通报曝光力度,防反弹回潮、防隐形变异、防疲劳厌战,打好作风建设持久战。

时刻保持防范形式主义、官僚主义的警觉,聚焦"包装式""一刀切式"落实等精准施治,严肃查处对党中央决策部署做选择、搞变通、打折扣问题,维护群众利益不用心、不用情、不用力问题,以及不作为、乱作为影响营商环境等问题,防止不良习气、不严不实做法滋长蔓延、成风成势。深入基层、深入群众开展调查研究,及时分析研判,准确掌握"四风"新情况新动向,有针对性地加以纠治,健全完善基层减负常态化机制,持续为基层松绑减负,促干部担当作为。

坚持立破并举、扶正祛邪,把纠"四风"和树新风紧密结合起来。激励党员干部，要奋发进取而不碌碌无为，不当得过且过的"撞钟先生"、滥竽充数的"南郭先生"、善恶不分的"东郭先生"、不低不高的"差不多先生"，真正在项目招商落地、产业链建设、"五好"园区创建等工作中跑出加速度、轰出推背感、干出新精彩；要争先创优而不自甘落后，向最远处奔跑，向最好处拼搏，向最高处看齐，确保每项工作、每个部门、每个单位、每个行业都进入全省前列，岳阳综合绩效考核进入全省先进；要知难而进而不畏首畏尾，在稳住经济大盘、推进开放领跑、深化"三资"改革、优化营商环境、做好底线工作上，敢于攻坚亮剑、较真碰硬，不达目的不罢休、不见成效不收兵。

要抓好落实两个责任，做好当前工作。党委主体责任是十八大以后中央抓反腐败斗争的一个重要抓手。按照习近平总书记的说法就是，党委主体责任是"牛鼻子"。党委主体责任的主要内容主要有五条。第一，加强领导，选好用好干部，防止出现选人用人上的不正之风和腐败问题。第二，坚决纠正损害群众利益的行为。第三，强化对权力运行的制约和监督，从源头上防治腐败。第四，领导和支持执纪执法机关查处违纪违法问题。第五，党委主要负责同志要管好班子，带好队伍，管好自己，当好廉洁从政的表率。除了党委的一般同志外，对党委书记要有更高的要求——党委书记要履行好反腐败的第一责任。第一责任是什么意思？就是，当书记要做到"四个亲自"——重要工作亲自部署、重大问题亲自过问、重要环节亲自协调、重要案件亲自督办。进一步落实纪委的监督责任。纪委要遵从党章，把维护党章和其他党内法规作为首要任务。要突出加强党的领导这个根本，确保党中央政令畅通。在具体工作中，纪委要做到"三个切实"。第一，在全面从严治党中找准职责定位，强化监督执纪问责，坚持有纪必依、执纪必严、违纪必究。第二，切实把纪律讲在前面，落实抓早抓小，坚持理想信念宗旨高标准，绝不允许突破纪律底线。第三，切实做到查处违纪问题，坚持零容忍态度不变，严厉惩处的尺度不松，发现一起查处一起，发现多少查处多少，不定指标上不封顶，让那些想违纪的人断了念头，已经违纪的人付出代价，确保全体党员守纪律、讲规矩。

五、打通"最后一公里"，提升满意度获得感

一百年来，中国共产党团结带领中国人民进行的一切奋斗、一切牺牲、一切创造，归结起来就是一个主题：为中国人民谋幸福、为中华民族谋复兴。党因人民而诞生，党的纪律建设也必将为人民多得实惠而走向与自己终极使命的自洽。正如习近平总书记强调的："我们不舒服一点、不自在一点，老百姓的舒适度就好一点、满意度就高一点，对我们的感觉就好一点。"中国共产党人就是通过自我加码、自我限制、自我立规的纪律约束保持先进性与纯洁性的，这是马克思主义政党基本的建党原则。

在一个世纪的攻坚克难中，"人民的诉求"就是具体的"国之大者"，人民最向往的内容就是国家的中心任务，纪律约束也必然要聚焦于人民的"急难愁盼"，党员领导干部不作为、慢作为就是对人民的不负责任。我们要聚焦群众普遍关注和反映强烈的问题，深入整治群众身边腐败和不正之风，维护社会公平正义，促进人民生活品质不断提升。有序推进巩固拓展脱贫攻坚成果同乡村振兴有效衔接过渡期专项监督，精准谋划、做实监督、提升质效，确

保党中央和区、市党委各项惠民富民、促进共同富裕政策措施落到实处。加强与相关职能部门的协作配合，齐抓共管，合力整治教育医疗、养老社保、环境保护、安全生产、食品药品、执法司法等民生领域群众反映强烈的问题。强化对巩固全国文明城市创建成果、建设美丽乡村的监督，促进共建美好家园，提高人民群众的幸福指数。持续巩固扫黑除恶专项斗争和政法队伍教育整顿成果，接续推进"打伞破网"，强化日常监督，坚决防止涉黑涉恶"腐伞渎"问题复发，推动扫黑除恶常态化深入开展。积极探索实践基层监督新路径，深化完善"廉情诊所""村廉通"等监督机制，开展重点村（社区）主职干部提级监督，强化对小微权力运行的监督约束，加大对村（社区）集体资金、资产、资源的监督，着力破解基层监督难题，有效提升基层治理效能。

历史铸就永恒，梦想照亮未来。回望走过的路，波澜壮阔、荡气回肠，事业在爬坡攻坚中砥砺奋进。展望前行的路，方向明确、斗志昂扬，在习近平总书记的领导下，岳阳以建设名副其实的省域副中心城市为目标，全面系统推进纪律建设，让信念"生根"、党章"显威"、制度"长牙"、纪律"带电"、教化"常在"，奋力谱写全面建设社会主义现代化国家的岳阳新篇章！

参考文献

［1］袁雪飞（2017），《江苏起草扬子江城市群总体规划》，载《中国经济导报》。

［2］于源、黄征学（2016），《区域协调发展内涵及特征辨析》，载《中国财政》。

［3］杨莲、付恒（2013），《论我国区域经济合作的协调机制构建》，载《四川师范大学学报（社会科学版）》。

［4］刘升学、刘甜甜（2018），《湖南省区域经济协同发展研究》，载《南华大学学报（社会科学版）》。

［5］曹普华（2022），《在岳阳市学习贯彻党的

十九届六中全会精神专题培训班开班式暨市县乡负责干部大会上的讲话》。

［6］王一鸥（2021），《统筹推进生态优先绿色发展》，载《湖南社会科学》。

［7］徐亚平（2021），《巴陵大地，江河竞秀——岳阳市全面推行河湖长制五周年工作综述》，载《湖南日报》。

［8］刘明广（2017），《中国省域绿色发展水平测量与空间演化》，载《华南师范大学学报（社会科学版）》。

［9］任欣欣（2007），《洞庭湖200年档案》，长沙：岳麓书社。

［10］徐镇元、任欣欣（2004），《岳阳发展简史》，北京：华文出版社。

［11］万青（2009），《安徽省地市区域综合竞争力比较研究》，北京：中国科学技术大学出版社。

［12］中国科学技术信息研究所（2022），《国家创新型城市创新能力评价报告2021》，北京：科学技术文献出版社。

［13］彭文斌，曾世宏等（2021），《"创新型省

份"建设与湖南"十四五"创新发展》,北京:经济管理出版社。

[14]肖燕珠、张洋、吕俊霖(2022),《区域科研竞争力评价研究——基于我国五大国家级城市群2010—2019年的数据》,载《科技管理研究》。

[15]曹普华(2022),《增强"时时放不下"的责任感,奋力干出省域副中心城市建设的新精彩——在上半年经济形势分析会上的讲话》。

[16]岳阳市政协课题组(2021),《以数字化、智能化为支撑赋能产业转型升级》。

[17]刘健挺(2021),《岳阳市2021年乡村振兴研究报告》。

[18]易炼红(2008),《民本岳阳理念与实践——践行科学发展观和为民执政观》,长沙:湖南人民出版社。

[19]曹普华(2022),《现代化新湖南的宏伟擘画——三高四新战略研究》,长沙:湖南人民出版社。

[20]中共湖南省委宣传部(2019),《庆祝改革开放40周年百城百县百企调研·湖南篇》,长沙:湖南人民出版社。

［21］王一鸥（2021），《大力实施"三高四新"战略　加快建设"三区一中心"　在现代化建设新征程上阔步前进——在中国共产党岳阳市第八次代表大会上的报告》。

［22］习近平（2021），《扎实推动共同富裕》，载《求是》。

［23］中共中央马克思恩格斯列宁斯大林著作编译局（2012），《马克思恩格斯选集》（第一卷），北京：人民出版社。

［24］中共中央马克思恩格斯列宁斯大林著作编译局（2012），《马克思恩格斯选集》（第二卷），北京：人民出版社。

［25］毛泽东（1999），《毛泽东文集》（第六卷），北京：人民出版社。

［26］邓小平（1993），《邓小平文选》（第三卷），北京：人民出版社。

［27］习近平（2022），《习近平谈治国理政》（第四卷），北京：外文出版社。

［28］张庆伟（2021），《坚定不移沿着习近平总书记指引的方向前进　在推动高质量发展上闯出新路子

为全面建设社会主义现代化新湖南而努力奋斗——在中国共产党湖南省第十二次代表大会上的报告》，载《湖南日报》。

［29］中共中央、国务院（2016），《国家创新驱动发展战略纲要》，载《人民日报》。

［30］毛伟明（2022），《政府工作报告——2022年1月17日在湖南省第十三届人民代表大会第五次会议上》，载《湖南日报》。

［31］林洪升、王福涛（2021），《高质量发展视域下的创新驱动研究》，载《科技智囊》。

［32］魏星、郑立新、周金城等（2019），《长沙岳阳经济协同发展战略对策研究》，载《湖南社会科学》。

［33］曹普华（2022），《从百年党史中汲取智慧和力量 奋力谱写建设现代化新湖南的岳阳篇章》，载《岳阳日报》。

［34］中共岳阳市委党史研究室（2021），《岳阳年鉴（2021）》，北京：方志出版社。

［35］习近平（2014），《习近平谈治国理政》（第一卷），北京：外文出版社。

［36］习近平（2020），《习近平谈治国理政》（第三卷），北京：外文出版社。

［37］李文伟、陈书凝、钟勇军（2021），《发挥通江达海优势，加快发展枢纽经济》，载《研究与决策》。

后
记

　　2022 年 2 月 14 日，在岳阳市学习贯彻党的十九
届六中全会精神专题培训班开班式暨市县乡负责干部
大会上，岳阳市委书记曹普华代表岳阳市委、市政府
明确提出："要坚持一张蓝图干到底，奋力建设名副
其实的省域副中心城市；要进一步聚焦中心、紧扣大
局，拧成一股绳、铆足一股劲，加快建设产业强劲、
开放领跑、绿色示范、人民共富的省域副中心城市。"
这为岳阳今后一段时间的发展提供了现实路径和根本
遵循。产业强劲、开放领跑、绿色示范、人民共富是
一个有机整体，是"三高四新"战略定位和使命任务

在岳阳的具体实践和探索创新，是建设名副其实省域副中心城市的目标定位和任务要求，是岳阳高质量发展的关键所在、重点所在、方向所在。

当前，岳阳全市上下正严格按照岳阳市委、市政府的要求，在奋力建设名副其实省域副中心城市征程上乘风破浪、阔步前行。作为经济社会发展研究工作者，将省域副中心城市建设课题研究精、研究透、研究好，是一项重大而光荣的政治任务。

岳阳市人民政府研究室作为岳阳市委、市政府的智囊团、参谋部，致力于开展岳阳经济社会发展研究和实践探索。为全面落实"三高四新"战略定位和使命任务，加强省域副中心城市建设研究，助力岳阳高质量发展，以实际行动向党的二十大献礼，岳阳市人民政府研究室将"省域副中心城市建设"研究课题确定为2022年度市重大攻关课题。党组书记、主任蔡吉伟担任课题组组长，组织专门力量和各行业领域专家学者开展课题研究，呈现在读者面前的这本书即为最终的课题研究成果。

　　本课题研究成果是集体智慧的结晶，由蔡吉伟、周黎兵、张生根、肖琼提出整体研究框架和思路，各章的作者名单如下：第一章，张生根、谢亢、李磊、肖琼；第二章，刘宇赤、曾小龙、任泵；第三章，任欣欣、谭繁、王力、刘健挺；第四章，余友安、余平方；第五章，蔡吉伟、肖琼；第六章，李文伟；第七章，罗鹏、刘庆华、廖涛涛、李雅丽；第八章，李桂华、陈虎、许腾、黄婧；第九章，蔡振、蔡吉跃；第十章，周金城；第十一章，戴文慧、刘傲、王利兵、邹镇、毛家伟；第十二章，周四丁；第十三章，陈传伟。周黎兵、张生根、谢亢、李磊、陈文、肖琼、周石麒、余潇宇、熊斌对全书进行了修改和统稿，最后由蔡吉伟审定全书书稿。本书图片由湖南日报社岳阳分社、岳阳日报社、岳阳市摄影家协会、岳阳市社科联、湘阴县经济研究中心、汨罗市经济研究中心提供。在研究和成书过程中，岳阳市人民政府研究室肖琼、长沙师范学院蔡振付出了诸多辛劳和汗水。

　　本书的顺利出版，得到了湖南人民出版社的大力支持，还有相关编辑校对人员为此做了大量精心细致的工作；同时得到了兄弟单位和朋友的鼎力支持；另外本书在研究写作过程中参阅了已有的相关文件。在此，一并表示衷心的感谢和致以崇高的敬意！

编者

2022 年 9 月